포교사 고시
예상 문제집

제19회, 20회, 21회, 22회 기출문제 수록

대한불교조계종 포교원 엮음

조계종
출판사

차 례

제1장 불교입문

1 부처님이 태어나신 인도의 전통적인 인사법으로 불교의 대표적인 인사 예절은?

2 합장(合掌)에 대한 설명이 맞지 않는 것은?(9회 기출문제)

① 두 손가락이 맞으면 사이가 벌어져도 된다.

② 나와 남이 둘이 아니라 하나의 진리 위에 합쳐진 한 생명이라는 뜻이다.

③ 화합과 공경을 뜻하기도 한다.

④ 부처님이나 스님께 예를 올리는 자세이다.

3 합장의 의미로 맞지 않는 것은?(1회 기출문제)

① 부처님께 귀의를 뜻하며 우리의 흐트러진 마음을 한곳으로 모으는 것이다.

② 나와 다른 이와의 화합보다는 개인적인 소망의 표현이다.

③ 오른손은 부처님의 세계를, 왼손은 중생인 자신을 상징한다.

④ 부처님에 대한 우리의 신심과 귀의를 밖으로 드러내 보이는 마음의 표현이다.

4 불교의 수계식에서 사용되는 자세로 양 무릎을 땅에 붙이고 다리를 세운 채 합장을 하여 계를 지키고자 하는 의지를 다지는 자세를 무엇이라 하는가?(11회 기출문제)

5 절하는 공덕에 해당되지 않는 것은?(1회 기출문제)

① 산란한 마음은 가라앉지만 참다운 깨달음은 열리지 않는다.

② 훌륭한 위의를 갖추게 된다.

③ 큰 복과 덕을 갖추게 된다.

④ 어느 곳에서라도 두려움이 없게 된다.

6 오체투지(五體投地)의 예는 자신을 무한히 낮추면서 상대방에게 최대의 존경을 표하는 몸의 동작으로서 가장 경건한 예법인데, 여기서 땅에 닿아야 할 몸의 다섯 부분이라고 할 수 없는 것은?

① 양 팔꿈치   ② 양 무릎
③ 이마   ④ 배

7 사찰에서 반배(半拜)를 해야 하는 경우가 아닌 것은?(1회, 9회 기출문제)

① 절의 입구에서 법당을 향하여 절할 때
② 법당에서 부처님을 친견할 때
③ 길에서 스님이나 법우를 만났을 때
④ 옥외에서 불탑에 절할 때

8 공경례의 마지막 끝에 무수히 예경하고픈 심정은 간절하나 다하지 못하므로, 마지막 큰 절을 완료하여 몸이 오체투지의 상태가 되고 머리와 어깨만을 들었다가 다시 이마를 땅에 대어 지극한 예경의 뜻을 표현하는 것을 무엇이라 하는가?(2회, 9회, 12회 기출문제)

9 고두례(叩頭禮) 또는 유원반배(唯願半拜)하는 방법을 설명한 것으로 틀린 것은?

① 모든 절의 마지막 째 절을 마치고 일어서기 전에 한다.
② 오체투지의 상태에서 팔꿈치를 펴지 않고 머리와 어깨만을 잠깐 들었다 다시 이마를 땅에 대는 단순한 동작으로 할 수도 있다.
③ 머리와 어깨를 약간 들고 팔꿈치를 땅에서 떼지 않은 채 그대로 손은 합장 자세를 취하였다가 손을 풀고 다시 두 손과 이마를 땅에 대는 방법도 있다.
④ 머리를 들었을 때에 시선은 고개를 들고 전방을 주시한다.

10 일반적인 사찰 구조로 볼 때 우리나라에서는 삼문(三門)을 총칭하여 산문(山門)이라 한다. 다음 중 사찰 경내에 들어서면서 거치게 되는 산문의 순서가 바르게 된 것은? (8회, 9회 기출문제)

① 일주문 – 불이문 – 금강문 – 천왕문
② 일주문 – 금강문 – 천왕문 – 불이문

③ 불이문 – 일주문 – 천왕문 – 금강문

④ 불이문 – 일주문 – 금강문 – 천왕문

11 다음 중 올바른 사찰 예절이라고 볼 수 없는 것은?(12회 기출문제)

① 법당 문에 들어갈 때에는 가운데 문으로 다니지 않는다.

② 일주문이나 천왕문, 부도 앞을 지날 때에는 항상 합장 반배한다.

③ 탑을 도는 경우에는 자기의 오른쪽에 탑이 위치하도록 하고 주위를 돈다.

④ 법당에 들어서면 하단, 중단, 상단의 순서로 예배한다.

12 다음은 법당 내 예절에 대한 설명이다. 가장 거리가 먼 것은?(1회, 7회 기출문제)

① 법당에 들어가서는 가급적이면 부처님 정면에서 3배를 올린다.

② 부처님 정면을 지날 때는 합장 반배한다.

③ 절을 하고 있는 다른 신도의 머리맡을 지나지 않는다.

④ 법당에 들여서면 한 발짝 앞으로 나가 부처님 전에 반배한다.

13 법당 안을 보면 가운데 불단이 마련되어 불보살님을 모시고 있다. 그 불단의 주좌(主座)를 기준으로 가운데 통로와 이어져 법당의 정면으로 난 가운데 문을 무엇이라고 하는가?(8회 기출문제)

14 다음은 불단에 초와 향을 공양하는 예절에 대한 설명이다. 가장 올바른 것은?(1회, 3회, 8회 기출문제)

① 이미 초나 향이 피워져 있으면 부처님 전에 올려놓는 것으로 공양을 대신한다.

② 다른 신도가 켜 놓은 촛불을 끄고 자기가 준비한 초에 불을 붙여 올린다.

③ 초와 향이 피워져 있더라도 그 옆에 초와 향을 켜서 자신의 마음을 나타낸다.

④ 초와 향이 피워져 있으면 자기가 준비한 것은 도로 가지고 나온다.

15 설법을 듣기 전 산란한 마음을 진정시키기 위한 순서는?(3회 기출문제)

① 입정(入定)

② 청법(請法)

③ 축원(祝願)

④ 사홍서원(四弘誓願)

16 다음 중 스님에 대한 예절로 바르지 못한 것은?(12회 기출문제)

① 길에서 스님을 만나면 존경의 마음으로 항상 합장 반배해야 한다.

② 스님을 모실 때에는 스님과 마주 서거나 스님보다 높은 데 서면 안 된다.

③ 큰스님을 찾아뵙고 가르침을 받고자 할 때에는 먼저 시자(侍者)를 통하여 허락을 받아야 한다.

④ 평소 자신과 친분 관계가 있는 스님인 경우에는 예의를 지키기보다는 자연스럽게 행동하는 것이 바람직하다.

17 다음 사찰 내의 예절 가운데 가장 거리가 먼 것은?(3회 기출문제)

① 법당 내에서는 합장한 자세로 보행하여야 한다.

② 부처님 전에 절을 하고 있는 다른 신도의 머리맡을 지나지 않는다.

③ 법회 시작 전 다른 신도를 위해 좌복을 깔아 놓는다.

④ 법회는 법문이 중요하므로 법문 시간에만 맞게 도착하면 된다.

18 '자양분을 기른다'는 뜻이며, 삼보님께 올리는 정성스러운 모든 것을 다 이르는 말이다. 특히 삼륜(三輪)이 청정할 때, 크나큰 공덕이 뒤따른다고 한다. 이것을 무엇이라고 하는가?(8회 기출문제)

19 커다란 그릇 하나에 시주받은 음식을 드신 데서 연유한 이것은 많은 대중이 동시에 공양하거나 수련 및 수행 시에 하는 것으로 여러 사람이 함께한다고 해서 대중공양(大衆供養)이라고도 불리는데, 이러한 불교의 전통적인 공양법을 무엇이라고 하는가?

20 부처님께 여섯 가지 공양을 올리는 육법공양(六法供養)의 공양물을 쓰시오.(6회, 9회, 10회, 11회 기출문제)

21 마음을 다해 바치는 정성스러운 공양은 삼륜(三輪)이 청정할 때, 크나큰 공덕이 뒤따른다고 한다. 여기서 청정해야 할 세 가지에 해당하지 않는 것은?(10회, 12회 기출문제)

① 주는 자
② 받는 자
③ 주고받는 장소
④ 주고받는 물건

22 보시(布施)를 행할 때는 보시를 베푸는 자, 받는 자, 보시하는 내용이 되는 물건의 세 가지가 본질적으로 공(空)한 것이어서 거기에는 아무것도 집착이 없어야 한다. 이것을 무엇이라고 하는가?(4회 기출문제)

23 불교의 공양 예절 중 맞지 않는 것은?(9회 기출문제)

① 항상 그 속에 담긴 무수한 사람들의 정성과 노력을 생각하며 먹어야 한다.
② 공양 시간이 지나서 사찰을 방문했을 때는 알아서 차려 먹는다.
③ 항상 음식과 물을 아끼며 공양을 통해 얻은 힘을 일체중생에게 회향해야 한다.
④ 스님들에게 공양하는 것은 삼보(三寶)와 사중(四重)의 은혜를 갚기 위한 것이다.

24 사찰의 의미를 잘못 설명한 것은?

① 부처님의 가르침에 따라 불도(佛道)를 닦는 수행 도량
② 불법(佛法)을 널리 펴서 중생을 제도하는 전법(傳法)의 장
③ 많은 대중들이 모여 살며 집회를 하고 여러 행사를 하는 곳
④ 전통 문화재를 관리하고 보수하는 곳

25 우리나라에 최초로 세워진 사찰은 무엇인가?

① 이불란사와 초문사(성문사)
② 불국사
③ 흥륜사
④ 도리사

26 다음은 사찰 구조에 대한 설명이다. 가장 거리가 먼 것은?(5회 기출문제)

① 일주문은 사찰의 제일 첫 문이며 기둥이 양쪽에 하나씩만 세워져 있다.
② 삼성각은 산신, 독성, 칠성 등을 모시고 있다.
③ 교종이 강조된 곳에서는 금당을 대신하여 법당이라는 용어가 사용되었다.

④ 사찰 경내에 들어서면 불이문 근처에 범종각이 자리 잡고 있기 마련이다.

27 불상의 착의법(着衣法) 가운데서 오른쪽 어깨를 드러내며 법의(法衣)를 입는 방식을 일러 무엇이라 하는가?

28 다음 중 불전에 봉안된 존상(尊像)과의 연결이 잘못된 것은?(10회, 12회 기출문제)

① 대광명전(大光明殿) – 미륵불
② 대웅전(大雄殿) – 석가모니불
③ 무량수전(無量壽殿) – 아미타불
④ 대적광전(大寂光殿) – 비로자나불

29 우리나라의 가람(伽藍) 배치에서 볼 때 해인사의 경우처럼 화엄종 사찰은 비로자나불을 주존으로 모신다. 이때 비로자나불을 주존불로 모신 금당(金堂)에 걸리는 현판의 명칭은 일반적으로 무엇이라고 쓰여 있는가?(3회, 4회, 6회 기출문제)

① 대웅전(大雄殿)
② 무량수전(無量壽殿)
③ 미타전(彌陀殿)
④ 대적광전(大寂光殿)

30 시대에 따라 주불을 모시는 전각이 다를 수 있으나 대체적으로 각 종파의 교리에 따라 주불을 달리 모시고 있다. 다음 중 비로자나불을 주불로 주로 모신 종파는?(9회 기출문제)

① 법상종(法相宗)
② 화엄종(華嚴宗)
③ 법화종(法華宗)
④ 정토종(淨土宗)

31 다음 중 서방정토의 주불이신 아미타불을 모신 법당을 지칭하는 것이 아닌 것은?(8회 기출문제)

① 극락전(極樂殿)
② 미타전(彌陀殿)
③ 무량수전(無量壽殿)
④ 대적광전(大寂光殿)

32 다음 중 현세 중생의 모든 재난과 질병을 없애 주고 고통에서 구제해 주는 약사여래 부처님을 모신 법당이 아닌 것은?(12회 기출문제)

① 만월보전(萬月寶殿)　　　　② 원통전(圓通殿)

③ 유리광전(瑠璃光殿)　　　　④ 보광전(普光殿)

33 다음 중 석가모니 부처님의 제자로 아라한과를 성취한 성인을 모신 건물을 말하는 것으로 영산회상의 모습을 재현했다고 해서 영산전(靈山殿), 응진전(應眞殿)이라고도 불리는 사찰의 전각은?(11회 기출문제)

① 나한전(羅漢殿)　　　　② 명부전(冥府殿)

③ 용화전(龍華殿)　　　　④ 원통전(圓通殿)

34 다음 중 우리나라 5대 적멸보궁을 바르게 나열한 것은?(6회 기출문제)

① 통도사, 상원사, 봉정암, 정암사, 법흥사

② 통도사, 부석사, 봉정암, 보문사, 법흥사

③ 통도사, 상원사, 봉정암, 보문사, 건봉사

④ 통도사, 상원사, 봉정암, 부석사, 건봉사

35 석가모니 부처님의 진신사리를 봉안한 불전을 지칭하여 적멸보궁(寂滅寶宮)이라 한다. 우리나라에도 대표적인 5개의 적멸보궁이 있다. 5대 적멸보궁이 위치한 산 이름과 사찰명을 쓰시오.(9회 기출문제)

36 우리나라 불자들이 누구나 참배하고 싶어 하는 5대 적멸보궁 중 가장 남쪽에 위치하고 있는 것은?(12회 기출문제)

① 태백산 정암사　　　　② 사자산 법흥사

③ 영축산 통도사　　　　④ 오대산 상원사

37 통도사의 대웅전, 오대산의 적멸보궁, 설악산의 봉정암 등의 사찰에서는 대웅전 등 본전에 불상을 모시지 않는다. 그 이유를 간략히 쓰시오.(4회 기출문제)

38 민족 고유의 토속 신들을 불교적으로 수용해서 모신 삼성각(三聖閣)에 봉안되지 않는 것은?

① 산신(山神)   ② 독성(獨聖)

③ 칠성(七星)   ④ 지장(地藏)

39 일반적으로 절의 경내가 시작되는 곳으로 이곳에 이르러서 법당 쪽을 향하여 공손하게 반배를 올리는 곳은?(2회, 8회 기출문제)

① 금강문(金剛門)   ② 천왕문(天王門)

③ 일주문(一柱門)   ④ 해탈문(解脫門)

40 다음 사찰의 일주문(一柱門)의 의미를 설명한 것 중 가장 거리가 먼 것은?(11회 기출문제)

① 이 문 안으로 들어와서는 보고 듣는 모든 것을 세간의 알음알이로 해석하려 하지 말라는 뜻이 담겨 있다.

② 세속의 번뇌로 흐트러진 마음을 하나로 모아 진리의 세계로 들어간다는 상징적 의미가 담겨 있다.

③ 이 문을 경계로 세간과 출세간의 경계선을 나타내고 있다.

④ 불법을 수호하는 외호신을 모신 건물임을 나타내고 있다.

41 수미산 정상의 중앙부에 있는 제석천(帝釋天)을 섬기며, 불법(佛法)뿐 아니라, 불법에 귀의하는 사람들을 수호하는 호법신으로 절 입구에서 도량(道場)을 지키고 있는 하늘의 신은?

42 사천왕상(四天王像)의 명칭과 방향을 쓰시오.(11회 기출문제)

43 다음 중 설명이 잘못된 것은?

① 불교적 우주관에 의하면 수미산 정상에는 제석천왕이 다스리는 도리천(忉利天)이 있다.

② 도리천은 불교의 28천(天) 중 욕계(欲界) 6천(天)의 제4천에 속한다.

③ 불국사의 청운교와 백운교의 33계단은 도리천의 33천(天)을 상징적으로 조형화한 것이다.

④ 불국사의 자하문은 해탈의 경지를 상징하는 불이문(不二門)에 해당한다.

44 사찰 내의 전각(殿閣)과 문(門) 이외에 스님들의 생활과 관련되는 건물을 총괄하는 명칭으로 요사(寮舍)라는 말이 통용되고 있는데, 오늘날 화장실에 해당하는 건물의 명칭은?

① 해우소(解優所)　　　　　　② 적묵당(寂默堂)

③ 수선당(修禪堂)　　　　　　④ 종무소(宗務所)

45 탑(塔)은 나라에 따라 다르게 구분된다. 다음 보기 중 한국-중국-일본의 대표적 탑이 맞게 열거되어 있는 것은?(11회 기출문제)

① 목탑 - 석탑 - 전탑　　　　② 전탑 - 목탑 - 석탑

③ 목탑 - 전탑 - 석탑　　　　④ 석탑 - 전탑 - 목탑

46 고승의 사리(舍利)를 모신 묘탑을 부처님 사리를 모신 탑과 구분하여 일컫는 말은?

47 다음은 부도(浮屠)에 관한 설명이다. 가장 올바른 것은?(8회 기출문제)

① 조사 숭배를 중시하는 교종의 발달과 더불어 성행하였다.

② 탑에는 사리를 봉안하고 부도에는 사리를 제외한 유품을 봉안한다.

③ 오늘날에는 탑을 승탑이라고 하고, 부도를 불탑이라고 한다.

④ 부도는 사찰 경내의 변두리나 멀리 떨어진 곳에 세워진다.

48 다음은 법당에 대한 설명이다. 가장 옳은 것은?(6회 기출문제)

① 불보살님을 모신 중앙을 중단(中壇)이라고도 한다.

② 불법을 수호하는 호법선신들을 모신 곳을 어간(御間)이라 한다.

③ 상단(上壇)에는 후불탱화 대신 경전을 목각이나 주조로 모시기도 한다.

④ 영가를 모신 곳을 신중들의 보살핌을 바라고자 신중단(神衆壇)이라고 한다.

49 법당에는 통상 상단, 중단, 하단의 삼단 구조로 되어 있는데, 각 단에 모셔진 분이 바르게 연결된 것은?(10회 기출문제)

① 상단 – 위패, 중단 – 제석천과 팔부신장, 하단 – 부처님과 보살상

② 상단 – 제석천과 팔부신장, 중단 – 부처님과 보살상, 하단 – 위패

③ 상단 – 부처님과 보살상, 중단 – 위패, 하단 – 제석천과 팔부신장

④ 상단 – 부처님과 보살상, 중단 – 제석천과 팔부신장, 하단 – 위패

50 법당 정면 부처님을 모신 단(壇)의 이름은 무엇인가?(9회 기출문제)

51 팔부신중(八部神衆)의 하나로 제석천의 음악을 관장하는 신이다. 향을 먹고 산다 하여 식향(食香)이라고도 하는 이 신의 이름은?(12회 기출문제)

① 가루라(迦樓羅) 　　　② 아수라(阿修羅)

③ 건달바(乾闥婆) 　　　④ 긴나라(緊那羅)

52 부처님의 32상(相)과 80종호(種好) 가운데 하나이다. 불상의 머리 형태로 소라 모양의 머리카락 형상을 일컫는 말은?

※ 다음 보기에서 고르시오.(53~56)

〈보기〉 관세음보살, 일광보살, 문수보살, 보현보살, 월광보살, 지장보살, 미륵보살

53 자비를 상징하는 보살로서 보관의 정수리에 아미타불의 화현을 모시고 다니며, 연꽃, 감로수병 등을 손에 들고 있는 모습의 보살상은?(9회 기출문제)

54 지혜를 상징하는 보살로 주로 왼손에 연꽃을 들고 사자를 탄 모습의 보살상은?

55 실천행을 상징하는 보살로서 코끼리를 탄 모양이나 연화대에 올라선 모습의 보살상은?

56 대비원력을 상징하는 보살로서 스님과 같은 모습으로 삭발한 머리 모습이며 두건을 둘렀거나, 육환장을 들고 있는 보살상은?

57 보살상은 대체로 머리에 보관(寶冠)을 쓰고 있는데, 관세음보살의 정수리와 지장보살이 들고 있는 육환장(六環杖)의 정수리 부분에 모셔진 부처님상은?(11회, 12회 기출문제)

① 석가모니불의 화현　　　　　② 아미타불의 화현
③ 비로자나불의 화현　　　　　④ 미륵불의 화현

58 다음 중 지장보살상의 특징과 가장 관계가 없는 것은?(10회 기출문제)

① 삭발한 스님의 모습을 하고 있다.
② 주로 명부전에 모셔져 있다.
③ 손에는 약병을 들고 있다.
④ 육환장을 들고 있기도 하다.

59 다음 수인(手印)에 대한 설명 중 틀린 것은?(11회 기출문제)

① 선정인 : 부처님이 마왕 파순의 항복을 받기 위해 자신의 수행을 지신(地神)에게 증명해 보라고 말하면서 지은 수인
② 전법륜인 : 부처님이 성도 후 다섯 비구에게 첫 설법을 하며 취한 수인
③ 시무외인 : 중생의 두려움을 없애 주어 우환과 고난을 해소시키는 덕을 보이는 수인
④ 여원인 : 부처님이 중생에게 자비를 베풀고 중생이 원하는 바를 달성하게 하는

덕을 표시한 수인

60 비로자나 부처님의 인상(印相)으로 중생과 부처님이 하나임을 나타내고 있는 수인은?

① 시무외인(施無畏印)   ② 여원인(與願印)

③ 지권인(智拳印)   ④ 전법륜인(轉法輪印)

61 석가모니 부처님이 35세에 성도하실 때의 수인(手印)으로 마왕 파순의 항복을 받기 위해 자신의 수행을 지신(地神)에게 증명해 보라고 말하면서 지은 수인은?

① 항마촉지인(降魔觸地印)   ② 선정인(禪定印)

③ 전법륜인(轉法輪印)   ④ 지권인(智拳印)

62 다음 설명 중 틀린 것은?

① 계단(戒壇)의 본래 목적은 수계의식을 집행하는 장소이다.

② 신앙의 대상이 불상(佛像)에서 후기에 탑(塔)으로 바뀌었다.

③ 불상은 장엄구나 형식, 수인(手印)에 따라 그 명칭이 달라진다.

④ 사찰은 규모에 따라 총림(叢林), 사(寺), 암(庵) 등으로 분류된다.

63 비단이나 삼베에 불보살의 모습이나 경전 내용을 그려 벽 등에 걸 수 있게 만든 그림을 무엇이라 하는가? 2자로 쓰시오.(12회 기출문제)

64 다음 중 수행자가 정진을 통해 본성을 깨달아가는 과정을 잃어버린 소를 찾는 일에 비유해서 그린 벽화를 무엇이라 하는가?(11회 기출문제)

① 신중탱화(神衆幀畵)   ② 심우도(尋牛圖)

③ 감로탱화(甘露幀畵)   ④ 변상도(變相圖)

65 법당 밖에서 불교의식을 행할 때 걸어 놓는 예배용 그림을 무엇이라고 하는가?(8회 기출문제)

66 경전의 내용 또는 불교설화를 그림으로 그린 것은?(2회 기출문제)

① 심우도(尋牛圖)　　　　　　　② 변상도(變相圖)
③ 감로도(甘露圖)　　　　　　　④ 괘불(掛佛)

67 다음 중 불가(佛家)의 생활에서 수행의 도구로 사용되는 사물(四物)에 해당하는 것을 바르게 연결한 것은?(9회 기출문제)

> ㄱ. 법고　ㄴ. 죽비　ㄷ. 목어　ㄹ. 요령　ㅁ. 운판　ㅂ. 염주　ㅅ. 범종

① ㄱ - ㄷ - ㅁ - ㅅ　　　　　② ㄱ - ㄴ - ㄹ - ㅅ
③ ㄴ - ㄹ - ㅁ - ㅂ　　　　　④ ㄴ - ㄷ - ㅂ - ㅅ

68 법구(法具) 중에서 법고, 운판, 목어, 범종을 사물(四物)이라고 한다. 이 사물에 대한 설명으로 맞지 않는 것은?(2회, 11회, 12회 기출문제)

① 범종(梵鐘) - 천상과 지옥 중생을 제도하기 위하여
② 법고(法鼓) - 짐승을 비롯한 중생의 어리석음을 깨우치기 위하여
③ 목어(木魚) - 물속에 사는 모든 중생을 제도하기 위하여
④ 운판(雲板) - 땅속의 중생을 제도하기 위하여

69 다음 중 주로 선방(禪房)에서 사용되는 법구로 앉고 일어서고 입선(入禪)과 방선(放禪), 그리고 공양할 때 행동 통일을 알리는 도구로 사용되는 것은?(11회 기출문제)

① 운판(雲板)　　　　　　　　② 목탁(木鐸)
③ 죽비(竹篦)　　　　　　　　④ 요령(搖鈴)

70 다음 중 사리(舍利)에 대한 설명으로 틀린 것은?

① 사리장엄(舍利莊嚴)이란 사리병과 합(盒)을 말한다.
② 진신(眞身)사리는 부처님의 육신에서 나온 것을 말한다.
③ 법신(法身)사리는 부처님이 설하신 대·소승불교의 모든 경전을 말한다.
④ 사리는 탑에만 봉안하고 불경이나 불화·불상 안에는 봉안할 수 없다.

71 사찰에서 기도와 법회 등의 행사가 있을 때 사용하는 기(旗)의 일종인 당(幢)을 달아 두는 기둥을 말하는 것으로, 대개 사찰의 입구에 세워져 있는 이것은 무엇인가?

72 죽은 사람이 명부(冥府)에 가서 심판을 받을 때 자신이 지은 죄업이 비춘다는 거울의 이름은?(2회 기출문제)

73 경전을 넣은 책장에 축을 달아 회전하도록 만든 나무로 된 책장으로 이것을 돌리기만 하면 경전을 읽지 않아도 공덕을 쌓을 수 있다고 한다. 이것은 무엇인가?(3회 기출문제)

① 업경대(業鏡臺)　　　　　② 윤장대(輪藏臺)
③ 변상도(變相圖)　　　　　④ 장생표(長生標)

74 유네스코(UNESCO)가 지정한 우리나라의 세계문화유산 중 불교문화재를 쓰시오.(2회 기출문제)

75 '종교(宗敎)'라는 용어에 대한 설명 중 가장 거리가 먼 것은?(7회 기출문제)

① 모든 세계종교를 포함하는 개념으로 사용되기 시작한 때는 백여 년에 지나지 않는다.
② 서양의 'religion'이라는 말을 일본 학자들이 '종교'라는 용어로 번역하였다.
③ '종교'라는 용어는 『논어(論語)』에서 나오는 구절에서 인용하여 번역하였다.
④ 원래 '종교'는 궁극적인 깨달음을 의미하는 '종(宗)'과 그 깨달음을 설하는 언어의 체계인 '교(敎)'를 의미한다.

76 다음은 종교에 대한 견해를 설명한 것이다. 그 내용이 다른 셋과 다른 것은?

① 자신에 닥친 문제를 어떤 절대적인 존재에 의지하여 해결할 수 있다.
② 인간은 신의 종이기에 절대적인 복종을 통해서만 인간의 가치를 구현할 수 있다.
③ 세계는 신의 창조물이고 인간 또한 그러하다.

④ '인간은 무엇이며 죽은 뒤 어디로 가는가'라는 진리성 그 자체를 중시 여긴다.

77 산업혁명 이후 서양의 종교관에 대한 비판이 일어나게 된 배경을 간단히 쓰시오.

78 다음 중 불교의 종교적 특성이라고 할 수 없는 것은?(1회, 12회 기출문제)

① 불교는 깨침의 종교이다.
② 불교는 지혜와 자비의 종교이다.
③ 불교는 자아 발견을 중시하는 종교이다.
④ 불교는 절대자의 구원을 중시하는 종교이다.

79 다음은 불교를 설명한 것이다. 가장 거리가 먼 것은?

① 불교는 부처님의 가르침을 믿고 행하는 종교이다.
② '불(佛)'이란 인도의 산스크리트어 '붓다(Buddha)'의 음사로 깨달은 사람을 말한다.
③ 깨달음이란 부처님에 대한 절대적인 복종을 통해서만 구현할 수 있다.
④ 모든 중생은 진리를 깨치면 부처님이 될 수 있다.

80 다음은 『불설비유경』의 '안수정등도'에 나오는 말씀이다. 이 글에 나타난 비유를 설명한 것으로 잘못된 것은?(10회 기출문제)

> 어떤 사람이 조용한 광야를 걷고 있었다. 그때 갑자기 뒤에서 성난 코끼리가 달려왔다. 그는 코끼리를 피하기 위해 마구 달리기 시작했다. 한참 달리다 보니, 몸을 피할 작은 우물이 있어 급한 나머지 그 속으로 들어갔다. 우물에는 마침 칡넝쿨이 있어 그것을 타고 밑으로 내려갔다. 한참 내려가다가 정신을 차리고 아래를 내려다보니 밑에는 다시 무서운 독사가 입을 벌리고 있었다. 그래서 다시 위를 쳐다보니 코끼리가 아직도 우물 밖에서 성난 표정으로 서 있었다. 그는 할 수 없이 칡넝쿨에만 매달려 목숨을 부지하고 있는데 어디선가 달그락달그락 소리가 나서 주위를 살펴보니 위에서 흰 쥐와 검은 쥐가 번갈아 가며 칡넝쿨을 갉아먹고 있는 것이 아닌가. 뿐만 아니라 우물 중간에서는 작은 뱀들이 왔다 갔다 하면서 사람을 노리고 있지 않은가. 온몸에 땀이 날 정도로 두려움에 떨며 칡넝쿨을 잡고 위만 쳐다보고 있는데 마침 어디선가 벌 다섯 마리가 나타나 칡넝쿨에 집을 지었다. 그러면서 꿀을 한 방울씩 떨어뜨려 주는데, 그는 꿀맛에 취해 왜 꿀을 더 많이 떨어뜨려 주지 않나 하는 생각에 빠져 자신의 위급한 상황을 잊고 말았다.

① 어떤 사람은 범부를, 코끼리는 무상하게 흘러가는 세월을 의미한다.

② 칡넝쿨은 생명, 검은 쥐와 흰 쥐는 선과 악을 의미한다.

③ 작은 뱀들은 사대(四大), 즉 몸이 아픈 것, 독사는 죽음을 의미한다.

④ 벌 다섯 마리는 인간의 나쁜 생각과 견해인 오욕락을 의미한다.

81 인간의 오욕락(五慾樂)이라고 볼 수 없는 것은?

① 재물에 대한 욕망   ② 명예에 대한 욕망

③ 편안함의 추구   ④ 깨달음에 대한 욕망

82 다음 중 불문(佛門)에 입문하는 자가 보게 되는 『초발심자경문(初發心自警文)』의 내용에 속하지 않는 것은?(6회 기출문제)

① 『발심수행장(發心修行章)』   ② 『자경문(自警文)』

③ 『계초심학인문(誡初心學人文)』   ④ 『수심결(修心訣)』

83 부처님 재세 시부터 기쁨에 넘치는 신앙고백으로 오늘날까지 모든 불교의식을 행할 때 가장 먼저 행하는 의식은 무엇인가?

84 참다운 불자가 되기 위해서 귀의해야 할 세 가지 대상을 쓰시오.

85 전통적인 불교의식에서의 삼귀의례(三歸依禮)이다. 다음 빈칸을 채우시오.(11회 기출문제)

귀의불○○○	귀의법○○○	귀의승○○○

86 부처님께 귀의한 불자들의 삶으로 바람직한 모습이라고 할 수 없는 것은?

① 목숨이 다할 때까지 믿음이 변치 않는다.

② 항상 지극한 마음으로 삼보(三寶)를 공경한다.

③ 너와 나를 분별하면서 살아간다.

④ 대립과 갈등의 원인을 자신에게서 찾고자 한다.

87 불교 발생 이전의 인도 사회 상황을 설명한 것으로 틀린 것은?

① 기원전 1,500년 경 아리안족이 인도에 침입하여 원주민을 정복하였다.
② 아리아인들은 작은 촌락을 이루고 사제(司祭)를 중심으로 한 씨족공동체 농촌 사회를 형성하였다.
③ 아리아인들은 바라문교(婆羅門敎)라는 종교를 탄생시켰을 뿐만 아니라, 신분제 도인 사성(四姓)제도를 형성하였다.
④ 기원전 7세기경에는 상업이 발달하고 신흥 세력이 등장하면서 바라문 계급의 권 위가 더욱 강화되었다.

88 지금으로부터 한량없는 오랜 세월 전에 수메다라는 한 수행자가 살고 있었는데, 연등 부처님이 세상에 출현하셨을 때 수많은 보살행을 닦은 뒤 '지금으로부터 무량한 겁 (劫)이 지난 후 세상에 출현하여 부처님이 될 것이다'라는 수기(受記)를 받고 도솔천에 머물게 되었다. 부처님이 도솔천에 보살로 머물고 계실 때의 이름은 무엇인가?

89 다음은 부처님의 탄생 당시 태몽이다. (   ) 속에 알맞은 말은?

> 정반왕과 결혼한 지 20년이 넘도록 자식이 없던 마야 왕비는 늦도록 슬하에 자식이 없자 걱정이 쌓여 갔다. 그러던 어느 날 왕비는 이상한 꿈을 꾸었다. 커다란 (   )개(이) 도솔천에서 내려 오는데 눈처럼 하얗고 빛나는 여섯 개의 이빨을 가지고 있었다.
> (   )는(은) 마야 왕비에게 다가와 엎드려 절을 하고는 왕비의 오른쪽 옆구리 속으로 들어오는 것이었다.

① 제석천   ② 마왕
③ 흰 코끼리   ④ 호랑이

90 부처님은 태어나자마자 일어나 동서남북으로 일곱 걸음을 걷고 사방을 둘러보며 한 손으로 하늘을, 한 손으로 땅을 가리키며 사자후(獅子吼)를 하셨다. 이때 하신 탄생게 송을 쓰시오.

91 다음 중 설명이 틀린 것은?(7회, 12회 기출문제)

① 부처님(Buddha) : '영원한 진리를 깨우치신 신비로운 존재'란 뜻이다.

② 싯닷타(Siddhārtha) : '모든 일이 뜻대로 이루어진다'는 뜻이다.

③ 석가모니(Sakyamuni) : '석가족 출신의 성자(聖者)'란 뜻이다.

④ 고타마(Gotama) : '최상의 소'라는 뜻이다.

92 다음은 고타마 싯닷타의 탄생과 관련한 설명이다. 거리가 먼 것은?(2회, 12회 기출문제)

① 기원전 624년 지금의 네팔국 타라이 지방인 카필라국에서 탄생했다.

② 카필라국은 농업 국가였으나 비교적 풍요롭고 평화로웠다.

③ 석가족의 정반왕과 마야 왕비 사이에서 태어났다.

④ 도리천에서 천인들의 간청을 받아들여 중생을 구제하기 위해 탄생했다.

93 부처님의 아버지와 어머니의 이름이 바르게 묶여진 것은?(1회 기출문제)

① 백반왕 – 야소다라   ② 정반왕 – 마야

③ 백반왕 – 마야   ④ 정반왕 – 야소다라

94 다음은 부처님의 생애에 대한 설명이다. 그 설명이 적절치 않은 것은?(4회 기출문제)

① 부처님이 도리천에 보살로 머물고 계실 때의 이름은 호명보살(護明菩薩)이다.

② 불기(佛紀)는 부처님의 입멸(入滅) 연도를 불기 1년으로 한다.

③ 부처님은 마하빠자빠띠의 출가를 처음에는 반대하셨다.

④ 부처님께서 태어나신 곳은 룸비니 동산이다.

95 불교의 4대 성지는 부처님의 생애 가운데 어떤 일을 기념하기 위해서 정해진 것이다. 이 기념되는 일과 4대 성지를 차례로 쓰시오.(3회, 8회, 10회, 11회 기출문제)

96 팔상도(八相圖)는 석가모니 부처님의 전기를 여덟 가지 장면으로 압축 묘사한 그림이다. 이 여덟 가지 장면을 쓰시오.(10회, 11회 기출문제)

97 다음 팔상도에 대한 설명 중 잘못된 것은?(11회 기출문제)

① 도솔래의상(兜率來儀相) - 도솔천에서 내려오시다.
② 비람강생상(毘藍降生相) - 괴로움의 실상을 느끼다.
③ 유성출가상(踰城出家相) - 성을 넘어 출가하시다.
④ 수하항마상(樹下降魔相) - 마왕을 항복시키다.

98 다음 중 싯닷타 태자가 태어나자마자 읊었다는 탄생게(誕生偈)의 내용으로 옳지 않은 것은?(3회 기출문제)

① 이 생(生)이 윤회의 마지막이 되리라.
② 하늘 위와 아래에 오직 내가 존귀하다.
③ 나는 삼계(三界)의 고통을 모두 편안케 하리라.
④ 나는 영원토록 불법승 삼보에 귀의하리라.

99 다음은 태자의 앞날에 대해서 예언한 아시타 선인의 예언 내용이다. (   ) 속에 들어갈 말을 차례대로 쓰시오.(12회 기출문제)

> "왕자님은 보통 사람으로서는 가질 수 없는 훌륭한 상호(相好)를 갖추고 태어났습니다. 왕자님은 훗날 성장하셔서 전 인도를 통일하여 덕으로써 다스리는 이상적인 제왕인 (㉠   )이 될 것입니다. 그러나 만약 (㉡   )하여 수행자의 길을 걸으시면 진리를 깨달아 중생을 제도하는 (㉢   )이 될 것입니다."

100 선인이 싯닷타 태자의 모습을 보고 눈물을 흘린 이유로서 바른 것은?

① 미래의 전륜성왕(轉輪聖王)을 보지 못하고 먼저 죽게 된 것을 슬퍼하여
② 미래의 부처님의 출현을 뵐 수 없는 것이 한스러워
③ 태자가 출가한 후 카필라국이 멸망하게 될 것을 예감하여
④ 어머니인 마야 왕비가 곧 돌아가시게 됨을 예감하여

101 싯닷타 태자의 어린 시절 태어난 지 7일 만에 어머니를 잃은 태자를 양육한 사람은?

① 마하빠자빠띠   ② 마하가섭
③ 빔비사라 왕   ④ 관세음보살

102 싯닷타 태자의 청소년기 생활상을 설명한 것이다. 틀린 것은?

① 왕궁에서 모든 학문과 무예를 익히며 모자람이 없이 자랐다.

② 계절에 따라 삼시전(三時殿)을 지어 호화로운 생활 속에 성장하였다.

③ 정반왕은 태자의 도성 출입을 자유롭게 허용하여 견문을 넓히게 하였다.

④ '출가하여 수행하면 부처님이 될 것이다'라는 아시타 선인의 예언으로 행동에 제약이 따랐다.

103 다음은 싯닷타 태자 나이 12세 되던 해, 부왕과 함께 농경제에 참석하였을 때의 일이다. 당시 태자의 심정을 가장 잘 나타낸 것은?

> "농부는 낡은 옷을 입고 땀을 흘리며 일을 하고, 소는 농부의 채찍을 맞으며 힘들게 밭갈이를 하고, 쟁기에 의해 흙 밖으로 나온 벌레는 새들에게 잡아먹히고 만다. 이처럼 강한 자가 약한 자를 잡아먹고 사는 것이 과연 이 세상의 올바른 질서인가?"

① 강한 자가 살아남는 것은 세상의 당연한 이치야!

② 약한 자가 잡아먹히게 된 것은 본인이 게을러서 받는 당연한 인과응보야!

③ 아, 세상은 왜 이렇게 혼란스러운가. 차라리 멀리 떠나 버릴까?

④ 아, 약육강식의 세상이로구나. 어떻게 하면 세상을 고통 속에서 구원할까?

104 성년이 된 싯닷타 태자가 백성들이 사는 모습을 살피기 위해 부왕 몰래 성문 밖으로 유람을 나섰는데, 이때 비로소 왕궁의 영화와 권세, 향락과 사치 그리고 어떤 학문과 종교에서도 생로병사로부터 벗어나는 길을 찾지 못했던 태자는 그 길을 찾아 사유하기 시작하였다. 이것을 무엇이라 하는가?(9회 기출문제)

105 다음 중 부처님의 사문유관(四門遊觀) 중 관계없는 것은?(2회 기출문제)

① 생로병사에 대해 깨닫게 하였다.

② 출가수행에 뜻을 두게 되었다.

③ 사방으로 교화를 펴는 것을 말한다.

④ 태자였을 때 있었던 일이다.

106 성년이 된 싯닷타 태자가 백성들이 사는 모습을 살피기 위해 부왕 몰래 성문 밖으로 유람을 나섰는데, 이때 북문에서 만난 사람은?(1회 기출문제)

① 늙은 사람   ② 병든 사람

③ 죽은 사람   ④ 출가수행자

107 부처님의 아들이 되시는 이의 이름은 '라훌라(羅候羅 ; Rahula)'이다. '라훌라' 뜻은 무엇인가?(3회 기출문제)

108 다음 내용과 가장 관계 깊은 팔상도(八相圖)는?(8회 기출문제)

> "나는 하늘에 태어나기를 원하지 않는다. 많은 중생이 삶과 죽음의 고통 속에 있지 아니한가. 나는 이를 구제하기 위하여 집을 나가는 것이니 위없는 깨달음을 얻기 전에는 결코 돌아오지 않으리라."
>
> － 『오분율(五分律)』

① 도솔래의상(兜率來儀相)   ② 사문유관상(四門遊觀相)

③ 유성출가상(踰城出家相)   ④ 설산수도상(雪山修道相)

109 싯닷타 태자의 출가 이후 상황을 바르게 설명한 것은?

① 왕위의 자리를 버리고 사랑하는 아내 야소다라와 아들 라훌라를 데리고 출가하였다.

② 당시 유명한 수도자들을 찾아 수행을 배웠지만 결국은 그들 곁을 떠나 독자적인 수행을 시작하였다.

③ 처음부터 당시 다른 수행자들처럼 고행의 길에 들어섰다.

④ 끝까지 고행을 함으로써 욕망을 억제하고 정신생활의 향상을 가져와 만족한 생활을 하였다.

110 싯닷타 태자의 직접적인 출가 동기에 대해서 간단하게 쓰시오.(100자 내외)

111 수행자 고타마가 당시 출가 사문이나 인도 사람들이 했던 고행을 포기한 이유로 타당한 것은?

① 고행을 통해 전혀 깨달은 바가 없었으므로
② 고행을 통해 얻은 신비하고도 초인간적인 힘이 두려워서
③ 당시 사상이나 관습을 버리고 새로운 극단적인 수행법을 찾기 위해서
④ 육체를 학대하는 것만이 진정한 깨달음의 길이 아니라는 생각이 들어서

112 수행자 고타마에게 네란자라 강 근처에서 우유죽을 공양한 사람은?

① 야소다라 부인
② 교진여 등 다섯 수행자
③ 우루벨라의 수자타 소녀
④ 이모인 마하빠자빠띠

113 수행자 고타마가 깨달음을 얻을 당시 "내 여기서 위없는 깨달음을 얻지 못한다면 차라리 이 몸이 부서지는 한이 있더라도 마침내 이 자리에서 일어서지 않으리라."라고 다짐했던 장소는?

① 무우수(無憂樹) 아래 금강보좌
② 보리수(菩提樹) 아래 금강보좌
③ 사라나무(沙羅樹) 아래 금강보좌
④ 염부나무(閻浮樹) 아래 금강보좌

114 다음은 수행자 고타마가 마왕 파순의 항복을 받은 후에 하신 말씀이다. 이 내용과 거리가 먼 것은?

"세상에서 무기를 써서 사람의 마음을 움직이나 나는 중생을 평등하게 여기는 까닭에 무기를 사용하지 않고 평등한 행과 인자한 마음으로 악마를 물리쳤나니."

- 『수행본기경(修行本起經)』

① 성적인 쾌락 등의 육체적인 욕망, 즉 색욕을 물리쳤다.
② 마음속의 온갖 번뇌, 즉 욕망, 혐오 등을 물리쳤다.
③ 전륜성왕의 자리 등 권력의 욕망에서 벗어났다.
④ 깨달음에 대한 집착에서 벗어났다.

115 수행자 고타마가 보리수 아래에 앉아 성도할 때 마왕에게 항복받으신 장면을 나타낸 수인(手印)을 바르게 설명한 것은?(12회 기출문제)

① 오른손을 어깨 높이까지 들어 올리어 손가락을 펴서 손바닥을 보이는 모양이다.

② 왼손은 가부좌한 발 위에 올려놓고 오른손은 무릎 위에서 아래로 땅을 향하고 있다.

③ 왼손을 배꼽 부근에서 손바닥을 위로 향하고 그 위에 오른손을 겹쳐 두 엄지를 맞대는 모양을 하고 있다.

④ 두 손을 가슴 앞에 모아서 각각의 엄지손가락을 손바닥으로 감추고 다른 손가락들로 감싸 주먹을 쥔 모양을 하고 있다.

116 다음 설명과 관계있는 부처님의 전기는?(4회 기출문제)

"산스크리트 원전의 명칭은 부처님의 생애라는 의미의 『붓다차리타』이다. 이 책은 마명(馬鳴)이 저술한 것으로서 부처님의 생애를 아름다운 시로 표현하고 있다. 문학사적으로는 궁정시의 선구적인 위치를 차지하고 있다."

① 『마하바스투(Mahavastu ; '대사(大事)')』

② 『불본행집경(佛本行集經)』

③ 『불소행찬(佛所行讚)』

④ 『사십이장경(四十二章經)』

117 1~2세기경의 인물로 중인도 마가다 지방의 바라문 출신으로 처음에는 불교를 배척하고 불교의 승려들과 논쟁해서 가는 곳마다 그들을 침묵시켰으나 후에는 불교에 귀의해서 오로지 불교 포교에 힘썼다. 불교시인으로 궁정시의 선구적인 작품이며 불교문학의 걸작인 『불소행찬(佛所行讚)』을 남긴 분은?(8회 기출문제)

118 부처님의 생애 가운데서 성스러운 일이 일어났던 장소를 불교에서는 4대 성지라고 하는데, 다음 중 부처님께서 깨달음을 얻은 장소는?(12회 기출문제)

① 룸비니 동산

② 바라나시

③ 붓다가야

④ 쿠시나가라

119 다음 중 부처님의 깨달음이 개인적인 차원을 벗어나 세계적이고, 역사적인 종교로 발전하는 계기가 된 것은?(1회, 3회 기출문제)

① 수하항마상(樹下降魔相)　　　② 녹원전법상(鹿苑轉法相)

③ 쌍림열반상(雙林涅槃相)　　　④ 유성출가상(踰城出家相)

120 부처님이 처음으로 법을 설하신 곳은 어디인가?(1회 기출문제)

121 다음 중 부처님께서 깨달음의 진리를 최초로 전한 대상은 누구인가?(11회 기출문제)

① 정반왕과 왕실 가족　　　② 마왕 파순

③ 교진여 등 다섯 수행자　　④ 가섭 삼형제

122 다음 중 부처님께서 깨닫고 최초로 설법한 내용은 무엇인가?(9회 기출문제)

① 육화합　　　　　　　　② 계율

③ 중도, 사성제, 팔정도　　④ 참선

123 다음이 설명하는 가르침의 내용과 가장 거리가 먼 것은?(10회, 11회 기출문제)

> "수행자여, 이 세상 사람들은 두 가지 극단으로 치우치는 길이 있느니라. 그 하나는 육체의 요구대로 자신을 내맡기는 쾌락의 길이고, 또 하나는 육체를 너무 지나치게 괴롭히는 고행의 길이다. 수행자는 이 두 극단을 버리고 중도(中道)를 배워야 한다.
> 나는 바로 중도를 깨달았으며, 그 길에 의하여 생로병사의 온갖 괴로움을 버리고 평화로운 해탈의 기쁨을 얻었느니라."

① 최초의 설법으로 흔히 '초전법륜(初轉法輪)'이라고 한다.

② 녹야원에서 교진여 등 다섯 수행자에게 설한 것이다.

③ 중도와 사성제, 팔정도 등 연기의 이치를 설하였다.

④ 이때 최초의 제자 우바새, 우바이가 탄생되었다.

124 다음 중 초전법륜에 대한 설명으로 가장 올바른 것은?(2회 기출문제)

① 녹야원에서 12연기와 윤회를 설하였다.

② 교진여와 야사를 비롯한 60인에게 설하셨다.

③ 수하항마 이전의 일이다.

④ 사성제와 팔정도를 다섯 비구에게 설하였다.

125 불교의 세 가지 보물인 삼보(三寶)가 성립하게 된 계기가 된 일은?

① 부처님이 출가하시면서

② 교진여 등 다섯 수행자가 부처님께 귀의하면서

③ 부처님의 10대 제자가 탄생하면서

④ 빔비사라 왕이 죽림정사를 기증하면서

126 다음 중 부처님의 최초 재가 신도는 누구인가?(11회 기출문제)

① 교진여   ② 야사의 부모

③ 빔비사라 왕   ④ 유마거사

127 다음의 가르침에 대한 설명으로 적절치 않은 것은?(1회, 3회, 5회, 7회 기출문제)

> "비구들이여, 길을 떠나라. 많은 사람들의 이익과 행복을 위하여, 세상을 불쌍히 여기고 인간과 신들의 이익과 행복을 위해서 두 사람이 함께 가지 말라. 비구들이여, 처음도 좋고 중간도 좋고 끝도 좋게 법을 설하라. (중략) 나 또한 우루벨라로 가리라."

① 흔히 '전도의 선언'이라고 하는 가르침이다.

② '순교리생(巡敎利生)의 명령'이라고도 한다.

③ 부처님이 열반에 드시기 직전에 제자들에게 한 설법이다.

④ 아라한과(阿羅漢果)를 증득한 60명의 제자들에게 설하신 가르침이다.

128 다음이 설명하는 내용은 부처님 생애 중 어느 부분에 해당하는가?(9회 기출문제)

> "감로의 문을 열었다. 귀 있는 자는 들어라, 낡은 믿음을 버려라."

① 비람강생상   ② 유성출가상

③ 수하항마상   ④ 녹원전법상

129 부처님께서 전도선언 이후 마가다국의 우루벨라에서의 교화 활동과 거리가 먼 것은?

① 당시 이름 있는 가섭 삼형제와 그의 제자 1,000여 명을 함께 교화하였다.
② 왕사성의 국왕인 빔비사라 왕과 그 신하들을 교화하였다.
③ 이 무렵 부처님의 10대 제자인 사리불, 목건련, 마하가섭이 출가하였다.
④ 이 무렵 사왓티의 부호 수닷타가 기원정사를 지어 바쳤다.

130 빔비사라 왕이 부처님께서 우기(雨期) 동안 머무시며 가르침을 펴실 수 있도록 기증한 불교 최초의 사원은?(2회, 6회 기출문제)

131 최초의 불교 사원인 죽림정사(竹林精舍)에 대한 설명 중 올바른 것은?(1회, 3회, 5회, 8회 기출문제)

① 죽림정사가 있는 나라의 수도는 사위성이다.
② 이 절은 부처님과 인연이 많은 프라세나지트 왕이 건립하였다.
③ 부처님이 성도하신 지 얼마 안 되어 가란타 장자가 죽림원을 보시하고 빔비사라 왕이 그곳에 정사를 지었다.
④ 이 절은 왕사성 시가지 중심에 있는 대나무숲에 자리 잡았다.

132 다음은 기원정사(祇園精舍)에 대한 설명이다. 알맞은 것을 모두 고른 것은?(4회 기출문제)

> ㉠ 대상인인 급고독장자의 신심으로 유명하다.
> ㉡ 원래는 바라문의 수행처였다.
> ㉢ 왕사성에 위치한 최초의 절이다.
> ㉣ 빔비사라 왕이 부처님께 귀의하여 기증하였다.

① ㉠   ② ㉠, ㉡
③ ㉠, ㉢, ㉣   ④ ㉠, ㉡, ㉢, ㉣

133 다음의 가르침에 대한 설명이다. 적절치 않은 것은?(1회 기출문제)

> "비구들아, 모든 것은 불타고 있다. 눈이 불타고 있고 모든 사물[色]이 불타고 있고, 안식(眼識)이 불타고 있고, 시각(視覺)이 불타고 있다. 괴로움이든 즐거움이든 비고비락(非苦非樂)이든 시각으로 인해 일어난 모든 감각이 불타고 있다. 그것들은 탐욕과 성냄과 어리석음의 불로 타고 있다. 또한 그것은 태어남과 늙음과 죽음, 그리고 슬픔과 고통과 비탄과 번민으로 불타고 있느니라."

① 부처님이 카필라성에서 행한 유명한 설법이다.
② 흔히 기독교의 '산상수훈(山上垂訓)'에 비견되는 감동적인 가르침이다.
③ 약 1천 명의 비구들을 향하여 한 설법이다.
④ 가섭 삼형제를 귀의시킨 후에 한 설법이다.

134 다음 중 먼저 일어난 순서대로 바르게 연결된 것은?(8회 기출문제)

① 야사의 출가 – 빔비사라 왕의 귀의 – 수자타의 공양 – 기원정사 건립
② 야사의 출가 – 전도선언 – 기원정사 건립 – 빔비사라 왕의 귀의
③ 기원정사 건립 – 가섭 삼형제 교화 – 석가족의 귀의 – 전도선언
④ 야사의 출가 – 전도선언 – 빔비사라 왕의 귀의 – 기원정사 건립

135 『유마경(維摩經)』에 언급된 말로 부처님의 제자 가운데 수승한 능력을 지닌 열 분의 제자를 십대제자라고 말하는데, 십대제자의 이름과 그 특징을 쓰시오.

136 왕사성(라자가하) 시내에서 부처님의 제자 앗사지[馬勝]가 조용히 걸어가는 산뜻한 모습을 보고 감동하고 그가 말한 연기(緣起)의 법칙을 듣고 부처님의 제자가 되었으며, 목건련과 함께 회의론자 산자야의 제자이기도 했던 이는 누구인가?(1회, 3회 기출문제)

① 가섭   ② 사리불
③ 우빨리   ④ 아난

137 다음은 누구와 누구를 말하는 것인가?(10회 기출문제)

> "부처님의 제자 가운데 두 사람이 있었다. 두 사람은 한 스승 밑에서 수행하던 친구였다. 좋은 스승을 만나면 서로 연락해 주기로 약속을 하고 살다가 어느 날 부처님을 만나게 되었다. 그러자 그들은 함께 부처님의 제자가 되어 깨달음을 얻게 되었다."

① 문수보살과 보현보살   ② 사리불과 목건련
③ 아난과 가섭   ④ 라훌라와 수보리

138 사리불의 친구로서 전통적인 바라문교에 만족할 수 없어 회의론자인 산자야의 문하에 들어갔다가 부처님의 제자가 된 마가다의 바라문은 누구인가?(6회 기출문제)

139 다음 중 부처님의 십대제자들의 특징이 바르게 연결된 것은?(5회, 6회, 7회, 8회, 9회, 10회, 12회 기출문제)

① 다문제일(多聞第一) : 가섭
② 천안제일(天眼第一) : 수보리
③ 지혜제일(智慧第一) : 사리불
④ 밀행제일(密行第一) : 아난

140 마가다국 왕사성에서 대부호집 바라문의 아들로 태어나 가업을 이어 받았으나, 세속적 생활의 부질없음을 깨닫고 출가하여 항상 의식주에 대한 탐착을 없애고 엄격히 수행하여 두타제일의 십대제자가 되었으며, 부처님 입멸 후 경전 결집(結集) 과정에서 상수가 된 사람은 누구인가?

① 가섭   ② 아난
③ 우빨리   ④ 수보리

141 부처님께서 열반에 드신 뒤, 가섭을 비롯한 많은 제자들은 비탄에 잠겨 있었는데, 이 모습을 지켜보던 가섭은 '서둘러 부처님의 교법과 계율을 결집하지 않으면 머지않아 비법(非法)과 비율(非律)을 말하는 자가 횡행하게 될 것이다'라고 생각하고 경전 결집의 필요성을 제기하였다. 부처님의 교법과 계율을 결집하는 데 큰 공헌을 남긴 부처님의 십대제자가 바른 순서대로 연결된 것은?

① 아난다 – 라훌라　　　　② 아난다 – 우빨리

③ 사리불 – 우빨리　　　　④ 사리불 – 라훌라

142 사위국 바라문족 출신으로 기원정사를 기증했던 급고독장자 수달(須達)의 동생인 수마나(須摩那)의 아들로 태어나 기원정사를 봉헌하는 날 부처님의 설법을 듣고 출가했으며, 우리나라 조계종의 소의경전(所依經典)인 『금강경(金剛經)』에서 부처님의 상대역으로 등장하는 이 사람은 누구인가?

① 사리불　　　　② 수보리

③ 아난다　　　　④ 아나율

143 부처님의 사촌 동생으로 부처님께서 출가, 재가 신도들을 모아놓고 기원정사에서 설법하실 때, 부처님 앞에 앉아 졸다 꾸중을 듣고 자지 않고 수도 정진하다가 육신의 눈은 멀었으나 지혜의 눈을 얻어 천안통을 얻은 부처님의 십대제자 중 한 분은 누구인가?

144 노예 계급인 수드라 출신으로 부처님이 성도 후 카필라성에 돌아왔을 때 아난, 데와닷따, 아나율 등 석가족의 사촌 형제들을 따라 출가하여 부처님의 제자가 됨으로써, 불교 교단이 계급에서도 평등함을 몸으로 보여 준 대표적 인물은 누구인가?

145 다음 중 부처님의 십대제자인 아난다의 업적을 설명한 것으로 거리가 먼 것은?

① 부처님의 시자(侍者)로서 25년 동안 열반에 들 때까지 보필한 일

② 여성의 출가를 세 번이나 간청하여 허락을 얻은 일

③ 불멸 후 경전편찬회의에서 경을 외운 일

④ 라훌라를 출가시켜 부처님의 뒤를 잇게 한 일

146 다음 중 설명이 바르게 된 것은?

① 부처님은 귀족, 평민, 노예를 차별하지 않고 누구에게나 평등하게 대하였다.

② 부처님 제자 중에는 부처님보다 나이가 많은 연장자는 없다.

③ 부처님에게 교화되어 귀의한 사람들 중에는 이교도들이 없다.

④ 당시 최대 교단으로 성장할 수 있었던 것은 강요나 정복에 의해서이다.

147 다음 중 부처님 재세 시 최초의 여성 출가자는 어느 분인가?(10회 기출문제)

① 마하빠자빠띠   ② 야소다라
③ 수자타   ④ 승만 부인

148 다음 중 불교 교단 구성의 필요충분조건이라 할 수 있는 사부대중이 비로소 성립된 시점은?(5회, 8회, 9회 기출문제)

① 다섯 비구의 출가   ② 마하빠자빠띠의 출가
③ 빔비사라 왕의 귀의   ④ 위제희 부인의 귀의

149 다음은 부처님 당시의 불교 교단에 대한 설명이다. 가장 거리가 먼 것은?(4회, 7회 기출문제)

① 녹야원의 전법으로 불법승 삼보를 이루게 되었다.
② 라훌라의 출가로 비로소 사부대중이 구성되었다.
③ 교단에 귀의한 최초의 재가자는 야사의 부모이다.
④ 마하빠자빠띠 등의 출가로 비구니 승가가 형성되었다.

150 불교의 교단을 승가(僧伽, samgha)라고 한다. 승가라는 용어가 지니는 의미는?(1회 기출문제)

① 화합을 실현하는 단체   ② 외도를 물리치는 단체
③ 기도하는 단체   ④ 고행하는 단체

151 다음은 승가에 대한 설명이다. 가장 거리가 먼 것은?(4회 기출문제)

① 출가자와 재가 신자로 구성된다.
② 사부대중으로 이루어진다.
③ 불교 이전의 의미는 공화국이나 조합이다.
④ 불탑 신앙과 밀접한 관계가 있다.

152 승가는 화합의 공동체라 한다. 전통적으로 화합 승단을 유지하기 위한 원칙을 육화합(六和合)이라고 하는데 다음 중 육화합의 원칙과 가장 거리가 먼 것은?(10회 기출문제)

① 몸으로 화합함이니 함께 살라
② 뜻으로 화합함이니 서로 어긋나지 말라
③ 계로 화합함이니 같이 수행하라
④ 이익으로 화합함이니 차별적으로 나누라

153 보살이 중생을 섭수하여 친애하는 마음을 일으켜 그들로 하여금 보살을 믿게 하여 마침내 불도(佛道)로 이끄는 네 가지로 재물과 가르침을 베푸는 보시, 부드러운 말을 하는 애어(愛語), 중생을 이롭게 하는 여러 가지 행위인 이타행(利他行), 중생에 가까이하여 중생 속으로 들어가 중생과 고락을 같이하는 동사(同事)를 의미하는 말은?(1회 기출문제)

154 부처님 당시는 부족들이 강력한 국가에 의해 잇달아 멸망해 가는 시대였다. 부처님의 종족인 석가족도 강력한 국가에 의해 멸망하였는데 석가족을 멸망시킨 국가와 왕으로 올바르게 짝지어진 것은?(1회 기출문제)

① 코살라국 - 유리(비두닷바)   ② 마가다국 - 바사익
③ 마가다국 - 아자타샤투르   ④ 코살라국 - 빔비사라

155 노년의 부처님에게 있었던 세 가지 불행한 일이라고 할 수 없는 것은?

① 부처님의 고향인 카필라국이 코살라국에 의해 멸망한 일
② 부처님의 소중한 제자 사리불과 목련존자가 부처님보다 먼저 세상을 떠난 일
③ 부처님의 사촌 동생인 데와닷따가 교단을 분열시킨 일
④ 마하빠자빠띠와 아내인 야소다라가 출가한 일

156 다음 『아함경(阿含經)』에 나오는 부처님의 가르침은 언제 설하신 것인가?(1회, 2회, 6회 기출문제)

> … 스스로를 등불로 삼고 진리를 등불로 삼아라.
> … 스스로에 의지하고 진리에 의지하라.
> … 내 가르침을 중심으로 서로 화합하고 공경하며 다투지 마라.
> … 모든 것은 변한다. 게으름 피지 말고 정진하라.

① 성도하신 직후에

② 초전법륜 때

③ 제자들에게 전도를 권유할 때

④ 열반에 드실 때

157 부처님께서 마지막 설법하신 열반유훈(涅槃遺訓)을 간략하게 쓰시오.(11회 기출문제)

158 『증일아함경(增一阿含經)』에 의하면, 부처님께서 세상에 출현하실 때에 반드시 다섯 가지 일을 하신다고 한다. 그 첫째는 무엇인가?(6회 기출문제)

"여래가 세상에 출현할 때는 반드시 다섯 가지 일을 한다. 첫째는 (   ), 둘째는 부모를 제도하는 일이며, 셋째는 믿음이 없는 사람을 믿음의 땅에 세우는 일이요, 넷째는 보살의 뜻을 내지 않는 사람에게 보살의 마음을 일으키도록 하는 일이며, 다섯째는 장래에 성불하리라는 수기를 주는 일이다. 만일 여래가 이 세상에 출현할 때는 반드시 이 다섯 가지 일을 한다.…"

159 불교의 인간관에 대한 설명 중 가장 가까운 것은?(9회 기출문제)

① 인간의 운명은 숙명적 태어남에 의해서 통제되고 결정된다.

② 인간은 물질을 떠난 정신적 의지로 구성되고 통제된다.

③ 인간의 의지는 아무것에도 예속될 수 없으며 스스로가 통제하고 결정한다.

④ 인간이 경험하는 행복과 불행은 타고난 것이다.

160 불교에서 법(法)의 쓰임새를 설명한 것으로 가장 거리가 먼 것은?

① 부처님이 깨달으신 진리와 가르치신 교법

② 연기에 의해 성립된 세상의 모든 존재

③ 사회질서 유지를 위한 법률

④ 불교의 팔만사천법문

161 다음은 '다르마(dharma)'에 대한 설명이다. 가장 거리가 먼 것은?(4회, 8회 기출문제)

① '다르마'는 불교에서 말하는 '법'의 원어에 해당된다.

② 불교의 '다르마'는 규범, 의무, 사회질서의 의미뿐만 아니라, 존재, 물(物)의 의미도 갖고 있다.

③ '다르마'는 '유지하다', '보존하다'라는 의미의 어원에서 파생되었다.

④ '다르마'는 부처님 당시 인도에서는 '깨달은 자'를 뜻한다.

162 연기법(緣起法)에 대한 설명이 잘못된 것은?(2회, 10회 기출문제)

① 연기법은 인연법(因緣法) 또는 인과법(因果法)이라고도 한다.

② 모든 것은 독자적으로 존재하지 않고 관계 속에서 존재한다는 진리이다.

③ 연기법에 의하면 우리의 고통과 슬픔은 독자적으로 우연히 일어난 것이다.

④ 부처님께서 깨달은 진리의 내용이다.

163 다음 중 설명하고자 하는 의미가 동일한 것이 아닌 것은?

① 뉴욕 센트럴 파크에서 홍수가 나는 원인은 북경에서 나비가 날갯짓을 했기 때문이다.

② 산 너머에서 피어오르는 연기는 홀로 일어나는 현상이 아니라, 섶에 붙은 불 때문에 생겨난 것이다.

③ 한 알의 겨자씨에 수미산이 포함되듯, 하나의 티끌에 시방세계가 들어간다.

④ 태초에 브라만이라는 신이 있어 열을 일으켜 하늘과 땅을 낳고, 세상의 모든 피조물들을 창조해 냈다.

164 다음은 '아함부 경전'에 나오는 내용이다. (   )에 가장 적당한 말은?(8회 기출문제)

"(   )를(을) 보는 자는 법을 보고, 법을 보는 자는 (   )를(을) 본다. 그리고 (   )를(을) 보는 자는 부처님을 본다."

165 다음은 중도(中道)에 대한 설명이다. 가장 거리가 먼 것은?(8회 기출문제)

① 양극단의 가운데를 의미하며 오늘날 양비론에 해당된다.

② 중도의 실천으로 제시된 것이 곧 팔정도(八正道)이다.

③『중론(中論)』에서는 팔부중도(八不中道)를 설명하고 있다.

④ 연기(緣起)의 진리 위에서 중도의 입장이 나온다.

166 다음은 부처님 당시의 사회사상을 설명한 것이다. 타당한 것은?

① 단멸론자(斷滅論者)들은 고행을 통해 우주의 주재자인 브라만과 자신을 합일시키기를 주장하였다.

② 상주론자(常住論者)들은 윤회를 부정하고 한 번의 생으로 모든 것이 끝난다고 주장하였다.

③ 상주론자들은 인과를 부정하고 현실의 쾌락을 즐기기를 주장하였다.

④ 부처님은 고행주의와 쾌락주의의 극단을 벗어나 중도의 길을 제시하였다.

167 불교 발생 당시 인도의 정통 바라문 사상에서 볼 때 이단(異端) 또는 외도(外道)로 간주되었던 사상을 육사외도(六師外道)라고 한다. 육사외도들의 중요 관심사와 문제점에 대해서 간략하게 서술하시오. (120자 내외)

168 부처님께서 설하신 중도(中道) 수행은 두 가지 극단을 여읜 것이다. 두 극단이란 무엇인가?(2회 기출문제)

169 중도의 가르침인 '고락중도(苦樂中道)', '단상중도(斷常中道)', '유무중도(有無中道)'를 간단히 설명하시오.

170 부처님은 내세나 영혼의 유무와 같은 형이상학적인 질문에 대해서는 침묵으로 질문에 대한 답을 대신하셨다. 다음 중 이러한 부처님의 침묵을 일컫는 말은?(11회 기출문제)

① 무아(無我)　　　　② 무처(無處)

③ 무기(無記)　　　　④ 무념(無念)

171 다음 중 불교에서 보는 존재의 실상을 가장 잘 설명한 것은?(9회 기출문제)

① 절대적 존재로 고정 불변한다.

② 연기의 존재로 무상(無常), 무아(無我)이다.

③ 일체는 고(苦)이며, 해결할 수 없다.

④ 일체는 시간, 공간을 초월하는 절대자의 것이다.

172 우주의 존재 실상을 나타내는 불교의 세 가지 근본 교의인 삼법인(三法印)을 쓰시오.(12회 기출문제)

173 다음은 제행무상(諸行無常)의 의의에 대한 설명이다. 옳지 않은 것은?(1회 기출문제)

① 탐욕으로 이루어진 나와 세계의 무상함을 알게 되므로 진실한 종교심이 싹트게 된다.

② 무집착의 지혜를 배우게 된다.

③ 염세적 인생관을 확립시킨다.

④ 변화의 진리를 깨달음으로써 정진과 노력에의 의지를 북돋운다.

174 모든 것은 인연 따라 생기고 인연이 다하면 흩어져 고정 불변하는 실체가 없기 때문에 자기중심적 사고와 아집이 허망한 것임을 보여 주는 가르침은?

① 제행무상(諸行無常)　　　　② 제법무아(諸法無我)

③ 일체개고(一切皆苦)　　　　④ 열반적정(涅槃寂靜)

175 세상사에는 희로애락(喜怒哀樂)이 있어 괴로움만 있는 것이 아닌데, 왜 불교에서는 모든 것을 고통이라고 하는지 쓰시오.(12회 기출문제)

176 무상(無常)과 무아(無我)의 진리를 완전히 구현하여 모든 번뇌와 욕망, 대립과 고통의 불을 끈 고요한 평화의 상태를 무엇이라 하는가?

177 네 가지의 성스러운 진리인 사성제(四聖諦)의 덕목을 쓰시오.

178 사성제(四聖諦)에 대한 설명으로 바르게 된 것을 모두 연결한 것은?

> ㉠ 서로서로 원인과 결과를 이루고 있다.
> ㉡ 현실세계와 이상세계의 대비를 이루고 있다.
> ㉢ 인간과 모든 존재의 현실을 고통으로 보고 있다.
> ㉣ 연기의 진리를 현실에 맞게 응용한 것이다.

① ㉠   ② ㉠, ㉡
③ ㉠, ㉡, ㉢   ④ ㉠, ㉡, ㉢, ㉣

179 사성제(四聖諦)에 대한 설명과 관계없는 것은?(2회, 3회 기출문제)

① 현실의 고통에서 벗어나 진리를 구현하는 수행의 길을 가르쳐 준다.
② 고(苦), 집(集), 멸(滅), 도(道)를 말한다.
③ 사성제는 서로 원인과 결과를 이루며 현실세계와 이상세계를 대비하고 있다.
④ 사성제에서 집(集)성제가 팔정도(八正道)와 관계가 깊다.

180 괴로움과 집착의 상태에서 벗어나 열반의 길로 들어가는 방법인 팔정도의 덕목을 쓰시오.

181 팔정도의 첫 덕목인 정견(正見)의 의미를 설명한 것으로 거리가 먼 것은?(10회 기출문제)

① 모든 것의 옳고 그름을 바로 보는 것이다.
② 모든 사물을 분별해서 보는 것이다.
③ 모든 것을 연기의 입장에서 보는 것이다.
④ 모든 것을 무아의 입장에서 보는 것이다.

182 다음 설명은 팔정도의 덕목 중 어떤 내용을 설명한 것인가? (3회, 8회 기출문제)

> "바른 생활이다. 옳은 일에 종사하고 몸과 말과 마음의 신구의(身口意) 삼업을 청정히 하면서 바로 사는 것을 말한다. 좀 더 구체적으로 말한다면 바른 직업관을 가지고 생업에 임해야 한다."

① 정정(正定) ② 정명(正命)
③ 정정진(正精進) ④ 정견(正見)

183 다음 중 불교적 가치관에 해당하는 것은?

① 모든 것은 신의 뜻에 따라 좌우된다.
② 일체는 지난 과거의 행위에 의해서 결정된다.
③ 일체의 모든 것은 우연의 소산이다.
④ 모든 것은 인간의 자유의지나 노력에 의해서 결정된다.

184 부처님께서는 '그 사람의 지금 모습을 보면 전생을 알 수 있고, 그 사람의 현재 행위를 보면 내생을 알 수 있다'고 하였다. 이 글을 통해서 알 수 있는 사상은?

① 운명론적 사고방식 ② 쾌락주의적 사고방식
③ 인과론적 사고방식 ④ 자연주의적 사고방식

185 무아(無我)와 무상(無常)은 대승불교에 오면서 공(空)으로 개념이 확대되었다. 공(空)의 의미와 거리가 먼 것은?

① 모든 것이 고정된 실체로서의 자성(自性)이 없다는 것을 말한다.
② 텅 빈 공에 모든 것이 들어 있고 모든 것이 창조되는 것과 같은 이치를 말한다.
③ 줄거나 늘지 않으며 생기거나 사라지지 않는 허공과 같은 것을 말한다.
④ 모든 것은 시간이 지나면 실체가 없어지므로 만물이 허무하다는 뜻이다.

186 『반야심경(般若心經)』을 보면 '조견오온개공(照見五蘊皆空)'이라는 구절이 있다. 이를 해석하시오.

187 다음 용어에 대한 설명이 틀린 것은?(10회 기출문제)

① 법(法) – 원어는 '다르마(Dharma)'이며, '변하지 않는 것'이란 뜻이다.
② 업(業) – 원어는 '까르마(Karma)'이며, '의도를 가진 행동'이란 뜻이다.
③ 계(戒) – 원어는 '실라(Sila)'이며, 넓은 뜻으로 '불교인의 생활 방식'을 뜻한다.
④ 율(律) – 원어는 '비나야(Vinaya)'이며, '주체적이며 자율적인 행위 규범'이다.

188 계율은 불교도의 생활 윤리, 또는 삶과 수행의 규범이다. 율(律)은 어느 때에 부처님께서 여러 가지 상황을 예측하고서 일시에 율장(律藏)으로 제정하신 것이 아니라, 필요에 따라서 그때그때 제정한 것을 모아 놓은 것이다. 즉 출가자의 비행이 있을 때마다 부처님은 그것을 규제하여 금지 조항을 만드셨다. 이것을 무엇이라고 하는가?(4회, 11회 기출문제)

189 백장 회해(百丈懷海, 749~814)가 백장산(百丈山)의 율원으로부터 독립한 선원을 창설하고 다시 율전의 규정에 구애받지 않는 선종 독자의 규율을 만들어 냈다. 이를 무엇이라 하는가?(3회 기출문제)

190 재가 불자(在家佛子)가 받아야 하는 계(戒)에 들어가지 않는 것은?(9회 기출문제)

① 오계(五戒)   ② 식차마나니계(式叉摩那尼戒)
③ 보살계(菩薩戒)   ④ 십선계(十善戒)

191 재가 불자들이 지켜야 할 오계(五戒)를 쓰시오.(11회 기출문제)

192 다음 중 오계를 범했을 때 끊어지는 선근 종자로 잘못 짝지어진 것은?(10회 기출문제)

① 살생(殺生) – 자비종자   ② 투도(偷盜) – 부자종자
③ 음행(淫行) – 청정종자   ④ 망어(妄語) – 진실종자

193 옛날 자비심이 지극한 왕이 매에게 쫓겨 피해 온 비둘기 대신 자신의 살점을 떼어 주었다는 일화를 통해서 알 수 있는 정신은?

① 불살생의 실천적인 모습을 보여 주고 있다.
② 불투도의 실천적인 모습을 보여 주고 있다.
③ 불사음의 실천적인 모습을 보여 주고 있다.
④ 불망어의 실천적인 모습을 보여 주고 있다.

194 불교에서 불살생계가 재가와 보살, 사미계의 제1계인 까닭은 무엇인지 쓰시오.

195 계(戒)를 지킴과 파함에는 그것을 열어야 할 때와 닫아야 할 때가 있는데, 이를 지범개차(持犯開遮)라고 한다. 개차법(開遮法)에 대한 바람직한 생각은?

① 어떤 이유라도 계율은 지켜져야 한다.
② 앉아서 받고 서서 범해도 계만 받으면 복을 받는다.
③ 필요악일지라도 가장 최선의 방법을 선택해야 한다.
④ 수계 받은 불자로서 계율에 얽매이는 것은 당연하다.

196 불교에서 기도할 때 마음 자세로 바르지 못한 것은?

① 분별하는 마음   ② 참회하는 마음
③ 자비로운 마음   ④ 부처님의 가피에 대한 믿음

197 다음은 기도에 대한 설명이다. 가장 거리가 먼 것은?(8회 기출문제)

① 기도는 가능한 한 매일 '다른 장소, 다른 시간'에 하는 것이 좋다.
② 간절한 마음을 위해서 무엇보다 중요한 것은 자기 부정이 전제되어야 한다.
③ 궁극적으로 기도는 선지식의 만남을 통한 자기와 이웃의 만남을 뜻한다.
④ 기도할 때는 믿는 마음, 참회하는 마음, 자비로운 마음을 내는 것이 중요하다.

198 불교에서 참회(懺悔)의 의미와 자세를 설명한 것으로 거리가 먼 것은?

① 과거의 잘못을 뉘우쳐 다시는 그런 잘못이 일어나지 않도록 한다.
② 미래에 있을 모든 죄를 미리 깨닫고 영원히 끊어서 다시는 짓지 않도록 한다.

③ 자기 자신과 상대방을 비교하여 잘잘못을 분명히 분별한다.

④ 원인을 살피면서 먼저 스스로 참회를 해야 한다.

199 다음 중 욕심(慾心)과 발원(發願)의 차이점으로 바르지 못한 것은?(12회 기출문제)

① 결과 중심 – 과정 중심　　　② 공동체적 – 개인적

③ 의도된 의지 – 순수한 의지　　④ 이기적 – 이타적

200 불교에서는 욕심을 버려야 한다고 강조하고 있는데, 대승불교에서 수행의 첫걸음으로 강조하고 있는 발원과의 차이를 설명한 것으로 잘못된 것은?

① 욕심은 본능적인 것이지만, 발원은 능동적인 것이다.

② 욕심은 결과를 중시하지만, 발원은 과정 그 자체를 중시한다.

③ 욕심은 현재에 중점을 두고 있는 반면, 발원은 미래에 중점이 두어져 있다.

④ 욕심은 다분히 개인적이고 이기적인 반면, 발원은 공통적인 바람을 염두하고 있다.

201 사홍서원(四弘誓願)을 쓰고 그 뜻을 설명하라.(9회 기출문제)

202 불교는 수행을 중심으로 하면서 자력(自力)과 타력(他力)의 조화를 통한 깨달음을 추구한다. 불교의 다양한 기도 수행 방법을 세 가지 이상 쓰시오.(12회 기출문제)

203 경전을 보고 읽는 것을 말하는 것으로, 풍경(諷經), 독경(讀經), 독송(讀誦)이라고도 하는 불교의 수행법은?

204 염불(念佛)에 대한 설명으로 맞지 않는 것은?(1회 기출문제)

① 염불은 공덕이 크지 않으므로 필요할 때만 한다.

② 염불할 때는 환경에 따라 큰 목소리를 내거나 낮은 목소리를 하는 것은 어느 것이나 무방하다.

③ 부처님의 은혜는 끝없고 대자대비인 것을 굳게 믿으며 염불한다.

④ 부처님의 명호를 염불하게 되면 번뇌가 일어나지 않고 마침내 열반의 도리를 얻게 된다.

205 선법(善法)은 더욱 자라게 하고, 악법(惡法)은 멀리 여의려고 부지런히 쉬지 않고 수행한다는 뜻으로, 염불과 같이 한마음 한뜻으로 보살님의 지혜와 공덕을 찬탄하면서 그 명호를 부르며 정진하는 수행 방법은?(6회 기출문제)

① 정근(精勤) ② 간경(看經)

③ 통알(通謁) ④ 입정(入定)

206 석가모니 부처님께서 주로 실천하셨으며 동남아시아의 테라바다 불교권에서 대중화되어 있는 선 수행법으로서, 지금 있는 그대로의 자기를 응시하여 자신의 몸과 마음이 무상(無常)하며, 고(苦)이고, 무아(無我)임을 체험적으로 이해토록 하는 수행법은?(12회 기출문제)

① 간화선(看話禪) ② 위빠사나(Vipassana)

③ 묵조선(默照禪) ④ 단학(丹學)

207 다음 중 부처님의 십대제자 중에서 세 곳에서 부처님으로부터 마음을 전해 받았다는 삼처전심(三處傳心)으로 널리 알려져 있으며, 선종 법맥의 제1조로 추앙받고 있는 인물은?(11회 기출문제)

① 가섭존자 ② 아난존자

③ 달마 ④ 혜능선사

208 선종에서는 부처님께서 삼처전심을 통해 마하가섭에 법을 전하였다고 한다. 삼처전심(三處傳心)이 무엇인지 쓰시오.(10회 기출문제)

209 한국을 비롯한 중국, 일본 등 북방 불교권에서 선종의 공안(公案)이나 화두(話頭)를 통해서 수행자로 하여금 큰 의심을 일으키고 스스로 그 의심을 해결하여 깨달음을 얻게 하는 불교의 수행법을 무엇이라고 하는가?(12회 기출문제)

210 선 수행을 하는 참선 도량 사찰의 일주문이나 해탈문 기둥에 "입차문래 막존지해(入此門內 莫存知解)"라는 글귀가 붙어 있는 것을 볼 수 있다. 다음 중 이 글귀에 대한 설명으로 가장 거리가 먼 것은?(11회 기출문제)

① 이 문에 들어오려면 알음알이를 없애도록 하라.
② 지금까지 간직해 온 온갖 지식이나 분별심이 없도록 하라.
③ 모든 것을 합리적이고 이성적으로 생각하라.
④ 머리로 헤아려서 답을 구하는지 말라.

211 다음 중 화두를 들어 참선하는 수행자가 지녀야 할 세 가지 마음이 바르게 나열된 것은?(6회, 7회 기출문제)

① 큰 신심, 큰 발심, 큰 하심   ② 큰 신심, 큰 분심, 큰 의심
③ 큰 신심, 큰 하심, 큰 의심   ④ 큰 신심, 큰 하심, 큰 분심

212 매달 있는 재일(齋日)을 열거한 것이다. 맞지 않는 것은?(4회, 5회, 10회, 12회 기출문제)

① 약사재일 – 음력 23일   ② 지장재일 – 음력 18일
③ 관음재일 – 음력 24일   ④ 석가재일 – 음력 30일

213 불공(佛供)을 올리는 때를 설명한 것이다. 가장 거리가 먼 것은?

① 괴로움과 어려움에 부딪쳤을 때 이를 소멸하고 고통에서 벗어나고자
② 원하는 일들이 뜻대로 되었을 때 부처님께 감사의 마음으로
③ 부처님의 크신 위신력을 믿고 존경하며 본받기 위한 수행의 일환으로
④ 가정에서 재물을 사용하다가 여유가 생겨서

214 우리나라 불교 명절 가운데 음력 날짜가 맞지 않지 않는 것은?(6회, 7회, 10회 기출문제)

① 탄신일 – 4월 8일   ② 성도절 – 12월 8일
③ 열반절 – 2월 8일   ④ 우란분절 – 7월 15일

215 우리나라에서 부처님오신날 법정 공휴일 제정이 국무회의에서 통과된 해는 언제인가?

① 1945년   ② 1955년

③ 1965년 ④ 1975년

216 다음 중 관불의식(灌佛儀式)에 대한 설명으로 틀린 것은?(11회 기출문제)

① 중국에서 독창적으로 부처님의 탄생일에 의식으로 생겨나게 되었다.
② 부처님에 대한 공경을 표시하고 자신의 몸과 마음을 청정하게 하는 의식이다.
③ 인도의 국왕이 왕위에 오를 때 사해(四海)의 바닷물을 정수리에 뿌려 축하한 의식에서 비롯되었다.
④ 후에 수계자나 일정한 지위에 오르는 수도자의 정수리에 향수를 끼얹는 의식으로 변형되었다.

217 다음 중 백중(百衆)에 관한 설명으로 올바르지 못한 것은?(2회 기출문제)

① 음력 7월 15일로 우란분절(盂蘭盆節)이라고도 한다.
② 스님들은 포살(布薩)과 자자(自恣)를 행하는 날이다.
③ 신자들은 선망부모를 천도하는 법회를 갖는다.
④ 아난존자의 효행에서 비롯되었다.

218 다음 중 살아 있는 부모나 7대의 선망 부모를 위하여 하안거 해제일에 음식, 의복, 등촉, 평상 등을 갖추어 시방의 고승대덕들에게 공양하면 그 공덕으로 지옥의 고통에서 구할 수 있다고 하여 유래한 우란분절(백중)과 관련된 부처님의 제자는?(11회 기출문제)

① 목련존자　　　　　　　　② 가섭존자
③ 아난존자　　　　　　　　④ 우빨리존자

219 석가모니 부처님을 비롯하여 삼보와 호법신중, 그리고 인연 있는 일체 대중에게 세배드리는 신년 첫 법회를 무엇이라고 하는가?

220 죽은 이를 위해 장례 전에 행하는 의식으로 원래 인도에서는 추운 숲, 시체를 버리는 곳이란 뜻인데, 우리나라에서는 망자를 위해서 설법하고 염불하는 것이 된 의식은?(8회 기출문제)

221 다음은 불교의 각종 재 의식을 설명한 것이다. 설명이 잘못된 것은?(12회 기출문제)

① 예수재(豫修齋)란 망자가 죽어서 행복하기를 바라는 살아 있는 자들의 재 의식이다.

② 49재란 망자가 죽은 날로부터 7일마다 한 번씩 모두 일곱 번의 재를 올리는 것을 말한다.

③ 수륙재(水陸齋)란 물이나 육지에 있는 외로운 귀신이나 배고파 굶주리는 아귀에게 공양하는 법회이다.

④ 영산재(靈山齋)란 석가모니 부처님께서 영축산에서 『법화경』을 설하실 때의 모습을 이 세상에 재현한 것이다.

222 불교의 전통적인 장례법은?

223 다음은 불교의 장례와 제례의식을 설명한 것이다. 잘못된 것은?

① 사람이 죽으면 망자에게 「무상계」, 『아미타경』, 『금강경』, 『반야심경』 등을 들려주고 서방 극락세계에 계시는 아미타 부처님을 부르며 발원한다.

② 발인할 때에는 법주가 거불과 청혼을 한 다음 제문을 낭독한다. 법주의 법문이 끝나면 다함께 반야심경을 독송한 뒤 추도문을 낭독하고 동참자들이 순서대로 분향한다.

③ 발인이 끝나면 인로왕번을 든 사람이 앞장서고 법주, 상제, 사진, 명정, 일가친척, 조문객의 순으로 진행한다.

④ 장례를 마치고 유골을 납골당에 모시거나 산골(散骨)한 뒤에는 위패를 사찰에 봉안하고 반혼재(返魂齋)를 모신 뒤 49재를 지내 영가의 극락왕생을 기원한다.

224 물이나 육지에 있는 외로운 귀신이나 배고파 굶주리는 아귀에 공양하는 법회로 중국 양무제(梁武帝)가 당시 지공선사에게 부탁하여 행한 것이 시초가 된 재(齋)는?

① 천도재(遷度齋) ② 수륙재(水陸齋)
③ 영산재(靈山齋) ④ 예수재(豫修齋)

225 영축산에서 석가모니 부처님께서 『법화경』을 설하실 때의 모습을 이 세상에 재현한 의식으로, 우리나라 전통음악과 무용이 한데 어우러져 있고 또한 민간신앙까지 수용한 불교의식이자 국가가 지정한 지정문화재이기도 한 이 의식은?

226 다음 중 살아 있는 이가 자신의 사후를 위해 미리 수행과 공덕을 닦아두는 재 의식은?(11회 기출문제)

① 49재   ② 영산재
③ 수륙재   ④ 예수재

227 다음은 대한불교조계종에 대한 설명이다. 거리가 먼 것은?(12회 기출문제)

① 우리나라에 선법을 최초로 들여온 도의국사를 종조로 모시고 있다.
② 조계종의 소의경전은 『금강경』과 '전등법어'이다.
③ 대한불교조계종의 명칭은 1940년 31본산 주지회의에서부터 시작되었다.
④ 조계라는 명칭은 혜능선사가 주석하던 중국 소주(韶州)의 조계산에서 비롯되었다.

228 대한불교조계종 종헌에 서술된 조계종의 종지(宗旨)에 해당하지 않는 것은?(8회, 9회 기출문제)

① 불립문자(不立文字)   ② 직지인심(直指人心)
③ 전법도생(傳法度生)   ④ 견성성불(見性成佛)

229 다음 중 조계종의 소의경전은?(9회, 10회 기출문제)

① 『화엄경』   ② 『법화경』
③ 『육조단경』   ④ 『금강경』, 전등법어

230 종헌에 명시된 대한불교조계종의 종조(宗祖)와 중흥조(重興祖)는 각각 누구인가?(7회 기출문제)

231 불교 신도가 갖추어야 할 최소한의 필수 조건은?(2회, 7회 기출문제)

① 삼귀의, 오계   ② 팔정도, 육바라밀

③ 오계, 팔정도   ④ 삼귀의, 육바라밀

232 다음 중 참다운 불자가 되기 위해 가장 먼저 해야 할 것은 무엇인가?(9회 기출문제)

① 삼귀의계와 오계 수지   ② 참회와 기도 정진

③ 신도 등록   ④ 성지 순례

233 다음은 불교의 업설(業說)에 대한 관한 설명이다. 가장 올바른 것은?(3회, 6회, 9회, 12회 기출문제)

① 권선징악을 위한 통속적인 교화방편설이다.

② 선의지(善意志)에 기초한 창조적 노력을 강조한다.

③ 일종의 숙명론으로서 체념과 달관을 강조한다.

④ 삼세업보설(三世業報說)로서 육도(六道)윤회설과 무관하다.

234 부처님은 "만일 고의로 업을 짓는 일이 있다면 반드시 그 과보를 받되, 현세에 받을 때도 있고 내세에 받을 때도 있다."고 말씀하셨다. 여기서 알 수 있는 불교의 사상은?

① 윤회설   ② 삼법인

③ 사성제   ④ 팔정도

235 불교의 업설(業說)에 대한 설명으로 거리가 먼 것은?

① 인간의 의지적 작용과 행위를 말하며, 거기에는 반드시 과보가 따른다고 설한다.

② 전생의 업에 따라 현생에서 과보를 받거나, 현생의 업에 따라 내생에서 과보를 받는다.

③ 나쁜 일을 저지르고도 잘사는 사람이 있으므로 현세의 테두리에서 최선을 다해야 한다.

④ 한 가지 행동이 다른 행동을 일으키는 원인이면서 동시에 결과가 될 수 있는 양면성을 지니고 있다.

236 다음 십선업(十善業) 중에서 몸으로 짓는 선업에 해당하는 것이 아닌 것은?

① 불살생   ② 불투도

③ 불사음   ④ 불망어

237 불교에서 깨달음에 장애가 되는 근본적인 세 가지의 번뇌를 말하는 것으로, 열 가지의 악업 중 뜻으로 짓는 세 가지의 의업(意業), 즉 삼독(三毒)의 종류를 쓰시오.(12회 기출문제)

238 진리를 깨닫기 위해 반드시 거쳐야 하는 세 가지 불교 수행의 삼학(三學)이란 무엇을 말하는가?(6회 기출문제)

239 '모든 나쁜 짓을 하지 말고 온갖 착한 일들을 받들어 행하여, 스스로 그 마음을 깨끗이 하라. 이것이 부처님의 가르침이다'고 하여 과거의 비바시(毘婆尸) 부처님으로부터 현재 석가모니 부처님에 이르기까지 일곱 부처님이 모두 공통으로 전승하여 온 함축된 계목을 무엇이라 하는가?(3회, 7회, 12회 기출문제)

240 당나라의 시인 백거이(白居易)와 도림(道林)의 일화에서 잘 알려진 것이다. 과거 비바시불로부터 석가모니불에 이르기까지 과거칠불의 공통된 훈계인 칠불통계게를 쓰시오.(5회, 10회 기출문제)

241 다음 용어에 대한 설명이 틀린 것은?(10회 기출문제)

① 법(法) – 원어는 '다르마(Dharma)'이며, '변화'를 나타내는 뜻이다.

② 업(業) – 원어는 '까르마(Karma)'이며, '의도를 가진 행동'이란 뜻이다.

③ 계(戒) – 원어는 '실라(Sila)'이며, 넓은 뜻으로 '불교인의 생활 방식'을 뜻한다.

④ 율(律) – 원어는 '비나야(Vinaya)'이며, '교단 유지 등에 필요한 적극적인 행위 규범'이다.

242 다음 중 수계사의 삼사(三師)에 해당하지 않는 것은?

① 전법사(傳法師) 　　　　② 갈마사(羯磨師)

③ 교수사(敎授師) 　　　　④ 전계사(傳戒師)

243 깨달음을 구하면서 중생을 제도하는 대승불교의 이상적인 인간상은?(2회 기출문제)

244 대승불교의 이상적 인간형인 보살(菩薩)의 의미를 설명한 것으로 거리가 먼 것은?(10회 기출문제)

① 보살은 성불하기 이전의 인행의 붓다를 가리킨 말이다.

② 현재는 불교에 귀의하고 입문한 모든 사람들을 가리키는 말이다.

③ 사찰에서 신도회 활동을 하면서 불사에 많은 시주를 한 사람만을 말한다.

④ '보디사트바(Bodhisattva)'라는 말의 음역으로, 깨달음을 추구하는 중생이라는 뜻이다.

245 대승불교에서 보살행의 실천 덕목인 육바라밀(六波羅蜜)을 쓰시오.(2회, 11회 기출문제)

246 보시바라밀(布施波羅蜜)에 대한 설명으로 틀린 것은?

① 바라는 사람이 있음을 보고 나서 베풀어 준다.

② 남에게 주고 나서 뉘우치는 마음이 없다.

③ 결과를 바라지 않고 조건 없이 베푼다.

④ 자진해서 자율적으로 베푼다.

247 온 세상의 일체 존재는 연기적 존재로서 한 몸이라는 사실을 아는 깨달음에 이어, 그에 합당한 실천을 가리키는 가장 위대한 자비(慈悲)를 무엇이라 하는가?(4자로 쓰시오)(12회 기출문제)

248 다음 중 다른 바라밀(波羅蜜)의 근본이 되는 동시에 『반야심경(般若心經)』의 주제가 되는 것은 무엇인가?(7회, 12회 기출문제)

① 보시바라밀(布施波羅蜜)　　　　② 선정바라밀(禪定波羅蜜)

③ 정진바라밀(精進波羅蜜)　　　　④ 지혜바라밀(智慧波羅蜜)

249 다음 중 환경 문제를 해결하기 위한 불자의 바람직한 태도라고 할 수 없는 것은?(12회 기출문제)

① 나부터 바뀌면 세계가 바뀐다는 적극적인 생명관을 갖는다.

② 인간의 행복을 위해 자연을 지속적으로 개발하는 정책을 추진한다.

③ 모든 것이 서로 밀접하게 연관되어 있다는 연기적 세계관을 갖는다.

④ 인간 생활의 기본적인 요소인 의식주 생활에서부터 근검절약을 생활화한다.

250 다음 중 부처님께서 말씀하신 행복으로 가는 길과 가장 거리가 먼 것은?(9회 기출문제)

① 즐거움의 추구가 아니라 고통의 소멸을 통해

② 욕망과 이기심의 충족이 아니라 그 절제를 통해

③ 접촉과 속박이 아니라 자유로움을 통해

④ 노력과 극복이 아니라 순응을 통해

251 다음은 예불문(禮佛文)에 대한 설명이다. 가장 거리가 먼 것은?(8회 기출문제)

① 일반적으로 칠정례(七頂禮)라고 한다.

② '달마야중(達摩耶衆)'에서 '달마'는 달마대사에 대해 예를 올리는 것이다.

③ 사찰에 따라 개산조, 중흥조에 대해 예를 올리는 경우도 있다.

④ 사시(巳時)예불 때에는 '지심귀명례(至心歸命禮)' 대신 '지심정례공양'이라고 한다.

252 오분향 예불 시 예불문에 나오는 오분향(五分香) 또는 오분법신향(五分法身香)을 순서대로 쓰시오.

253 오분향예불문에 나오는 말 가운데 제망찰해(帝網刹海)의 '제망(帝網)'이 무엇을 의미하는지 설명하시오.(5회 기출문제)

254 다음은 오분향예불문이다. 빈칸에 알맞은 말을 차례대로 쓰시오.(12회 기출문제)

계향 정향 혜향 (   ) 해탈지견향
광명운대 주변법계 공양시방 무량불법승
헌향진언 「옴 바아라 도비야 훔」 (세 번)
지심귀명례 삼계도사 사생자부 시아본사 석가모니불
지심귀명례 시방삼세 제망찰해 상주일체 불타야중
지심귀명례 시방삼세 제망찰해 상주일체 (   )
지심귀명례 대지문수사리보살 대행(   )
대비관세음보살 대원본존지장보살 마하살
지심귀명례 영산당시 수불부촉 십대제자 십육성 오백성
독수성 내지 천이백 제대(   ) 무량자비성중
지심귀명례 서건동진 급아해동 역대전등 제대조사 천하종사
일체미진수 제대(   )
지심귀명례 시방삼세 제망찰해 상주일체 승가야중
유원 무진삼보 대자대비 수아정례 명훈가피력
원공법계제중생 자타일시성불도

255 대승불교에서는 파라미타(Paramita) 사상에 근거한 이상적인 여러 보살들이 주인공으로 등장하고 있는데, 예불문에 나타난 보살들의 특징을 연결한 것과 가장 거리가 먼 것은?

① 문수보살 - 지혜 　　　② 보현보살 - 신통
③ 관음보살 - 자비 　　　④ 지장보살 - 원력

256 다음 중 『천수경(千手經)』을 독경할 때 나오는 진언(眞言)이 아닌 것은?(5회, 10회 기출문제)

① 광명진언 　　　② 호신진언
③ 참회진언 　　　④ 준제진언

257 다음은 『천수경』에 나오는 진언이다. 바르게 연결된 것은?(10회 기출문제)

① 정법계진언 :「옴 남」
② 개법장진언 :「옴 자례 주례 준제 사바하 부림」
③ 호신진언 :「옴 아라남 아라다」
④ 준제진언 :「옴 치림」

258 불교에서는 계를 받는 마음의 굳은 약속의 징표로서 향불로 자기의 팔을 태우는 의식, 즉 연비(燃臂)의식을 하는데, 이때 계를 받는 사람은 억겁 세월동안 지은 악업과 죄업을 참회하기 위해 참회진언(懺悔眞言)을 연비가 끝날 때까지 계속하게 된다. 참회진언을 쓰시오.(12회 기출문제)

259 다음은 『천수경』 중 관세음보살님의 십대원(十大願)이다. 빈칸에 알맞은 단어를 쓰시오.(10회 기출문제)

나무대비관세음 원아속지일체법
나무대비관세음 원아조득(   )
나무대비관세음 원아속도(   )
나무대비관세음 원아조득선방편
나무대비관세음 원아속승반야선
나무대비관세음 원아조득월고해
나무대비관세음 원아속득(   )
나무대비관세음 원아조등(   )
나무대비관세음 원아속회무위사
나무대비관세음 원아조동(   )

260 『천수경』에 나오는 부처님께서 열 가지 발원하신 문을 모두 쓰시오.(9회, 11회 기출문제)

261 다음은 『천수경』의 일부이다. 빈칸에 들어갈 공통 단어를 쓰시오.(11회 기출문제)

| ( )중생 서원도 | ( )번뇌 서원단 |
| ( )법문 서원학 | ( )불도 서원성 |

262 『반야심경』 본문에서 구체적으로 열거되는 내용과 가장 거리가 먼 것은?(5회 기출문제)

① 십팔계(十八界)   ② 삼선근(三善根)

③ 십이연기(十二緣起)   ④ 사성제(四聖諦)

263 다음은 『반야심경』의 전문이다 빈칸을 채우시오.(10회 기출문제)

마하반야바라밀다심경
관자재보살 행심반야바라밀다시 (㉠)
사리자 (㉡) 색즉시공 공즉시색 수상행식
역부여시 사리자 시제법공상 불생불멸 불구부정 부증불감 시고
공중무색 무수상행식 (㉢) 무색성향미촉법 무안계 내지
무의식계 무무명 역무무명진 내지 무노사 역무노사진 무고집멸도
무지역무득 이무소득고 보리살타 의반야바라밀다 고심무가애
무가애고 무유공포 (㉣) 구경열반 삼세제불
의반야바라밀다 고득아뇩다라삼먁삼보리 고지 반야바라밀다
시대신주 시대명주 시무상주 시무등등주 능제일체고 진실불허 고설반야바라밀다주 즉설주왈
「아제 아제 바라아제 바라승아제 모지 사바하」(3번)

264 불교식으로 가정에서 제사를 지낼 때 다음 보기의 영가에 대한 위패를 쓰시오.

아버지 全州李氏, 法名 法山, 이름 無常

265 다음 청법가의 빈칸을 채우시오.(9회 기출문제)

"덕 높-으신 스-승님 (   )에 오르사 — (   )를 합-소서 (   )을 주-소서……"

266 다음은 '보현행원'이라는 찬불가의 가사 1절이다. 빈칸을 채우시오.(10회 기출문제)

내 이제 두 손 모아 청하옵나니
(   ) 부처님 우주 대광명
두 눈 어둔 이내몸 굽어 살피사
위없는 (   )을 널리 여소서
(   )와 (   )가 다할지라도
오늘 세운 이 (   )은 끝없사오리.

제2장 불교의 이해와 신행

1 석가모니 부처님의 전생에 관한 우화나 설화를 기록한 경전은?

① 『본생경(本生經 : 자타카)』   ② 『화엄경(華嚴經)』
③ 『아미타경(阿彌陀經)』   ④ 『금강경(金剛經)』

2 부처님의 생애가 주는 의미를 설명한 것이다. 거리가 먼 것은?

① 당시 신 중심의 인간관과 세계관을 부정하고 인간의 존엄성과 자아 중심의 세계관을 선언하셨다.
② 지나친 고행과 쾌락주의보다는 중도의 길을 통해 진정한 깨달음에 이를 수 있음을 보여 주었다.
③ 현실의 관찰을 통해 괴로움과 괴로움의 원인을 파악함으로써 스스로 해결책을 찾도록 하였다.
④ 신적인 권위와 강제된 교리를 통해 후세에 우리들로 하여금 어떠한 삶을 살아가야 할 것인지를 보여 주었다.

3 여래(如來 : Tathāgata)란 석가모니 부처님 당시 인도에서 사회적으로 위대한 사람들을 일컫는 고유명사였는데, 여기서 '있는 그대로(Tathā)'의 의미를 설명한 것으로 틀린 것은?

① 부처님 혹은 부처님의 법은 시방삼세에 두루 걸쳐 항상 변함없음을 말한다.
② 부처님은 석가모니 부처님을 비롯한 여러 부처님들로 나타날 수 있다는 것을 상징하고 있다.
③ 부처님의 생애는 6년의 수행 끝에 깨달음을 얻고 중생 제도를 하시다가 열반에 든 것으로 끝난 것임을 의미한다.
④ 부처님은 인간세계에 오기 전 오랜 과거 생애 동안 보살로서 꾸준히 수행하여 수많은 중생을 제도한 결과 마침내 현생에서 깨달음을 얻었다는 것이다.

4 다음 중 여래(如來)라는 부처님의 호칭에 대한 설명으로 거리가 먼 것은?(11회 기출문제)

① 부처님의 법은 시방삼세에 변함없이 있음을 말한다.
② 부처님의 생애는 열반에 든 것으로 끝난 것이 아님을 의미한다.
③ 부처님의 법은 다른 여러 부처님으로 나타날 수 있음을 상징하고 있다.
④ 석가모니 부처님만이 가장 위대한 존재라는 의미이다.

5 부처님의 삼신(三身)을 간단히 설명하시오.(11회 기출문제)

6 시간과 공간을 초월하여 변함없이 존재하는 진리 그 자체를 형상화한 법신불(法身佛)은?

① 비로자나불(毘盧遮那佛)　　　　② 아미타불(阿彌陀佛)
③ 석가모니불(釋迦牟尼佛)　　　　④ 노사나불(盧舍那佛)

7 불교에서 법신(法身)이라고 말할 때, 여기서 법(法)을 설명한 것으로 가장 관계 깊은 것은?(11회 기출문제)

① 부처님의 가르침, 즉 불교 교리를 말한다.
② 시간과 공간을 초월하여 변함없이 존재하는 진리 그 자체를 말한다.
③ 의식이 주체가 되어 어떤 것을 인식할 때 그 대상이 되는 것을 말한다.
④ 일반적으로 사회에서 사용되고 있는 민법, 형법 등을 말한다.

8 부처님과 법의 관계를 삼신설(三身說)로 설명할 수 있다. 다음 중 삼신에 해당하는 부처님과 관계가 없는 것은?(10회 기출문제)

① 비로자나불　　　　② 노사나불
③ 석가모니불　　　　④ 약사여래불

9 다음 (　　　) 안에 알맞은 말을 차례대로 나열한 것은?(9회 기출문제)

- 진리의 본체라는 뜻으로 부처님께서는 참다운 이치를 깨달은 모든 것의 바탕이 되는 진리의 몸이기 때문에 (　　　)이라고 한다.

> - (   )은 보살로서 수행하고 있을 적에 세운 원력과 수행의 결과로 나타난 한량없는 공덕의 몸을 받는 부처님을 말한다.
> - (   )은 이 세상의 모든 중생을 깨달음의 길로 이끌어 주시기 위해 그 모습을 직접 나타낸 부처님을 말한다.

① 보신불 – 화신불 – 법신불　　② 법신불 – 보신불 – 화신불

③ 법신불 – 화신불 – 보신불　　④ 보신불 – 법신불 – 화신불

10 다음은 경전에 나타나는 여러 부처님에 대한 설명이다. 가장 거리가 먼 것은?(5회 기출문제)

① 아미타불은 서방정토, 극락세계의 교주이다.

② 비로자나불은 법신불로서 미래불이다.

③ 비바시불은 과거칠불 중 제1불이다.

④ 시기불은 과거 장엄겁에 출현한 일천불 가운데 제999불이다.

11 다음 중 과거칠불이 아닌 부처님은?(10회 기출문제)

① 비바시불　　　　　　　　② 비사부불

③ 가섭불　　　　　　　　　④ 아촉불

12 도솔천에서 보살로 머물면서 부처님이 되기 위해 정진하고 있다는 분으로, 석가모니불 다음에 미래에 오실 부처님은 누구인가?

① 구나함모니불　　　　　　② 가섭불

③ 미륵불　　　　　　　　　④ 비사부불

13 경전에서 부처님이 지닌 덕성을 십팔불공법(十八不共法)이라 하는데, 이에 해당하는 것이 아닌 것은?(10회 기출문제)

① 십력(十力)　　　　　　　② 사무량심(四無量心)

③ 삼념주(三念住)　　　　　④ 대자비심(大慈悲心)

14 부처님께서는 열 가지 지혜의 힘을 가지고 계신다. 이것을 십력(十力)이라고 한다. 다음 중 십력이 아닌 것은?(10회 기출문제)

① 도리와 도리가 아닌 것을 분명히 분별하신다.
② 각 중생은 깨달음에 대해 저마다 다른 능력을 가지고 있음을 분명히 아신다.
③ 최고의 깨달음을 얻었다고 분명히 말씀하시는 데 조금도 의심이 없다.
④ 중생들의 번뇌가 다하면 깨달음을 얻을 것이라고 분명히 아신다.

15 보통 우리가 부처님과 관세음보살을 부를 때 '대자대비(大慈大悲)하신'이란 표현을 쓰는데, 대자대비의 의미 중 틀린 것은?

① '대(大)'는 크고 깊다는 뜻이다.
② '자(慈)'는 중생에게 적극적으로 사랑을 베푸는 것이다.
③ '비(悲)'는 중생의 괴로움을 불쌍히 여겨 구제하려는 것이다.
④ '자비(慈悲)'는 중생의 옳고 그름을 분별하여 사랑하는 것이다.

16 불교 경전에서 부처님은 많은 다른 이름으로 불리고 있는데, 그 대표적인 호칭 열 가지인 여래십호(如來十號)란 무엇인지 쓰시오. (11회 기출문제)

17 여래십호에 대한 설명 중 맞지 않는 것을 고르시오. (6회 기출문제)

① 응공(應供) – 아라한과 같은 말로서 존경받고 공양 받을 자격이 있는 이라는 뜻
② 정변지(正遍知) – 음역으로는 삼먁삼불타라 하며 바르고 완전하게 깨친 분이라는 뜻
③ 명행족(明行足) – 삼명과 삼업을 원만히 다 갖추신 분이라는 뜻
④ 세간해(世間解) – 세간의 바다처럼 모든 것을 다 받아들이는 분이라는 뜻

18 '아뇩다라삼먁삼보리'에 담겨 있는 부처님의 두 가지 이름을 여래십호(여래, 응공, 정변지, 명행족, 선서, 세간해, 무상사, 조어장부, 천인사, 불세존) 중에서 차례로 쓰시오. (12회 기출문제)

19 다음이 설명하는 부처님의 호칭에 해당하는 것은? (9회 기출문제)

"세계와 우주의 모든 물질과 마음의 현상에 대하여 다 아신다."

① 응공(應供)   ② 명행족(明行足)
③ 정변지(正遍知)   ④ 선서(善逝)

20 여래십호(如來十號) 중 '미혹의 세계를 잘 뛰어 넘어서 다시 생사의 바다로 물러나지 않는 분'이라는 뜻을 갖는 것은?(5회, 7회 기출문제)

① 여래(如來)   ② 정변지(正遍知)
③ 무상사(無上士)   ④ 선서(善逝)

21 다음 중 불교적 가치관에 해당하는 것은?(12회 기출문제)

① 우연론(偶然論) – 모든 것은 우연의 소산이다.
② 신의설(神意說) – 모든 것은 초월자의 뜻에 따라 결정된다.
③ 의지행위설(意志行爲說) – 모든 것은 자신의 의지와 행위에 의해 결정된다.
④ 숙명론(宿命論) – 모든 것은 자신의 과거나 태어난 연월일시에 따라 좌우된다.

22 다음 중 불교의 교리를 설명한 것으로 거리가 먼 것은?(12회 기출문제)

① 부처님의 가르침인 법은 불교에만 한정되지 않는 보편적인 진리이다.
② 모든 것은 독자적으로 존재하지 않고 상호 관계 속에서 존재한다.
③ 어느 한쪽에 치우치지 않는 중도의 가르침이다.
④ 엄격한 고행을 통해서만 우주의 존재자인 브라만과 아트만이 합일할 수 있다.

23 불교에서는 우주는 생성과 전개의 과정을 거친다고 한다. 다음 그 순서를 바르게 연결한 것은?(9회 기출문제)

① 주겁(住劫) – 괴겁(壞劫) – 성겁(成劫) – 공겁(空劫)
② 성겁(成劫) – 괴겁(壞劫) – 공겁(空劫) – 주겁(住劫)
③ 성겁(成劫) – 주겁(住劫) – 괴겁(壞劫) – 공겁(空劫)
④ 주겁(住劫) – 성겁(成劫) – 공겁(空劫) – 괴겁(壞劫)

24 원효의 「발심수행장(發心修行章)」에 의하면, "허망분별 또는 전도몽상의 소견으로 수행하는 것은 모래를 쪄서 밥을 지으려는 것과 같다."고 했는데, 부처님과 조사스님들이 한결같이 강조하고 있는 '허망분별', '전도몽상'이란 무엇을 뜻하는지 쓰시오.

25 보통 수행을 통해 '존재의 실상을 깨달았다' 또는 '진실의 법칙을 밝혀냈다'고 하는데, 여기서 부처님이 깨달은 법을 한마디로 표현하면 무엇인가?

26 불교의 세계관인 연기의 법칙을 가장 입체적으로 이해할 수 있도록 설명하고 있는 경전의 비유는?

① 『화엄경』의 인드라망 그물 비유
② 『잡아함경』의 소오나 비구의 거문고 비유
③ 『법화경』의 삼계화택 비유
④ 『전유경』의 독화살 비유

27 부처님께서 최초로 설파하신 진리가 사성제라면, 부처님께서 깨달으신 진리는 무엇인가?(12회 기출문제)

① 윤회설(輪廻說)　　　　② 연기법(緣起法)
③ 삼법인(三法印)　　　　④ 업설(業說)

28 불교의 가장 핵심적인 교리법은 연기법이다. 아래는 연기법을 간명한 표현으로 잘 드러내고 있는 글이다. 다음 글을 해석하라.

> 차유고피유 차생고피생(此有故彼有 此生故彼生)
> 차무고피무 차멸고피멸(此無故彼無 此滅故彼滅)

29 불교에서는 인간과 그 밖의 모든 존재를 우리의 인식 관계로 파악한 열여덟 가지 범주를 십팔계(十八界)라고 하는데, 다음 중 이에 해당되지 않는 것은?(12회 기출문제)

① 육근(六根)　　　　② 육경(六境)
③ 육도(六道)　　　　④ 육식(六識)

30 다음은 초기 경전에서 언급한 일체법(一切法)에 대한 설명이다. 틀린 것은?(11회 기출문제)

① 5온(五蘊)은 물질 현상인 색(色)과 정신 현상인 수상행식(受想行識)을 말한다.
② 12처(十二處)란 6가지 감각 기관과 6가지 감각 대상을 합친 것을 말한다.

③ 18계(十八界)란 일체의 존재를 인식 기관과 인식 대상, 그리고 인식 작용으로 분류한 것을 말한다.
④ 5온, 12처, 18계를 설하신 목적은 물질과 정신이 영구불변함을 확인시켜 주기 위함이다.

31 일체법(一切法)이란 모든 존재 현상을 말하는데, 이를 바르게 설명한 것은?

① 모든 존재 현상은 다양한 연기적 관계 속에서만 존재한다.
② 모든 존재 현상, 즉 물질과 정신은 영구불변하는 실체이다.
③ 물질은 끊임없이 변하지만, 정신은 실체적인 것으로 영원불멸하다.
④ 정신적인 요소는 변하지만, 나를 구성하고 있는 물질적인 요소는 영원하다.

32 다음은 오온(五蘊)을 설명한 것이다. 그 연결이 바르지 못한 것은?(10회 기출문제)

① 수(受) – 눈, 귀, 코 등의 감각 기관
② 상(相) – 느낌을 이미 축적된 개념과 연관 지어 개념화한 정신 작용
③ 행(行) – 마음의 상태, 마음의 인식 작용
④ 식(識) – 나누어서 아는 것, 분별, 판단, 인식 작용

33 오온(五蘊)의 의미를 설명한 것으로 틀린 것은?

① 좁은 의미로는 인간 존재를, 넓은 의미로는 일체 존재를 말한다.
② 색은 물질적인 현상, 수·상·행·식은 정신적인 현상을 말한다.
③ 색은 지·수·화·풍으로 이루어진 육체를 의미한다.
④ '나'라는 존재를 고정 불변의 자아로 여긴다.

34 다음 중 오온설(五蘊說)의 의미를 설명한 것으로 바르지 못한 것은?(3회, 12회 기출문제)

① 인간 존재는 물질현상과 정신현상의 일시적 결합체일 뿐 고정 불변의 실체는 없다는 뜻이다.
② 나라고 할 만한 고정 불변의 실체는 없으므로 나를 위한 이기심에서 벗어나라는 의미다.
③ 육신보다는 영혼, 정신, 마음, 자성 등이 오온의 주체로서 가장 중요하다는 뜻이다.

④ 나라고 할 만한 실체는 없으므로 나의 것에 대한 집착에서 벗어나라는 의미이다.

35 '오온(五蘊)이 하나의 개체로 집착되고 있음'을 의미하는 불교 용어는?(1회 기출문제)

36 초기 경전에서 부처님은 제자들에게 기회가 있을 때마다 5온(五蘊) 등 일체법에 대해 설하고 있는데, 5온이 지닌 성질을 설명한 것으로 틀린 것은?

① 5온은 무상하다.　　　　　　　② 5온은 괴로운 것이다.

③ 5온은 실체가 없는 것이다.　　④ 5온은 '나'이며, '나'의 본체이다.

37 다음은 12처설(十二處說)에 대한 설명이다. 가장 바른 것은?(5회, 6회 기출문제)

① 삼과설(三科說)에 포함되기도 한다.

② 십이연기의 초기적 형태이다.

③ 12처설은 6근(根)과 6식(識)으로 이루어진다.

④ 18계에서 6도(道)를 뺀 나머지를 말한다.

38 불교의 핵심 사상인 연기법의 실상을 잘 설명해 주고 있는 것으로서 진리라고 인증하는 이 진리는 부처님께서 발견하셨으므로 부처님의 교법이라 하며, 불교를 다른 종교나 사상과 구별하기 위한 기준이라 할 수 있다. 이것을 삼법인(三法印)이라고 하는데, 다음 중 삼법인에 대한 설명으로 틀린 것은?(10회 기출문제)

① 일체의 삼라만상이 끊임없이 변해 가며 모든 것이 무상하다고 가르친 것은 참다운 삶, 가치 있는 삶을 얻게 하기 위한 실천적 의미가 담겨 있다.

② 모든 것은 변화하면서 팽팽한 갈등과 충돌의 불안정한 상태이다. 이러한 상태가 몸과 마음에서 지속될 때 이것을 고통이라고 한다.

③ 시간이 흐르면서 이 모습, 이 세포는 그대로 있지 않고 끊임없이 '나의 모습'은 변한다. 내 느낌, 생각, 가치관 등에서 '나'라는 실체를 찾아낼 수 없다.

④ 모든 중생이 생사의 괴로움을 알지 못하고 미혹을 일으키고 업을 지어 삼계에 유전(流轉)한다. 이 때문에 부처님께서 중생은 생사의 괴로움을 벗어날 수 없음을 타이르시는 열반의 법을 설하셨다.

39 다음의 고통 중 시간의 변함으로 인하여 받는 고통은?(11회 기출문제)

① 고고(苦苦)   ② 행고(行苦)

③ 애별리고(愛別離苦)   ④ 괴고(壞苦)

40 괴로움의 유형에 여러 가지가 있는데, 모든 것이 시간적으로 변함으로 인해 겪게 되는 고통, 즉 제행무상(諸行無常)에서 오는 괴로움은 무엇인가?

41 공간적으로 이루어진 것이 부서지거나 없어지는 데서 오는 공허감의 고통은 무엇이라 하는가?

42 다음 중 일본인 지하철 승객을 구하려고 철길로 뛰어들어 목숨을 잃은 어느 한국 유학생의 국경을 초월한 감동적 행위를 통해서 느낄 수 있는 것과 가장 관계 깊은 것은?(11회 기출문제)

① 무상(無常)의 실천적 의미를 이해할 수 있다.
② 괴로움의 실천적 의미를 이해할 수 있다.
③ 무아(無我)의 실천적 의미를 이해할 수 있다.
④ 열반(涅槃)의 실천적 의미를 이해할 수 있다.

43 연기법과 함께 불교의 최대 핵심 교설인 무아(無我)의 실천적 의미를 150자 내외로 쓰시오.(12회 기출문제)

44 다음 보기의 밑줄 친 부분에 대한 설명이 틀린 것은?(11회 기출문제)

> 사성제는 의사가 질병을 치료할 때, ㉠ 먼저 그 질병이 무엇인가 하는 병상(病狀)에 대한 올바른 진단을 하고, 다음으로는 ㉡ 그 질병이 어떠한 원인에서 생겨났는가[病因]를 알아 ㉢ 환자에게 치유될 수 있다는 확신을 준 후[回復], ㉣ 바른 처방으로써 그 병인[病因]을 치료하는 과정과 같다.

① ㉠은 고성제를 말한다.

② ⓛ은 현실세계의 고통의 원인을 말한다.

③ ⓒ은 중도의 실천행인 팔정도를 말한다.

④ ⓒ과 ⓔ은 이상세계의 결과와 원인을 설명하고 있다.

45 사성제(四聖諦)의 실천 구조는 의사가 환자의 병을 치료하는 원리에 비유할 수 있다. 그 비유가 올바르지 않는 것은?(10회 기출문제)

① 고(苦) – 앓고 있는 병의 증상

② 집(集) – 발병의 원인

③ 멸(滅) – 병이 완치된 건강한 상태

④ 도(道) – 목숨이 끊어진 상태

46 현실의 고통을 보통 4고·8고(四苦八苦)로 분류하는데, 생·로·병·사의 4고 이외에 8고에 해당하는 네 가지를 쓰시오.(10회 기출문제)

47 다음은 괴로움의 원인을 나타내는 용어들이다. 설명이 틀린 것은?

① 갈애(渴愛) – 인간의 근본 미혹으로 인한 욕망과 애착을 말한다.

② 욕애(欲愛) – 감각 기관을 통해서 보기에 좋은 것만을 탐하는 것 등을 말한다.

③ 유애(有愛) – '나'라는 존재가 영원하여 좋은 것을 항상 향유하기를 바라는 생에 대한 강렬한 집착을 말한다.

④ 무유애(無有愛) – 이 세상에 존재하는 모든 사물들을 사랑하는 데서 오는 고통을 말한다.

48 팔정도의 각 덕목을 계·정·혜 삼학(三學)의 구조 속에서 살펴볼 때 서로 바르게 연결한 것은?(10회 기출문제)

① 계(戒) : 정명(正命), 정정진(正精進)

② 계(戒) : 정념(正念), 정정(正定)

③ 정(定) : 정어(正語), 정업(正業)

④ 혜(慧) : 정견(正見), 정사유(正思惟)

49 모든 괴로움의 발생과 소멸을 12가지로 풀어놓은 십이연기의 항목을 쓰시오.

50 다음은 12연기설의 각 지(支)에 대한 설명이다. 가장 거리가 먼 것은?(8회 기출문제)

① 명색(名色) – 요별이라고 설명하며, 인식 작용을 말한다.
② 노사(老死) – 현실이 괴로운 생존임을 단적으로 보여 준다.
③ 취(取) – 집착이란 뜻으로, 생존에 집착하는 것을 말한다.
④ 수(受) – 대상을 받아들이는 것으로, 고수(苦受), 낙수(樂受), 사수(捨受)가 있다.

51 다음은 12연기설에 대한 설명이다. 가장 거리가 먼 것은?(5회 기출문제)

① 12연기설을 관찰하는 방법에는 순관(順觀)과 역관(逆觀)이 있다.
② 순관(順觀)은 고(苦)가 소멸하는 과정을 관찰하는 방법이다.
③ 마지막 항목인 노사(老死)는 다른 말로 고(苦)라고도 할 수 있다.
④ 고(苦)가 발생하는 과정으로 살펴보는 것을 유전연기(流轉緣起)라고 한다.

52 십이연기의 가르침과 거리가 먼 것은?(6회 기출문제)

① 십이연기를 관찰하는 방법으로는 유전연기법과 무전연기법이 있다.
② 삶과 죽음을 거듭하며 업에 따라 윤회하는 근본 원인을 밝게 깨닫지 못한 것에 두고 있다.
③ 중생의 괴로움은 모두 원인이 있으므로 이를 제거하면 극복할 수 있음을 보인다.
④ 부처님께서 처음 설하신 불교만의 독특한 교리이다.

53 모든 고(苦)를 일으키는 근본 원인으로 가장 타당한 것은?

① 무명(無明)　　　　　　　② 명색(名色)
③ 육입(六入)　　　　　　　④ 노사(老死)

54 다음 연기(緣起)에 대한 설명 중 잘못된 것은?(11회 기출문제)

① 부처님께서 깨달은 진리의 내용은 연기이다.

② 연기법은 어떠한 이유에서 우리의 고통과 불행이 생겨나고 어떻게 하면 그것을 극복할 수 있는가를 제시하고 있다.

③ 연기법은 모든 것은 독자적으로 존재하지 않고 관계 속에서 존재한다는 진리이다.

④ 연기의 법칙은 석가모니 부처님께서 만드신 것이다.

55 다음 불교 교리에 대한 설명 중 가장 타당한 것은?(4회 기출문제)

① 십이연기(十二緣起)에서 역관(逆觀)이란 고(苦)가 소멸하는 과정을 관찰하는 방법이다.

② 제행무상(諸行無常)의 속뜻은 염세적 인생관을 확립시키는 데 있다.

③ 연기설(緣起說)은 인도의 고대 사상에서 빌려 온 개념이다.

④ '이것이 없으므로 저것이 없다'는 유전연기(流轉緣起)를 의미한다.

56 다음 중 설명이 잘못된 것은?

① 삼법인은 존재 현상의 연기론적 특징을 설명한 것이다.

② 일체법은 존재의 연기적 구조를 다양한 관점에서 설명한 것이다.

③ 사성제는 보살이 중생을 제도할 때 취하는 네 가지의 행동 양식이다.

④ 12연기는 연기법 자체를 심층 분석하여 고통과 해탈의 삶을 구체적으로 밝힌 가르침이다.

57 연기의 법칙을 생활 속에서 실천한 사례라고 볼 수 없는 것은?

① 분별심과 집착을 놓아 버린 자유로운 생활을 한다.

② 일상의 삶에서 남을 존중하고 공경하는 생활을 한다.

③ 인간과 자연의 공존 속에서도 인간 중심적인 생활을 한다.

④ 더불어 살아가는 공존의 기쁜 삶을 위해 정진하는 생활을 한다.

58 다음은 연기의 법칙을 생활 속에서 실천한 사례들이다. 거리가 먼 것은?(11회 기출문제)

① 부모님을 부처님 모시듯 항상 공경하고 감사하며 생활한다.

② 자연을 정복하려는 태도를 버리고 환경 친화적인 삶을 살아간다.

③ 아름답다, 추하다 등의 분별심을 버리고 모든 대상을 평등하게 대한다.

④ 인간의 쾌락과 행복을 위해 자연환경을 지속적으로 개발한다.

59 다음 중 생활 속의 연기법 수행과 거리가 먼 것은?(12회 기출문제)

① 공경과 감사의 생활
② 기쁨 가득한 공존의 생활
③ 분별과 집착을 떠난 자유로운 생활
④ 모든 것을 잊고 내면의 침묵에 잠기는 생활

60 다음 중 불교의 우주관, 존재론, 진리관으로 가장 잘 짝지어진 것은?(9회 기출문제)

① 이원론적 우주관 – 연기적 존재론 – 주관적, 절대적 진리관
② 일원론적 우주관 – 연기적 존재론 – 객관적, 상대적 진리관
③ 일원론적 우주관 – 실체론적 존재론 – 객관적, 상대적 진리관
④ 이원론적 우주관 – 실체론적 존재론 – 주관적, 절대적 진리관

61 부파불교시대에는 자기 견해의 옳음을 입증하려고 아함(阿含)의 교설에 대하여 깊은 연구를 하였다. '교법에 대한' 연구라는 뜻으로 '대법(對法)'이라고 번역되는 이를 무엇이라고 하는가?(4회, 9회 기출문제)

62 '아비달마(abhidharma)'에 대한 설명으로 틀린 것은?(8회 기출문제)

① '아비달마'란 말은 이미 초기 경전인 『아함경』에서도 나타나고 있다.
② '아비달마'는 보통 '대법(對法)'이라는 의미로 사용되지만, 빨리 상좌부에서는 오로지 '훌륭한 법'이라고 해석하고 있다.
③ '아비달마'의 특징은 교법을 분석적으로 해석하는 '분별(vibhanga)'이다.
④ '아비달마'에 있어서 연구해야 할 제목을 '논장(論藏)'이라고 부른다.

63 다음은 아비달마불교에 대한 설명이다. 가장 거리가 먼 것은?(8회 기출문제)

① 부처님의 교설을 체계화하는 데 크게 기여하였다.
② 본래 '아비달마'란 '교법에 대한 연구'라는 뜻이다.
③ 이상적인 인간상은 아라한(阿羅漢)으로 상정하였다.
④ 각 부파마다 소의경전이 달랐다.

64 다음 중 대승불교(大乘佛敎)의 성격이라고 할 수 없는 것은?(12회 기출문제)

① 부처님의 진정한 정신을 실천적으로 되살리려는 불교 개혁 운동으로 시작되었다.
② 자신의 행복보다는 타인의 행복을 위해 자신을 헌신하려는 신행이다.
③ 중생과 함께하는 대중성과 사회성을 강조하는 생활불교이다.
④ 부처님의 가르침을 학문적으로 다양하고 심도 있게 재해석하는 태도이다.

65 다음 중 대승불교의 이상적 인간형인 보살(菩薩)의 의미를 설명한 것으로 거리가 먼 것은?(12회 기출문제)

① 보살은 원래 성불하기 이전의 붓다를 가리킨 말이다.
② 현재는 불교에 귀의하고 입문한 모든 사람들을 가리키는 말이다.
③ 사찰에서 신도회 활동을 하면서 불사에 많은 시주를 한 사람만을 말한다.
④ 보디사트바(bodhisattva)라는 말의 음역으로, 깨달음을 추구하는 중생이란 뜻이다.

66 다음은 대승불교의 붓다관을 설명한 것이다. 거리가 먼 것은?(12회 기출문제)

① 시방삼세에 수많은 부처님이 존재한다고 믿는다.
② 다불(多佛)사상보다는 일불(一佛)사상을 강조하면서, 자기 형성에 중점을 둔다.
③ 신앙의 대상인 붓다의 본원(本願)과 정토(淨土)를 설하고 자비를 찬탄한다.
④ 진리 그 자체로서의 붓다, 즉 법신(法身)과 중생 제도를 위한 붓다의 시현, 즉 색신(色身)을 강조한다.

67 보살의 본래적 의미로 볼 때, 다음 중 가장 보살이라 할 만한 분은?(1회 기출문제)

① 지식이 많은 분
② 재력이 많아 재난이 일어났을 때 도와주는 분
③ 자기보다는 남을 앞서 생각하고 행동하는 분
④ 재력이 많아 불사를 많이 하는 분

68 다음은 대승(大乘)과 소승(小乘)에 대한 설명이다. 가장 거리가 먼 것은?(6회 기출문제)

① 대승은 큰 수레, 소승은 작은 수레라는 뜻이다.
② 소승에는 성문승(聲聞乘)과 연각승(緣覺乘)이 있다.

③ 대승은 중관(中觀) 불교의 편협한 사상을 비판하면서 흥기하였다.

④ 대승불교는 불탑신앙을 중심으로 일어났다.

69 다음 중 다른 셋과 의미가 다른 것은?

① 종파적 성격의 부파불교

② 개혁적 성향의 대중불교

③ 경전을 체계적으로 해석한 아비달마불교

④ 대승불교에서 비판의 대상으로 삼는 소승불교

70 중관학(中觀學)의 창시자인 용수(龍樹, Nāgārjuna)가 비판의 대상으로 삼았던 것은 무엇인가?

71 남인도 사람으로 「중론(中論)」을 비롯하여 중관사상을 천명한 많은 저술을 남긴 사람은?(3회 기출문제)

① 용수(龍樹, 150? ~ 250?)　　② 마명(馬鳴, 100? ~ 160?)

③ 세친(世親, 400 ~ 480경)　　④ 무착(無着, 395 ~ 470경)

72 중국 삼론종(三論宗)의 소의논서는 「중론」, 「백론」, 「십이문론」이다. 이중 용수의 저술이 아닌 것은?(4회 기출문제)

① 「중론(中論)」　　② 「백론(百論)」

③ 「십이문론(十二門論)」　　④ 모두 용수의 저술이다.

73 중국의 삼론종은 용수와 아리야제바의 세 가지 논서를 중심으로 하여 승랑(僧郎), 승전(僧詮), 법랑(法郎)을 거쳐 길장(吉藏)에 의해서 세워진 종파이다. 다음 중 삼론종의 소의논전이 된 세 가지 논서에 속하지 않는 것은?(6회 기출문제)

① 「십이문론(十二門論)」　　② 「중론(中論)」

③ 「백론(百論)」　　④ 「대지도론(大智度論)」

74 용수의 저작으로 『대품반야경』의 주석이며, 불교의 거의 모든 부문에 대한 해설이 수록되어 있는 이 논서는 일부에서는 용수의 저작을 의심하기도 한다. 이 저술의 이름은?(8회 기출문제)

75 다음은 용수(龍樹)보살에 대한 설명이다. 가장 거리가 먼 것은?(8회 기출문제)
① 8종(宗)의 조사로 일컬어지고 있다.
② 불교 최고의 논사로서 제2의 세존으로 칭송된다.
③ '법체항유(法體恒有) 삼세실유(三世實有)'를 주장한다.
④ 연기(緣起), 무자성(無自性), 공(空)의 이론을 확립하였다.

76 용수의 중관적 논법, 즉 중관 논리란 모든 것이 공하다는 점을 논증한다는 점에서 '공(空)의 논리'라고 부를 수 있는데, 이에 대한 설명으로 거리가 먼 것은?
① 일상적 사유를 해체시키는 '해체(解體)의 논리'이다.
② 논리적 사유의 한계를 지적하는 '반논리(反論理)'이다.
③ 자아나 사물에 대한 집착을 벗어난 '허무(虛無)의 논리'이다.
④ 갖가지 개념들에 대한 집착에서 벗어나게 해 주는 '해탈(解脫)의 논리'이다.

77 중관학(中觀學)의 견지에서 눈앞에 보이는 어떤 막대기의 길이를 설명할 때, 타당하지 않는 것은?
① 비교 대상에 따라 길다고 할 수도 있고, 짧다고 할 수도 있다.
② 원래는 길지도 않고 짧지도 않은 것이다.
③ 막대기의 본래적 길이는 없으며, 막대의 길이에 자성이 없다.
④ 어떤 경우에도 막대의 길이를 정확하게 규정할 수 있다.

78 중도(中道)의 개념을 바르게 설명한 것은?
① 흑백의 중간 혼합이 옳다.　② 흑백 양극단은 모두 틀렸다.
③ 흑을 부정하면서 백인 줄 안다.　④ 흑백 양극단은 모두 맞다.

79 다음 중 중도(中道)의 실천적 측면을 강조하고 있는 것은?

① 불고불락(不苦不樂) ② 불생불멸(不生不滅)

③ 불상부단(不常不斷) ④ 불일불이(不一不二)

80 용수의 『중론(中論)』에 보면, '사구백비(四句百非)'라는 것이 있는데, 이는 사물에 관해서 그 진상을 알리기 위하여 몇 번이고 부정을 거듭하여 유무(有無)의 견해를 명백하게 해 주는 문답법으로, 사구(四句)는 정립(定立)·반정립(反定立)·긍정종합(肯定綜合)·부정종합(否定綜合)을 말한다.

'부자[富]와 현명한[賢] 자'를 예로 들어서 사구부정(四句否定)을 논하시오.

81 다음은 용수의 『중론(中論)』에 나와 있는 구절이다. 이에 대한 설명으로 타당한 것은?

> 부처님께서는 온갖 사견(邪見)에서 벗어나게 하시려고 공(空)의 진리를 말씀하셨다. 그러나 만일 공(空)이 있다는 견해를 다시 갖는 자가 있다면, 어떤 부처님도 그런 자를 구제하지 못한다.
> ※ 진제(眞諦) : 깨달음에 관한 진리, 속제(俗諦) : 세속 사람의 아는 바 도리

① 진제와 속제를 균등하게 실천해야 한다.
② 속제를 무시하고 진제만을 추구해야 한다.
③ 진제를 무시하고 속제만을 추구해야 한다.
④ 진제와 속제를 모두 무시해야 한다.

82 『반야심경』에서 세상만사가 텅 비어 있고, 불교의 핵심 교리들이 모두 없다고 부정하는 이유를 간단히 쓰시오.

83 일체의 분별망상이 비롯되는 인간의 의식 자체를 심층적으로 분석하고, 그것의 전환을 통해 진여와 열반의 성취를 목적으로 하는 이론으로서 3~4세기 무렵 출현한 무착(無着)과 세친(世親)에 의해 전개된 사상은?(6회 기출문제)

① 중관사상(中觀思想) ② 밀교사상(密敎思想)

③ 유식사상(唯識思想) ④ 정토사상(淨土思想)

84 유식(唯識)의 교리를 담고 있는 경전이라고 볼 수 없는 것은?

① 『해심밀경』   ② 『화엄경』

③ 『입능가경』   ④ 『법화경』

85 다음 중 유식 계통의 경론이 아닌 것은?(4회 기출문제)

① 「유가사지론」   ② 「섭대승론」

③ 「유식삼십송」   ④ 「대지도론」

86 「유식삼십송」을 저술하여 유식학의 교리를 널리 알린 사람은 누구인가?

87 유식학에서는 우리의 마음, 즉 식(識)을 8가지로 분류하는데, 안식, 이식, 비식, 설식, 신식, 의식 이 외에 두 가지를 쓰시오.

88 유식학에서는 우리의 일거수일투족은 모두 여기에 저장되었다가, 시기가 무르익으면 우리가 체험하는 과보가 되어 나타난다고 한다. 여기서 세상만사를 수렴하고 방출하는 가장 근원적인 마음을 일컫는 말은?(11회 기출문제)

① 의식   ② 마나식

③ 아뢰야식   ④ 제6식

89 유식사상에서 우리가 행동하는 모든 업(業)에 대하여 훈습된 습기들을 종자의 형태로 저장하는 식은 무엇인가?

90 다음 중 설명이 틀린 것은?

① '마나식'은 자의식과 이기심의 뿌리라고 할 수 있다.
② '아뢰야식'은 세상만사를 수렴하고 방출하는 가장 근원적인 마음이라고 할 수 있다.

③ 유식학에서는 업과 과보에 대한 설명을 '법계연기(法界緣起)'로 설명한다.

④ 유식학에서는 중관학의 공견을 비판하면서 식(識)에 근거하여 세상만사를 설명한다.

91 세상만사를 8가지 심왕법(心王法), 51가지 심소법(心所法), 11가지 색법(色法), 24가지 심불상응행법(心不相應行法) 그리고 6가지 무위법(無爲法)으로 분류하는 유식학의 분류법을 무엇이라고 하는가?

92 「구사론(俱舍論)」에서는 5위 75법이라 하여 모든 법을 5부류 75가지로 나눈다. 이 다섯 부류에 해당하지 않는 것은?(6회, 8회 기출문제)

① 유위법   ② 심왕법

③ 색법   ④ 심불상응행법

93 「성유식론(成唯識論)」에 의하면 유식학에서 심소(心所 ; 작은 마음 작용들)의 종류를 총 51가지로 분류하는데, 이중 느낌[受]과 생각[想]을 제외한 49가지는 모두 마음과 관계된 행온(行蘊)에 해당한다. 그렇다면 문장[句]이나 발생[生]과 같은 마음과 무관한 행법을 지칭하는 말은?

① 심왕법   ② 색법

③ 심불상응행법   ④ 무위법

94 유식학에서는 일체 현상을 세 가지 성격으로 조망하였다. 해당하지 않는 것은?(12회 기출문제)

① 민절무기성(泯絶無寄性)   ② 원성실성(圓成實性)

③ 의타기성(依他起性)   ④ 변계소집성(遍計所執性)

95 유식학의 아뢰야 연기론에서는 업의 씨앗이 초래하는 인과응보와 자아와 세계에 대한 인지의 씨앗이 야기하는 인과응보가 있다. 이에 대한 설명으로 틀린 것은?

① 업의 씨앗은 '업종자(業種子)'라 불린다.

② 인지의 씨앗은 '명언종자(名言種子)'라 불린다.

③ '명언종자'는 인(因)도 선악(善惡)이고, 과(果)도 선악이다.

④ '업종자'는 같은 흐름을 갖는 종자(아뢰야식에 훈습된 기운인 습기)이다.

96 다음 보기와 관련된 내용이 바르게 연결된 것은?

- 전생에 이기적이었던 사람은 현생에도 이기적이다.
- 전생에 물을 무서워하던 사람은 현생에도 물을 무서워한다.

① 업종자(業種子) - 이숙습기(異熟習氣)
② 명언종자(名言種子) - 등류습기(等流習氣)
③ 업종자(業種子) - 등류습기(等流習氣)
④ 명언종자(名言種子) - 이숙습기(異熟習氣)

97 유식학에서는 크게 번뇌를 두 가지로 나누고 있는데, 하나는 자아에 대한 집착에서 오는 정서적 장애이고, 다른 하나는 갖가지 법들에 자성이 있다고 집착하는 데서 오는 인지적 장애이다. 이들을 순서대로 바르게 표현한 것은?

① 번뇌장(煩惱障) - 소지장(所知障)
② 소지장(所知障) - 번뇌장(煩惱障)
③ 108번뇌 - 번뇌장(煩惱障)
④ 108번뇌 - 소지장(所知障)

98 유식학에서는 성불을 위한 보살의 길을 크게 다섯 단계로 구분하고 있는데, 순서대로 바르게 연결된 것은?

① 자량위(資糧位) - 가행위(加行位) - 통달위(通達位) - 수습위(修習位) - 구경위(究竟位)
② 가행위(加行位) - 수습위(修習位) - 자량위(資糧位) - 통달위(通達位) - 구경위(究竟位)
③ 수습위(修習位) - 자량위(資糧位) - 가행위(加行位) - 구경위(究竟位) - 통달위(通達位)
④ 자량위(資糧位) - 수습위(修習位) - 구경위(究竟位) - 가행위(加行位) - 통달위(通達位)

99 유식학에서는 성불하게 되면 안식에서 아뢰야식에 이르기까지 우리의 총8식은 모두 부처의 지혜로 바뀌는데, 이에 대한 설명이 틀린 것은?

① 안식, 이식, 비식, 설식, 신식의 전5식은 신통력을 보이는 성소작지(成所作智)로
② 제6식은 변재가 출중한 전식득지(轉識得智)로
③ 제7 마나식은 자타평등의 대자비심을 발하는 평등성지(平等性智)로

④ 제8 아뢰야식은 세상만사를 비추는 대원경지(大圓鏡智)로

100 부처님은 중생의 소질을 의미하는 근기가 여러 종류이므로 거기에 맞춘 설법과, 모든 가르침의 목적은 중생을 부처가 되게 하는 데 있으므로 그와 상응해서 그 가르침을 말씀하시는 부처님도 뛰어난 능력을 가지고 있고, 그 가르침이 일승(一乘)이어서 그 가르침을 듣는 중생도 모두 부처가 된다는 것을 내용으로 하는 경전은 어느 것인가?(10회 기출문제)

① 『금강경』   ② 『화엄경』
③ 『법화경』   ④ 『능엄경』

101 회삼귀일(會三歸一), 일불승(一佛乘), 제법실상(諸法實相) 등의 교리를 설하고 있는 대승경전은 무엇인가?(6회, 9회 기출문제)

① 『반야경』   ② 『유마경』
③ 『법화경』   ④ 『화엄경』

102 고려 초에 중국에 들어가서 천태종을 연구하여 『천태사교의(天台四敎儀)』라는 천태학의 명저를 남긴 스님은?

① 체관(諦觀)   ② 의천(義天)
③ 요세(了世)   ④ 운묵(雲默)

103 다음 중 천태종의 대표적 교설이라고 볼 수 없는 것은?(6회 기출문제)

① 일념삼천(一念三千)   ② 일심삼관(一心三觀)
③ 삼제원융(三諦圓融)   ④ 육상원융(六相圓融)

104 천태교학의 중심 사상인 '일념삼천설(一念三千說)'을 설명한 것으로 틀린 것은?

① 불교사상에 근거해서 세계에 대해 가치를 매긴 것이다.
② 사람의 한마음에 삼천 가지의 가능성이 간직되어 있다는 이론으로 관조할 대상이다.
③ 아무리 훌륭한 사람이라도 선심(善心)과 악심(惡心)이 존재하고, 아무리 악한 사람이라도 선심과 악심이 존재한다.
④ 인간의 구체적인 모습은 가능성으로 보나 현실적으로 보나 한계가 없으며, 부처

도 될 수 있고, 지옥에 떨어질 수도 있다.

105 천태교학에서 말하는 십법계(十法界)를 쓰시오.

106 천태교학의 일념삼천이란 십법계(十法界)가 십법계를 갖추고, 다시 일법계가 십여시(十如是)를 머금어서, 백법계(百法界), 천여시(千如是)가 되고, 여기에 세 종류의 국토[三種國土]를 곱하면 삼천이 된다. 천태교학서 말한 삼세간(三世間)이란 무엇인지 쓰시오.

107 천태교학의 일심삼관(一心三觀)을 설명하시오.

108 천태대사 지의(智顗, 538~597)가 『마하지관(摩訶止觀)』에서 제시한 십경(十境) 가운데서 맨 처음에 제시한 것으로, 늘 눈앞에 펼쳐 있어서 항상 관조의 대상으로 삼은 것은?

① 음계입경(陰界入境)　　　　② 번뇌경(煩惱境)
③ 병환경(病患境)　　　　　　④ 업상경(業相境)

109 천태대사 지의가 『마하지관』에서 제시한 십경(十境) 가운데, 근기가 둔한 사람은 탐욕과 성냄이 없는 상태를 불교의 최고 경지인 열반으로 착각하는 경우가 있는데, 아직 얻지 못한 것을 얻었다고 잘못 생각해서 교만한 마음을 내는 것을 지칭하는 것은?

① 선정경(禪定境)　　　　　　② 제견경(諸見境)
③ 증상만경(增上慢境)　　　　④ 보살경(菩薩境)

110 천태대사 지의는 완전한 깨달음을 이루는 10가지 방법인 십승관법(十乘觀法)을 제시했는데, 그 의미를 설명한 것으로 타당하지 않은 것은?

① 바른 진리의 가르침을 알아야 한다.
② 지식 또는 지혜만 가지고는 곤란하고 자비심이 있어야 한다.
③ 궁극적인 경지에 이르러서는 불법, 즉 진리에 대한 애착심을 가져야 한다.
④ 자기 수행이 완성되었는지 알아볼 수 있는 최소한의 교학적 지식은 필수적이다.

111 지혜를 얻기 위한 부파불교의 여러 가지 수행 방법을 한마디로 무엇이라 하는가?

112 다음 중 「37조도품(助道品)」에 포함되지 않는 것은?(3회, 6회, 8회 기출문제)

① 사념처(四念處) ② 사정단(四正斷)
③ 오정심관(五停心觀) ④ 칠각지(七覺支)

113 천태교학에서 미혹과 깨달음의 정신적 경지를 분류한 것을 십법계(十法界)라고 하는데, 윤회의 세계인 6도(六道), 즉 지옥, 아귀, 축생, 아수라, 인간, 하늘, 그리고 불(佛)이 외에 세 개를 쓰시오.(12회 기출문제)

114 다음은 연각(緣覺)에 대한 설명이다. 가장 가까운 것은?(5회 기출문제)

① '독각(獨覺)'이라고도 하며 12연기에 의해 스스로 도를 깨달은 자이다.
② '소리를 듣는 자'라는 뜻으로 부처님의 말씀을 듣고 깨달은 자이다.
③ 사향사과(四向四果) 가운데 수다원향을 일컫는 말이다.
④ 깨달음을 구하면서 중생을 제도하는 대승불교의 이상적인 인간상이다.

115 불교는 성문승, 연각승, 보살승의 삼승(三乘)으로 구분할 수 있지만, 모든 가르침의 목적은 부처가 되게 하는 데 있다는 『법화경』의 핵심 사상은 무엇인가?

116 부처님의 자내증(自內證)의 세계, 즉 깨달음의 세계를 그대로 묘사한 것으로 사리불이나 목련과 같은 훌륭한 제자도 처음에는 그 내용을 알아듣지 못할 정도로 이해하기 어려웠던 불교의 경전은 무엇인가?

117 『대방광불화엄경(大方廣佛華嚴經)』의 의미를 설명한 것으로 가장 거리가 먼 것은?

① '대(大)'란 그 무엇과도 비교할 수 없다는 극대(極大)를 말한다.

② '방(方)'이란 방정하다, 바르다는 뜻이다.

③ '대방광(大方廣)'이란 시공(時空)을 초월하고 있다는 뜻이다.

④ '화엄(華嚴)'이란 가장 아름답고 향기로운 꽃들만을 뽑아서 장엄하고 꾸민다는 뜻이다.

118 화엄교학을 실질적으로 체계화시킨 인물로 화엄종의 제3조로 알려진 스님은?

① 두순(杜順, 557~640) ② 지엄(智儼, 602~668)

③ 법장(法藏, 643~712) ④ 징관(澄觀, 738~839)

119 다음 중 중국 화엄종을 성립시킨 스님으로만 바르게 연결된 것은?(11회 기출문제)

① 두순 – 지엄 – 법장 ② 혜문 – 혜사 – 지의

③ 용수 – 무착 – 세친 ④ 담란 – 도작 – 선도

120 다음 중 화엄(華嚴)의 지상성(至上性)을 드러내기 위한 교리라고 볼 수 없는 것은?

① 일심삼관(一心三觀) ② 법계연기(法界緣起)

③ 성기사상(性起思想) ④ 육상원융(六相圓融)

121 우주 만유의 낱낱 법(法)이 자성(自性)을 가지고 각자의 영역을 지키며 조화를 이루는 것을 말하는 화엄교학의 중심 사상을 쓰시오.(10회 기출문제)

122 우리나라 화엄사상의 기틀을 마련한 사람으로 화엄 해동초조라 불리며, 화엄사상을 잘 압축한 『일승법계도(一乘法界圖)』를 저술한 스님은?

① 자장(慈藏, 590~658) ② 원효(元曉, 617~686)

③ 의상(義湘, 625~702) ④ 균여(均如, 923~973)

123 본체와 현상이 둘이 아닌 것임을 설명한 것으로, 마치 파도와 물의 관계로 비유할 수 있는 것은?

① 사법계(事法界) ② 이법계(理法界)

③ 이사무애법계(理事無碍法界) ④ 사사무애법계(事事無碍法界)

124 현상적으로 보면 개개의 사물들이 서로 무관한 듯 보이나, 실상은 일체 존재가 서로 밀접한 상관관계 속에 얽혀 현상계 그대로가 절대적인 진리의 세계라는 화엄사상은?(11회, 12회 기출문제)

① 사법계(事法界)
② 이법계(理法界)
③ 이사무애법계(理事無碍法界)
④ 사사무애법계(事事無碍法界)

125 화엄사상의 기본 입장과 거리가 먼 것은?

① 바다의 여러 섬들이 모두 떨어져 있다.
② 한 방울의 작은 이슬에서 온 중생의 아픔을 느낀다.
③ 이름 모를 풀 한 포기에서 우주 전체의 모습을 본다.
④ 우리 몸 세포 하나를 통해 몸 전체의 정보를 알 수 있다.

126 다음은 중국 화엄종의 대표적 교설에 대한 설명이다. 가장 거리가 먼 것은?(8회 기출문제)

① 일색일향(一色一香)의 당체에 모두 본래 삼천 선악의 제법을 갖추고 있다는 성구설(性具說)을 주장한다.
② 만유일체가 그대로 상즉상입하고, 일체 불리(不離)하여 일즉다(一卽多), 다즉일(多卽一)임을 십현연기로 밝힌다.
③ 사(事)와 사(事)의 무애 원융함을 밝히기 위하여 사법계(四法界)를 설한다.
④ 육상(六相)은 곧 일상(一相)이 되어 일법을 들면 모두가 이 육상을 갖추고 있다는 육상원융을 설한다.

127 다음 중 사상과 사상가의 연결이 바르지 못한 것은?

① 중관사상가 – 용수, 이리야제바
② 유식사상가 – 무착, 세친
③ 천태사상가 – 혜문, 지의
④ 화엄사상가 – 담란, 도작

128 다음 중 우리가 체험하는 현상의 구성 요소인 법(法)에 대해서 하나하나가 모두 실체[自性]가 있다고 간주하는 사상은?

① 아비달마교학　　　　　② 중관사상

③ 천태사상　　　　　　　④ 화엄사상

129 『삼국유사』의 기록에 의하면, 원효는 세속의 복장을 하고 머리를 기르고 '아무 걸림이 없는 박'이라는 무애포(無碍匏)를 매고 같은 뜻의 노래인 무애가(無碍歌)를 부르면서 무애춤을 추었다는 일화가 전해지고 있다. 이때 원효가 민중에게 가르쳤던 불교는 무엇인가?

130 다음 중 『정토삼부경(淨土三部經)』에 해당하지 않는 것은?(9회 기출문제)

① 『무량수경(無量壽經)』　　　　　② 『아미타경(阿彌陀經)』

③ 『관무량수경(觀無量壽經)』　　　④ 『관음경(觀音經)』

131 '왕사성의 비극'을 주제로 하여 위제희 왕비가 고뇌를 떨치고 서방정토로 구제되어 가는 순서를 관불(觀佛), 관상(觀想)의 설법으로 명백히 밝혀, 타력구제의 진실성을 범부중생에게 알려 주고 있는 경전은?

① 『관무량수경(觀無量壽經)』　　　② 『법화경(法華經)』

③ 『화엄경(華嚴經)』　　　　　　　④ 『아함경(阿含經)』

132 아미타불이 법장보살(法藏菩薩 ; 법장비구)이라 불릴 때, 모든 중생을 구제하기 위하여 세자재왕불(世自在王佛)의 처소에서 48서원을 수행으로 성취함으로써 아미타불이 되어 서방에 정토를 마련하였으며, 중생은 누구나 '나무아미타불'이라는 6자 명호를 진심으로 열심히 부르면 구제된다고 기록된 경전은?(12회 기출문제)

133 자신이 비록 부처가 된다고 하더라도 괴로운 중생에게 깨달음을 열어 줄 수 없으면 결코 깨달음을 얻지 않겠다는 서원을 세운 이로 『무량수경』 등에 나오는 이는?(3회 기출문제)

① 지장보살　　　　　　　② 유마거사

③ 법장비구　　　　　　　④ 선재동자

134 혼자 힘으로 열심히 노력해서 눈에 보이지 않는 진실한 세계인 깨달음에 이르는 길을 가리키는 말과 거리가 먼 것은?

① 난행도(難行道)　　　　　② 이행도(易行道)
③ 성도문(聖道門)　　　　　④ 자력(自力)

135 불교에서는 눈에 보이는 현상세계를 예토(穢土), 즉 더럽고 고통스러운 땅이라고 하는데, 정토(淨土), 즉 극락세계(極樂世界)의 반대 개념인 이 세계는 무엇인가?

136 누구나 쉽게 '나무아미타불'을 소리 내어 외우면 곧바로 극락세계에 왕생할 수 있다는 것으로, 법장비구 48원 가운데 제18원인 이 원(願)을 쓰시오.

137 '번뇌(煩惱)가 바로 보리(菩提)'라는 주장이 의미하는 바를 쓰시오.

138 다음 중 밀교(密敎)에 대한 설명으로서 가장 거리가 먼 것은?(6회 기출문제)

① 부처님의 깨달음을 다라니, 진언, 만다라 등의 상징으로 나타낸다.
② 의례를 중심으로 하는 불교라고 할 수 있다.
③ 아비달마불교처럼 현학적이고 번쇄하다.
④ 바라문교, 힌두교, 민간신앙 등을 폭넓게 수용하였다.

139 밀교에서는 부처님께서 중생에게 보이신 세 가지의 비밀을 삼밀(三密)이라고 하는데, 이 삼밀을 쓰시오.

140 밀교에서 말하는 삼밀(三密)중 신밀(身密)에 속하지 않는 것은?

① 부처님의 상호인 32상(相) 80종호(種好)
② 보살(菩薩), 수호존(守護尊) 등의 형태와 색깔

③ 보살의 장신구와 수인(手印)

④ 각종 진언(眞言), 다라니(陀羅尼)

141 다음 중 밀교에 대한 설명으로 틀린 것은?

① 밀교는 대승불교의 반야사상과 열반관 등의 사상을 계승하고 있다.

② 밀교의 붓다관은 부처님을 역사적인 실존 인물인 석존(釋尊)에 국한하고 있다.

③ 밀교는 중생의 의식 변화를 통해 즉신성불(卽身成佛)의 수행 이념을 제시하고 있다.

④ 밀교는 자신이 곧 절대 법신의 붓다로서 중생 구호를 위해 영원히 노력해야 한다고 설하고 있다.

142 선(禪)의 기원과 관련한 다음 설명 중 잘못된 것은?

① 고대 인도의 명상법인 요가(yoga)에서 비롯되었다.

② 요가라는 말은 명상을 통하여 오감(五感)을 제어하고 산란한 마음을 정지시키는 것이다.

③ 요가는 삼매(三昧), 선나(禪那)라는 말로, 불교에서는 선(禪)이라는 말로 일반화되었다.

④ 붓다의 선정(禪定)은 명상을 통하여 브라만과 아트만이 본래 하나라고 하는 범아일여(梵我一如)의 경지를 체득함을 목적으로 한다.

143 부처님은 출가하여 여러 수행자를 찾아 수행을 하였는데, 가장 먼저 찾아간 당시의 수행자는 수정주의자(修定主義者)인가, 고행주의자(苦行主義者)인가?

144 부처님은 선정의 실천 구조를 지(止)와 관(觀)으로 설명하고 있다. 지관에 대한 설명으로 거리가 먼 것은?

① '지(止)'는 사마타, 즉 삼매(三昧)로서 마음을 집중하여 산란심이 없는 경지를 말한다.

② '관(觀)'은 위빠사나로서 만법의 근원인 연기의 진리를 관찰하여 깨닫는 것을 말한다.

③ '지(止)'는 번뇌가 없는 정적(靜的)인 마음 상태인 선정을 가리키는 말이다.

④ '관(觀)'은 선정에서 일어나는 정적인 상태인 지혜를 나타내는 말이다.

145 다음은 불교의 수행관 중 하나인 사념처(四念處)에 대한 설명이다. 가장 거리가 먼 것은?(4회 기출문제)

① 수념처(受念處)는 마음은 항상 그대로 있는 것이 아니고, 늘 변화 생멸하는 것이라고 관하는 것이다.
② 신념처(身念處)는 부모에게 받은 육신이 부정하다고 관하는 것이다.
③ 법념처(法念處)는 무아관(無我觀)과 관련이 있다.
④ 사념처(四念處)는 37조도품(助道品) 가운데 하나이다.

146 부파불교의 대표적인 선정법인 사념처관(四念處觀) 중에서 고락(苦樂) 등 감각 작용이 모두 고(苦)라고 관하는 것은?

① 신념처관(身念處觀) ② 수념처관(受念處觀)
③ 심념처관(心念處觀) ④ 법념처관(法念處觀)

147 부파불교의 대표적인 선정설인 오정심관(五停心觀)을 쓰시오.

148 불도 수행의 최초의 위(位)에서 5종의 허물을 그치게 하기 위하여 닦는 수행법인 오정심관(五停心觀)에 해당하지 않는 것은?(5회 기출문제)

① 사념관(思念觀) ② 부정관(不淨觀)
③ 자비관(慈悲觀) ④ 인연관(因緣觀)

149 대승불교의 경전과 그 선(禪)사상의 연결이 바르지 못한 것은?

① 『금강경』 - 응무소주 이생기심(應無所住 而生其心)
② 『화엄경』 - 일즉다 다즉일(一卽多 多卽一)
③ 『유마경』 - 번뇌즉보리(煩惱卽菩提)
④ 『아함경』 - 생사즉열반(生死卽涅槃)

150 우리 몸의 세포 하나하나에는 우리 몸을 복제할 수 있는 모든 정보가 다 들어 있기 때문에 적어도 원리적으로는 세포 하나만 있으면 우리 몸 전체를 다시 만들어 낼 수 있다고 한다. 다음 중 이와 같은 이론을 설명한 것과 가장 거리가 먼 것은?(11회 기출문제)

① 일즉다 다즉일(一卽多 多卽一)
② 번뇌즉보리(煩惱卽菩提)
③ 생사즉열반(生死卽涅槃)
④ 자타일시성불도(自他一時成佛道)

151 인도의 선(禪)이 중국에 전래되어 중국 선종의 초조가 된 스님은 누구인가?

152 선종의 종지를 해석한 것으로 잘못된 것은?

① 교외별전(敎外別傳) : 이심전심의 마음을 강조하여 말보다 마음이 우월하다는 뜻이다.
② 불립문자(不立文字) : 전혀 문자를 사용하지 않는다는 뜻이다.
③ 직지인심(直指人心) : 사람의 마음을 바로 가리켜 부처의 성품을 보는 것을 말한다.
④ 견성성불(見性成佛) : 인간의 참성품을 보게 되면 바로 부처가 된다는 뜻이다.

153 다음 중 중국 선종사의 초조부터 육조까지의 인물로 맞게 배열된 것은?(9회 기출문제)

① 달마 – 승찬 – 혜가 – 도신 – 홍인 – 혜능
② 달마 – 혜가 – 승찬 – 도신 – 홍인 – 혜능
③ 달마 – 혜가 – 도신 – 승찬 – 홍인 – 혜능
④ 달마 – 혜가 – 도신 – 홍인 – 승찬 – 혜능

154 다음 중 선(禪)의 내용에 따른 분류가 잘못된 것은?

① 「대지도론」에서는 외도선, 성문선, 보살선의 3종으로 분류하였다.
② 『능가경』에서는 초선, 제이선, 제삼선, 제사선의 4종으로 분류하였다.
③ 「도서」에서는 외도선, 범부선, 소승선, 대승선, 최상승선의 5종으로 분류하였다.

④ 훗날 선종에서는 여래선과 조사선으로 분류하였다.

155 달마 능가선(楞伽禪)의 이입사행설(二入四行說)을 설명하시오.

156 처음에 달마대사를 찾았을 때에 쉽사리 입실을 허락 받지 못하자 무릎이 빠지게 쌓인 눈 속에 서서 밤을 새우고 끝내는 자기의 팔을 잘라, 구도를 위해서는 신명을 아끼지 않는 정신을 보임으로써 입실을 허락 받았다는 수(隋)대의 선승은?(2회 기출문제)

157 중국 선종의 제4조 도신(道信)의 제자 홍인(弘忍)이 쌍봉산의 동산으로 옮겨 수선도 량을 개창하여 천여 명의 대중이 모여 수선하였는데, 도신, 홍인의 선법을 흔히 무엇 이라 부르는가?

158 다음 중 중국 선종의 발달사를 설명한 것으로 틀린 것은?(12회 기출문제)
① 달마, 혜가, 승찬, 도신, 홍인을 거쳐 발전하였다.
② 홍인 이후 신수와 혜능에 의해 북종과 남종으로 나누어졌다.
③ 북종은 돈오선, 남종은 점수 선을 각각 선양하였다.
④ 남종 계통인 마조의 홍주종에 이르러 조사선의 생활종교로 발전하였다.

159 『육조단경』에 "보리(菩提)는 본래 나무가 없고, 밝은 거울 또한 받침대가 없네. 부처 의 성품은 항상 깨끗하니, 어느 곳에 티끌과 먼지가 있으리오."라는 구절과 관련된 것 이 바르게 연결된 것은?(10회 기출문제)
① 북종 – 점수선적 가풍 – 신수
② 북종 – 돈오선적 가풍 – 혜능
③ 남종 – 돈오선적 가풍 – 혜능
④ 남종 – 점수선적 가풍 – 신수

160 중국 선종의 중흥의 제일공로자로서 140여 명의 대 선지식을 제자로 양성하였으며 그중 88명이 조계 혜능의 조사선을 천하에 전파하였다고 일컬어지는 스님은 누구인가?(10회 기출문제)

① 마조　　　　　　　　　　② 임제
③ 백장　　　　　　　　　　④ 신회

161 다음 중 선종 최초로 「선원청규(禪苑淸規)」를 제정하여 이전의 율종으로부터 선종 교단을 독립시킨 중국 홍주종의 선승은?(1회, 8회, 11회 기출문제)

① 서당 지장선사　　　　　　② 백장 회해선사
③ 남전 보원선사　　　　　　④ 대주 혜해선사

162 선종은 당나라 중후기에 크게 발전하여 오대(五代)를 거치면서 다섯 파로 나뉜다. 위앙종·임제종·조동종·운문종·법안종이 그것인데, 이 가운데 임제종이 가장 왕성하게 발전하여 다시 황룡파와 양기파로 나뉜다. 이러한 선종의 종파를 흔히 무엇이라고 부르는가?(7회 기출문제)

163 백장(百丈)의 제자인 의현(義玄)이 개조이며, 청원(靑原) 계통의 조동종(曹洞宗)과 함께 오늘날까지도 이어지고 있고, 오래도록 중국의 선종을 대표하고 있는 종파는?(2회 기출문제)

① 위앙종(潙仰宗)　　　　　② 임제종(臨濟宗)
③ 운문종(雲門宗)　　　　　④ 법안종(法眼宗)

164 중국 선종의 역사를 설명한 것으로 잘못된 것은?

① 백장의 제자 위산(潙山)은 제자 앙산(仰山)과 함께 위앙종을 개창한다.
② 황벽의 문하에 임제(臨濟)가 배출되어 임제종을 개창한다.
③ 마조 문하에서 조동종, 운문종, 법안종을 개창한다.
④ 임제종에서 황룡종과 양기종이 분파된다.

165 한국에 선(禪)이 본격적으로 전래된 시기는?

① 신라시대 중기   ② 신라 말에서 고려 초기

③ 고려시대 중기   ④ 고려 말에서 조선 초기

166 구산선문(九山禪門)을 쓰시오.

167 구산선문이 표방하는 선의 종지(宗旨)를 쓰시오.

168 중국에 유학하여 마조의 제자인 서당 지장(735~814)의 문하에서 수학한 후 법맥을 전수받고 신라에 귀국하여 남종선을 처음으로 전한 스님은?(12회 기출문제)

169 구산선문이 개창된 사찰의 연결로 틀린 것은?

① 해주 광조사 – 수미산문(須彌山門)

② 영월 법흥사 – 사자산문(獅子山門)

③ 곡성 태안사 – 동리산문(桐裡山門)

④ 화순 쌍봉사 – 사굴산문(闍崛山門)

170 다음 중 구산선문의 가지산문(迦智山門) 법맥과 관련이 있는 스님이 아닌 분은?(10회 기출문제)

① 염거(廉居)   ② 무염(無染)

③ 체징(體澄)   ④ 도의(道義)

171 고려시대에 요세(了世, 1163~1245) 스님의 백련결사(白蓮結社)와 쌍벽을 이루는 결사로 보조국사가 결성한 것은?(2회 기출문제)

172 정혜결사(定慧結社)의 수행에서 표방하고 있는 정신과 거리가 먼 것은?

① 정혜쌍수(定慧雙修) ② 돈오점수(頓悟漸修)

③ 선교회통(禪敎會通) ④ 묵조선(黙照禪)의 수행

173 조선시대 숭유억불 정책 하에서도 한때 선(禪)을 부흥시키고, 『선가귀감(禪家龜鑑)』을 저술한 스님은?

174 서산대사의 『선가귀감』에 의하면, 참선에는 반드시 삼요(三要)를 갖추어야 하는데, 이 삼요란 무엇인지 쓰시오.

175 생각의 실마리란 뜻으로 역대 조사스님들이 선 수행자에게 말씀으로 일러 주거나 행동으로 보인 예화로 약 1,700여 가지가 있으며, 공안(公案, 지극히 엄하여 범할 수 없다는 뜻)이라고도 하는 이것은 무엇인가?

176 조선 말기 대각 운동과 생활선을 주창하며 독립운동과 교화에 진력한 스님은?

① 경허(鏡虛) ② 한암(漢岩)

③ 용성(龍城) ④ 해월(海月)

177 현대사회에서 선 수행이 필요한 이유에 대해서 논하시오.

178 '업(業)'에 관한 설명 중 가장 거리가 먼 것은?(8회 기출문제)

① 결과를 낳는 근원적인 행동을 업(業)이라 한다.

② 불교의 업설은 선의지(善意志)에 기초한 창조적 노력을 강조한다.

③ 고통스러운 과보를 초래하는 악업의 원인은 미혹(迷惑)이다.

④ 업(業)은 범어 '까루나(karuna)'의 번역어로 '결정된 운명'을 뜻한다.

179 같은 무리의 사람들이 같은 행위를 하고 그 과보도 함께 받는 것을 말하는 것은?

① 신업(身業) ② 공업(共業)
③ 의업(意業) ④ 구업(口業)

180 불교에서 깨달음에 장애가 되는 근본적인 세 가지의 번뇌를 말하는 것은 무엇인가?(10회 기출문제)

① 삼업(三業) ② 삼계(三界)
③ 삼학(三學) ④ 삼독심(三毒心)

181 다음 보기가 의미하는 바를 설명한 것으로 거리가 먼 것은?(12회 기출문제)

> "그 사람의 지금 모습을 보면 전생을 알 수 있고, 그 사람의 현재 행위를 보면 내생을 알 수 있다."
>
> - 『삼세인과경(三世因果經)』

① 부처님은 절대자의 섭리나 정해진 운명을 부정하였다.
② 모든 것은 인간의 의지와 행동에 따라 성립한다.
③ 업(業)은 헤어날 수 없는 인생의 굴레이다.
④ 모든 삶의 결과는 자신의 책임이다.

182 불교에서 말하는 윤회(輪廻)의 의미를 설명한 것으로 잘못된 것은?

① 우리가 살고 있는 인간세계를 포함한 여섯 개의 세계, 즉 육도(六道)를 끝없이 죽고 태어나면서 돌고 도는 것을 말한다.
② 우리의 마음 상태를 비유적으로 표현한 것으로 세 가지의 세계, 즉 삼계(三界)로 나누어진 선정의 단계를 말한다.
③ 현재 우리가 살고 있는 세계 또는 우리 마음의 세계를 보다 더 바르게 알고 깨닫는 데 그 목적이 있다.
④ 천상이나 극락은 뛰어넘어야 할 하나의 대상이 아니라 도달해야 할 최종 목적지이다.

183 불교에서 윤회의 원동력이라고 할 수 있는 것을 쓰시오.

184 부처님께서는 삼계(三界)가 고해라고 하셨다. 다음 중 삼계에 해당하지 않는 것은?(9회 기출문제)

① 욕계(欲界)　　　　　　　　② 색계(色界)
③ 유색계(有色界)　　　　　　④ 무색계(無色界)

185 삼계(三界) 중에서 선정에 의해 욕망은 제거되었지만 육신과 같은 물질이 아직 남아 있어 완전히 자유롭지 못한 마음의 상태를 이르는 말은?

※ (186~187) 다음은 중생이 생전에 한 행위에 따라서 저마다 가서 살게 된다는 윤회하는 세계를 나타낸 것이다. 보기에서 고르시오.

〈보기〉 지옥, 아귀, 아수라, 인간, 천상

186 이곳은 지혜는 있지만 싸우기를 좋아하는 세계로 묘사되어 있다. 이곳은 어디인가?

187 굶주림과 목마름으로 상징되는 세계로 생전에 욕심을 부리고 보시를 하지 않은 사람이 태어나는 윤회의 세계는?

188 부처님께서 『중아함경』「전유경」에서 '독화살에 맞는 사람의 비유'를 들어 존재의 네 가지 질문에 관해 침묵으로 그 답을 대신 하신 것으로 윤회설을 공부할 때 반드시 염두에 두어야 할 가르침은 무엇인가?

189 독 묻은 화살의 비유로 유명한 『전유경(箭喩經)』이 결국 우리에게 말해 주려고 하는 내용이 아닌 것은?(1회, 12회 기출문제)

① 인간은 자신의 무지로부터 벗어나지 못한 상태에 집착한다.
② 참다운 인생의 길을 찾는 것이 더욱 중요하다.
③ 불교는 맹신만을 강조한다.
④ 불교는 인간의 괴로움을 없애 주는 가르침이다.

190 다음 글을 읽고 보시(布施)의 종류를 차례로 쓰시오.

- 부처님의 법을 설하는 것 : (   )
- 가난한 사람에게 재물을 주는 것 : (   )
- 공포에 휩싸여 있는 중생에게 두려운 마음을 없애 주는 것 : (   )

191 다음 글에서 불교 신자인 J씨가 보인 행위를 바르게 나타낸 것은?

서울에서 섬유원단 임가공수출업체를 경영하는 J씨는 가족에게도 알리지 않고 6년째 불우이웃 돕기를 실천하고 있다. 그러나 그의 '선행'으로 수혜를 본 이웃들은 정작 그의 얼굴조차 모른다. 동사무소 직원들조차 그를 만나기 힘들 정도다.
선행을 기리기 위해 구청 측이 나서서 몇 차례 표창을 하려고 했지만 "좋은 일을 했다고 해서 마음속에 그런 생각을 담고 있어서야 되겠느냐"며 한사코 거절했다.

① 무위자연(無爲自然) - 인위를 버리고 자연의 섭리를 따른다.
② 무주상보시(無住相布施) - 상(相)에 머무르지 않는 보시를 한다.
③ 극기복례(克己復禮) - 사욕을 이기고 예를 회복한다.
④ 오심즉여심(吾心卽汝心) - 내 마음이 곧 네 마음이다.

192 이 날은 사천왕이 천하를 돌아다니면서 우리의 선과 악을 감찰하는 날이고 우리가 방심하는 사이 악귀가 잘 붙는 날이라고 하여 불자들은 이러한 날에는 몸을 조심하고 마음을 깨끗이 하기 위해 팔관재계를 지킨다. 6재일에 해당하는 날짜를 음력으로 차례로 쓰시오.

193 팔관재계(八關齋戒)는 재가 불자가 지켜야 할 오계에 세 가지를 첨가한 것인데, 이에 해당되지 않는 것은?(10회 기출문제)

① 꽃다발이나 장신구[瓔珞]로 몸을 꾸미지 않고, 그리고 향수 등으로 화장을 하지 않겠습니다.

② 높고 좋은 침상이나 와구(臥具)를 쓰지 않으며, 또한 노래하고 춤추고 기악(器樂)하는 것을 보고 듣지도 않겠습니다.

③ 때가 아닌 때에 먹지 않겠습니다.

④ 금이나 은이나 다른 보물을 가지지 않겠습니다.

194 다음 중 재가 불자가 수지해야 할 십선계(十善戒)에 해당하지 않는 것은?(7회, 12회 기출문제)

① 모든 생명 있는 자의 목숨을 끊지 말라.

② 모든 중생에게 이간시키는 거짓말을 하지 말라.

③ 언제나 정도에 머물러 어떠한 삿된 견해도 갖지 말라.

④ 모든 사람들에게 술과 고기를 권하지도 말고 먹지도 말라.

195 몸으로는 부처님께 예배드리고, 입으로는 부처님을 찬탄하며, 마음으로는 부처님의 성스러운 모습을 그리면서 과거와 현재에 지은 모든 죄를 참회하는 기도를 무엇이라고 하는가?

196 다음은 『육조단경(六祖壇經)』에 나오는 내용이다. (　　　) 안에 들어갈 말로 바르게 연결된 것은?(11회 기출문제)

- (　　　)(이)란 지나간 허물을 뉘우침이니, 지금까지 지은 모든 죄를 뉘우쳐서 영원히 다시 일어나지 않도록 하는 것이다.
- (　　　)(이)란 이후에 짓기 쉬운 허물을 조심하여 다음부터 있을 모든 죄를 미리 깨닫고 영원히 끊어서 다시는 짓지 않도록 하는 것이니…

① 선(禪) – 기도(祈禱)　　　② 참(懺) – 회(悔)

③ 업(業) – 회(悔)　　　④ 회(悔) – 참(懺)

197 불교 특히 대승불교에서는 발원(發願)을 수행의 첫걸음으로 삼고 있다. 원(願)을 발한다는 것, 이것은 일반적으로 말하는 욕심과 다르다. 다음 중 욕심과 발원에 대한 설명 중 가장 거리가 먼 것은?(8회 기출문제)

① 욕심은 다분히 개인적인 바람이지만 발원은 공통적 바람을 염두에 두고 있다.
② 욕심은 본능적인 것이지만 발원은 능동적인 것이다.
③ 욕심은 과정 그 자체를 중시하지만 발원은 결과를 중시한다.
④ 발원은 업생(業生)이 아니라 원생(願生)으로 나아가는 첫 단추이다.

198 '돌은 그저 돌일 뿐이다. 그것에 걸려 넘어지면 걸림돌이요, 딛고 넘어가면 디딤돌이 된다'에서 얻을 수 있는 교훈과 거리가 먼 것은?

① 번뇌가 곧 보리이다.
② 욕심은 인위적으로 억제되어야 한다.
③ 탐·진·치라는 속성 에너지의 방향 전환이 필요하다.
④ 욕심은 일단 인정하되 방향을 바꾸어 도심(道心)으로 인도하자.

199 다음 중 불자의 신행 자세(정근, 간경, 염불, 참선, 법회 등)로 바르지 못한 것은?(10회 기출문제)

① 몸을 흔들거나 경거망동하지 말아야 한다.
② 정근할 때에는 일념으로 한다.
③ 부처님의 가피만을 생각하며 염불한다.
④ 다른 사람의 방해가 되지 않도록 주의한다.

200 다음 중 불교 수행의 출발점과 가장 거리가 먼 것은?(9회 기출문제)

① 왕생의 발원   ② 번뇌의 소멸
③ 지혜의 성숙   ④ 자비의 실천

201 다음 중 『천수경』, 『법화경』 「보문품」 등의 경전과 관련 있는 신앙은?(2회 기출문제)

① 지장신앙(地藏信仰)   ② 관음신앙(觀音信仰)
③ 문수신앙(文殊信仰)   ④ 칠성신앙(七星信仰)

202 관세음보살은 모든 중생을 제도하기 위해서 여러 가지 모양으로 몸을 변신하여 나타내는데, 이런 다양한 신분과 직업의 화신을 무엇이라고 하는가?

203 다음 중 우리나라 3대 해상관음도량을 바르게 열거한 것은?(5회 기출문제)

① 낙산사 – 향일암 – 보경사
② 낙산사 – 보리암 – 낙가사
③ 낙산사 – 보리암 – 보경사
④ 낙산사 – 보문사 – 보리암

204 부처님의 부촉을 받아 도리천에서 중생의 근기를 관찰하고 무불세계(無佛世界)의 육도중생을 교화하는 대비(大悲)보살로서, 지옥에서 고통 받는 중생이 모두 성불하기 전에는 결코 깨달음을 이루지 않겠다고 서원을 세우신 대비 원력의 보살은?

205 다음은 여러 가지 신앙(기도)에 대한 설명이다. 가장 올바른 것은?(8회 기출문제)

① 지장 신앙은 우리나라에만 있는 특수한 것이다.
② 칠성 신앙은 유교와 불교가 융합되어 생겨난 것이다.
③ 관음 기도와 연관된 경전은 『유마경』, 『화엄경』 등이다.
④ 참회 기도는 이참(理懺)과 사참(事懺) 기도가 있다.

206 이참(理懺) 기도와 사참(事懺) 기도에 대해서 간략히 쓰시오.

207 다음 『법화경』 「법사품」의 내용과 가장 관련 있는 수행(신행 생활)은?(3회 기출문제)

"어디서든지 이 경을 설하거나 읽거나 외우거나 쓰거나 이 경전이 있는 곳에는 마땅히 칠보로써 탑을 쌓되 지극히 높고 넓고 장엄하게 꾸밀 것이요, 또다시 사리를 봉안하지 마라. 왜냐하면 이 가운데는 이미 여래의 전신(全身)이 있는 까닭이니라."

① 간경(看經)　　　　　　② 울력(運力)

③ 경행(經行) ④ 포살(布薩)

208 다음 보기 중 그 설명이 바른 것을 모두 연결한 것은?

> ㄱ. 법신(法身)염불 - 부처님께서 깨달으신 진리를 생각한다.
> ㄴ. 관상(觀像)염불 - 부처님의 공덕이나 모습을 마음에 그려본다.
> ㄷ. 칭명(稱名)염불 - 부처님의 명호를 부른다.
> ㄹ. 통(通)염불 - 모든 부처님을 마음속에 떠올린다.
> ㅁ. 별(別)염불 - 특정한 부처님만을 마음속에 떠올린다.

① ㄹ - ㅁ
② ㄱ - ㄴ - ㄷ
③ ㄴ - ㄷ - ㄹ
④ ㄱ - ㄴ - ㄷ - ㄹ - ㅁ

209 정근(精勤)하는 자세로 바르지 못한 것은?

① 몸을 흔들거나 경거망동하지 말아야 한다.
② 불보살님의 명호를 부르면서 그 명호에 집착해야 한다.
③ 부처님의 한량없는 공덕을 믿고 일념으로 정진해야 한다.
④ 음성은 너무 크게도 작게도 하지 말고 기운을 적당하게 하여 고르게 한다.

210 다음은 석가모니불 정근의 내용이다. (   )에 들어갈 말은?(9회, 11회 기출문제)

> 나무 영산불멸 (   ) 시아본사 석가모니불
> 석가모니불 ……
> 천상천하무여불   시방세계역무비
> (   ) 일체무유여불자

211 다음은 관세음보살 정근을 마칠 때의 마지막 부분에 해당되는 구절이다. (   ) 안에 들어갈 말을 쓰시오.(8회, 10회 기출문제)

> 나무 보문시현 (   ) (   ) 구고구난 관세음보살
> 〈 정 근 ……〉
> 구족신통력 (   ) 시방제국토 (   ) 고아일심 귀명정례

212 다음 중 참선에 대한 설명 중 가장 옳지 않은 것은?(2회 기출문제)

① 참선이란 말은 '깊이 사유함'이라 정의할 수 있다.
② 남방 불교권에서는 위빠사나라는 수행법이 전해진다.
③ 참선의 자세는 전통 수행법인 결가부좌나 반가부좌로 하는 것이 좋다.
④ 초보자는 다리에 쥐가 날 경우에도 절대 자세를 풀지 말아야 한다.

213 태국, 스리랑카, 미얀마 등 동남아시아의 남방 불교권에서 대중화된 수행법으로 지금 있는 그대로의 자신을 관찰하여, 자신의 몸과 마음이 무상하고 고이며 무아임을 체험적으로 이해하도록 하는 수행법을 무엇이라고 하는가?

214 한국을 비롯한 중국, 일본 등 북방 불교권에서 선종의 공안이나 화두를 통해서 수행자로 하여금 큰 의심을 일으키고 스스로 그 의심을 해결하여 깨달음을 얻게 하는 불교의 수행법을 무엇이라고 하는가?

① 위빠사나(Vipassana)　　　　② 묵조선(默照禪)
③ 간화선(看話禪)　　　　　　④ 단학(丹學)

215 참선을 할 때 화두나 공안을 들지 아니하고 본래 그대로의 체(體)를 비추어 보는 선(禪), 즉 고요히 묵묵히 앉아서 모든 생각을 끊고 참선하는 방법은 무엇인가?

216 다음 중 참선 이전의 관법 수행으로 탐욕이나 애욕이 많은 사람들로 하여금 인생의 무상함을 깨우치게 하는 데 가장 도움이 되는 수행법이라 할 수 있는 것은?(11회 기출문제)

① 자비관(慈悲觀)　　　　　② 부정관(不淨觀)
③ 인연관(因緣觀)　　　　　④ 수식관(數息觀)

217 참선 이전의 수행법으로 분별심을 없애기 위해 호흡을 관찰하며 공부하는 수행법은?

① 수식관　　　　　　　　② 부정관
③ 자비관　　　　　　　　④ 인연관

218 참선 수행을 통해서 최종적으로는 삼매(三昧)의 경지에 들어가는데, 삼매의 경지를 서술한 것으로 거리가 먼 것은?

① 모든 것을 있는 그대로 받아들인다.

② 마음을 하나의 본래 자리에 머물게 한다.

③ 조금도 차별이 없이 마음을 평등하게 지닌다.

④ 매사에 옳고 그름을 따지는 마음으로 정신을 집중한다.

219 다음은 「금강경오가해(金剛經五家解)」에 나오는 야부선사(冶父禪師)의 게송이다. 이 게송이 의미하는 바를 설명한 것으로 가장 거리가 먼 것은?

> '대나무 그림자 섬돌을 쓸어도 티끌하나 일지 않고, 달빛이 연못을 꿰뚫어도 물에는 흔적하나 남지 않네.'[죽영소계진부동 월천담저수무흔(竹影掃階塵不動 月穿潭底水無痕)]

① 참선의 진정한 의미는 '본마음참나'인 자성 자리를 밝히는 데 있다.

② '본마음참나'는 어느 누구에게나 본래부터 갖추어져 있다.

③ 비록 세파에 시달려 살아가도 본래의 성품은 조금의 어지러움도 없다.

④ 참선은 불완전한 나를 완전한 나로 만들어 가는 것이다.

220 참선 수행은 알음알이를 쉬는 것이라고 하는데 다음 중 알음알이라 할 수 없는 것은?(9회 기출문제)

① 이것은 옳고 저것은 그르다.

② 이것은 맞고 저것은 틀리다.

③ 이것이 있으므로 저것이 있다.

④ 이것은 이익 되고 저것은 손해다.

221 참선을 하다가 잠시 자리에서 일어나 천천히 법당이나 방 안 또는 도량을 거닐면서 몸의 균형을 맞추어 조절해 주는 것이 좋다. 이를 무엇이라고 하는가?(2회 기출문제)

① 방선(放禪)

② 간경(看經)

③ 수식관(數息觀)

④ 자자(自恣)

222 부처님께 예불을 드릴 때 항상 봉송하는 『반야심경』의 핵심 내용은 무엇인가?(10회 기출문제)

① 지계바라밀　　　　　② 선정바라밀

③ 보시바라밀　　　　　④ 지혜바라밀

제3장 불교사의 이해

1 다음 중 인도불교의 시대적 흐름을 가장 잘 나열한 것은?(9회 기출문제)

① 근본불교 - 원시불교 - 대승불교 - 부파불교

② 원시불교 - 근본불교 - 대승불교 - 부파불교

③ 원시불교 - 근본불교 - 부파불교 - 대승불교

④ 근본불교 - 원시불교 - 부파불교 - 대승불교

2 '근본불교(根本佛敎)'라는 용어에 대한 설명으로서 옳은 것은?

① 고타마 붓다가 생존해 있던 당시의 불교를 가리키는 말이다.

② 붓다의 입멸 이후 아쇼카 왕 즉위 이전까지를 가리키는 말이다.

③ 붓다의 입멸 이후부터 기원전 300년경까지를 가리키는 말이다.

④ 붓다의 생존 당시부터 기원전 300년경까지를 가리키는 말이다.

3 부파불교시대에 대한 설명으로서 맞지 않는 것은?

① 근본불교시대 이후로부터 대승불교가 성행하기 전까지를 말한다.

② 소승(小乘)불교시대라고도 한다.

③ 부파불교시대가 끝나고 나서 아비달마불교시대가 열렸다.

④ 대략 기원전 300년경부터 기원전 100년경까지를 부파불교시대라고 한다.

4 다음 설명 중 틀린 것은?(12회 기출문제)

① 근본불교란 붓다가 생존해 있던 당시의 불교를 가리키는 말이다.

② 부파불교란 기원전 300년경부터 기원전 100년경까지이며, 아비달마불교라고도 한다.

③ 밀교는 인도불교의 최초 발전 단계에서 나타난 힌두교의 변형된 형태이다.

④ 대승불교는 신앙적 실천의 주체로서의 보살을 강조한다.

5 원시불교에 대한 설명 중 가장 적절치 못한 것은?(3회 기출문제)

① 근본불교 또는 초기불교라고도 한다.

② 약간 저급하고 발달되지 못한 상태의 불교를 가리킨다.

③ 부처님 성도부터 아쇼카 왕 때까지(약 150년 간 또는 250년간)의 불교를 가리킨다.

④ 부처님 가르침 속에 그 당시의 생활 모습 등이 비교적 잘 나타나 있다.

6 다음은 부처님 당시의 인도 상황에 대한 설명이다. 가장 옳은 것은?(4회, 7회 기출문제)

① 경제적 부를 축적한 자산가들이 새로운 세력 층으로 부상하였다.

② 정치적으로는 부족장 중심제를 벗어나지 못하였다.

③ 잉여농산물로 인해 부족 간의 영토 분쟁이 없는 평화로운 시대였다.

④ 도덕적 타락에 따라 베다의 절대적 신성성에 대한 관심이 고조되었다.

7 다음은 부처님 당시의 시대 배경에 대한 설명이다. 가장 거리가 먼 것은?(5회 기출문제)

① 부족장 중심제에서 점차 도시를 중심으로 한 군주제로 바뀌어 갔다.

② 경제적 부를 축적한 자산가들이 새로운 세력 층으로 부상하였다.

③ 사성계급의 확립에 따라 베다의 신성성이 부각되었다.

④ 갠지스 강 중류 지역이 인도 문화의 중심이 되었다.

8 부처님이 활동하셨던 당시의 인도 사회는 사상적으로나 종교적으로 극심한 혼란 속에 휩싸여 있었다. 다음 중 불교가 발생할 당시 부처님이 비판한 인도의 사회사상과 거리가 먼 것은?(11회 기출문제)

① 신의론(神意論)　　　　② 숙명론(宿命論)

③ 우연론(偶然論)　　　　④ 연기론(緣起論)

9 다음은 고대 인도 사회를 특징짓고 있는 특별한 신분제도인 사성계급(四姓階級)에 대한 설명이다. 틀린 것은?(12회 기출문제)

① 지배 계급의 혈통 보존이라는 필요에서 출발한 직업에 따른 신분제도였다.

② 신에게 제사를 지내고 종교의식을 담당하는 크샤트리아(Kṣatriya) 계급은 신적인 지위를 누렸다.

③ 기원전 1,500년 경 유목 민족인 아리안 족이 침입하면서 자연스럽게 사성계급제도가 형성되었다.

④ 사성(四姓)은 '피부색의 차이로' 대체로 흰색의 아리아인이 상위의 세 계급을 차지하고 검은색의 원주민이 하위의 계급을 이루었다.

10 다음 중 인도 사회를 특징짓고 있는 계급제도인 사성계급 중 왕족, 귀족 계급에 해당하는 것은 무엇인가?(11회 기출문제)

① 크샤트리아 계급   ② 수드라 계급

③ 바이샤 계급   ④ 바라문 계급

11 다음 중에서 힌두교의 사성계급에 들지 않는 것은?

① 브라흐만 계급   ② 왕족 계급

③ 노예 계급   ④ 불가촉천민

12 인도의 고대 종교였던 브라만교(바라문교 ; 婆羅門敎, Brahmanism)에 대항하는 혁신적 사상가들을 가리키는 말은 무엇인가?

13 다음은 사문(沙門)에 대한 설명이다. 가장 거리가 먼 것은?(4회, 5회, 7회 기출문제)

① '노력하는 사람'이란 뜻이다.

② 정통 바라문과 구별되는 새로운 사상가들을 말한다.

③ 외도였다가 삼보(三寶)에 귀의한 자를 지칭하는 말이다.

④ 명상이나 혹독한 고행을 실천했다.

14 사문(沙門)에 대한 설명으로 틀린 것은?

① 브라만교에 대항하는 혁신 사상가들로 떠돌아다니면서 수행하였다.

② 유행자(遊行者)로 불리며 종교적 수행을 목적으로 한다.

③ 사문(沙門)들의 수행 공동체를 상가(僧伽)라고 한다.

④ 불교 교단에서만 사용하는 수행자를 지칭하는 용어라 할 수 있다.

15 기원전 6세기경, 인도의 갠지스 강 중류의 마가다국과 코살라국을 중심으로 다양한 사상가들이 배출되었다. 당시 종교적 수행을 목적으로 떠돌아다니는 유행자, 즉 사문(沙門)들의 공통점과 거리가 먼 것은?

① 브라만교의 이상을 반대했다.
② 카스트제도에 반기를 들었다.
③ 각종 의례와 제사의식에 반대하였다.
④ 베다의 종교를 신봉하였다.

16 고대 인도의 바라문들은 네 가지 생활 단계를 따라 살아가야 했다. 네 시기를 순서대로 나열하시오.(4회 기출문제)

17 자이나교(Jainism)에 대한 설명 중 옳은 것을 모두 고른 것은?(4회 기출문제)

> ㉠ 자이나교의 개조는 니간타 나타풋다이다.
> ㉡ 사리불과 목건련도 처음에는 자이나교도였다.
> ㉢ 업(業)을 인정하지 않으며 계율을 부정하였다.
> ㉣ 나형외도(裸形外道)라고 부르기도 하였다.

① ㉠, ㉡   ② ㉠, ㉣
③ ㉠, ㉡, ㉣   ④ ㉠, ㉡, ㉢, ㉣

18 다음은 불교 교단의 성립과 발전 과정을 설명한 것이다. 거리가 먼 것은?

① 성도 후 최초로 다섯 비구에게 법을 설하면서 교단이 성립되었다.
② 부처님 당시 초기 교단은 중앙집권적인 형태로 운영되었다.
③ 초기 교단은 출가자를 중심으로 한 승가(僧伽)로 유행 생활을 하는 것이 원칙이었다.
④ 교단의 발전과 더불어 정사(精舍)나 굴원(窟院)에서의 정주 생활이 더 많은 비중을 차지하게 되었다.

19 고타마 붓다의 생존 당시에 불교 교단을 외호(外護)하여 크게 성장하는 계기를 만들어 주었던 마가다국의 왕은 누구인가?

20 다음 중 인도와 중국, 한국에 세워진 최초의 사찰들이 순서대로 바르게 연결된 것은?(12회 기출문제)

① 죽림정사 - 백마사 - 성문사 ② 죽림정사 - 대자은사 - 도리사
③ 기원정사 - 소림사 - 조계사 ④ 기원정사 - 향산사 - 이불란사

21 초기 인도불교의 승원 양식에 해당하지 않은 것은?

① 굴원(窟院) ② 초가(草家)
③ 정사(精舍) ④ 평부옥(平覆屋)

22 인도에서 석굴 사원이 조성된 최초의 시기는 언제인가?

① 붓다가 살아 있던 시대
② 부파의 분열이 무르익던 시기
③ 부파의 분열이 끝나갈 무렵
④ 대승불교의 전성 시기

23 결집(結集)이란 무엇을 말하는가?

24 다음 중 경전의 결집에 대한 설명으로 잘못된 것은?(11회 기출문제)

① 결집의 원어인 '상기티(合誦, Saṃgīti)'는 제자들이 한데 모여서 기억하고 있는 가르침을 일제히 읊는 것으로 이의가 없음을 표시하여 불설을 확정하였던 것을 가리킨다.
② 경전은 바구니에 담아서 보관하던 관습에 따라 세 종류의 바구니, 즉 '삼장(三藏)'이라 부른다. 삼장은 경장, 율장, 논장으로 구성된다.
③ 제1차 결집은 라자그리하에서 500명의 제자들이 모여서 경장과 율장과 논장을 편찬하였다. 그래서 '500결집'이라고 한다.
④ 기원전 383년경 제2차 결집이 이루어졌다. '바이샬리 결집' 또는 '700결집'이라고도 불린다.

25 제1차 결집에 대한 설명으로서 바른 것은?(10회 기출문제)

① 최초의 결집은 부처님 재세 시에 이루어졌다.
② 500명의 제자들이 라자그리하(왕사성)에 모여서 결집을 완성했다.
③ 붓다의 가르침이 우수함을 증명하기 위하여 결집하게 되었다.
④ 700명의 아라한들이 한데 모여서 경장, 율장, 논장을 편찬하였다.

26 다음은 부처님의 말씀을 모은 제1차 결집에 대한 설명이다. 가장 옳은 것은?(7회 기출문제)

① 부처님이 열반에 드시기 직전에 이루어졌다.
② 500여 명의 제자들이 사위성 칠엽굴에 모여 결집하였다.
③ 교법을 전수한 아난존자는 처음에는 참가 자격을 얻지 못했다고 전한다.
④ 카니시카 왕의 도움으로 진행되었다.

27 제1차 결집에 대한 다음 설명 가운데 빈칸에 들어갈 내용의 짝으로 옳은 것은?(6회 기출문제)

> 제1차 결집은 부처님이 입적하신 직후 제자 500명이 (   )에 모인 가운데 이루어졌는데, 아난은 교법을 외우고 (   )는(은) 율을 송출하였다고 한다.

① 기원정사 – 가섭   ② 칠엽굴 – 우빨리
③ 기원정사 – 우빨리   ④ 칠엽굴 – 가섭

28 다음 중 불멸 후 100년경, 아난다의 제자였던 야사비구의 주도로 바이샬리에서 이루어졌으며, 주로 계율에 대한 해석상의 차이를 문제 삼았던 결집은?(2회, 12회 기출문제)

① 1차 결집   ② 2차 결집
③ 3차 결집   ④ 4차 결집

29 불멸 후 약 100년 뒤 계율에 대한 다른 해석이 나타남으로, 야사를 중심으로 장로들에 의해 제2결집이 이루어졌다. 제2결집은 어디에서 행하여 졌는가?(5회 기출문제)

① 왕사성   ② 웨살리

③ 화씨성   ④ 환림사

30 최초로 인도 대륙 전역을 통일한 아쇼카 왕 때 일어난 것으로, 경(經)과 율(律) 이외에 논서들을 논장(論藏)으로 집성함으로써 삼장(三藏)이 갖추어지게 된 계기가 된 것은?

① 제1결집   ② 제2결집
③ 제3결집   ④ 제4결집

31 삼장(三藏)으로 꼽는 세 가지를 쓰시오.

32 대장경은 삼장으로 구성되어 있다. 삼장을 말하는 것으로 잘못된 것은?(9회 기출문제)

① 교단의 계율을 기록한 율장(律藏)
② 경전을 해설하고 주석한 논장(論藏)
③ 스님들의 교재로 사용하는 서장(書狀)
④ 석가모니의 설법이 기록된 경장(經藏)

33 인도불교사에 대한 다음 설명 중 틀린 것은?(10회 기출문제)

① 근본불교(根本佛敎)란 석가모니 부처님이 생존해 있던 당시의 불교를 말한다.
② 부파불교(部派佛敎)란 근본불교시대 이후로부터 대승불교가 성행하기 전까지를 말한다.
③ 대중부(大衆部)는 근본 분열 이후로 100년 사이에 총 20회의 분열을 거듭하였다.
④ 상좌부(上座部)와 대중부 가운데 먼저 분열되기 시작한 쪽은 대중부였다.

34 '설일체유부(說一切有部)'의 실재론적 경향에 반발하여 순수하게 부처님이 설한 경만을 따를 것을 주장하였으며, 현재에만 실체가 있고, 과거와 미래에는 실체가 없다[現在有體過未無體]고 주장한 부파는?(3회 기출문제)

① 대중부(大衆部)   ② 독자부(犢子部)
③ 화지부(化地部)   ④ 경량부(經量部)

35 대승불교의 원류에 대한 설명으로 틀린 것은?

① 부파불교의 발전 양상에서 등장하게 된 운동이라고 본다.

② 밀교의 성립 과정에서 일어난 새로운 불교 운동이라고 본다.

③ 불탑신앙의 전개와 더불어서 대승불교가 발전한 것이라고 본다.

④ 대승경전을 비롯한 불전(佛典)문학의 등장과 함께한다고 본다.

36 대승불교의 흥기 배경이라고 할 수 없는 것은?(3회, 9회 기출문제)

① 부파불교에 대한 비판

② 불전문학, 이른바 찬불승(讚佛乘) 계통의 확립

③ 불탑신앙을 중심으로 한 불교 운동가들의 탄생

④ 외도들의 영향

37 대승불교 운동을 주도했던 신앙적 실천의 주체는 누구인가?

① 붓다   ② 비구

③ 비구니   ④ 보살

38 대승불교는 스스로를 왜 대승, 즉 큰 수레의 불교라고 하였는가?(1회 기출문제)

① 보다 수적으로 많은 재가자가 중심이 되므로

② 출가자와 재가자를 막론하고 성불에 이르게 하므로

③ 승가의 중심이 되는 출가자 중심이므로

④ 출가자와 재가자를 모두 배제하므로

39 다음은 대승불교에 대한 설명이다. 가장 거리가 먼 것은?(3회 기출문제)

① '부처님의 가르침으로 돌아가자'는 사상운동이 하나의 배경이 되었다.

② 소승불교도들이 보살수행자를 지칭하여 대승이라고 하였다.

③ 대승비불설(大乘非佛說) 논쟁이 제기되기도 하였다.

④ 대승은 '큰 수레'라는 이름에 걸맞게 다양한 수행 방편을 제시하였다.

40 다음은 대승불교에 대한 설명이다. 가장 거리가 먼 것은?(4회, 7회 기출문제)

① '부처님의 가르침으로 돌아가자'는 사상운동이 배경이 되었다.
② '아공(我空)'은 소승의 교설이라고 비판하고, '법공(法空)'만 설하였다.
③ 널리 중생에게 성불의 길을 가르침으로 대승이라 한다.
④ 불탑 공양을 담당한 재가 불자를 중심으로 일어난 새로운 불교 운동이었다.

41 대승불교의 가장 보편적인 삼신불은 법신불, 보신불, 화신불을 말한다. 진리 그 자체로서의 붓다를 상징하는 법신불에 해당하는 것은?

① 비로자나불   ② 아미타불
③ 석가모니불   ④ 미륵불

42 다음은 보살에 대한 설명이다. 가장 거리가 먼 것은?(3회, 4회, 7회, 8회 기출문제)

① 대승보살의 대표적인 수행 덕목은 육바라밀이다.
② 깨달음을 구하면서 중생을 제도하는 대승불교의 이상적인 인간상이다.
③ 보살은 '보리살타'의 준말이라고도 한다.
④ 부파불교 논서에는 보살이라는 용어가 없다.

43 대승(大乘)에 대한 설명으로 바르지 못한 것은?(2회 기출문제)

① 중생 구제와 깨달음을 동시에 추구
② 아미타불의 원력에 의한 타력 신앙의 등장
③ 『유마경』, 『승만경』 등이 이에 속한다.
④ 아라한(阿羅漢)이 최고 경지이다.

44 밀교의 등장과 관련된 설명으로서 맞지 않은 것은?

① 불교와 힌두교가 습합된 탄트라 불교가 밀교이다.
② 힌두교는 마우리야 왕조 때부터 지배적인 인도 종교가 되었다.
③ 팔라 왕조 때 불교 교단은 동인도와 벵갈 지역에서 특히 우세한 세력을 유지하고 있었다.
④ 탄트라 불교를 대승과 구별하여 금강승(金剛乘)이라 한다.

45 현존하는 불교의 문헌 중에서 '탄트라'라는 명칭을 지닌 최초의 것으로 알려져 있는 것은?

① 『대일경(大日經)』　　　　　② 『금강정경(金剛頂經)』

③ 『초회금강정경(初會金剛頂經)』　④ 『비밀 집회 탄트라』

46 대중을 향해 널리 개방되어 있으며, 종교적 이상에 도달하는 방법을 명료한 언어로 설하는 통상의 불교를 지칭하는 말은 무엇인가?

① 밀교(密敎)　　　　　② 대승(大乘)

③ 현교(顯敎)　　　　　④ 소승(小乘)

47 비공개적인 교의와 의례를 사자상승(師資相承)에 의해 전수하는 비밀불교를 밀교라고 한다면, 명료한 언어로 설하는 통상의 불교를 일컫는 말은?

48 다음은 밀교에 대한 설명이다. 틀린 것은?

① 종교적 이상에 도달하는 방법을 명료한 언어로 설하는 통상의 불교를 말한다.

② 성불하기 위해서는 붓다의 법신과 한 몸이 되는 요가, 즉 유가(瑜伽)를 중요시하고 있다.

③ 입으로는 진언을 암송하고, 손으로는 다양한 수인(手印)을 짓는 등 삼밀 수행을 한다.

④ 수행자와 부처님이 한 몸이 되는 즉신성불(卽身成佛)의 이상을 추구한다.

49 밀교의 교의에 따른 수행법 중 가장 중시되는 것은 무엇인가?

① 육바라밀　　　　　② 십바라밀

③ 삼밀(三密) 수행법　④ 지관(止觀) 수행법

50 밀교에서는 삼밀(三密)을 동시에 수행하라고 권장하고 있다. 여기서 말하는 삼밀 수행을 쓰시오.

51 현대 인도의 신불교 운동에서 가장 강조하는 불교의 교리는?

① 사제(四諦) 사상   ② 연기(緣起) 사상

③ 생천(生天) 사상   ④ 평등(平等) 사상

52 20세기 중반에 들어서면서 인도의 신불교 교도들은 불·법·승 삼보에의 귀의만이 아니라 그의 이름인 빔라오(Bhimrao)를 따서 '비맘 샤라남 갓차미'라고 귀경게의 목록을 만들어 사용하고 있는데, 여기서 말한 인도의 신불교 운동 주창자는 누구인가?

53 1956년 10월 14일에 인도 마하라슈트라 주의 나그푸르시에서는 약 50만 명이 불교에 귀의하는 개종식이 거행되었다. 그때 선포된 내용에 해당되지 않은 것은?

① '붓다가 비슈누의 화신'이라는 것을 인정하지 않는다. 이 전승은 오류이다.

② '신은 화신으로 나타난다'라는 것을 믿지 않는다.

③ 브라만, 비슈누, 마하데바의 신을 인정하지 않고 예배하지 않는다.

④ 조령제(祖靈祭)를 제외한 어떠한 의식도 브라만의 손을 빌리지 않는다.

54 중국에 불교가 처음 전래된 것으로 보이는 설화가 전하는 시기는 언제인가?

① 수(隋)나라 문제(文帝) 때   ② 조(趙)나라 무후(武侯) 때

③ 전한(前漢)의 무제(武帝) 때   ④ 후한(後漢)의 명제(明帝) 때

55 중국 낙양 땅에 처음 세워진 사찰로서 중국불교의 요람이라 여겨지는 곳은?

56 중국에 전해진 최초의 경전으로서 알려져 있는 것은?

57 중국의 노자(老子)가 서역으로 가서 그곳의 하층민들을 개종시키기 위해서 붓다의 모습으로 화현했다고 주장하는 것을 가리켜 무엇이라 하는가?

58 다음에 열거하는 내용의 공통점에 가장 가까운 것은?(3회, 8회 기출문제)

> 감몽구법설(感夢求法說), 모자(牟子)의 이혹론(理惑論),
> 사십이장경(四十二章經), 백마사(白馬寺)의 전설

① 일천제(一闡提) 성불론 논쟁　　② 중국 승려의 구법기
③ 중국 선종의 대두　　　　　　　④ 불교의 중국 초기 전래

59 초기 중국불교사에서 승려를 반대했던 논쟁 이유에 해당하지 않은 것은?

① 경전의 번역 용어를 남용함으로써 언어생활에 혼동을 초래한다.
② 승려의 생활은 비생산적이며 사회 공동체를 위한 아무런 이익이 없다.
③ 승려는 가정의 의무를 거부함으로써 신성한 사회적 의무를 위반하는 결과를 초래한다.
④ 자치 구조를 형성한다는 불교 교단의 주장은 정치적으로 용납할 수 없다.

60 중국에서 이루어진 불경 번역과 관련된 진술이다. 그 사실과 어긋난 것은?

① 전통적 종교의 용어를 채용했으며 특히 유교의 용어를 많이 선택했다.
② 수많은 전문 용어를 새롭게 창출하여 번역을 완성했다.
③ 특수 기관인 역경원을 구성하여 조직적으로 번역을 진행했다.
④ 원어에 정통한 외국 스님들이 대거 참여했다.

61 다음은 중국불교에 대한 설명이다. 가장 타당한 것은?

① 소승경전이 전래된 후 약 100년 뒤에 대승경전이 전래되었다.
② 여러 나라 출신의 역경가들이 경전 번역에 참여하였다.
③ 반야(般若) 또는 공(空)의 교리는 주로 유교의 개념을 통해 풀이하고 이해하였다.
④ 모든 경전 번역은 중화사상(中華思想)에 의거해 중국인에 의해 번역되었다.

62 중국불교의 한 특징으로 꼽는 '교판(敎判)'이란 무엇을 말하는가? 그 뜻을 간단히 쓰시오.

63 중국에 불교가 전래되면서 불교사상을 유사한 중국사상과 연관시켜서 이해하였다. 그러므로 한역불전을 이해하는 데 노장사상을 매개로 하기도 하고 노장사상을 습합시켜서 설명하는 풍조가 생겼다. 이를 무엇이라고 하는가?

64 402년에 그 당시의 수도였던 장안에 들어갔으며, 역경원에서 방대한 양의 한역 경전을 완성했던 쿠차 출신의 전법사는 누구인가?

65 중국불교에 대한 설명으로 바르지 못한 것은?(10회 기출문제)

① 불교가 처음 중국에 전래된 것은 후한(後漢)시대이다.
② 구마라집에 의해 중국인들은 격의불교(格義佛敎)의 체계를 확립할 수 있었다.
③ 현장(玄奘)의 번역을 구마라집의 번역과 비교하여 신역(新譯)이라고 한다.
④ 중국불교의 특징은 교상판석(敎相判釋)에 있다.

66 다음 중 중국불교의 특징이라고 볼 수 없는 것은?(2회, 5회, 7회 기출문제)

① 중국 고유의 사상과 서로 접촉하면서 끊임없이 발전하였다.
② 경전 번역의 강습을 통하여 성립되었다.
③ 천태종, 화엄종, 선종 등이 형성되었다.
④ 소승경전이 전래된 후 약 100년 뒤에 대승경전이 전래되었다.

67 다음 중 중국불교의 특징과 가장 거리가 먼 것은?(9회 기출문제)

① 격의불교(格義佛敎) ② 교상판석(敎相判釋)
③ 종파불교(宗派佛敎) ④ 대중불교(大衆佛敎)

68 후한시대에 중국에 건너온 최초의 외국인 역경승 가운데 한 사람으로서 주로 소승경전을 번역한 스님은 누구인가?(6회 기출문제)

① 지루가참(支婁迦讖) ② 지겸(支謙)
③ 안세고(安世高) ④ 지량(支亮)

69 다음의 빈칸에 각각 들어갈 역경가를 쓰시오.(6회 기출문제)

서역 출신인 (㉠)은(는) 당대의 (㉡)과(와) 더불어 중국 최고의 역경승으로 인정받고 있는데 이들은 각각 구역(舊譯)과 신역(新譯)을 대표하는 인물이다.

70 다음은 중국의 4대 역경가에 대한 설명이다. 가장 거리가 먼 것은?(5회, 7회 기출문제)

① 불공 – 「섭대승론」, 「섭대승론석」 유식논서를 중심으로 번역하였다.
② 진제 – 전쟁 등 여러 고난 속에 어렵게 역경과 강습에 전력하였다.
③ 현장 – 불전 번역 사상 새 시기를 이룩한 신역의 대가이다.
④ 구마라집 – 구자국 출신으로 중국에 삼론 중관 불교를 널리 포교하였다.

71 역경승으로 유명한 구마라집에 대한 설명이다. 가장 거리가 먼 것은?(4회 기출문제)

① 역경사에서 신역 시대를 열었다고 볼 수 있다.
② 구자국 출신으로 여러 나라를 거쳐 후진에서 역경 작업을 하였다.
③ 주로 반야계 경전과 중관사상에 관련한 논서를 번역하였다.
④ 승예 등의 많은 제자들을 길렀다.

72 인도 스키타이 출신으로서 중국 남부 지방에 머물면서, 『아미타경』과 『유마경』을 비롯하여 수많은 경전을 번역했던 사람은 누구인가?

73 3세기경 중국의 남부 오나라에서 가장 많은 번역 작품을 남긴 지겸(支謙)은 중국에 귀화한 인도 스키타이 출신의 재가 신도이다. 그가 번역한 많은 문헌들은 정확성보다는 문학적 우아함과 가독성(可讀性)을 추구한 세련된 번역이라고 할 수 있다. 그의 번역 작품 중에서 중국불교에 중요한 영향을 주었던 두 경전은 무엇인가?

① 『능엄경』, 『화엄경』 　　　　② 『아미타경』, 『유마경』
③ 『유마경』, 『금강경』 　　　　④ 『금강경』, 『아미타경』

74 인도 승려와 서역 승려가 중국에 건너오기도 하였으나, 중국 승려들도 법을 구하기 위하여 온갖 고난을 무릅쓰고 긴 세월 동안 인도와 서역을 순례하고 돌아왔다. 이와

관계가 먼 인물은?(1회, 3회 기출문제)

① 법현(法顯)　　　　　　　　② 현장(玄奘)

③ 의정(義淨)　　　　　　　　④ 혜원(慧遠)

75 다음은 세계적으로 유명한 인도 구법 여행기이다. 여행자와 여행기가 올바르게 짝지어진 것은?(6회 기출문제)

① 법현 – 『불국기』　　　　　② 현장 – 『역유천축기』

③ 의정 – 『대당서역기』　　　④ 혜원 – 『남해기귀전』

76 인도 여행기인 『대당서역기』를 저술하였으며, 17년에 걸친 구법 여행 끝에 인도로부터 범어 경전 657부를 가지고 들어와 당 태종(太宗)의 후원을 받아 무려 75부 1,335권의 경전을 번역 편찬한 중국 당나라 시대 스님은?(12회 기출문제)

77 다음 중 남북조시대의 불교에 대한 설명이다. 옳지 않은 것은?(4회 기출문제)

① 불교에 대한 본격적인 연구로 여러 학파가 성립되었다.

② 국가 권력에 의한 불교 교단의 탄압이 행해졌다.

③ 신멸·신불멸(神滅神不滅) 논쟁이 극렬하였다.

④ 국가에서 공식적으로 득도한 승려에게 도첩을 발급하였다.

78 중국불교사에서 가장 많은 사랑을 받았던 대중적인 경전으로 꼽히며, '일불승(一佛乘)'의 교의를 담고 있는 경전은 무엇인가?

① 『화엄경(華嚴經)』　　　　② 『묘법연화경(妙法蓮華經)』

③ 『반야심경(般若心經)』　　④ 『반야경(般若經)』

79 중국에서 조성된 석굴 사원에 대한 설명으로서 틀린 것은?

① 중국의 석굴 사원에서는 인도와 중앙아시아의 영향을 받았다는 흔적이 엿보인다.

② 위(魏)나라를 비롯한 여러 왕조들이 10여 군데의 석굴을 거대한 규모로 조성했다.

③ 유명한 동굴로서 대동(大同)의 운강(雲崗) 석굴과 낙양의 용문(龍門) 사원을 꼽

는다.

④ 600년경 북서쪽 끝에 위치한 돈황에서부터 조성되기 시작하였다.

80 중국 수당 대의 종파불교에 관한 설명이다. 가장 거리가 먼 것은?(4회 기출문제)

① 각 종파 나름의 교상판석이 시도되었다.

② 열반종, 율종은 매우 견고한 교단을 형성하여 후대에까지 영향을 주었다.

③ 논서나 경과 율을 소의로 하여 성립되었다.

④ 천태·화엄종은 당대 이후까지 교학적인 발전을 이룩하여 영향을 발휘하였다.

81 중국 수대에 신행(信行)이 말법의 도래에 대응하여 새로 일으킨 불교의 일파로서 수 대로부터 송 대에 걸치는 약 400년 동안 유행한 혁신적인 종교로, 말법인 현재에는 보법(普法)만이 적합한 것이라고 주장한 종교는?(8회 기출문제)

① 정토교(淨土敎) ② 삼계교(三階敎)

③ 밀교(密敎) ④ 백련교(白蓮敎)

82 중국불교사에서 '삼무일종(三武一宗)의 법난'이란 무엇을 말하는가? 간략하게 기술하 시오.(4회 기출문제)

83 중국에 있어서 '삼무일종(三武一宗)의 법난'이라고 불리는 폐불 사건과 관계가 없는 왕은?(6회 기출문제)

① 북위(北魏) 태무제 ② 양(梁) 무제

③ 당(唐) 무종 ④ 후주(後周) 세종

84 다음 중 불교에 대한 교양이 뛰어나고 대사원을 건립하는 한편, 무차대회(無遮大會) 와 같은 법회를 연 사람은?(1회 기출문제)

① 북위(北魏)의 태무제(太武帝) ② 북주(北周)의 무제(武帝)

③ 양(梁)의 무제(武帝) ④ 제(齊)의 고제(高帝)

85 선종(禪宗)이 중국에서 형성된 시기는 언제인가?

① 5세기경 ② 6세기경
③ 7세기경 ④ 8세기경

86 중국 선종의 초조(初祖)로서 양나라의 무제와 문답을 나누었던 것으로 유명한 인도 출신의 고승은 누구인가?

87 중국 선종의 계보이다. 올바른 짝이 아닌 것은?

① 2조 혜가 ② 3조 도신
③ 5조 홍인 ④ 6조 혜능

88 중국 남종선의 융성기는 강서의 마조와 호남의 석두가 주도하였으며, 이를 계기로 하여 천하의 선지식들이 법을 각축하게 되었는데, 이러한 상황을 가리키는 신조어가 생겨났다. 무엇인가?

89 선종 포교의 제일 공로자로서, 139명의 대선지식을 제자로 양성하였고, 그중 88명이 조계 혜능의 조사선을 천하에 전파하였다고 일컬어지는 스님은 누구인가?

① 마조 ② 임제
③ 백장 ④ 신회

90 늘어나는 대중의 질서를 유지하기 위해서 경과 율을 참조하여 만든 선종 최초의 법규는 무엇이라 하였는가?

91 '하루 일하지 않으면 하루 먹지 않는다.[一日不作 一日不食]'라는 원칙을 세우고 몸소 실천함으로써 선종의 발전에 크게 기여했던 스님은 누구인가?

① 남악 회양 ② 청원 행사

③ 하택 신회   ④ 백장 회해

92 중국 선종의 오가(五家)를 열거한 것이다. 그에 합당하지 않은 것은?

① 위앙종   ② 임제종
③ 조동종   ④ 진언종

93 임제 선풍을 주도했던 법맥을 이어놓은 것이다. 바르게 이어진 항목은?

① 영가 현각 – 마조 도일 – 남악 회양
② 조계 혜능 – 마조 도일 – 임제 의현
③ 임제 의현 – 남양 혜충 – 영가 현각
④ 하택 신회 – 남악 회양 – 임제 의현

94 중국 선종의 특징에 대한 설명이다. 잘못된 것은?

① 중국의 선은 승찬 스님을 정점으로 하여 큰 발전을 이루었다.
② 인도의 선(禪)만을 고집하지 않고 북방이라는 토양에 맞는 새로운 가풍을 정립
하였다.
③ 인도와 다른 성격을 지닌 중국 특유의 선을 가리켜 조사선(祖師禪)이라 부른다.
④ 남종선에서는 돈오(頓悟) 사상을 제창하여 선의 정통성을 확립하였다.

95 중국 선종의 선지식들은 제자와의 문답을 통해 가르침을 폈는데, 이것이 하나의 전통
으로 자리 잡아서 독특한 가풍을 이루었다. 이러한 수행법을 가리키는 말은 무엇
인가?

96 중국 선종에서 비롯된 말로서, 깨달음을 추구하는 수행자와 선지식이 불법에 대하여
문답하는 중에 선지식이 깨치라고 한 말을 수행자가 깨치지 못하고 계속 의심하게 되
는 어구를 총칭하는 말은 무엇인가?

97 아래의 설명에서 괄호에 들어가는 인물이 맞는 것은?

> 달마(達磨)가 전파한 선(禪)은 6조 (㉠)대에 이르러 한 종파로 위상을 확립하였다. 이후 (㉡)대에 이르러 선종이 중국의 중심사상으로 뿌리 내리게 되었다. 특히 한국에 남종선을 최초로 전하여 오늘날 대한불교조계종의 종조로 추앙된 도의선사도 (㉡)의 제자인 서당 지장선사의 법을 이었다. 또한 고려 중엽에 태고 보우는 중국 선종의 여러 법맥 중에서 (㉠)-(㉡)-임제 의현으로 이어진 임제 법맥을 이어 임제 선풍이 한국의 중심이 되게 하였다.

① ㉠-조계 혜능, ㉡-백장 회해   ② ㉠-하택 신회, ㉡-청원 행사
③ ㉠-조계 혜능, ㉡-마조 도일   ④ ㉠-조계 혜능, ㉡-조주 종심

98 당대의 선승이며 선종의 제6대조인 혜능(慧能)은 신주(新州 : 광동성)에서 태어나 세 살 때 부친을 잃고 가난하게 자랐는데 어느 날 나무를 짊어지고 팔러 다니는 중 다음의 경전을 외우는 소리를 듣고 출가를 결심하였다. 그 경전은 무엇인가?(1회 기출문제)

① 『화엄경』   ② 『열반경』
③ 『법화경』   ④ 『금강경』

99 수나라와 당나라의 찬란한 불교문화는 송대(宋代)에 이르러 쇠퇴기에 접어든다. 불교문화의 쇠퇴 원인으로 적합하지 않은 것은?

① 신유학의 등장으로 지식 계급들이 불교 이론에 흥미를 잃었다.
② 중국 고대의 전통으로 복귀하려는 경향이 고조되고 있었다.
③ 신유학의 영향을 받아 불교계는 경전 연구와 학문 활동이 진행되었다.
④ 10세기경 중국은 관료 시대로 접어들며 과거제도를 통한 지식 계급의 역할이 확대되었다.

100 중국에서 불교가 쇠락하게 된 계기에 대한 설명이다. 잘못된 것은?

① 중국 사회를 지배하게 된 유교적 이념에 근거하여 불교를 폄하하는 경향이 많아졌다.
② 지식인 계층에서 스님이 되는 비율은 줄지 않았지만 교단의 지위는 갈수록 하락했다.
③ 신앙을 토대로 한 경전 연구와 학문적 활동이 점차 줄어들었다.
④ 인도와 중앙아시아에서 불교가 쇠미해졌고, 그와 동시에 외국 전법사의 활동이

끊겼다.

101 현대 중국 정부의 정책과 기독교의 선교회가 결합하여 자행하는 압박에 대해 저항하기 위해서 불교 교단을 재정비하고자 1929년에 설립된 단체의 이름은?

102 우리나라의 불교 역사의 큰 갈래는 두 조류, 즉 교학과 선종의 양립 내지 융화의 역사라고 할 수 있다. 그에 따른 시대적 구분이 전개 순서와 일치하는 것은?

① 선교 융섭 시대 – 선교 겸학 시대 – 교학 시대 – 교선 병립 시대
② 선교 겸학 시대 – 교학 시대 – 교선 병립 시대 – 선교 융섭 시대
③ 교학 시대 – 선교 융섭 시대 – 교선 병립 시대 – 선교 겸학 시대
④ 교학 시대 – 교선 병립 시대 – 선교 융섭 시대 – 선교 겸학 시대

103 불교가 한반도에 전래된 것은 삼국시대이다. 당시의 불교 전래 과정을 설명한 것 중에서 틀린 것은?

① 고구려와 백제는 4세기 후반에 중국을 통하여 불교를 받아들였다.
② 신라는 5세기 초 고구려를 통해 불교를 받아들였다.
③ 삼국의 불교 수용은 고대국가 체제 형성에 영향을 주었다.
④ 삼국 모두 처음부터 왕실에서 적극적인 수용 자세를 취하였다.

104 고구려의 불교 전래에 대한 사항으로 합당하지 않는 것은?

① 서력 370년에 아도(阿道) 스님이 고구려에 들어왔다.
② 고구려의 불교 전래가 곧 한반도 최초의 불교 전래이다.
③ 소수림왕은 성문사(省門寺)와 이불란사(伊弗蘭寺)를 건립하여, 순도와 아도가 머물도록 하였다.
④ 서력 372년, 소수림왕 2년에 전진(前秦)의 왕 부견(符堅)은 순도(順道) 스님을 고구려에 보내서 불상과 불경을 전해 주었다.

105 백제의 불교 수용에 대한 설명으로 옳지 않은 것은?

① 서력 399년에 불교를 공식적으로 수용하였다.

② 침류왕은 한산(漢山)에 절을 건립하고 열 명을 출가시켜 머물게 하였다.

③ 서역 출신인 마라난타(摩羅難陀)가 전해 주었다.

④ 침류왕 때의 일이다.

106 신라의 불교 전래에 대한 설명으로 바른 것은?

① 처음 신라에 불교를 전해 준 것은 백제에서 온 스님들이었다.

② 국경 지대였던 경북 선산 지역을 중심으로 불교가 전파되기 시작했다.

③ 미추왕 때에 처음으로 불교가 들어왔고 곧바로 공인되었다.

④ 공식적으로 불교가 수용되기도 전에 흥륜사가 세워졌다.

107 다음은 삼국시대 불교의 전래에 대한 설명이다. 틀린 것은?(2회 기출문제)

① 백제는 중국 남조(南朝)의 격의불교(格義佛敎)를 받아들였다.

② 공식 기록으로 삼국 중 불교가 처음 전해진 나라는 고구려이다.

③ 신라에는 고구려의 묵호자에 의해 불교가 전래되었다.

④ 백제는 일본에 불교와 선진 문물을 전해 주었다.

108 삼국의 불교 전래에 관련한 내용이다. 거리가 먼 것은?(4회 기출문제)

① 고구려 최초의 사찰은 성문사와 이불란사이다.

② 백제는 침류왕 원년(384)에 동진의 율종 계통의 중국 승려가 전래하였다.

③ 신라에 최초로 불교를 전한 이는 고구려 승려이다.

④ 신라는 법흥왕 대에 국가적으로 공인되었다.

109 다음 신라 불교에 대한 설명 중 가장 거리가 먼 것은?(5회 기출문제)

① 진흥왕 때 신라에서는 처음으로 백고좌법회와 팔관회를 실시하였다.

② 법흥왕 때 처음으로 불교가 고구려로부터 신라에 전래되었다.

③ 신라의 불교는 국왕을 교화하고 민중을 선도하는 역할을 하였다.

④ 신라에 있어서 불교가 국가로부터 공인된 때는 6세기경이다.

110 신라에 불교를 수용하기 위해 순교한 사람은?(1회 기출문제)

① 이차돈   ② 아도

③ 법흥왕   ④ 진흥왕

111 신라의 불교 공인과 관련된 정치적 상황에 대한 설명이다. 바르지 못한 것은?

① 불교 공인은 중앙 집권적 통치 체제를 정비하려는 정책들과 동시에 추진되었다.
② 율령 반포와 백관의 공복(公服) 제정 등 관료 체제의 기본 골격을 갖추는 일이 동시에 추진되었다.
③ 귀족의 대표로서 상대등(上大等)을 두고 왕은 귀족들을 능가하는 초월적인 존재로 위상을 높이고자 하였다.
④ 불교의 공인은 귀족의 권한이 왕보다 높았던 시점에 이루어졌다.

112 이차돈의 순교와 함께 불교를 공식적으로 수용한 신라의 왕은?

① 미추왕   ② 눌지왕
③ 법흥왕   ④ 진흥왕

113 신라에서는 왕의 이름을 불교와 관련 있는 단어로 지어 부른 시대가 있었다. 소위 '불교식 왕명 시대'라 함은 어느 시기를 가리키는가?

① 법흥왕부터 진덕여왕까지   ② 성왕부터 법왕까지
③ 위덕왕부터 진덕여왕까지   ④ 법흥왕부터 원각대왕까지

114 『삼국유사』에 의하면, 건국 직후에 인도 출신인 수로왕의 부인 허황후와 함께 불교가 전래된 나라는?

① 고구려   ② 백제
③ 신라   ④ 가야

115 『아육왕경』 등의 경전에 묘사된 전륜성왕의 이념을 가장 적극적으로 받아들였던 신라의 왕은 누구인가?

① 눌지왕   ② 법흥왕
③ 진흥왕   ④ 무열왕

116 본래 인도의 이상적이며 신화적인 군주인 전륜성왕의 사상을 현실의 정치 이념으로

승화시킨 왕과 거리가 먼 것은?

① 인도의 아쇼카 왕　　　　② 고구려의 광개토대왕
③ 백제의 성왕　　　　　　　④ 신라의 진흥왕

117 5세기 후반 중국으로 유학하여 삼론학을 공부하였으며, 얼마 후 강남으로 옮겨 섭산(攝山)의 서하사(棲霞寺)에 머물며 삼론학을 강의하여 그를 섭산대사, 섭령대사라고 하였으며 랑법사, 랑대사라고도 하였다. 한국 승려들 중에서 중국 유학의 선구자 가운데 한 사람으로 중국의 삼론학을 집대성한 고구려 출신의 스님을 쓰시오.

118 『미륵불광사(彌勒佛光寺)사적기』에서, 526년에 바닷길을 통해 중인도로 들어가서 상가나대율사(常伽那大律寺)에서 5년 동안 불교학을 배운 후 율장의 범어 원본을 가지고 돌아왔다고 전하는 백제 출신의 스님은 누구인가?

119 다음 중 백제 불교의 특징은?(9회 기출문제)

① 율종 중심의 교학　　　　② 선종 중심의 좌선
③ 염불 중심의 기도　　　　④ 주력 중심의 미륵 사상

120 신라시대 때 원광 스님은 청도의 운문산 가서사(嘉栖寺)에 머물면서 대중을 위한 독특한 교화 방법을 썼던 것으로 유명하다. 그는 청정한 마음으로 간자(簡子)를 굴려서 전생의 업보를 점친 후 그 결과에 따라 참회 수행을 하고 선행을 닦으면 깨달음의 길로 나아갈 수 있다고 하였는데, 이 교화 방법을 가리키는 말은 무엇인가?

121 신라시대 원광법사는 청도의 운문산 가서사에 머물 때에 가르침을 구하러 찾아온 귀산과 취항 등의 청년들에게 보살계 대신 속세의 사람들이 지켜야 할 계율로서 세속오계를 제시했는데, 사자성어로 된 다섯 가지의 계를 열거하고 그 뜻을 각각 쓰시오.(12회 기출문제)

122 신라 때 화랑들에게 세속오계를 주어 지키게 하고 수(隋)나라에 직접 걸사표(乞師表)를 바친 스님은?(2회 기출문제)

① 원효   ② 의상
③ 원광   ④ 자장

123 중국 오대산에서 문수보살의 영험을 받았으며, 다시 태화지(太和池) 부근을 지나쳤을 때, 신인(神人)으로부터 신라를 수호하기 위하여 돌아가면 황룡사에 구층탑을 세우라는 말을 들은 스님은?

124 한중 관계가 발전함에 따라 오늘날 고대사에 있었던 우리 민족의 영광스러운 자취를 찾는 일이 진행되고 있다. 다음 중 신라인들이 당나라에 세웠던 사찰을 무엇이라고 하는가?(3회 기출문제)

① 신라방(新羅坊)   ② 신라소(新羅所)
③ 신라원(新羅院)   ④ 신라관(新羅館)

125 다음 중 신라시대 불교의 대중화에 공헌한 승려가 아닌 것은?(1회 기출문제)

① 원효   ② 의상
③ 혜숙   ④ 대안

126 다음 중 시대별 대표적인 스님으로 잘못 짝지어진 것은?(9회 기출문제)

① 고구려 : 승랑, 혜자, 담징, 혜관
② 백　제 : 관측, 겸익, 담묵, 혜민
③ 신　라 : 원효, 의상, 자장, 진표
④ 고　려 : 원광, 도선, 혜초, 원측

127 신라의 혜초 스님이 진리를 구하여 멀리 인도를 여행하고 나서 지었으며 뒤에 돈황에서 발견된 책은?(9회 기출문제)

128 현재 중국불교 4대 성지의 하나로 알려진 중국 구화산에서 홀로 수행하여 중국 국민들로부터 보살의 화신으로 추앙받았던 스님은, 입적한 지 3년 후에 생전의 예언에 따라 육신불로 다시 세상에 화현하였다고 한다. 신라의 왕족 출신으로 중국에서 이름을 떨친 스님을 쓰시오.

129 신라의 왕손으로 15세에 중국으로 건너갔으며, 여러 나라 말에 능통하고 특히 유식에 정통하여 『해심밀경소(解深密經疏)』 10권을 남긴 스님은?(5회, 7회 기출문제)

130 다음 중 통일신라시대 스님과 대표적인 교학에 대하여 바르게 짝지어진 것은?(11회 기출문제)

① 원측 : 유식사상(唯識思想) ② 의상 : 화쟁사상(和諍思想)
③ 원효 : 화엄사상(華嚴思想) ④ 의영 : 법화사상(法華思想)

131 아래에서 설명하고 있는 사상으로 맞는 것은?

> 불교가 우리나라에 들어와 정착되면서 자신들이 살고 있는 현재의 국토가 오랜 과거부터 불교와 깊은 관련을 맺고 있으며, 현재도 불교의 호법신들에 의해 보호를 받고 있다는 사상이다. 이러한 사상은 특히 불교의 수용과 국가 체제의 정비를 동시에 이루었던 신라에서 활발하게 전개되었다.

① 왕생사상(往生思想) ② 정토사상(淨土思想)
③ 미륵사상(彌勒思想) ④ 불국토사상(佛國土思想)

132 삼국시대에는 불교가 정착되면서 부처와 보살들에 대한 신앙도 널리 퍼졌는데, 죽은 후에 보살이 수행하고 있는 도솔천에 태어나 설법을 듣기를 원하는 상생신앙과 보살이 이 지상에 출현하여 모든 중생을 구제해 주기를 기원하는 하생신앙이 있다. 이를 일컫는 불교의 신앙은?

① 관음신앙(觀音信仰) ② 지장신앙(地藏信仰)
③ 미타신앙(彌陀信仰) ④ 미륵신앙(彌勒信仰)

133 삼국시대에 널리 퍼졌던 미륵신앙에 대한 설명이다. 잘못된 것을 고르시오.

① 삼국시대 때는 자신이 죽은 후에 현재 미륵이 수행하고 있는 도솔천에 태어나 미륵의 설법을 듣기를 원하는 미륵 상생신앙이 주된 경향을 이루었다.

② 6세기 중엽의 것으로 추정되는 「영강(永康) 7년 경 불상 광배」(평양 발견)에는 죽은 사람이 도솔천에 올라가 미륵을 만나기를 기원하는 상생 신앙의 내용이 적혀 있다.

③ 5세기경에 조성된 것으로 알려진 만주(滿洲) 집안(輯安) 지역에 있는 장천 1호분의 전실 벽화 중에 무덤의 주인공 부부가 도솔천에 왕생하여 미륵에게 예배하는 모습이 그려져 있다.

④ 경주 근처의 단석산 꼭대기에 8미터 크기의 대형 미륵 3존상을 새기고 미륵이 지상에 출현하기를 기원하였다.

134 한반도에 불교가 정착되면서 자신들이 살고 있는 현재의 국토가 오랜 과거부터 불교와 깊은 관련을 맺고 있으며, 현재도 불교의 호법신들에 의해 보호를 받고 있다는 불국토 사상이 생겨나게 되었는데, 이러한 사상이 특히 두드러졌던 나라는 어디인가?

① 고구려　　　　　　　　　② 백제
③ 신라　　　　　　　　　　④ 가야

135 중급 관료 집안 출신인 원효는 출가하여 불교학을 깊이 연구한 이후에 세간과 출세간의 걸림이 없음을 직접 실천하기 위하여 환속하였고, 그 후 소성(小姓) 거사로 자처하면서 광대들의 놀이 도구를 가지고서 노래와 춤으로써 불법의 가르침을 전했다. 원효가 대중을 위해 교화를 펼칠 때 강조했던 주요 신앙은 무엇이었는가?

① 정토신앙(淨土信仰)　　　② 점찰신앙(占察信仰)
③ 미륵신앙(彌勒信仰)　　　④ 지장신앙(地藏信仰)

136 신라가 삼국 통일을 이룬 이후에 불교계의 자체적인 조직과 별도로 불교계의 운영을 담당하는 중앙관청을 설치했다. 그 관청의 이름을 쓰시오.

137 다음 중 원효 스님의 저술이 아닌 것을 고르시오.(4회, 6회 기출문제)

①『대승기신론』　　　　　②『법화경종요』

③『금강삼매경론』　　　　　　　　④『발심수행장』

138 원효 스님이 주창했던 화쟁(和諍)사상의 내용은 무엇인가? 그에 대해 설명하시오.

139 다음 설명 중 원효 스님에 대한 내용으로 가장 가까운 것은? (7회 기출문제)

① 당나라에 유학을 다녀온 뒤『금강삼매경론』을 저술하였다.
② 중국 오대산에서 문수보살의 영험을 받고『법화경종요』를 저술하였다.
③ 불교의 각 종파간의 대립을 극복하여 불교의 조화, 융합을 꾀하였다.
④ 세속오계를 청년에게 일러 주어 훌륭한 국민이 되는 길을 제시하였다.

140 통일신라시대 원효(元曉)에 대한 설명으로 바르지 않은 것은?

① 중국에서 전래된 경전과 주석서들을 스스로 해석하고 이를 전통적인 교학과 조화시키면서 독자적인 사상 체계를 성립시켰다.
② 인도에서 유식학을 공부하고 돌아와『해심밀경소』, 『성유식론소』, 『유가론소』 등의 주석서를 주로 저술하였다.
③ 원효가 처음 크게 영향을 받았던 불교사상은 반야공관사상 및 법화와 열반의 일승사상이다.
④ 대립되는 이론들을 조화시키는 화쟁사상(和諍思想)을 주장하며 불교의 근본 목적은 차별을 초월한 절대적 진리인 일심을 체득하는 것이라 하였다.

141 당나라에 유학해 화엄학을 공부한 후「화엄일승법계도」를 지어 스승 지엄의 뒤를 이은 스님은?(6회, 9회 기출문제)

① 자장　　　　　　　　　　② 원효
③ 의상　　　　　　　　　　④ 원광

142 한국에 선이 본격적으로 전래된 시기는?(10회 기출문제)

① 신라 초기　　　　　　　② 신라 말
③ 고려 말에서 조선 초기　④ 고려 말

143 통일신라 후기의 불교계의 가장 큰 변화로 맞는 것은?

① 8세기 초 중국에서 급속하게 발전되어 불교계의 중심 사조로 등장한 선종의 수용이다.

② 서방극락에 왕생하기를 기원하는 아미타신앙과 현세의 고통을 덜어 주기를 기원하는 관음신앙이 활발했다.

③ 불교의 대중화로 일군의 승려들이 시장과 마을을 다니면서 불교의 가르침을 알기 쉽게 설명하고 직접 서민적 신앙생활을 보여 주었다.

④ 교학불교의 새로운 진흥과 함께 화엄종, 유식종 등을 비롯한 실천적인 수행들이 지방을 무대로 하여 발전해 나갔다.

144 신라 후기의 선종에 관한 설명으로 틀린 것은?(1회, 9회 기출문제)

① 개인적인 정신세계를 찾는 경향이 있어서 새로운 시대의 정신적 기반이 되었다.

② 교종의 기성 사상 체계에 의존하지 않고 스스로 사색하여 진리를 깨닫는 것이 옳다고 주장하였다.

③ 중앙 귀족들과 연결하여 5교의 종교를 이루었다.

④ 고려시대의 한문학을 크게 발달시킨 하나의 요인이 되기도 하였다.

145 아래의 설명에서 괄호에 들어가는 말이 맞는 것은?

선법이 수용된 지 100여 년이 지나면서 명망 있는 선사들이 대대로 배출되고 이에 따라 유력한 산문들이 생겨나게 되었다. 후대에 (   )으로 불리게 된 것처럼 유력한 산문은 모두 아홉 개로 구성되었다.

① 선교양종(禪敎兩宗)   ② 구산선문(九山禪門)
③ 구품연대(九品蓮臺)   ④ 구류중생(九類衆生)

146 금산사에서 득도한 이래 수참(修懺)에 정진하였으며, 특히 참회법을 지극히 수행하여 지장보살과 미륵보살의 가피를 받아 점찰 교법을 성히 일으켜 금산사·길상사 등지를 중심으로 널리 중생 교화에 힘쓴 경덕왕대의 스님은?(8회 기출문제)

① 자장   ② 진표
③ 명랑   ④ 원효

147 신라 후기의 불교에 대한 설명들이다. 옳지 않은 것을 고르시오.

① 교학의 연구는 급속히 침체되기 시작했고, 반면에 실천적 신앙이 갈수록 중시되었다.

② 의상 스님의 제자들이 중앙 불교계에 진출하여 왕실과 귀족들의 존숭을 받았고 그 영향력을 행사했다.

③ 원효, 가귀, 표원 등은 중국 화엄 학자들의 저술과 『기신론』의 사상을 토대로 화엄사상을 전개하고 있었다.

④ 의상계의 화엄학과 함께 경덕왕대 후반에 대두된 실천적 신앙은 진표(眞表) 스님의 아미타신앙이었다.

148 신라 후기의 선종(禪宗)의 수용과 전개에 대한 설명이다. 바르지 못한 것을 고르시오.

① 북종선을 처음으로 전한 사람은 40여 년의 중국 유학을 마치고 헌덕왕 13년에 귀국한 도의(道義)였다.

② 9세기 중엽에 다수의 중국 유학승들이 귀국하면서 신라 불교계의 주요한 흐름으로 자리 잡았던 것이 선종이다.

③ 법랑(法朗)이 중국 선종의 제4조인 도신(道信)의 문하에서 수학하고 귀국하여 호거산에서 선법을 전한 것이 그 최초이다.

④ 법랑은 제자들에게 선법을 전하면서 먼저 간심(看心)으로서 선을 닦게 한 후 근기가 익으면 방편(方便) 법문으로 가르쳤다.

149 서당 지장의 문하에서 수학한 뒤 귀국하여 우리나라 최초의 선찰(禪刹)로 꼽히는 실상사를 창건하여 수많은 제자들을 양성한 스님은 누구인가?

① 도의(道義)　　　　　② 홍척(洪陟)
③ 혜소(惠昭)　　　　　④ 신감(神鑑)

150 설악산에서 염거(廉居) 스님에게 수학한 후 희강왕 2년(837)에 중국으로 유학을 떠났다가, 자신이 배웠던 선법이 중국과 다르지 않음을 깨닫고 곧바로 귀국하여 장흥의 가지산 보림사에서 선풍을 선양하였다. 누구인가?

① 혜철(慧徹)　　　　　② 홍척(洪陟)
③ 절중(折中)　　　　　④ 체징(體澄)

151 다음 중 신라의 선종(禪宗)이 발전하는 데 기여한 스님은?(6회 기출문제)

① 원효(元曉)와 의상(義湘)　　② 자장(慈藏)과 겸익(謙益)

③ 신행(神行)과 도의(道義)　　④ 의천(義天)과 제관(諦觀)

152 불국사의 석가탑에 봉안되었던 것으로서 8세기 초엽 목판으로 인쇄된 경전으로 세계에서 가장 오래된 목판 인쇄물로 유명한 경전 이름은 무엇인가?

①『금강삼매경론』　　②『열반경』

③『아미타경』　　④『무구정광대다라니경』

153 구산선문(九山禪門) 중에서 각각의 개창자와 해당 산문의 연결이 바르지 못한 것을 고르시오.

① 홍척을 개조로 하는 실상산문　　② 이엄을 개조로 하는 수미산문

③ 혜철을 개조로 하는 동리산문　　④ 도의를 개조로 하는 희양산문

154 다음 중 조계종의 근원을 가지산문을 창건한 도의 국사에 두고 있는 이유로 가장 타당한 것은?(9회 기출문제)

① 통불교적 성격이 강하기 때문에

② 선불교의 전통을 계승하고자

③ 교학의 발전을 위하여

④ 불교를 가장 먼저 받아들였기 때문에

155 선종의 유입과 함께 들어왔던 새로운 문화 사조인 풍수지리설을 체계적으로 처음 주창한 사람은 누구인가?

① 혜소(惠昭)　　② 도의(道義)

③ 도선(道詵)　　④ 혜철(慧徹)

156 9세기 중반 이후 중국의 선종이 수용되면서 도선(道詵, 827~898)에 의해 본격적으로 받아들여진 풍수지리설은 풍수 이론을 불교적으로 재구성한 것으로서 지리적 결함을 사찰이나 탑을 건립하여 보완하는 것을 강조하는 것이었다. 이를 일컫는 학설을 쓰시오.

157 도선 스님이 주창했던 비보사탑설(裨補寺塔說)이란 무슨 뜻인가 설명하시오.

158 고려를 개창한 왕건의 숭불 정책에 대한 설명이다. 잘못된 것은 무엇인가?

① 왕건은 왕위에 오르기 전 불교를 알지 못하였으나, 고려의 새로운 이념으로 채용한 뒤 여러 스님들과 교유를 맺기 시작했다.

② 건국 이후 수도 개경에 많은 사찰을 창건하였고, 만년에는 「훈요십조(訓要十條)」를 남겨서 후손에게도 불법을 숭상하라고 부탁하였다.

③ 특히 연등회와 팔관회를 준수할 것을 강조하였다.

④ 왕건이 불교를 중시했던 가장 큰 이유는 오랜 전란을 겪어 피폐해진 민심을 수습하는 데 불교가 큰 역할을 해 줄 것이라고 기대했기 때문이었다.

159 다음 중 고려 전기의 숭불 정책을 설명한 것으로 틀린 것은?(12회 기출문제)

① 왕실에서는 승려들을 초청하여 재(齋)를 여는 반승(飯僧) 행사를 자주 거행하였다.

② 지역 단위로 불교 신앙 공동체인 향도(香徒)를 만들어 사찰의 건립과 보수에 적극적으로 참여하였다.

③ 왕실의 불교에 대한 귀의를 상징적으로 보여 주는 것은 역대 국왕들의 원찰과 진전(眞殿)사원들이 있었다.

④ 승려의 과거제도인 승과를 실시하여 승계 체계를 정비하였으며, 승려들을 국가 체제로부터 완전 독립시켜 주었다.

160 고려 왕실의 불교 신앙에 대한 설명이다. 잘못된 것을 고르시오.

① 천 명 내지 2천여 명의 스님들이 동시에 머물 수 있는 대규모의 원찰(願刹)들이 건립되었다.

② 역대 국왕들의 영정을 모시고 제사를 지내는 진전(眞殿) 사원을 세운 뒤, 유교식의 제사를 철폐했다.

③ 진전 사원은 각 국왕들의 원찰에 설치하는 것이 일반적이었지만 원찰을 건립하지 않은 국왕의 경우에는 일정한 규모의 사찰이 진전 사원으로 지정되었다.

④ 왕실에서는 스님들을 초청하여 재(齋)를 여는 반승(飯僧) 행사를 자주 거행했는데, 초청된 스님들의 수가 대개 만 명을 헤아릴 정도였다.

161 고려시대 때의 대표적인 불교 행사는 연등회와 팔관회였다. 그에 대한 설명으로 잘못된 것은?

① 매년 4월 보름에 각 지역 단위로 거행했던 행사가 연등회이다.

② 본래 팔관회는 신라에서 전몰장병들의 명복을 빌기 위해서 거행했던 행사였다.

③ 개경에서는 왕실의 주도 아래 태조 왕건에 대한 충성과 국가의 번영을 기원하는 행사로서 연등회를 개최했다.

④ 연등회는 본래 부처님의 탄신일에 연등을 켜는 행사에서 비롯된 것으로 신라에서 이미 행해지고 있었다.

162 연등회와 관계가 없는 것은?(3회 기출문제)

① 고려시대에 성행한 대표적인 불교 행사로 대개 1~2월에 전국적으로 등불을 밝히고 다과를 베풀었다.

② 조선조에도 매년 국가적 차원에서 이어졌다.

③ 「훈요10조」에서 팔관회와 더불어 강조했다.

④ 전국적으로 등불을 밝히고 부처님께 귀의하여 국가와 왕실의 안녕을 기원했다.

163 고려시대의 불교 행사에 대한 설명 중 틀린 것을 고르시오.(6회 기출문제)

① 무차대회 ; 승속, 남녀, 귀천의 구별 없이 평등하게 잔치를 베풀며 물품을 나누어 주는 법회

② 인왕백고좌도량 ; 『인왕호국반야경』을 읽으면서 국가와 백성의 안녕을 기원하는 법회

③ 연등회 ; 1, 2월에 전국적으로 등불을 밝히고 다과를 베풀며 군신이 함께 가무를 즐기던 행사

④ 팔관회 ; 매년 1월 15일에 개경과 서경에서 개최되는 제전

164 다음은 고려의 불교 제도와 기능에 관해 설명한 것이다. 내용 설명 중 사실과 거리가 멀다고 생각되는 것은?(9회 기출문제)

① 왕사국사 제도는 우리나라 중세의 통치권과 민중과의 갈등을 약화시킨 불교의 역할을 보여 준 제도이다.

② 국가에서는 승려의 자격을 시험하는 승과를 실시하고 합격자는 승계를 주어서 철저히 자격과 경력을 관리하였다.

③ 승계는 주지와 그 밖에 승직을 부여하는 기준이 되었는데, 고려 사회에서는 이 제도가 잘 지켜져 승가의 부패는 거의 찾아볼 수 없었다.

④ 국사를 왕사의 우위에 둔 것도 민중을 국왕보다 우선한다는 왕도정치의 표현이 었다.

165 고려시대 때, 지방에서는 불교 신앙 공동체를 만들어서 사찰의 건립과 보수를 담당하였다. 그 단체의 이름은 무엇인가?

① 다도(茶徒) 　　　　② 선도(禪徒)
③ 향도(香徒) 　　　　④ 불도(佛徒)

166 다음 중 고려시대에 성립된 종파로 이루어진 짝을 고르시오.(6회 기출문제)

① 삼론종과 법상종 　　　　② 조계종과 천태종
③ 오교와 구산 　　　　④ 화엄종과 법성종

167 고위직의 승려들을 선발하는 승과(僧科) 제도를 처음 시행했던 때는 언제인가?

① 고려 광종 원년 　　　　② 고려 광종 9년
③ 고려 숙종 4년 　　　　④ 고려 숙종 원년

168 다음은 고려 광종(950~975) 대 불교 상황이다. 가장 옳은 것은?(4회 기출문제)

① 천태학 연구가 활발하였고 법안종이 전래되었다.
② 의통(義通)은 『천태사교의』를 저술하였다.
③ 제관은 중국으로 들어가 천태종의 제16조가 되었다.
④ 법안종은 천태학과 밀교가 융합한 특징을 가지고 있다.

169 고려시대 때 교종의 승계 체계이다. 올바른 것을 고르시오.

① 대덕(大德)-대사(大師)-중대사(重大師)-수좌(首座)-승통(僧統)-삼중대사(三重大師)
② 수좌(首座)-대덕(大德)-대사(大師)-중대사(重大師)-삼중대사(三重大師)-승통(僧統)
③ 수좌(首座)-대덕(大德)-대사(大師)-중대사(重大師)-삼중대사(三重大師)-승통

(僧統)

④ 대덕(大德)−대사(大師)−중대사(重大師)−삼중대사(三重大師)−수좌(首座)−승통
(僧統)

170 고려시대 때 선종의 승계 체계이다. 올바른 것을 고르시오.

① 대덕(大德)−선사(禪師)−대선사(大禪師)−대사(大師)−중대사(重大師)−삼중대사(三
重大師)

② 대덕(大德)−대사(大師)−중대사(重大師)−선사(禪師)−대선사(大禪師)−삼중대사(三
重大師)

③ 대덕(大德)−대사(大師)−중대사(重大師)−삼중대사(三重大師)−선사(禪師)−대선사(大
禪師)

④ 선사(禪師)−대선사(大禪師)−대덕(大德)−대사(大師)−중대사(重大師)−삼중대사(三
重大師)

171 고려시대 때 불교계를 대표하여 국왕의 자문 역할을 했던 직책은 무엇인가?

① 대덕(大德)　　　　　　　② 대사(大師)

③ 국사(國師)　　　　　　　④ 선사(禪師)

172 고려 광종 때 중국에 들어가서 천태학을 수학한 후 교판론을 설명한 『천태사교의(天
台四敎義)』를 저술하였던 스님은 누구인가?

173 고려 문종의 넷째 아들이었던 그는 송나라에 유학하여 천태학의 요체를 배웠고, 귀국
한 뒤에는 천태종의 개창을 주도하여 독자적인 종파로 성립시켰다. 또한 국청사의 개
창과 천태종 승과를 주재했던 사람은 누구인가?

174 대각국사 의천은 장경도감(藏經都監)을 설치하여 대장경을 간행하였다. 이때 국내는
물론 송, 요, 일본 등에서 모아온 논서를 모아 편찬한 목록을 무엇이라 일컫는가?

175 다음은 대각국사 의천(義天)에 대한 설명이다. 가장 바른 것은?(5회 기출문제)

① 불교의 교리를 널리 연구하고자 인도에 유학하였다.

② 오월(吳越)에 건너가 중국 천태종을 부흥시키고 그 교조가 되었다.

③ 송, 거란, 일본 등지에서 불경을 수집하여 집성 간행하였다.

④ 『천태사교의(天台四敎義)』를 저술하여 천태종을 개창하였다.

176 다음은 고려시대 대각국사 의천이 천태종을 개창한 이유를 설명한 것이다. 가장 바르게 설명한 것은?(12회 기출문제)

① 왕실의 후원에 보답하기 위해서

② 당시 교학을 등한시하는 선종의 개혁을 위해서

③ 독자적인 종파를 성립시켜 국정을 주도하기 위해서

④ 당시 교학을 위주로 하는 화엄종의 종책을 지키기 위해서

177 고려대장경의 조조(雕造)에 대한 설명이다. 잘못 서술된 것을 고르시오.

① 고려의 대장경 제작은 현종 2년(1011)에 처음 시작되었다.

② 최초에는 거란의 침공을 물리치기 위한 발원으로 시작되었다.

③ 최초로 조조한 대장경은 송나라 초기에 만들어진 『개보장(開寶藏)』을 모범으로 삼았다.

④ 최초의 대장경은 매우 신속하게 진행되어서 현종 10년에 완성되었다.

178 고려시대 때 초조대장경을 만들면서 참조했던 불경 목록의 이름은 무엇인가?

① 『개원총록(開元總錄)』　　　　② 『제종교총록(諸宗敎總錄)』

③ 『개원석교록(開元釋敎錄)』　　④ 『신편제종교장총록(新編諸宗敎藏總錄)』

179 지승(智昇)이 편찬한 『개원석교록(開元釋敎錄)』에 의거하여 1,078종 5,048권의 『대장경』을 12년간 조판하여 인쇄한 시대는 언제인가?(6회 기출문제)

① 수(隋) 대　　　　　　　② 당(唐) 대

③ 송(宋) 대　　　　　　　④ 명(明) 대

180 고려 의종 24년(1170) 무인정변을 계기로 100년 간 고려를 지배한 무인정권기에 일어난 불교계 동향을 설명한 것과 거리가 먼 것은?

① 현재의 순천 송광사를 중심으로 수선결사(修禪結社)가 시작되었다.

② 현재의 강진 백련사를 중심으로 백련결사(白蓮結社)가 시작되었다.

③ 교장도감을 설치하고 속장경(續藏經)을 간행하였다.

④ 대장도감을 설치하여 대장경을 판각하였다.

181 팔공산 거조암에서, 『육조단경』의 가르침에 기초하여 「권수정혜결사문(勸修定慧結社文)」을 짓고 선종과 교종은 물론 유교, 도교의 사람들까지 포괄하는 수행결사를 조직하였던 스님은 누구인가?(10회 기출문제)

① 지눌　　　　　　　　② 요세
③ 의천　　　　　　　　④ 제관

182 고려시대 보조국사 지눌의 정혜겸수(定慧兼修)에 대해 가장 알맞은 설명은?(1회 기출문제)

① 고려 중기에 지눌이 교의 입장에서 교와 선을 겸수해야 한다고 주장한 것이다.

② 고려 중기에 의천이 선의 입장에서 선과 교를 겸수해야 한다고 주장한 것이다.

③ 고려 후기에 지눌이 선의 입장에서 선과 교를 겸수해야 한다고 주장한 것이다.

④ 고려 후기에 의천이 교의 입장에서 교와 선을 겸수해야 한다고 주장한 것이다.

183 아래에서 설명하는 인물로 맞는 것은?

> 선종과 교종의 승려는 물론 유교, 도교의 사람들까지 포괄하는 수행결사를 조직하였다. 그것이 바로 「권수정혜결사문(勸修定慧結社文)」으로 정혜(定慧)는 정과 혜를 함께 닦으라고 말한 『육조단경』의 가르침에 따른 것이다.

① 태고 보우　　　　　　② 보조 지눌
③ 진각 혜심　　　　　　④ 청량 징관

184 보조국사의 정혜결사와 쌍벽을 이루는 대중결사로 13세기 강진에서 원묘국사 요세가 창설한 결사는?(1회, 7회 기출문제)

185 현재 해인사에 보관 중인 대장경은 언제 만들어졌는가?(9회 기출문제)

① 거란 침입 때　　　　　　　② 여진 침입 때
③ 왜구의 노략질이 심할 때　　④ 몽고 침입 때

186 고려 고종 24년(1237) 재조(再雕)대장경, 즉 해인사 팔만대장경에 대한 설명으로 잘못된 것을 고르시오.(10회 기출문제)

① 재조대장경은 모두 1,496종 6,568권의 불경이 포함되어 있다.
② 대장경의 재조 작업은 고종 38년(1251)에 최종적으로 완료되었다.
③ 고종을 대신하여 당시의 문장가였던 이규보가 「대장각판군신기고문」을 썼다.
④ 대장경의 판각 작업은 해인사 내 대장도감의 본사에서 이루어져 장경각에 바로 모셨다.

187 현재 남아 있는 고려시대의 팔만대장경이 최초로 보관되었던 장소는?(1회 기출문제)

① 강화도　　　　　　　　　② 해인사
③ 묘향산　　　　　　　　　④ 부인사

188 진호국가(鎭護國家)의 사상을 담고 있기 때문에 고려대장경의 서두에 위치하여 대장경을 여는 경전은?(7회 기출문제)

①『대반야경』　　　　　　　②『대열반경』
③『화엄경』　　　　　　　　④『장아함경』

189 세계 최고(最古)의 금속활자본으로 현재 프랑스 파리 국립도서관에 소장되어 있는 고려시대에 펴낸 책 이름은 무엇인가?(1회 기출문제)

①『남명천화상송증도가』
②『백운화상초록불조직지심체요절』
③『자비도량참법집해』
④『동래선생교정북사상절』

190 중국 선종의 여러 법맥 중에서 조계 혜능 − 마조 도일 − 임제 의현으로 이어진 임제 법맥을 이어 임제 선풍이 한국에서 중심이 되게 한 고려시대의 스님은?

① 대각 의천(1055~1101)　　　② 보조 지눌(1158~1210)

③ 태고 보우(1301~1382)　　　④ 나옹 혜근(1320~1376)

191 고려시대 스님으로서, 화엄학을 깊이 연구하여 당대 최고의 화엄학자로서 명성을 날렸으며, 북악파와 남악파로 분열되어 있던 교단의 차이를 해소하는 데 성공하였다. 그는 누구인가?

192 사찰의 삼성각에 진영을 모셔 둔 곳이 있을 정도로 이름난, 고려 말 선풍을 떨친 대선사인 한국불교계의 삼화상(三和尙)은 누구인가?(12회 기출문제)

193 고려 말기 공민왕으로부터 신임을 받아 국정을 맡았던 사람으로, 고려 내부의 혼탁한 사회적 부패를 타개, 질서를 확립하고자 전민변정도감(田民辨整都監)이라는 토지개혁 관청을 두어 부호들이 권세로 빼앗은 토지를 각 소유자에게 돌려주고, 노비로서 자유민이 되려는 자들을 해방시켰으며, 국가 재정을 잘 관리하여 민심을 얻기도 하였던 인물은?(11회 기출문제)

194 다음 고려시대 불교에 대한 설명으로 가장 옳은 것은?(2회, 3회, 5회 기출문제)

① 대각국사 의천은 선종을 중심으로 교종의 융화를 이루었다.

② 고려의 문벌귀족은 대체로 유교를 멀리하고 불교를 가까이하였다.

③ 고려 후기에는 화엄종과 천태종이 크게 떨치고 대표적인 종파가 되었다.

④ 조계종은 심성의 도야를 강조함으로써 장차 성리학을 받아들일 수 있는 터전을 닦았다.

195 고려시대 때 스님들의 승적을 관리하고 승계 및 주지 인사 등을 집행할 뿐만 아니라 입적한 고승의 장례 및 탑비의 건립 등 불교와 관련된 제반 사항을 처리했던 관청의 이름은 무엇인가?

196 신라 하대에 성행했던 점찰 신앙을 계승하였고, 유식학을 사상적 기반으로 하여 발달한 고려시대의 불교 종파는 무엇인가?

① 화엄종
② 천태종
③ 조계종
④ 법상종

197 고려 후기의 불교계에 대한 설명이다. 잘못된 것은 어느 것인가?

① 14세기 중반에 이르러 간화선의 수행법은 고려 불교계의 주류가 되었다.
② 간화선풍이 불교계의 일반적 수행법으로 받아들여지면서 재가 신자들의 화두 참구도 성행하였다.
③ 선종의 힘이 거세지기는 했으나, 귀족 자제들은 여전히 교종 사찰로 출가하였다.
④ 원나라에서 「백장청규(百丈淸規)」가 유입되어 불교 사원 전반의 규범으로 받아들여졌다.

198 조선시대의 불교 정책에 대한 서술로서 맞지 않는 것은 어느 것인가?

① 불교에 대한 억압 정책은 정종이 즉위하면서부터 본격화되기 시작하였다.
② 조선 왕조는 개창 당시부터 불교에 대한 배척과 숭유를 전면에 내세웠다.
③ 태조는 불교를 존숭하였기 때문에 불교계의 폐단을 제거하고 승려들에 대한 지나친 특권을 제한하는 수준에 그쳤다.
④ 태종 5년에 처음으로 국가에서 정한 사원에만 토지와 노비를 지급하고 나머지 사찰들을 혁파하는 조치를 시행하였다.

199 조선 초기 불교에 대한 설명으로 맞지 않는 것은?

① 태조는 불교와 깊은 인연을 맺고 불교 정책에도 매우 호의적인 입장을 취했다.
② 조선 초기의 왕들은 대부분 호불적 성격을 지니고 있어 몸소 간행, 번역하였다.
③ 태종대는 국가에서 행하는 각종 불사를 금지하고, 수륙재 등의 왕실 관련 행사는 여전히 거행되었다.
④ 왕실의 후원 아래 불교의 보급을 위해서 새로운 불서를 편찬하고 불전을 간행하였다.

200 다음 중 세조의 불교 관련 치적과 관계가 없는 것은?(7회 기출문제)

① 불교 탄압을 중지하고 궁궐 안에 내불당(內佛堂)을 세웠다.
② 역경기관을 설치하여 『법화경』, 『금강경』, 『반야심경』 등을 한글로 번역하였다.
③ 왕자 시절에 부처님의 일대기인 『석보상절』을 한글로 지었다.
④ 승려 수백 명이 불경을 외우며 불상을 따라 시가행진을 하는 전경법(轉經法)을 부활시켰다.

201 조선 건국 초기 불교의 윤리적 문제와 사회적 폐단을 지적하며 불교의 혁파를 강력히 주장한 유학자와 저술에 대한 설명이 맞는 것은?

① 한유 – 「논불골표」　　　　② 정도전 – 「불씨잡변」
③ 보조 지눌 – 「수심결」　　　④ 주희 – 「석론」

202 조선 초 유학자들의 불교 배척에 대해 체계적인 반론을 제기한 스님은?(3회 기출문제)

① 보우　　　　　　　　② 무학
③ 함허　　　　　　　　④ 영규

203 조선시대 함허 득통(1376~1433)이 유교 측의 척불론에 대하여 불교의 바른 뜻을 천명하고자 저술한 책은?(4회 기출문제)

① 「삼교론」　　　　　　② 「현정론」
③ 「멸혹론」　　　　　　④ 「명도론」

204 숭유억불 정책 아래에서도 세조는 국역역경기관을 설치하여 불경을 번역하였다. 이 기관의 이름은?(3회, 7회 기출문제)

① 대장도감　　　　　　② 간경도감
③ 비변사　　　　　　　④ 동국역경원

205 다음 설명과 관계 깊은 조선시대 왕은?(8회 기출문제)

• 원각사를 비롯한 전국의 여러 사원을 중흥하고 불사를 크게 일으키는 한편, 스님의 권익 옹호와 불교의 지위 보장에 힘썼다.

- 영산회상곡과 연화대무를 창제하고 불교음악과 무용을 국악화하였다.
- 간경도감을 설치하고, 중요한 불교경전을 한글로 번역, 간행하였다.

① 세종   ② 세조
③ 정조   ④ 순조

206 다음 중 우리나라 최초의 한글 불서로 조선 초기 국어와 한자음 연구에 귀중한 자료는?

① 『석보상절』   ② 『월인천강지곡』
③ 『월인석보』   ④ 『용비어천가』

207 조선시대 임진왜란이 일어나자 공주 갑사를 중심으로 800여 명의 의승군을 조직하여 조헌이 이끄는 700여 명의 의병과 함께 청주성을 탈환하는 등 승병 궐기의 계기를 만든 사람은?

① 기허대사 영규   ② 서산대사 휴정
③ 사명대사 유정   ④ 뇌묵대사 처영

208 다음은 조선시대 불교에 대한 설명이다. 가장 옳은 것은?(2회 기출문제)

① 왕족과 양반가의 부녀자들마저 대대로 믿어 온 불교를 배척하였다.
② 각 종단은 선종과 교종으로 통합되는 등 종교 탄압을 받았다.
③ 임진왜란 이후 승병 활동에 대한 보답으로 불교 탄압은 완전히 사라졌다.
④ 스님들의 신분은 낮았지만 도성 출입은 자유롭게 허용되었다.

209 『경국대전』에서 승려의 출가를 규정한 도승조(度僧條)를 삭제함으로써 불교에 대한 공식적 폐불을 선언한 시기는 언제인가?

① 태종 때   ② 성종 때
③ 연산군 때   ④ 중종 때

210 다음은 조선시대 불교에 대한 설명이다. 가장 거리가 먼 것은?(8회 기출문제)

① 태조는 무학 대사를 왕사로 봉하였다.

② 보우 스님은 승과시험을 부활시키는 데 기여하였다.

③ 세종은 아들 수양에게 『석보상절』을 짓게 하였다.

④ 철종 4년 승려의 도성 출입이 풀리게 되었다.

211 조선시대 때 시행된 승려의 도성 출입 금지가 해제된 시기는 언제인가?(10회 기출문제)

① 서기 1890년   ② 서기 1895년

③ 서기 1900년   ④ 서기 1905년

212 개화기에 일본에 건너가 일본 문물을 배우고 귀국한 후 일본 국정의 견문, 분석은 물론 세계의 정세와 이에 대처할 조선 왕조의 방책 등을 건의한 승려는?(1회 기출문제)

① 한용운   ② 권상노

③ 이동인   ④ 이능화

213 다음은 1876년 강화도조약 체결 이후 우리나라 개화기의 불교계를 설명한 것이다. 거리가 먼 것은?

① 1895년에 승려의 도성 출입 금지가 해제되어 불교의 활동 범위를 도성 내로 확대시킬 수 있는 기반이 마련되었다.

② 사찰계와 신행결사가 활발해져 사찰의 유지 보존과 공동체적 신앙 활동을 유지하는 데 크게 기여하였다.

③ 경허와 용성과 같은 대선사가 등장하여 선풍을 크게 진작시킴으로써 불교의 정체성을 지키는 데 크게 공헌하였다.

④ 근대화된 일본불교의 도움으로 통합종단을 자주적으로 재건하여 독자적인 불교 발전의 기틀을 마련하였다.

214 개화사상가 또는 개화운동의 지도자로서 본관은 한양이며, 자는 성규라 하는 이 사람은 서울 출신이며, 중인인 역관의 집에서 태어나 한의업에 종사하였으며, 불교를 깊이 신앙하였고 조선 고금의 역사에도 통달하였다. 특히 김옥균은 그의 지도와 영향으로 불교를 신앙하게 되었다고 한다. 그가 당대의 최대 선각자이며, 당대의 뛰어난 청년 개화당들이 모두 그의 영향력 아래 있었기 때문에 세간에서는 그를 '백의(白衣) 정승'이라고 불렀다. 이 사람은 누구인가?(1회 기출문제)

215 일제가 이 땅을 침략하고 있을 때 젊은 승려들이 주동이 되어 '卍당'이란 항일불교운동 모임을 주도하였다. 다음 중 '卍당'에 대한 설명 중 거리가 먼 것은?(3회 기출문제)

① 당수로 만해 한용운 스님을 추대하고 그의 가르침을 직접 받아 행동에 옮겼다.
② 신학문을 배운 30대의 백성욱, 김법린, 이용조, 도진호 등 젊은 승려가 중심이 되어 유사시에 궐기하기 위해 비밀 결사한 卍당은 비밀을 유지하기 위해 일체의 문서화를 금지하였다.
③ 정교분립, 교정확립 불교대중이란 3대강령을 세웠다.
④ '卍당' 당원은 2가지 서약을 부처님 앞에서 해야 했으니, 비밀한사엄수(秘密限死 嚴守)와 당의 명령에 절대 복종이었다. 만일 비밀을 누설한 자가 있으면 그는 생명을 바치기로 했던 것이다.

216 1930년 김법린과 최범술 등이 조직하여 한용운을 총재로 추대한 조직은?(4회 기출문제)

217 다음 중 3·1독립선언에 참여하여 서명한 불교계 대표가 바르게 연결된 것은?(11회 기출문제)

① 손병희, 최린　　　　　　② 한용운, 백용성
③ 박한영, 오성월　　　　　④ 백성욱, 김법린

218 대한불교조계종의 종헌을 제정하고 통합종단이 출범하게 된 해는?(3회, 9회 기출문제)

① 1941년　　　　　　　　② 1954년
③ 1962년　　　　　　　　④ 1968년

219 과거부터 꾸준히 제기되어 왔던 대한불교조계종의 3대 사업은?(3회 기출문제)

220 스리랑카에 불교를 전해 준 마힌다(Mahinda) 비구가 아누라다푸라에 세웠던 절로서, 나중에 스리랑카 불교의 정통파로 자리매김한 절 이름을 쓰시오.

221 전 국민의 95%가 불교도인 이 나라는 신체 건강한 자로서 20세가 넘으면 누구나 짧게는 5일에서 길게는 3개월 간 절에 들어가 단기 출가하여 불교 교육을 받을 정도로 온 국민의 불심이 깊은 것으로 정평이 나 있으며, '교단 통치법'이라는 실정법을 통해서 불교 교단의 활동을 규제하고 있는 남방불교 국가는?(12회 기출문제)

① 스리랑카   ② 미얀마
③ 타이   ④ 캄보디아

222 티베트의 불교 역사와 관련된 설명이다. 바르게 설명된 것을 고르시오.

① 티송데첸 왕 때 인도와 중국, 두 나라로부터 거의 동시에 유입되었다.
② 삼예사에서 마하연과의 대론에 승리한 카마라쉴라는 중관 사상을 티베트에 전수하는 데 성공했다.
③ 삼예사의 대논쟁이 벌어진 때는 손첸감포 왕이 재위하던 794년이었다.
④ 대론에서 패배한 마하연은 카마라쉴라가 보낸 사람들에 의해서 위장이 도려내지는 참살을 당했다.

223 라마, 즉 '활불(活佛)'이라는 형태로 정교를 통일시킨 법왕제를 구축한 세계사상 유례없는 나라는?

① 미얀마   ② 베트남
③ 티베트   ④ 대만

제4장 불교문화

1 불교미술에 대한 설명으로 잘못된 것은?

① 불교미술은 불교적인 소재를 시공간적으로 표현한 조형물이다.
② 불교미술은 기원후 1세기 경 마투라와 간다라 지역에서 시작되었다.
③ 불교미술은 불교조각, 불교회화, 불교공예, 불교건축 등의 분야로 나눌 수 있다.
④ 불교미술은 신앙의 표현으로서 불교문화의 큰 범주에 속한다.

2 이는 기원 전후부터 수세기 걸쳐 인더스 강 중류 지역을 중심으로 번영한 불교문화이다. 카니시카 왕 시대에 가장 성했으며 헬레니즘 문화와 융합한 양식의 불교 미술이 번영하여 중앙아시아, 우리나라, 일본 등지에 영향을 준 문화를 무엇이라고 하는가?(8회 기출문제)

3 다음 중 불상이 제작된 시기로 가장 알맞은 것은?(9회 기출문제)

① 부처님 재세 시부터   ② 불멸 후 100년 후부터
③ 기원후 100년경부터   ④ 기원후 8세기부터

4 부처님 입멸 후 불상이 최초로 만들어진 두 지역명을 쓰시오.(11회 기출문제)

5 불상이 조성되기 이전인 기원전 6세기에서 기원전 1세기 전후까지를 무불상시대(無佛像時代)라고 한다. 이 시대의 예배의 대상 중 부처님을 상징하는 표현 가운데 바르지 않은 것은?(10회 기출문제)

① 탄생 – 코끼리   ② 성도 – 보리수
③ 전법 – 법륜   ④ 열반 – 탑

6 불상의 손 모양에 대한 설명으로 잘못된 것은?

① 지물이 없는 불상의 손 모양을 수인(手印)이라고 한다.

② 범어로 무드라(mudrā)라고 한다.

③ 지물을 들고 있는 모양을 법계(法契)라고 한다.

④ 수인은 불상을 구분하는 중요한 방법 중 하나이다.

7 다음 인상(印相) 중 석가모니 부처님의 근본 5인(印)에 해당되는 것을 모두 고르시오.(4회 기출문제)

> ㉠ 선정인, ㉡ 전법륜인, ㉢ 지권인, ㉣ 구품인, ㉤ 시무외인, ㉥ 여원인, ㉦ 항마촉지인

① ㉠, ㉡, ㉢, ㉣, ㉦　　　　　② ㉡, ㉢, ㉤, ㉥, ㉦

③ ㉠, ㉡, ㉢, ㉣, ㉤　　　　　④ ㉠, ㉡, ㉤, ㉥, ㉦

8 석굴암 본존불상의 수인은 부처님이 마왕 파순의 항복을 받기 위해 자신의 수행을 지신(地神)에게 증명해 보라고 말하면서 지은 손 모양이다. 선정인(禪定印)에서 왼손을 그대로 두고 위에 얹은 오른손을 풀어 손바닥을 무릎에 대고 손가락으로 땅을 가리키고 있는 모습으로 부처의 깨달음 순간을 표현한 것이다. 이 수인의 명칭은?

9 법당에는 일반적으로 삼존불을 모신다. 본존불과 좌우 배치되는 불보살이 잘못된 것은?(2회, 10회 기출문제)

① 석가모니불 : 문수보살, 보현보살

② 아미타불 : 관음보살, 대세지보살

③ 약사여래 : 일광보살, 월광보살

④ 미륵보살 : 관음보살, 지장보살

10 다음은 대웅전에 모셔진 석가모니 부처님에 대한 설명이다. 틀린 것은?(9회 기출문제)

① 수인은 항마촉지인, 선정인, 전법륜인을 하고 계신다.

② 가사는 오른쪽 어깨를 드러낸 우견편단의 모습이다.

③ 좌우 보처로는 문수·보현보살 또는 가섭·아난존자이다.

④ 수인은 구품인이며 좌우에 관세음보살과 지장보살을 모신다.

11 범어로 Amitābha Buddha, Amitāyus Buddha로 불리는 불상의 설명으로 잘못된 것은?

① 죽음의 고통에서 중생을 구제하고자 오시는 분이다.
② 보살이었을 때 12대원을 서원하였다.
③ 서방 극락정토의 교주이다.
④ 아미타불이라고 일반적으로 불리며 무량광불, 무량수불이라고도 한다.

12 다음은 아미타불의 수인을 설명한 것이다. 잘못 설명한 것은?

① 중생의 근기에 따라 품(品)과 생(生)으로 나누어 구분한다.
② 아미타구품인이 대표적이다.
③ 손에 용화수 꽃가지를 들기도 한다.
④ 우리나라에서는 주로 중품하생인을 한 불상이 많다.

13 다음은 약사불의 손 모양[契印]에 대한 설명으로 올바른 것은?

① 주먹을 가슴에서 아래, 위로 포개고 밑의 왼손 검지를 오른손으로 감싼 모양이다.
② 중생의 근기에 맞게 9종류의 손 모양이 있다.
③ 결가부좌 상태로 선정에 들 때를 표현한다.
④ 우리나라는 항마촉지인의 수인에 왼손에 약기를 올려놓은 불상이 다수 있다.

14 다음 중 부처님의 진리 즉 '법신(法身)'의 뜻으로 범어로 'Vairocana', 한역 '편일체처(遍一切處), 광명편조(光明遍照), 편조(遍照)' 등으로 해석되는 부처는?

① 비로자나불   ② 약사불
③ 석가모니불   ④ 미륵불

15 청정법신 비로자나불의 수인으로, 오른손 엄지손가락을 손바닥에 놓고 나머지 네 손가락으로 싸쥔 금강권인을 지은 다음 왼손으로 무명지를 펴서 오른손 안으로 넣고 오른손 엄지와 왼손의 무명지를 마주 닿도록 하는 인상(印相)은?(7회 기출문제)

① 선정인   ② 항마촉지인
③ 전법륜인   ④ 지권인

16 석가모니불 이후 미래의 세상에 나타나는 미래불에 관한 설명으로 올바른 것은?

① 대표적인 불상이 국보 117호로 지정된 보림사 철조비로자나불좌상이다.
② 통일신라시대 법상종파의 중심적인 예배상으로 유행하였다.
③ 불상의 대표적인 수인은 항마촉지인이다.
④ 협시보살상은 관음세지보살상이다.

17 다음은 불상과 무드라(인계)의 관계이다. 올바르게 연결되지 않은 것은?(12회 기출문제)

① 석가모니불 – 항마촉지인(降魔觸地印)
② 아미타불 – 구품인(九品印)
③ 비로자나불 – 시무외여원인(施無畏與願印)
④ 약사불 – 약기인(藥器印)

18 다음 중 부처님과 그 교화하는 국토의 명칭의 연결이 바르지 않은 것은?(7회 기출문제)

① 석가모니불 – 사바세계   ② 비로자나불 – 안양정토
③ 아미타불 – 서방정토   ④ 약사여래 – 동방 유리광세계

19 다음 중 보살상의 설명으로 잘못된 것은?(10회 기출문제)

① 머리와 손에는 화관과 지물이 있다.
② 몸에는 장신구를 걸치고 옷은 천의를 입고 있다.
③ 머리는 나발과 육계로 표현한다.
④ 대승불교의 특징인 보디사트바를 도상화한 상이다.

20 관음보살상의 도상적 특징에 대한 설명으로 올바른 것은?

① 보관에 화불과 손에 연꽃가지나 연봉, 또는 정병을 들기도 한다.
② 석장을 들고 머리에 두건을 쓰기도 한다.
③ 보관에 정병을 표현하고 손에는 법륜을 들기도 한다.
④ 미륵불의 좌협시보살로 배치되기도 한다.

21 천수천안관세음보살의 설명으로 잘못된 것은?

① 불자들이 많이 외우는 경전인 『천수경』에 등장하는 주인공이다.
② 천 개의 손과 그 손에 각각의 눈을 갖춘 형태로 표현되기도 한다.
③ 『화엄경』「입법계품」에서 선재동자가 법을 구하는 존상으로 나타나기도 한다.
④ 경전에 따라 천수천안관세음, 천비천안관세음, 천비관음, 천광관음, 천안관음, 천설천족천비관음자재 등 여러 가지로 불린다.

22 석가모니의 부촉을 받아, 그가 입멸한 뒤 미래불인 미륵불(彌勒佛)이 출현하기까지의 무불(無佛)시대에 중생을 교화구제한다는 보살로 지옥에서 고통 받고 있는 모든 중생을 제도하기 전에는 결코 성불하지 않겠다고 서원을 세운 보살은?(12회 기출문제)

23 다음 중 지장보살상의 도상적 특징을 설명한 것과 가장 거리가 먼 것은?(12회 기출문제)

① 화려한 보관 대신 삭발한 스님의 모양을 하고 있다.
② 머리에 두건을 쓰고 있다.
③ 석장과 보주를 들고 있다.
④ 보관에 화불이 있고, 손에 연꽃가지나 연봉, 또는 정병을 들기도 한다.

24 지장보살상은 석장을 들고 있는 경우가 있다. 이 석장의 유래에 대한 설명으로 가장 거리가 먼 것은?

① 지옥문을 열 때 고리를 사용하기 위하여
② 중생의 잘못을 깨닫게 하기 위하여
③ 스님들이 탁발을 나갔을 때 신도들에게 알리기 위하여
④ 스님들이 길을 갈 때 독충으로부터 보호하기 위하여

25 다음 중 석가모니 부처님의 좌 보처로서 사찰에 모실 때는 손에 칼을 들고 있거나 사자를 타고 있는 형상을 한 경우가 많은데, 지혜의 상징으로 대표되는 보살은?(12회 기출문제)

① 미륵보살   ② 보현보살
③ 지장보살   ④ 문수보살

26 다음 중 보현보살을 상징하는 것과 가장 거리가 먼 것은?

① 코끼리　　　　　　　　　② 흰색

③ 실천　　　　　　　　　　④ 지혜

27 삼국시대 반가사유상의 설명으로 잘못된 것은?

① 머리에 삼산형의 보관을 쓰고 손에 정병을 들고 있다.

② 국보 제78호와 제83호 반가사유상이 대표적이다.

③ 존명을 확언할 수 없지만 대체로 『미륵상생경』에 의한 미륵보살로 추정한다.

④ 국보 제84호 서산마애불의 좌협시상은 삼국시대 대표적인 마애반가사유상이다.

28 다음 보살상과 관련된 내용이다. 올바르게 연결된 것은?

① 문수보살 – 화불　　　　　② 관음보살 – 사자

③ 미륵보살 – 코끼리　　　　④ 대세지보살 – 보병

29 부처님이 설법하실 때 여러 성중과 함께 불법을 찬양하며 불법의 외호를 맹세하는 모습으로 나타난다. 이들을 신중이라고 하는데 특히 무장형의 여러 존상을 외호신중 또는 신장이라고 부른다. 곧 무력으로 적을 항복시키며, 불법을 옹호하고 불경을 수지독송하는 사람들을 외호하는 신들을 말한다. 이들 신중에 포함되지 않은 것은?

① 칠성신(七星神)　　　　　② 현천상제(玄天上帝)

③ 금강역사(金剛力士)　　　④ 산신(山神)

30 제석천과 범천에 대한 설명으로 올바르지 않은 것은?

① 제석은 인드라이며, 범천은 브라만 신으로 고대 인도 최고의 신이다.

② 제석천은 수미산 꼭대기 도리천의 주인으로 불교화되면서 부처님을 수호하는 최고의 신이 되었다.

③ 근본불교 경전에 보면 범천은 사바세계의 주인으로 상당히 교만한 존재였지만 부처님의 말씀을 듣고 교만심을 없애고 제자가 되었다.

④ 석굴암의 제석천은 오른손에 불자(拂子)를 들고 왼손에는 정병을 들고 있으며, 범천은 오른손에 불자(拂子)를 들고 왼손에는 금강저를 들고 있다.

31 다음 중 사천왕상에 속하지 않은 존상은?

① 제석천왕(帝釋天王) ② 다문천왕(多聞天王)
③ 증장천왕(增長天王) ④ 지국천왕(持國天王)

32 얼굴은 사람의 모습이고 몸은 새의 모습하고 있으며 경전에 자주 등장하는 천상의 새다. 울음소리가 아름다워 묘음조라고 하며 극락에 깃든다고 하여 극락조라고 부르기도 하는 이 새의 이름은?

① 가릉빈가 ② 봉황새
③ 공작새 ④ 피닉스

33 다음 중 사찰 또는 그 구조물에 대한 설명으로 옳지 않은 것은?

① 사찰을 뜻하는 '가람'이란 말은 산스크리트어 '상가람마'의 줄임말이다.
② 최초의 사찰은 부처님께서 생전에 기거하시던 죽림정사나 기원정사로 볼 수 있다.
③ 부처님 입적 후에는 금당(金堂)을 중심으로 가람이 세워지기 시작하였다.
④ 중국에서는 궁궐 건축에서만 허용되던 단청이나 둥근 기둥이 가람 건축에 그대로 허용되었다.

34 다음 중 사원의 건축 구조에 대해 가장 잘 설명한 것은?(9회 기출문제)

① 사찰은 부처님을 모신 곳이다.
② 사찰은 불법승 삼보가 상주하는 곳이다.
③ 사찰은 불국세계를 형상화한 것이다.
④ 사찰은 신도가 참배하는 곳이다.

35 다음은 불교건축에 대한 설명으로 올바르지 못한 것은?

① 불교 사원에 있는 모든 구조물을 불교건축이라고 할 수 있다.
② 불교 사원은 초기에는 스님들이 거주하는 승원만 있다가 그 뒤 불탑이 성행하자 탑과 승원이 동시에 갖추어진 종합적인 사원으로 발전하였다.
③ 가람(伽藍)이란 중국에서 쓰였던 말로 불교에서 차용하여 절의 의미로 쓰여 왔다.
④ 최초의 사찰은 부처님께서 기거하시던 죽림정사였다고 볼 수 있다.

36 불상이나 탑 등의 예경 대상을 우선 한 번 절하고 다음에 그 둘레를 자신의 오른쪽을 안으로 하여 시계 방향으로 세 번 도는 예법으로서 왼쪽을 부정한 것으로 취급하고 오른쪽을 중히 여기는 인도 관습에서 비롯되었다고 한다. 이러한 예법을 무엇이라 하는가?

37 우리나라 가람의 특징을 올바르게 설명한 것은?

① 불교가 공식적으로 공인되고 3년 후인 375년에 이불란사와 성문사가 세워졌다.
② 백제의 가람 배치는 신라의 가람 배치와 달리 일탑 삼금당 형식이 대부분이다.
③ 미륵사지는 일탑 일금당 형식으로 배치되어 있다.
④ 경주 황룡사지는 삼탑 삼금당 형식으로 배치되어 있다.

38 다음은 불교문화권 가운데서 세계적으로 손꼽히는 불교 유적과 그 유적이 있는 나라이다. 다음 중 잘못 짝지어진 것은?

① 인도 – 아잔타 석굴
② 인도네시아 – 보로부두르 사원
③ 캄보디아 – 앙코르와트 사원
④ 미얀마 – 에메랄드 사원

39 아잔타 석굴에 대한 설명 중 잘못된 것은?

① 천 년 동안 밀림에 묻혀 있다가 1819년 영국인 장교가 훈련 도중 우연히 발견하여 세상에 알려졌다.
② 아잔타 석굴 사원이 있는 곳은 인도 중서부 데칸고원이다.
③ 아잔타 석굴이 자랑하는 것은 벽화보다는 불상조각이다.
④ 아잔타 석굴은 탑원과 승원으로 이루어졌다.

40 이곳은 5세기 쿠마라굽타 1세가 건립한 사원으로 중국의 현장(玄奘) 스님이나 의정(義淨) 스님을 비롯한 많은 티베트 스님들도 유학하였다. 힌두 계통의 학문도 가르쳐 종합적인 대학의 기능을 수행하였던 사원은?(6회 기출문제)

41 일본에 건너가 채색, 지묵, 맷돌 만드는 법 등을 전해 준 고구려의 승려 담징 스님이 벽화를 그렸다고 전해지는 일본의 유명한 사찰은?(1회 기출문제)

① 법륭사　　　　　　　　　　② 동대사
③ 사천왕사　　　　　　　　　④ 광륭사

42 금강산 4대 사찰의 하나로서 일제강점기 31본산에 속하는 거찰이었고, 사명대사와 인연이 있으며, 금강산에 있는 여러 사찰 중에서도 가장 유명했던 금강산 최초의 사찰은?

① 보현사　　　　　　　　　　② 장안사
③ 유점사　　　　　　　　　　④ 운문사

43 산지가람에 대한 설명으로 잘못된 것은?

① 산중에 터를 잡은 사찰로 가람의 질서를 존중하되 산세의 기운을 거스르지 않으면서 그 안에 부속 건물을 조성한다.
② 우리나라에는 산중의 명가람을 이룬 사찰이 많으며 그중에서도 경주 황룡사, 익산 미륵사 등이 대표적인 산지가람이다.
③ 여러 단의 축대를 쌓아 높낮이가 서로 다르게 터를 다지고 적절히 건물을 배치하게 되는데 때로는 중심 축선이 꺾이고 휘어져 사찰의 전경도 똑바로 시야에 들어오지 않는 경우가 허다하다.
④ 절 입구로부터 일주문, 천왕문, 문루 등을 거칠 때마다 새롭게 절 안의 광경이 자연스럽게 전개된다.

44 다음은 목조건축의 구조에 대한 설명이다. 이 구조 명칭에 대하여 쓰시오.

> • 주두 위에서 지붕을 최초로 안전하게 떠받치는 부재들의 뭉치를 말한다.
> • 여러 개의 첨차와 소로로 구성된다.
> • 목조건축을 크게 이 구조의 형식에 따라 크게 주심포식, 다포식으로 나눈다.

45 부석사 무량수전의 기둥 양식으로 기둥의 중간부가 두툼한 기둥 양식을 무슨 기둥이라 하는가?(12회 기출문제)

46 사찰의 건축에서 공포(栱包)들이 주로 기둥 위에만 설치되는 것을 주심포식(柱心包式) 건물이라고 하는데, 대표적인 주심포식 건물이라고 할 수 없는 것은?

① 충남 예산 수덕사 대웅전　　② 경북 안동 봉정사 극락전
③ 경북 영주 부석사 무량수전　　④ 전북 부안 개암사 대웅보전

47 다음은 탑에 관한 설명이다. 가장 거리가 먼 것은?(8회 기출문제)

① 탑은 범어로 '스투파', 빨리어로 '투파'라고 한다.
② 원래 부처님의 사리를 봉안하고 그 위에 흙이나 돌을 높이 쌓아 만들었다.
③ 사리가 들어 있지 않은 경우에는 탑이라 부르지 않는다.
④ 탑은 석굴 사원에도 모시는 경우가 있는데 이것을 '차이티야당'이라고 한다.

48 다음 중 탑(塔)에 대한 설명으로 틀린 것은?

① 탑이란 원래 부처님의 사리(舍利)를 봉안한 것이다.
② 번역하면 무덤, 묘(廟), 영지(靈地)를 의미한다.
③ 중국에서는 석탑(石塔), 우리나라에서는 전탑(塼塔), 일본에서는 목탑(木塔)이 발달하였다.
④ 부처님이 입멸하신 이후 여덟 나라 국왕이 부처님의 사리를 8등분하여 각기 자 기 나라에 탑을 세운 데서 기원한다.

49 근본팔탑 가운데 일곱 개의 탑을 헐어 8만4천 탑을 세웠다고 전하는 인도의 왕은 누 구인가?

① 코살라국의 프라세나지트 왕(파사익왕)
② 마가다국의 빔비사라 왕(빈비사라왕)
③ 마우리아국의 아쇼카 왕(아육왕)
④ 코샴비국의 우다야나 왕(우전왕)

50 불보사찰인 통도사에서 가장 성스러운 곳이며 통도사의 근본정신이 집결되어 있는 곳으로 부처님의 사리를 봉안한 곳을 무엇이라 일컫고 있는가?

51 현재까지 우리나라에 남아 있는 유일한 목탑은?

① 황룡사 구층탑　　　　　② 쌍봉사 대웅전

③ 법주사 팔상전　　　　　④ 실상사 목탑

52 현존하는 삼국시대 탑으로 목조 형식의 탑에서 석조탑으로 넘어가는 양식을 나타내는 백제의 탑은?(5회, 6회, 7회 기출문제)

① 미륵사지 석탑　　　　　② 감은사지 석탑

③ 정림사지 석탑　　　　　④ 불국사 삼층석탑

53 통일신라 문무왕의 호국정신을 기리기 위해 세운 사찰에 위치하며, 1996년 해체 시 사리가 발견된 탑은?(2회 기출문제)

54 경주 불국사 대웅전 앞쪽에는 석가탑과 다보탑이 아름다운 자태를 뽐내며 자리하고 있다. 이곳에 한 쌍의 탑을 세운 것은 법화경의 경설에 따른 것이라 하는데 그 구체적인 내용이 설해진 곳은 『법화경』 중 어느 품인가?

55 다음 중 우리나라 대표적인 전탑이 아닌 것은?

① 분황사 전탑　　　　　② 신세동 칠층전탑

③ 동부동 오층전탑　　　　④ 송림사 오층전탑

56 세계에서 가장 오래된 목판인쇄물인 『무구정광대다라니』는 어떤 탑에서 발견되었는가?(1회, 12회 기출문제)

① 불국사 석가탑　　　　　② 불국사 다보탑

③ 감은사지탑　　　　　　④ 분황사 모전석탑

57 우리나라의 경우 특히 선종이 수용된 이후로 고승대덕이 입적하면 다비를 한 후, 그 사리를 수습하여 묘탑을 세웠다. 최근에는 불탑에 대비하여 승탑이라고 일컫기도 하는데 관용적으로 쓰였던 명칭은 무엇인가?

58 다음은 부도에 대한 설명이다. 가장 거리가 먼 것은?(4회 기출문제)

① 붓다(Buddha)가 어원인데 중국에서 음차한 것이다.

② 일반적으로 고승의 사리를 모신 조형물을 말한다.

③ 원래는 사찰의 중심부나 법당 근처에 위치했지만 점차 외곽으로 옮겨 갔다.

④ 사자상승을 중시하는 선종의 발달과 더불어 성행하였다.

59 다음 중 승탑(부도)에 관한 설명으로 잘못된 것은?(12회 기출문제)

① 스님의 신골을 봉안한 묘탑이다.

② 덕망 높은 스님들이 열반에 들면 승탑과 탑비를 세웠다.

③ 인도에서 사리불, 목건련 등 부처님 제자들의 묘탑으로 처음 조성되기 시작했다.

④ 절의 중심 지역인 법당 앞에 세우기도 한다.

60 다음 중 신라 하대에 선종의 유입과 관련이 깊은 조형물은?(11회 기출문제)

① 승탑(부도)   ② 당간지주

③ 석등   ④ 불탑

61 다음 중 불국사와 관련이 가장 적은 것은?(4회 기출문제)

① 『무구정광대다라니경』   ② 범영루

③ 성덕대왕신종   ④ 구품연지

62 불화에 대한 설명으로 잘못된 것은?

① 불화의 기원은 불교 성립 초기부터 법당을 장엄했다는 사실을 전해 주고 있다.

② 불화는 경전에 등장하는 여러 존상들을 형상화한 그림이다.

③ 오색을 기조로 갖가지 문양을 베풀어 장엄하는 단청은 불화의 범주에 포함되지 않는다.

④ 불화가 지니는 의의는 크게 종교성과 예술성 두 가지 측면에서 살펴 볼 수 있다.

63 불화의 종류에 대하여 설명한 것이다. 올바른 것은?

① 존상도는 부처님이 진리를 설하는 모임에서 설법하는 광경을 기록한 그림이다.

② 변상도는 경전에 등장하는 존상 가운데 대중의 신앙 대상이 되는 존상을 그린 그림이다.

③ 교화용 불화는 불교 경전의 내용을 그림으로써 쉽게 이해하고 나아가 감동을 불러일으킨다.

④ 탱화는 전각을 장엄하기 위해 내외 벽면에 그린 그림으로 후불벽에 많이 남아 있다.

64 지금까지 남아 있는 불화 중 가장 오래된 것은?

① 아잔타 석굴 벽화   ② 알타미라 동굴 벽화

③ 라스코 동굴 벽화   ④ 구석기 동굴 벽화

65 이것은 영축산에서 석가모니불이 『법화경』을 설하는 모습을 표현한 『법화경』의 변상도라고 할 수 있는 것으로 석가모니 부처님이 설법하는 모임을 총칭하는 불화이다. 유명한 불교탱화의 하나로서 대웅전의 후불탱화로도 자주 사용되는 이것의 명칭은 무엇인가?(3회, 8회, 9회 기출문제)

66 부처님의 일대기 또는 불교설화에 관한 여러 가지 내용을 그린 그림은?(6회, 9회 기출문제)

① 심우도(尋牛圖)   ② 감로도(甘露圖)

③ 괘불(掛佛)   ④ 변상도(變相圖)

67 다음은 심우도(尋牛圖)에 대한 설명이다. 가장 거리가 먼 것은?(4회 기출문제)

① 선종화의 하나로서 본성을 찾는 것을 소를 찾는 것에 비유하여 그린 그림이다.

② 심우도의 최종 단계는 소의 존재를 잊어버리는 망우존인(忘牛存人)이다.

③ 수행의 단계를 10단계로 도해하고 있어 십우도(十牛圖)라고도 한다.

④ 보명의 심우도는 '소를 길들인다'는 뜻에서 목우도(牧牛圖)라고도 한다.

68 다음은 선의 수행 단계를 소와 동자에 비유하여 도해한 심우도에 관한 설명이다. 다음 중 거리가 먼 것은?(1회 기출문제)

① 송나라 때 만들어져 우리나라에 전래되어 최근까지도 사찰의 벽화로 많이 그려

지고 있다.

② 중국의 경우에는 십우도 대신 말을 묘사한 십마도를 그린 경우도 있고, 티베트에서는 코끼리를 묘사한 십상도가 전해지고 있다.

③ 심우도에는 보명의 것과 곽암의 것이 있다. 보명의 것은 소를 길들인다는 뜻에서 목우도라 하고, 곽암의 것은 소를 찾는 것을 열 가지로 묘사하였다고 하여 십우도라고 일컫고 있다.

④ 보명의 것이나 곽암의 것이나 모두 그림은 원상을 그리고 그 속에 열 단계를 묘사하고 있다.

69 선종화의 하나로서 본성을 찾는 것을 소를 찾는 것에 비유하여 그린 그림을 일러 심우도라고 한다. 수행의 단계를 10단계로 도해하고 있어 십우도(十牛圖)라고도 한다. 중국 송나라 때 만들어진 보명의 심우도와 곽암의 심우도 두 종류가 우리나라에 전래되었다. 다음 곽암의 심우도 중 수행 단계가 올바르게 전개된 것은?

① 심우(尋牛) – 견적(見跡) – 견우(見牛) – 득우(得牛) – 목우(牧牛) – 기우귀가(騎牛歸家) – 망우존인(忘牛存人) – 인우구망(人牛具忘) – 반본환원(返本還源) – 입전수수(入纏垂手)

② 심우 – 견적 – 견우 – 목우 – 득우 – 기우귀가 – 망우존인 – 인우구망 – 기우귀가 – 입전수수 – 반본환원

③ 심우 – 견적 – 견우 – 득우 – 목우 – 망우존인 – 인우구망 – 기우귀가 – 입전수수 – 반본환원

④ 심우 – 견적 – 견우 – 목우 – 득우 – 기우귀가 – 인우구망 – 망우존인 – 반본환원 – 입전수수

70 다음은 만다라에 대한 설명이다. 가장 거리가 먼 것은?(6회 기출문제)

① 밀교에서는 깨달음을 얻는 장소라는 도량의 의미를 갖는다.

② 아미타여래를 중심으로 하는 태장계 만다라와 금강계 만다라가 있다.

③ 넓은 의미에서 보면 우주 전체가 만다라이다.

④ 만다라는 '윤원구족(輪圓具足)'이라고 한역되기도 한다.

71 아미타불과 관련된 그림이 아닌 것은?

① 칠처구회도(七處九會圖)　　　　② 극락회상도(極樂會上圖)

③ 아미타내영도(阿彌陀來迎圖)　　　　④ 관경변상도(觀經變相圖)

72 다음에서 설명하고 있는 그림의 근거가 되는 경전은 무엇인가?

> 관경변상도는 위제희 왕비와 빔비사라 대왕, 그리고 아들인 아사세 태자 사이에 얽힌 마가다왕국의 비극적인 이야기를 그린 서분변상도와 석가모니불이 16가지 극락세계의 장엄함을 관상하고 수행하게 하여 위제희 왕비와 그 일행을 구제하는 16관변상도로 구성되어 있다.

73 지옥세계와 관련이 있는 명부중(冥府衆) 계열의 그림으로 볼 수 없는 것은?

① 신중도(神衆圖)　　　　② 감로왕도(甘露王圖)
③ 현왕도(現王圖)　　　　④ 시왕도(十王圖)

74 사찰의 대표적인 의식법구인 사물과 구제 대상이 올바르게 연결된 것은?

① 범종 - 지옥 중생　　　　② 법고 - 수중 중생
③ 목어 - 공중 중생　　　　④ 운판 - 육상 중생

75 사물(四物) 중에서 다음의 이야기와 관련된 법구는?

> 옛날 늘 게으름만 피우던 스님이 한 분 계셨는데 수행하다 일찍 죽었다. 어느 날 그의 은사스님께서 섬으로 공부하러 가는 도중에 등에 나무가 자라서 잘 움직이지도 못하며 매우 고통스러워하는 물고기를 보았다. 너무나도 이상하여 혜안통으로 들여다보니 옛날에 게으름만 피우던 바로 그 제자였다. 그것을 보고 하도 가여워 물고기 등의 나무를 베어 고통을 덜어 주고, 그 나무로 물고기 모양을 만들어 걸어두고 게으른 생각이 날 때마다 그것을 바라보고 그 물고기를 생각함으로써 더욱 수행에 힘쓰게 되었다.

76 다음 글은 어떤 종의 표면에 새겨져 있는 명문의 첫 부분이다. 종의 크기도 1장(丈)이 넘으며, 종 표면에 새겨진 비천문 등도 아름다운 이 종은 본디 신라 임금의 명복을 빌기 위해 조성된 것으로 우리나라 금속공예 가운데 으뜸이며, 세계에 자랑하는 뛰어난 문화유산이기도 하다. 이 종의 이름은?(1회 기출문제)

> "대저, 지극한 도는 형상 밖의 모든 것을 포함하는 까닭에 보아도 능히 그 근원을 보지 못한다. 큰 소리는 천지를 진동하는지라 들어도 능히 그 소리를 듣지 못하도다. 이러한 까닭에 가설을 세워 삼진의 오묘한 이치를 보게 하고 일승원음을 깨닫게 하노라."

① 상원사종   ② 성덕대왕신종
③ 용주사종   ④ 선림원종

77 범어로 바지라(Vajira)라고 하며, 원래 제석천이 아수라를 무찌를 때 사용한 무기이다. 이 무기의 명칭을 쓰시오.

78 다음은 무엇에 대한 설명인가?(4회 기출문제)

> 주로 밀교의식에 쓰이는 작법용 불구로 번뇌를 없애는 보리심을 상징한다. 제불존상이 가진 법구 또는 승려들의 수행 도구로 사용된다. 원래는 고대 인도의 무기였다.

① 육환장(六環杖)   ② 경상(經床)
③ 불자(拂子)   ④ 금강저(金剛杵)

79 법당이나 불탑의 처마 또는 옥개 부분에 매달아 소리를 내게 하는 장엄구의 하나이며, 경세의 의미를 지닌 도구로서 수행자의 방일이나 나태함을 깨우치는 역할을 한다. 법구의 형태에도 그와 같은 의미가 담겨 있으니, 방울에는 고기 모양의 얇은 금속판을 매달고 있다. 큰 것은 20cm 내외이며, 미륵사지에서 출토된 이 법구에는 도금을 하였다. 이와 같은 법구의 이름은?

① 금강령   ② 풍탁
③ 쇠북   ④ 편종

80 불가에서는 예배 공양 또는 수행에 쓰이는 여러 불구가 있다. 그 가운데서 본디 인도에서 벌레를 쫓는 데 사용했던 생활 용구에서 수행자의 마음의 번뇌, 또는 티끌을 털어내는 상징 의미를 지닌 법구가 된 것이 있다. 보통 짐승의 털이나 삼실 등을 묶어서 자루 끝에 맨 형태이며, 고승들의 진영을 보면 이것을 들고 계신 모습을 볼 수 있다. 흰 말의 말총으로 만든 것을 제일 귀하게 여긴다고 하는 이 법구는 무엇인가?(1회 기출문제)

① 금강저   ② 육환장

③ 불자   ④ 추미

81 명부전에서 볼 수 있는 법구로서, 죽은 사람이 명부에 가서 심판을 받을 때 스스로 지은 죄업이 비친다는 이 법구의 이름은 무엇인가?(6회 기출문제)

82 다음은 불교음악에 대한 설명으로 잘못된 것은?

① 부처님은 수행자가 세속적인 기악에 열중하여 수행을 게을리하는 것을 경계하였으나, 불보살님께 올리는 공양음악의 공덕을 인정하였다.

② 『대송고승전』에 의하면 원효대사는 독특한 복장을 하고 동발이라는 악기를 두드리며 춤을 추면서, '대안 대안' 하며 소리를 질렀다는 내용이 있다.

③ 『고려사』에 의하면 연등회 때 의식이 끝나면 사찰 안에는 악, 가, 무가 혼합된 다양한 종류의 기악과 연회가 베풀어져 그 규모가 대단하였다고 전한다.

④ 세종대왕은 불교를 억압하기 위하여 선교양종을 통합하고, 불교의식집 및 불교음악집의 출간을 금하였다.

83 우리나라에서 범패(梵唄)의 기원은 진감선사(A.D. 774~850)에서 비롯된다고 한다. 현존하는 진감선사비에 의하면, 선사는 범패를 매우 잘해서 금옥과 같은 그 음성이 참으로 멋지게 조화를 이루어 능히 모든 천인을 기쁘게 하였으며 먼 곳까지 오래도록 전파되게 하였으므로 그에게 범패를 배우려는 사람들이 많이 모여들어 힘써 게을리하지 않았는데, 그로부터 이 땅에 범패의 진수를 익히려는 이가 다투어 일어나서 끊이지 않았다고 한다. 그렇다면 오늘날 진감선사비가 전해지고 있는 사찰은?(1회 기출문제)

① 실상사   ② 쌍계사

③ 옥천사   ④ 선암사

84 안타깝게도 노래가 불리게 된 유래만 전해지고 정작 그 가사나 곡조는 알 수 없는 신라 때의 노래가 있다. 원효 스님이 방방곡곡을 돌아다니며 백성에게 깨우침을 가르쳤다고 하는데, 광대들이 큰 바가지를 들고 춤추며 노는 것을 보고 그 모습을 본떴다고 하며, 『화엄경』의 '일체무애인 일도출생사(一切無碍人 一道出生死)'란 구절에서 이름

을 땄다고 하는 이 노래의 제목은?

① 수심가   ② 하여가

③ 무애가   ④ 회심곡

85 다음 중 가장 후대에 출판된 찬불가집은?

① 권상로 스님의 『부모은듕경전』   ② 조학유 스님의 『불교』

③ 백용성 스님의 『대각교의식』   ④ 정운문 스님의 『불교성가집』

86 가곡 판소리와 함께 우리나라 3대 성악곡으로 꼽히고, 재를 올릴 때 부르며, 안채비·바깥채비 등의 종류로 구분된다. 어산(魚山)이라고도 불리는 이것은 무엇인가?(7회 기출문제)

87 다음 중 순수 한글로 이루어진 사설 형식의 가사를 개개인의 독특한 음성으로 부르는 범패의 종류는?(12회 기출문제)

① 안채비   ② 화청

③ 바깥채비   ④ 아니리

88 우리나라 근대 최초의 의식 염불집으로 전 불교의식을 총망라, 현재까지 한국 불교의식을 위한 교과서 역할을 해 온 안진호 스님의 저서는?

89 우리나라 대표적인 민속춤의 하나로, 중요무형문화재 제29호로 지정되었다. 그 기원에 대하여 여러 가지 설이 있지만 붉은 가사에 장삼을 걸치고 백옥 같은 고깔과 버섯코가 돋보이는 차림으로 염불, 도드리, 타령, 굿거리, 자진모리 등 장단의 변화에 따라 일고마당의 춤을 춘다. 이러한 춤을 무엇이라 일컫는가?

90 일명 본생담(本生譚)이라고 하며 석가모니불의 전생을 묘사한 설화이다. 이 설화가 생겨난 의의는 석가모니의 깨달음은 만고불변의 진리로서 너무나도 위대하고 장엄한

것으로 단지 출가 6년의 고행 만으로서는 도저히 이루어질 수 없는 것으로 이해되었다. 그래서 무한한 시공간으로 확대되어 전생의 모습이 이야기 형식으로 꾸며지게 되었다. 이야기에 등장하는 모습은 사람에 국한하지 않고 동물, 신화, 전설에 이르기까지 당시 유행하던 구비전승담을 모두 부처의 모습에 대응하여 본생 설화로 구성되었다. 현재의 선악업은 과거의 선악업의 결과를 설명하고, 설화를 통해서 인과의 진리를 분명히 해설하여 불교의 진리에 들어오도록 시도하였다. 경전 중에는 이 같은 설화가 일종의 삽화로서 들어가 있는 것도 있으나 『육도집경』, 『보살본원경』, 『본생경』, 『보살본행경』, 『보살본생만론』 같이 집중적으로 조직되어 있는 것도 있으며, 또 남방 불교의 소의경전인 『소아함경』 중에는 550편이나 되는 본생 설화가 들어가 있다. 이 설화의 구성은 대개 서분(序分)·본분(本分)·유통분(流通分)으로 구성되어 있다. 이 설화를 무엇이라고 하는가?

91 인도에서 범어 또는 빨리어로 기록된 경전으로 패트라(Pattra, 貝多羅)라는 나뭇잎에 필사한 이 경전을 무엇이라 부르는가?

92 다음은 『삼국유사(三國遺事)』에 대한 설명이다. 가장 타당한 것은?(2회, 5회 기출문제)

① 『삼국사기』보다 100년 앞서 편찬되었다.
② 고대의 전설과 불교 관계의 기사를 많이 담은 역사 서적이다.
③ 『삼국사기』에 비해 사대주의 경향이 강하다.
④ 고려의 대표적인 서적으로 현재 팔만대장경에 수록되어 있다.

93 통일신라시대의 불교 문학을 엿볼 수 있는 고전문학은?

① 시조　　　　　　　　　② 향가
③ 설화　　　　　　　　　④ 민요

94 불교의 가르침을 함축하여 표현하는 운문체의 짧은 시구는 무엇인가?

① 선시　　　　　　　　　② 게송
③ 어록　　　　　　　　　④ 가사

95 다음 설명을 읽고 빈칸에 들어갈 말이 순서대로 올바르게 짝지어진 것을 고르시오.

> (　　　)는 법을 전할 때 하는 게송을 의미하여, (　　　)와 열반송은 입적에 드는 순간에 남기는 게송으로서 한평생 수행의 결과를 제자들과 대중에게 설법하는 의미를 담고 있다. 그리고 (　　　)은 깨달음의 순간을 읊은 게송으로서 개안의 기쁨과 깨달음의 실체를 상징적으로 표현한 것이다.

① 전법게 – 입적게 – 해탈송　　② 전등게 – 임종게 – 오도송

③ 전법게 – 임종게 – 오도송　　④ 전등게 – 입적게 – 법열송

96 다음 중 우리나라 최초의 한글 불서는?(11회 기출문제)

① 『석보상절』　　　　　　　　② 『월인천강지곡』

③ 『월인석보』　　　　　　　　④ 『용비어천가』

97 조선 숙종 때 서포 김만중이 지은 고전소설로 인생의 부귀공명이 일장춘몽이라는 주제를 갖고 이른바 대승불교의 공사상을 담은 『금강경』을 소설화한 작품이라고 평가받는 이 소설의 이름은?

98 생육신의 한 분인 매월당 김시습은 설잠이란 법명으로 운수행각을 벌이기도 하였다. 경주 남산의 한 절에 머물며 유명한 최초의 한문소설인 『금오신화』를 지었다. 지금은 안타깝게도 폐사된 이 절터의 이름은?(5회 기출문제)

① 고선사지　　　　　　　　　② 용장사지

③ 천관사지　　　　　　　　　④ 천룡사지

99 다음은 경전과 관련된 불교문화에 대한 설명이다. 가장 거리가 먼 것은?(7회 기출문제)

① 세계에서 가장 오래된 목판 인쇄물은 『직지심경』이다.

② 패트라라는 나뭇잎에 필사한 것을 패엽경이라 한다.

③ 불국사 석가탑에서 『무구정광대다라니경』이 발견되었다.

④ 팔만대장경은 현재 해인사 장경각에 보존되어 있다.

100 불교 법복의 하나로 장삼 위에 왼쪽 어깨에서 오른쪽 겨드랑이 아래로 걸쳐 있는 법의의 이름은 무엇인가?

101 다음은 스님들이 입는 가사에 대한 설명과 거리가 먼 것은?(1회 기출문제)

① 가사는 '카사야'를 음역한 말로서 부정색, 탁색 등으로 뜻옮김 하기도 한다.

② 인도에서 가사의 색을 내는 데는 초목의 껍질이나 뿌리, 과실의 물, 적색토, 또는 소똥도 사용한다.

③ 가사는 '복전복(福田服)'이라고도 하는데 이는 그 생김새가 밭둑과 같고 그 덕이 복밭이 되어 공양을 받기 때문이다.

④ 수행자는 항상 가사를 포함하여 삼의(三衣)를 입어야 한다.

102 다음 설명을 읽고 빈칸에 들어갈 알맞은 말을 쓰시오.

'발우에 의탁해서 산다'는 뜻의 (   )은 부처님께서도 몸소 실천하셨고, 모든 출가 제자들이 그대로 따랐던 불교 교단의 중요한 생활 방식이었다.

103 부처님의 탁발에 관한 설명으로서 옳은 것은?(1회 기출문제)

① 처음 눈에 띄는 집부터 일곱 집을 차례로 다니며 탁발하였다.

② 부처님은 직접 탁발을 하지 않으셨다.

③ 가난한 집에서는 폐를 끼칠까봐 탁발하지 않으셨다.

④ 부자들을 미워하며 부잣집을 찾아가지 않았다.

104 부처님께서 걸식할 때 꼭 지켜야 한다고 당부한 네 가지에 해당하지 않는 것은?

① 육신은 고(苦)의 근원이며 음식을 먹는 것은 몸을 유지하며 수행하기 위한 것으로 알아야 한다.

② 용모를 바르게 하여 위의를 지켜서 보는 이가 공경하고 신심을 일으키도록 해야 한다.

③ 음식은 꼭 부잣집만을 찾아 가도록 하여 가난한 사람의 어려움을 덜어 주도록 해야 한다.

④ 부처님이 가르쳐 준 법도에 맞게 해야 한다.

105 발우(鉢盂)에 대한 설명으로 잘못된 것은?

① 수행자가 지니는 밥그릇을 말한다.
② 발은 범어 '파트라(pātra)'를 소리대로 적은 발다라의 준말로 응량기라는 뜻을 새긴다.
③ 발우를 발음하기 좋게 말한 것이 굳어져 바루 또는 바리때라고 부르고 있다.
④ 부처님 당시에 4개 1벌로 가지고 다녔던 전통이 현재가 이어져 오고 있다.

106 다음은 발우공양에 대한 설명이다. 가장 거리가 먼 것은?(5회 기출문제)

① 발우공양이란 수행의 한 과정으로 행하기 때문에 법공양이라고도 한다.
② 밥을 받는 사람은 배식할 때 발우를 흔들어 밥의 양이 적당함을 알린다.
③ 가반(加飯)과 감반(減飯)은 배식이 끝난 뒤 순서에 준하여 한다.
④ 발우공양 시 식사를 돌리는 것을 진지라고 한다.

107 발우공양 시 식사를 돌리는 것을 진지(進旨)라 한다. 진지를 하는 방법 중 옳지 않는 것은?(7회 기출문제)

① 찬상은 윗자리부터 돌린다.
② 음식을 돌리는 사람은 배식하기 전에 무릎을 꿇고 반배를 하고, 음식을 다 드리고 일어설 때도 반배한다.
③ 가반(加飯)과 감반(減飯)은 음식을 받은 그 자리에서 한다.
④ 밥을 받는 사람은 배식하는 사람에게 발우를 내어 주고 배식하는 동안 합장을 하고 기다린다.

108 발우공양 시 게송 구절 중 오관게(五觀偈)의 구절은 어느 것인가?(10회 기출문제)

① 如來應量器 我今得敷展(여래응량기 아금득부전)
② 若受食時 當願衆生(약수식시 당원중생)
③ 計功多少量彼來處(계공다소량피래처)
④ 飯食已訖色力充(반사이흘색력충)

109 다음은 공양게송 중 오관게이다. 오관게송 중 빈칸을 채우시오?(9회, 11회 기출문제)

이 음식이 어디서 왔는가?
덕행이 부족한 나로서는 받기가 부끄럽네.
마음의 온갖 (   ) 버리고
육신을 지탱하기 위한 약으로 알아
(   )을 이루고자 이 공양을 받습니다.

110 중국 당나라 때 총림을 개설하면서 선문의 규칙을 제정한 데서 유래한 것으로, 우리나라에서도 선원에서 결제 때나 큰일을 치를 때에 소임과 그 소임을 맡은 스님의 법명을 적을 방(榜)을 큰방에 붙이는데, 이를 무엇이라 하는가?(6회, 11회 기출문제)

111 다음은 우리나라 사찰에서의 스님의 소임을 설명한 것이다. 틀린 것은?(12회 기출문제)

① 회주(會主) : 법회를 주관하는 법사, 또는 하나의 회(會, 一家)를 이끌어 가는 큰 어른스님을 말한다.
② 조실(祖室) : 선(禪)으로 일가를 이루어서 한 파의 정신적 지도자로 모셔진 스님을 말한다.
③ 주지(住持) : 사찰의 일을 주관하는 스님을 말하는 선종의 용어이다.
④ 방장(方丈) : 모든 교구본사 사찰의 조실스님을 말한다.

112 종합 수행 도량인 총림(叢林)을 대표하며 그 지도 감독권을 갖는 이를 칭하는 말은?(6회 기출문제)

113 다음 (   )에 들어갈 말을 차례로 쓰시오.(12회 기출문제)

일반적으로 선원에서의 정진 형태는 보통 세 가지로 나누어지는데, 일상적으로 행하는 하루 8시간 내지 10시간 동안 가부좌를 틀고 참선하는 일반 정진 이외에 정진에 더욱 박차를 가하여 가일층 노력한다는 의미로 12시간 내지 14시간 정진하는 (㉠   ) 정진과, 주야간 24시간 잠을 자지 않고 정진하는 것으로 보통 18시간 이상 참선을 하는 (㉡   ) 정진이 있다.
이러한 정진 외에도 3개월 동안, 내지는 그 이상의 기간을 정해 놓고 눕지 않고 좌선에 드는 장좌불와(長坐不臥)가 있으며 혼자만이 기거할 수 있는 독방에 문을 걸어 잠근 채 일절 문밖을 나가지 않고 홀로 참선 정진하는 (㉢   ) 수행도 있다.

114 교단 구성원의 생활이 실제로 계율에 입각하여 바르게 행해져서 청정성이 유지되도록 하기 위하여 구성원들이 모여서 자신의 행위를 반성하고 죄가 있으면 고백 참회하는 행사는?(6회 기출문제)

① 안거(安居)　　　　　　　　② 탁발(托鉢)

③ 포살(布薩)　　　　　　　　④ 인가(印可)

115 3개월에 걸친 여름의 안거 생활이 끝나는 날인 7월 15일에 안거를 함께한 스님들이 모여서 각자가 자기 스스로 지난 안거 기간 중에 자신에게 범계(犯戒) 등의 허물이 있었다면 무엇이든 지적해 달라고 동료인 스님들에게 청하는 의식은?(1회 기출문제)

① 탁발(托鉢)　　　　　　　　② 울력(雲力)

③ 참회(懺悔)　　　　　　　　④ 자자(自恣)

116 사찰에서 대중이 함께 모여 육체적 노동을 하는 것을 무엇이라고 하는가?(2회, 8회 기출문제)

① 정근(精勤)　　　　　　　　② 울력(雲力)

③ 안거(安居)　　　　　　　　④ 인가(印可)

제5장 포교이해론

1 다음 중 포교(布敎)를 의미하는 말 가운데 잘못된 것은?

① 전법(傳法)

② 전도(傳道)

③ 전승(傳承)

④ 교화(敎化)

2 다음은 포교에 대한 설명이다. 가장 거리가 먼 것은?(1회, 2회, 7회 기출문제)

① '포교'란 재화가 유통되듯이 법보(法寶)를 유통시켜 만인을 이익 되게 하는 것이다.

② 포교의 최종 목적은 불국토 건설이다.

③ 포교는 법시(法施)로서 보시바라밀의 완성이다.

④ 포교는 직접 언설을 말하며, 설법은 간접적인 방법을 말한다.

3 포교란 개념은 오늘날 종단의 공식 용어로 확정되어 사용되고 있다. 포교의 정의를 간단히 쓰시오.

4 다음은 과거 일곱 부처님의 공통적인 계율이라 불리는 칠불통계를 설명한 것이다. 가장 거리가 먼 것은?

① 모든 사람들에게 악한 행위를 하지 말고 선한 행위를 할 것을 강조하였다.

② 스스로 어리석음·탐욕·증오를 이기고 자신의 마음을 깨끗하게 정화할 것을 강조하였다.

③ 불교는 인류의 보편적 이상을 실현하고자 하는 종교임을 보여 주고 있다.

④ 불교는 세속적 윤리와 차이가 없음을 보여 주고 있다.

5 다음 중 포교의 목적과 관계없는 것은?(1회 기출문제)

① 비(非)불자를 불자로 만들기 위해서
② 신심과 불법에 대한 지식이 부족한 불자에게 더욱 깊은 신심과 지식을 갖도록 하기 위해서
③ 부처님의 가르침을 통해서 세계관, 가치관의 전환을 가져오도록 하기 위하여
④ 궁극적 깨달음은 성취하기 어려우므로 낮은 차원의 깨달음이라도 주기 위하여

6 다음 중 포교사가 갖춰야 할 덕목이 아닌 것은?(11회 기출문제)

① 지식만의 축적　　　　　② 말과 행동의 일치
③ 수행과 생활의 모범　　　④ 앎과 행동의 일치

7 포교사의 역할과 가장 거리가 먼 것은?

① 재적사찰에서 법회를 보조한다.
② 포교당을 차려서 재를 올린다.
③ 군부대, 청소년, 경찰서 포교에 앞장선다.
④ 사회봉사 활동에 힘쓴다.

8 다음 중 대한불교조계종 「포교법」에 명시된 포교사의 사명이 아닌 것은?(3회, 4회, 6회, 10회, 11회, 11회, 12회 기출문제)

① 삼보를 호지한다.　　　　② 정법을 홍포한다.
③ 보살도를 실천한다.　　　④ 포교당을 운영한다.

9 『법화경』 「법사품」에 나오는 법사의 자세와 거리가 먼 것은?(2회, 4회, 5회 기출문제)

① 대분심(大憤心)　　　　　② 대자비심(大慈悲心)
③ 일체법공(一切法空)　　　④ 유화인욕(柔和忍辱)

10 「포교법」에 명시된 〈포교 지침〉을 설명한 다음 글에서 (　　　)에 들어갈 말을 순서대로 올바르게 짝지은 것은?

> • (　　　)에 대한 굳건한 신심과 보살의 서원으로 교화한다.

- ( )의 교법을 올바로 이해하고 수행 정진하여 불법 홍포에 신명을 다한다.
- ( )의 정신을 사회 속에 구현한다.
- 대승원력으로 요익중생과 ( )을(를) 위하여 교화한다.

① 삼보 – 불타 – 동사섭 – 교단 발전
② 승가 – 불타 – 하화중생 – 교단 발전
③ 삼보 – 경전 – 하화중생 – 불국토 건설
④ 불타 – 조사 – 중도 – 견성성불

11 다음 보기의 내용이 뜻하는 바를 바르게 설명한 것은?

"바른 사람이 삿된 법을 설하면 삿된 법도 정법이 되고, 삿된 사람이 정법을 설하면 정법도 삿된 법이 되어 버린다."

- 『금강경오가해』

"독사가 물을 마시면 독을 이루고 소가 물을 마시면 젖을 이룬다."

- 『계초심학입문』

① 법을 전하는 이의 성실한 자세, 깊은 논리적 이해가 중요하다.
② 바른 사람은 삿된 법을 설해도 좋다.
③ 삿된 사람도 정법을 설할 수 있다.
④ 독사와 소가 먹는 물은 근본적으로 다르다.

12 부처님께서 성도하신 후 최초로 법을 설한 대상은 누구인가?

① 알라라깔라마   ② 웃다까라마뿟따
③ 교진여 등 다섯 수행자   ④ 야사와 그 친구

13 교화 대상의 눈높이에 맞는 포교 방법의 실례로 가장 적합한 것은?

① 도망간 젊은 여인을 찾는 밧다바기야 이야기
② 자식을 잃고 슬퍼하는 끼사고따미 이야기
③ 불난 집에서 놀고 있는 아이들을 구하는 화택 비유
④ 99명의 사람을 죽인 살인자 앙굴리마라 이야기

14 부처님의 육신통(六神通)을 모두 쓰시오.(6회 기출문제)

15 다음 중 부처님이 성도 시 얻은 삼명(三明)에 대한 설명으로 가장 옳은 것은?(5회 기출문제)

① 천안명(天眼明) : 자타의 과거세의 상을 밝게 아는 지혜
② 숙명명(宿命明) : 미래 중생의 사생(死生)의 상을 밝게 아는 지혜
③ 천이명(天耳明) : 모든 중생의 염원을 밝게 아는 지혜
④ 누진명(漏盡明) : 불교의 진리를 밝게 깨달아 알고 번뇌를 단멸하는 지혜

16 다음은 전도선언문의 일부이다. 본문에 나타난 사상과 관련이 적은 것은?(11회 기출문제)

> 제방(諸方)에 교화하라. 많은 중생의 이익과 안녕, 세간을 불쌍히 여기고, 하늘과 인간의 행복과 안녕을 위하여, 두 사람이 한길을 가지 말라.

① 포교의 방법   ② 포교의 목적
③ 포교사의 처우   ④ 포교사의 사명

17 다음은 부처님께서 제자들에게 설한 전도선언문의 내용이다. 이 글을 통해서 알 수 있는 포교사의 올바른 자세는?

> 자, 비구들이여, 전도를 떠나라. 많은 사람들의 이익과 행복을 위해 세상을 불쌍히 여기고, 사람과 하늘의 이익과 행복과 안락을 위해 떠나라. 그리고 두 사람이 같은 길로 가지 말아라. 처음도 좋고 중간도 좋고 끝도 좋으며, 조리와 표현을 갖춘 법을 설하라. 또한 원만 무결하고 청정한 범행을 설하라. 사람들 중에는 마음에 때가 덜 묻은 사람도 있으나, 법을 듣지 못한다면 그들도 악에 떨어지고 말리라. 들으면 그들도 법을 깨달을 것 아닌가. 비구들이여, 나 또한 법을 설하기 위해 우루벨라의 세나니가마(장군촌)로 가리라.

① 포교사는 인류의 보편적 이상의 실현보다는 포교사 개인의 복덕이나 종단의 발전을 중시해야 한다.
② 포교사는 포교 대상의 근기에 따라 다양한 포교 방법을 유연하게 적용할 수 있는 능력을 갖추어야 한다.

③ 포교사는 표현의 체계성과 설득력만 갖춘다면 처음부터 끝까지 어떤 행위를 해
　도 상관이 없다.

④ 포교사는 불법과 인연이 없는 사람은 구제가 불가능하므로 회심의 가능성이 있
　는 사람만을 대상으로 포교해야 한다.

18 부처님의 십대제자 중 설법제일로 불리며 포교의 모범을 보여 준 분은 누구인가?

① 가섭존자　　　　　　　　　② 아난존자
③ 부루나존자　　　　　　　　④ 가전연존자

19 다음 설명에 해당되는 부처님의 제자의 이름은?(4회 기출문제)

> 그의 생년월일은 세존과 같다고도 하며, 대단히 총명하여 어려서 4베다와 5명(明)을 통달하였고,
> 부처님이 녹야원에서 설법하심을 듣고 귀의하였다. 사리불도 그의 덕을 사모하였으며, 인격과 변
> 재로써 중생 교화에 전력하였다. 만원자(滿願子)·만자자(滿子子)라고 번역한다.

20 부처님의 진신(眞身)을 화장한 다음, 사리를 여러 나라로 보내어 탑을 조성해서 봉안
하도록 하고, 경장(經藏)과 율장(律藏)의 결집을 선도하는 등 포교 방법과 관련해서
언어를 초월한 신앙적 방식의 불법 포교와 문서 포교의 기틀을 마련한 부처님의 제자
는 누구인가?

① 부루나존자　　　　　　　　② 가섭존자
③ 아난존자　　　　　　　　　④ 가전연존자

21 다음 인물 중 부처님의 친족이며 부처님의 십대제자 중 다문제일(多聞第一)로 부처님
이 열반에 드시는 그날까지 20여 년 동안 부처님을 곁에서 극진히 모셨던 인물은?

① 아난　　　　　　　　　　　② 가섭
③ 라훌라　　　　　　　　　　④ 데와닷따

22 여성의 출가를 부처님께 세 번씩이나 천거해서 허락을 받아냄으로써 불교 교단을 발
전시키고 불교를 널리 알리는 데 크게 공헌한 부처님의 십대제자는 누구인가?

① 부루나　　　　　　　　　　② 가섭
③ 아난　　　　　　　　　　　④ 가전연

23 지옥의 고통을 받고 있는 어머니를 구제하기 위해 오늘날 우란분절의 기원이 된 공승제(供僧制)를 최초로 개최한 부처님의 제자는 누구인가?

① 사리불존자　　　　　　　② 목건련존자

③ 아나율존자　　　　　　　④ 수보리존자

24 사향사과(四向四果) 가운데 다음 설명에 해당하는 것은?(8회 기출문제)

- 유신견(有身見), 계금취견(戒禁取見), 의(疑)의 3가지 번뇌가 끊어져 성자의 흐름에 막 들어간 자이다.
- 최고 7회를 천상과 인간에 왕래하면 마침내 열반을 얻는다.

25 법적·제도적 차원에서 포교 활동을 지원할 수 있는 포교원이 출범한 시기는 언제인가?

① 1910년　　　　　　　　② 1962년

③ 1994년　　　　　　　　④ 2002년

26 중국에 불교가 전래되면서 불교사상을 유사한 중국사상과 연관시켜서 이해하였다. 그러므로 한역불전을 이해하는 데 노장사상을 매개로 하기도 하고, 노장사상을 습합시켜서 설명하는 풍조가 생겼다. 이를 무엇이라고 하는가?(3회, 6회 기출문제)

27 7세기 초 당나라와의 결혼 동맹으로 발달된 중국문화와 함께 불교를 받아들여 발전하였으며, 특히 그 법계가 달라이라마에게 전달되어 지금까지도 전승되고 있는 국가는?

① 몽고　　　　　　　　　② 티베트

③ 미얀마　　　　　　　　④ 라오스

28 다음 중 서양인들이 불교에 관심을 갖는 이유라고 할 수 없는 것은?

① 과학과 기술 발전으로 인한 물질만능주의를 극복할 수 있는 대안 종교이기 때문에

② 마음 수련을 통한 인간의 내면세계를 열어줄 수 있는 종교이기 때문에

③ 삶과 죽음 등 실존에 대한 문제를 깊이 있게 성찰할 수 있는 종교이기 때문에

④ 미륵신앙을 통한 내세의 구원을 얻을 수 있기 때문에

29 불교가 인도 전역에 급속도로 전파하는 데 큰 공적을 세운 아쇼카 왕의 행적과 관련이 없는 것은?(6회 기출문제)

① 불교를 전 인도로 전파하기 위해 성전(聖戰)도 불사하였다

② 불사리를 공양하고 8만4천기의 탑을 각지에 세웠다.

③ 왕이 새긴 법칙이 지금도 일부 남아 있다.

④ 서기전 270년경에 즉위하여 약 36년간을 왕위에 있었다.

30 불멸 후 인도에서 불교가 가장 성행하고 불교문화가 발달했던 시기의 왕으로, 불교를 인도 전역으로 급속하게 확산시키는 데 결정적인 역할을 하였으며, 아직도 한자 문화권에서 아육왕(阿育王)으로 불리면서 많은 불교도들에 의해 불교적 전륜성왕의 이상적 군주로 추앙받고 있는 왕은?(12회 기출문제)

31 다음 중 남방불교의 가장 권위 있는 논서(論書)로서 상좌부불교의 교리와 학설을 집대성한 붓다고사의 저술은?

① 『청정도론』　　　　　　　② 『십주비바사론』

③ 『대지도론』　　　　　　　④ 『앙굿따라니까야』

32 대승불교의 교학적 체계를 완성했을 뿐만 아니라, 그의 저서 『대지도론』에서 다른 사람에게 이익을 주는 방법, 즉 보살행이 대승불교의 포교 방법임을 제시한 사람은?

① 용수(나가르주나)　　　　② 카니슈카 왕

③ 붓다고사　　　　　　　　④ 아쇼카 왕

33 다음의 안심(安心)법문과 관계가 깊은 중국의 선사는?(11회 기출문제)

"제자의 마음이 불안합니다. 스승께서 제 마음을 안심시켜 주십시오."
"마음을 가져와 봐라 그러면 내게 그 마음을 편안하게 해 주겠다."
"마음을 찾으려고 해도 찾아지지가 않습니다."
"이로써 내가 너의 마음을 안심시켰다."

① 혜가와 달마 ② 승찬과 혜가
③ 도신과 승찬 ④ 혜능과 홍인

34 원효 스님이 널리 알린 『화엄경』의 '일체무애인 일도출생사(一切無碍人 一道出生死)'란 구절에서 따왔다고 하는 이 노래의 제목은?(12회 기출문제)

① 회심곡 ② 왕생가
③ 무애가 ④ 백발가

35 1956년 "지혜와 자비, 그리고 평등이 절묘한 조화를 이루고 있기에 저는 불교를 사랑합니다. 이 원리들은 선하고 행복한 삶을 위해 반드시 필요한 조건들입니다."라고 하면서 불교로 개종한 인도 불가촉천민의 해방자이자, 현대 인도불교의 중흥자로 칭송받는 사람은 누구인가?(12회 기출문제)

① 암베드카르 ② 슐락 시바락사
③ 마하 고사난다 ④ 틱낫한

36 다음은 세계 포교사의 중요한 인물과 그 역할을 설명한 것이다. 맞지 않는 것은?

① 붓다고사 : 『청정도론』을 저술하는 등 경전 주석으로 포교에 기여함
② 혜능대사 : 중국 선종의 창시자로서 선포교의 효시를 보여 줌
③ 원효대사 : 무애가를 부르며 대중포교를 염
④ 암베드카르 : 불가촉천민 출신으로 근대 인도불교를 일으킴

37 티베트 민족의 정신적·정치적 지도자로서 비폭력 평화주의에 입각한 독립운동을 주장하며 다양한 종교와 문화권 간의 상호 존중과 이해를 강조해 1989년 노벨평화상을 수상한 사람은 누구인가?

① 암베드카르 ② 슐락 시바락사
③ 아웅산 수지 ④ 달라이라마

38 한국불교 포교 전통의 특색을 설명한 것과 가장 거리가 먼 것은?

① 종파불교(宗派佛敎) ② 회통불교(會通佛敎)
③ 통불교(通佛敎) ④ 선교일치(禪敎一致)

39 다음 중 백제 문화의 전성기인 25대 무령왕과 26대 성왕 때의 스님으로, 최초로 불교의 계율에 관한 경전을 인도로부터 직접 전해와 번역하여 백제 율종의 기원을 이룩한 분은?(12회 기출문제)

① 겸익   ② 관륵
③ 혜총   ④ 담욱

40 "차라리 계를 지키며 하루를 살다가 죽을지언정 계를 버리고 백 년을 살지는 않겠다."며 왕의 부름을 끝내 물리친 신라의 고승은 누구인가?(2회, 6회, 8회 기출문제)

41 "내 차라리 계(戒)를 지키고 하루를 살지언정, 계를 깨뜨리고 백 년을 살기를 원하지 않는다."라고 하였을 정도로 계율을 중시하였으며, 통도사를 창건하고 금강계단을 열어 처음으로 수계법회를 여법하게 봉행해 모여드는 대중을 교화한 신라의 스님은?

① 원광 스님   ② 자장 스님
③ 원효 스님   ④ 의상 스님

42 『삼국유사』에 의하면 의상대사가 창건하였다는 화엄십찰이 전하고 있다. 다음 중 화엄십찰에 속하지 않는 것은?(1회 기출문제)

① 태백산 부석사   ② 원주 비마라사
③ 비슬산 옥천사   ④ 경주 황복사

43 『화엄경』의 심오한 진리를 7언시 30언구로 응축시켜 놓은 의상 스님의 저술은?(1회, 3회 기출문제)

① 『발심수행장』   ② 『석원사림』
③ 『법계도』   ④ 『원종문류』

44 다음 중 조선시대 숭유억불 정책 하에서 선(禪)을 부흥시키고 『선가귀감』을 저술한 스님은?(11회 기출문제)

① 서산   ② 사명
③ 경허   ④ 무학

45 당시 우리나라에 여성 신도만 있는 현실은 포교의 부재에서 비롯되었음을 자각하고, 포교의 시급함을 역설하면서 『조선불교유신론』을 저술한 스님은?

① 만해　　　　　　　　　② 경허
③ 만공　　　　　　　　　④ 용성

46 근대 선풍을 재건했을 뿐만 아니라 역경 사업과 포교, 특히 불교의식의 간소화 및 찬불가 제정, 경전 한글화를 통한 불교 현대화·사회화·대중화를 선도하고 대각교 운동을 전개한 스님은?

① 운허　　　　　　　　　② 청담
③ 용성　　　　　　　　　④ 탄허

47 팔만대장경의 한글화 작업을 위해 1964년 7월 동국대학교 부설로 설립된 기관은?(7회 기출문제)

① 동국역경원　　　　　　② 전자불전연구소
③ 고려대장경연구소　　　④ 불학연구소

48 다음은 포교의 구성 요소를 설명한 것이다. 잘못된 것은?

① 대한불교조계종은 종단의 주요 집행기관으로 총무원, 교육원, 포교원의 삼원 체계를 갖추고 있다.
② 사찰은 교구본사와 단위 사찰로 구분되는데, 강원과 율원, 선원을 모두 갖춘 사찰을 총림이라 부른다.
③ 포교 활동의 주체인 승가는 스님으로 구성된 수행 결사체의 총칭으로, 구족계를 수지한 비구, 비구니와 예비승려인 사미, 사미니로 구성된다.
④ 조계종의 종헌종법에 의하면, 신도(信徒)는 종단의 인가를 받은 불교대학 과정을 이수하고 포교사 고시에 합격한 자를 말한다.

49 대한불교조계종의 구성원인 사부대중(四部大衆)의 종류를 쓰시오. (1회 기출문제)

50 대한불교조계종이 현재와 같은 총무원, 교육원, 포교원의 3원 체재로 출범하게 된 시기는?

① 1962년   ② 1980년

③ 1994년   ④ 2000년

51 다음 중 우리나라의 교구본사 사찰끼리 바르게 연결된 것은?

① 조계사 – 용주사 – 보문사 – 봉선사

② 신흥사 – 건봉사 – 월정사 – 법주사

③ 수덕사 – 마곡사 – 내장사 – 직지사

④ 은해사 – 고운사 – 선운사 – 선암사

52 대한불교조계종은 25개의 교구로 구성되어 있다. 그중 제1교구는 총무원의 직할교구로 별도의 본사를 두고 있지 않다. 제1교구를 제외한 나머지 24개 교구본사의 사찰명을 쓰시오.(10회 기출문제)

53 흔히 우리나라에서는 불·법·승 삼보에 대비하여 삼보사찰을 꼽고 있다. 삼보사찰은 어느 곳인지 산 이름과 사찰명을 차례대로 기술하시오.(1회 기출문제)

54 다음 중 삼보(三寶)사찰이 아닌 것은?(2회 기출문제)

① 해인사   ② 통도사

③ 송광사   ④ 불국사

55 다음 총림의 명칭과 해당 사찰이 바르게 연결된 것은?(1회, 2회, 11회 기출문제)

① 해인총림 – 수덕사   ② 영축총림 – 통도사

③ 고불총림 – 조계사   ④ 덕숭총림 – 송광사

56 대한불교조계종 소속 5대 총림의 사찰명과 그에 알맞은 총림의 명칭을 쓰시오.(10회 기출문제)

57 포교 활동의 실천적 주체인 승가는 스님으로 구성된 수행 결사체의 총칭이다. 사방승가와 현전승가의 의미를 간단히 쓰시오.

58 다음은 포교의 핵심적 주체인 재가 불자에 대한 설명이다. 틀린 것은?

① 재가 불자, 또는 불자(佛子)란 일반적으로 부처님의 가르침을 믿고 따르며, 교단에 귀의하고, 불교도로서의 정체성을 가진 사람을 말한다.

② 종도(宗徒)란 특정 종단에 귀속되어 신행 활동을 하고, 그 종단에 소속감을 느끼며 정체성을 갖고 있는 불자를 말한다.

③ 신도(信徒)란 특정 사찰에 귀속하여 재적사찰로 삼고 신행 활동을 하는 종도를 말한다.

④ 법사(法師)는 재가 불자 중에서 부처님의 가르침을 설명하여 주는 대표적인 신도를 말한다.

59 『법화경』「방편품」에 있는 십여시(十如是) 중에서, 포교의 본질에서부터 마지막의 과보에 이르기까지 부처님의 가르침과 같아야 할 뿐만 아니라, 포교의 어떤 과정도 부처님의 뜻과 다르지 않아야 한다는 의미를 지닌 용어를 쓰시오.

60 다음 직접 포교와 간접 포교에 대한 설명 중 맞지 않는 것은?

① 직접 포교는 포교사와 포교 대상자 사이에 직접적인 대화나 접촉을 통해 직접 설득하는 포교 방법이다.

② 간접 포교는 포교사와 포교 대상자가 직접적인 접촉 없이 포교 효과를 거둘 수 있는 방법이다.

③ 간접 포교는 방송, 통신, 다큐멘터리, 슬라이드 등의 시청각 교재나 영화, 무용, 체육 등을 통한 포교 활동도 포함된다.

④ 사회복지 활동이나 NGO 활동은 직접 포교이다.

61 효과적인 설법을 하기 위한 포교 방법과 거리가 가장 먼 것은?

① 깨달음의 길을 보여 주며, 대자대비심으로 행해야 한다.

② 체험보다는 불가사의나 신비나 초자연의 세계로 인도해야 한다.

③ 듣는 사람의 능력에 따라서 적당한 가르침으로 이해하기 쉽게 전달해야 한다.

④ 진실한 말로, 능력과 소질에 따라서, 깨달을 수 있는 수단을 제시해 주어야 한다.

62 국제포교가 효과적으로 이루어지기 위해서 갖추어야 할 기본적인 요소에 대해서 3가지 이상 쓰시오.

63 수행 포교의 종지일 뿐만 아니라, 생활 속의 불교를 이끌어 주는 지침서로서, '응당 머무는 바 없이 그 마음을 일으켜라[응무소주 이생기심(應無所住 而生其心)]'를 강조하고 있는 조계종의 소의경전은?

64 『화엄경』 「입법계품」에 나오는 선재동자는 53선지식을 참방하고 마침내 이 보살을 만나 불도를 이루었다. 이 보살은 누구인가?(5회, 7회 기출문제)

① 미륵보살   ② 보적보살

③ 문수보살   ④ 보현보살

65 소승적 사상에서 헤어나지 못하는 불제자들로 하여금 문병을 하게 한 후 그들의 소승 사상을 신랄하게 비판하고 대승사상을 실제 생활에서 실천하도록 가르치고 있는 경전은?(3회 기출문제)

66 재가 불자가 경전의 중심인물로 등장한 경전끼리 바르게 묶인 것은?

① 『금강경』, 『화엄경』   ② 『유마경』, 『승만경』

③ 『법화경』, 『열반경』   ④ 『아함경』, 『아미타경』

67 마가다국의 수도 라자그리하(왕사성) 인근에 있는 영취산에서의 부처님 설법을 기록한 경전으로, 불타는 집의 비유, 방탕한 자식의 비유, 초목의 비유, 주정뱅이의 비유 등이 설해진 경전의 이름은?

68 임종 포교뿐만 아니라 노인 포교 및 특수 계층을 대상으로 한 포교 활동에 크게 기여할 수 있는 『정토삼부경』에 해당하지 않는 것은?

① 『무량수경』 ② 『관무량수경』
③ 『열반경』 ④ 『아미타경』

69 부처님 입멸 후 교단의 운영과 수행, 불자들의 자세 등에 대한 총체적인 내용을 함축하고 있는 경전은?

① 『아함경』 ② 『반야경』
③ 『법화경』 ④ 『열반경』

70 다음이 설명하는 이것은 무엇을 말하는가?(9회 기출문제)

> 이것은 불교에서 가장 거룩한 만남의 장이며, 부처님이 가르치신 진리를 배우고 전파하는 자리이다. 즉 불보살님께 공양을 올리고 재를 마련하여 널리 베풀고 부처님의 가르침을 널리 설하여 부처님의 공덕을 찬양하는 것이다.

① 방생 ② 불공
③ 법회 ④ 공양

71 다음 중 법회를 일컫는 말 중에 맞지 않는 것은?

① 법사(法事) ② 재회(齋會)
③ 법문(法門) ④ 법요(法要)

72 다음은 법회의 기원과 그에 대한 설명이다. 맞지 않는 것은?

① 법회는 부처님 당시 마가다국의 왕이었던 빔비사라 왕이 청한 데서 비롯되었다.
② 부처님 당시 포살 때 초하루 법회와 보름법회가 정착되어 오늘날까지 이르고

있다.

③ 부처님 당시 법회는 부처님만 설법했지 스님들은 설법하지 않았다.

④ 부처님 당시 포살 때 법회를 거행할 때 신도들은 참여하지 않았다.

73 현재 우리나라에서 매달 거행하고 있는 초하루 혹은 보름법회는 본래 언제부터 시작되었는가?

① 부처님 재세 시에 빔비사라 왕의 건의로 시작되었다.

② 대승불교가 정착되면서 음력에 맞추어 시작되었다.

③ 불교가 중국으로 건너오면서 양무제의 지시로 시작되었다.

④ 한반도에 불교가 전해지면서 시작되었다.

74 고려시대 승려가 승속(僧俗)을 구별하지 않고, 남녀를 가리지 않고, 귀천의 차별 없이 다 같이 평등하게 잔치를 베풀며 물품을 나누어 주던 법회를 무엇이라 하는가?(3회, 4회 기출문제)

75 다음 점안법회(點眼法會)에 대한 설명 중 가장 옳지 못한 것은?(2회 기출문제)

① 점안식을 하지 않은 불상이라도 신앙의 대상은 될 수 있다.

② 점안법회란 불상을 새로 모시는 특별법회이다.

③ 반드시 증명 법사님을 모시고 진행하여야 한다.

④ 부처님을 그리워하는 마음에서 불상을 조성해서 봉안하는 것이다.

76 불교 신앙의 대상인 불상, 불화 등에 생명력을 불어넣어 귀의의 대상으로 모시는 의식을 무엇이라 하는가?(6회 기출문제)

77 산지(山地)를 처음 열어 수행 도량으로 삼고 절을 세운 일과 관련된 것으로, 사찰의 법통을 바로 세우고 그 뜻을 영원히 기리기 위한 불사이기도 하며 산문을 열어 절을 처음으로 세운 날을 기념해 지내는 재를 무엇이라고 하는가?(7회 기출문제)

78 다음 중 법회의 일반적 순서를 '결정심, 환희심, 회향심'으로 구분할 때 회향심에 해당하는 것은?(12회 기출문제)

① 찬불가　　　　　　　　② 반야심경
③ 설법　　　　　　　　　④ 사홍서원

79 다음 중 사찰 법회의 활성화 방안과 가장 거리가 먼 것은?(11회 기출문제)

① 법회의식의 한글화 및 통일화　② 법문의 내용성과 일관성 확보
③ 찬불가 등 법회 운영 방법 개선　④ 축원 중심의 법회 운영

80 다음 중 법회의 기본적인 내용 구성과 거리가 가장 먼 것은?(9회 기출문제)

① 예경(禮敬)　　　　　　② 기도(祈禱)
③ 발원(發願)　　　　　　④ 기복(祈福)

81 다음은 일반적으로 행해지는 법회의 진행 순서이다. 빈칸을 채우시오.(10회 기출문제)

삼귀의 - (　　　　) - 청법가 - 입정 - (　　　　) - 발원 - (　　　　) - 산회가

82 다음 설법 환경에 대한 설명이다. 가장 거리가 먼 것은?(6회 기출문제)

① 설법의 때가 오전인지 오후인지 저녁인지 알아야 한다.
② 연단은 높이는 장소의 넓이에 대해 반비례하는 것이 좋다.
③ 청중의 지적 수준이나 관심을 미리 알아두는 것이 좋다.
④ 탁자의 위치는 연단의 중앙과 전면이라야 한다.

83 다음은 연단에 서서 설법하는 설법자의 자세에 대한 설명이다. 가장 거리가 먼 것은?(7회 기출문제)

① 연단에 올라갈 때 당당하고 자신에 찬 모습을 보인다.
② 청중의 주위를 흩뜨리지 말아야 한다.
③ 상체를 기울이거나 강연대에 기대는 등 자연스러운 몸가짐이 좋다.
④ 사투리 사용도 무방하나 지나친 사투리 일변도는 설법의 품위를 떨어뜨린다.

84 다음 중 설법안 작성 시 가장 올바른 자세는?(7회 기출문제)

① 경전을 인용할 때 그 출전을 분명히 할 필요는 없다.

② 시사사회 문제는 피하는 것이 좋다.

③ 다양한 내용을 전달하기 위해 만연체의 문장이 좋다.

④ 실천적인 방식으로 끝마무리를 하는 것이 좋다.

85 법문 제목을 선택하여 취급할 때의 유의점 중 바르지 못한 것은?

① 선택한 제목을 충분히 이해해야 한다.

② 청중이 이해할 수 있고, 실생활과 직접적으로 관련이 있어야 한다.

③ 자신의 경험과 일치하지 않거나 감동하지 않더라도 필요한 부분이면 반드시 제목으로 선택한다.

④ 때와 장소에 알맞은 제목을 선택해야 한다.

86 설법 진행 시 서론의 중요 사항으로 적당하지 않은 것은?

① 서론은 설법의 목적과 환경, 제목에 적합한 것이어야 한다.

② 서론은 본론으로 들어가는 전제로서의 역할만을 수행해야 하므로 통일성이 있어야 한다.

③ 서론은 언어와 사상이 단순해야 한다.

④ 서론은 웅변조로 감정을 실어 말함으로써 청중의 주의를 환기시키도록 한다.

87 결론에 대한 설명으로 바르지 못한 것은?

① 결론에서는 서론, 본론의 내용을 추상적으로 종합해야 한다.

② 결론에서는 이미 말한 모든 본론의 대강에 대한 요약이 들어가야 한다.

③ 결론에서는 실제 생활에서의 활용 방법을 제시하는 것이 좋다.

④ 호소와 권고, 주의와 훈계 등도 결론의 재료로 활용될 수 있다.

88 설법 시의 언어 기법으로 타당하지 않은 것은?

① 바르고 고운 말   ② 명석한 언어

③ 품위 있고 쉬운 말   ④ 고어 투의 말

89 『양고승전(梁高僧傳)』을 보면 전법자가 갖추어야 할 조건을 다음과 같이 말하고 있다. 그 내용이 순서대로 바르게 나열된 것은?(6회, 9회, 10회 기출문제)

> (가) : 대중을 감동시킬 만한 목소리를 가져야 한다.
> (나) : 때와 장소에 적합한 말로 사람의 마음을 사로잡을 수 있어야 한다.
> (다) : 임기응변의 재주가 있어야 한다.
> (라) : 박학다식하여 세상의 많은 일들을 살펴보는 지식과 지혜가 있어야 한다.

① 성(聲) 변(辯) 재(才) 박(博) 　　② 성(聲) 변(辯) 기(幾) 박(博)
③ 성(聲) 변(辯) 기(幾) 학(學) 　　④ 성(聲) 변(辯) 재(才) 학(學)

90 다음은 자유자재하여 장애가 없는 네 가지 이해 표현 능력인 사무애변(四無碍辯)을 정리한 것이다. 내용이 잘못된 것은?

① 법무애변(法無碍辯) – 온갖 교법에 통달하여 걸림 없이 표현할 수 있는 능력
② 의무애변(義無碍辯) – 온갖 교법의 바른 뜻을 알아 말하고자 하는 내용을 정확히 표현할 수 있는 능력
③ 사무애변(辭無碍辯) – 표준어를 비롯하여 사투리까지 정통하여 어떤 지방의 말도 자유자재로 표현할 수 있는 능력
④ 요설무애변(樂說無碍辯) – 온갖 교법을 중생이 알아 근본 원리만을 좋아하도록 설하는 능력

91 다음은 부처님의 설법 원리를 정리한 것이다. 아래 보기에서 빈칸에 알맞은 단어를 선택하여 순서대로 쓰시오.(2회 기출문제)

> 보기 : 법무애변(法無碍辯), 사무애변(辭無碍辯), 의무애변(義無碍辯)

온갖 교법에 통달하여 걸림 없이 표현할 수 있는 능력을 (　　㉠　　)이라 하고, 온갖 교법의 바른 뜻을 알아 말하고자 하는 내용을 정확히 표현할 수 있는 능력을 (　　㉡　　)이라 하며, 표준어를 비롯하여 사투리까지 정통하여 어떤 지방의 말도 자유자재로 구사하고, 군중의 수준에 맞게 자유자재로 표현할 수 있는 능력을 (　　㉢　　)이라 한다.

92 다음과 같은 특징을 가지는 설법은 어떤 상황에서 하는 게 가장 적합할까?(5회 기출문제)

> • 이론에 근거를 둔 설법
> • 내용 전달의 꾸준함과 지속성

① 화혼식 설법   ② 경전 강해 설법
③ 시사 설법   ④ 영결식 설법

93 교화 상대의 근기에 따라서 하는 설법을 무엇이라 하는가?(1회, 3회 기출문제)

94 부처님은 중생 교화를 위해 다양한 방편을 사용하셨다. 본연부의 『백유경』이나 『법화경』의 '법화칠유'는 다음 중 어느 것에 해당되는가?(6회 기출문제)

① 인연법   ② 비유법
③ 문답법   ④ 반어법

95 다음 보기의 글 속에 들어 있는 부처님의 교화 방법과 가장 가까운 것은?

> 부처님께서 웨살리의 원숭이 연못 옆 중각강당에 있을 때의 일이다.
> 어느 날 제자들과 함께 연못 주변을 산책하시던 부처님께서 문득 아난다에게 이런 것을 물었다.
> "아난다야, 큰 바다에 눈먼 거북이 한 마리가 살고 있다. 이 거북이는 백 년에 한 번씩 물 위로 머리를 내놓았는데 그때 바다 한가운데 떠다니는 구멍 뚫린 나무판자를 만나면 잠시 거기에 목을 넣고 쉰다. 그러나 판자를 만나지 못하면 그냥 물속으로 들어가야 한다. 그런데 이때 눈먼 거북이가 과연 나무판자를 만날 수 있겠느냐?" — 중략

① 인연법(因緣法)   ② 비유법(比喩法)
③ 위의법(威儀法)   ④ 수기법(授記法)

96 부처님께서는 교설의 의미나 내용을 쉽게 이해시키기 위해 실례나 우화 등을 들어 설명하는 비유설법을 많이 하셨다. 다음 중에서 비유의 방법과 내용이 잘못 연결된 것은?

① 순유(順喩) - 사물의 발생 순서에 따라 설하는 비유
② 현유(現喩) - 현재에 있는 것이나 사실을 가지고 하는 비유

③ 비유(非喩) - 먼저 비유를 말하고 뒤에 법으로 합하는 것

④ 변유(遍喩) - 비유의 모든 내용이 비유될 상황에 그대로 적용되는 것

97 다음은 "맹인들은 코끼리 전체의 모습을 보지 못하기 때문에 각자 나름대로 만져본 부분에 관한 지식만을 말할 뿐이다."는 비유에 대한 설명이다. 적절치 못한 것은?(1회 기출문제)

① 이것은 본래 부처님 당시 많은 사상가들의 편견과 선입견을 꼬집기 위한 비유 였다.

② 자기중심적 사고보다 폭넓은 사고를 할 것을 강조한 가르침이다.

③ 인간은 우주와 인생의 궁극적 진리를 알 수 없다는 말씀이다.

④ 모든 사물과 존재의 있는 그대로의 참모습을 중도(中道)의 입장에서 바라보라는 가르침이다.

98 설법의 방법 중 질문자에게 역설적으로 질문함으로써 도리어 그를 교화하는 방법을 무엇이라고 하는가?

99 메난드로스 왕과 나가세나 장로와의 문답 형식으로 되어 있으며 지혜와 번뇌·윤회·업· 붓다의 실재·교단·비구의 자격·출가 생활과 재가 생활·열반 등을 광범위하게 다루고 있 는 경전은?(7회 기출문제)

100 설법 교화의 방법 중 문답법의 종류와 내용이 바르게 짝지어진 것은?(5회, 7회 기출 문제)

① 일향기(一向記) - 상대의 질문이 적절한 때에 그대로 긍정하는 방법

② 반힐기(反詰記) - 질문이 이치에 맞는지를 먼저 분별하고 그에 알맞게 대답하 는 것

③ 사치기(捨置記) - 질문을 받고 곧바로 대답하지 않고, 오히려 반문하여 잘못된 관념을 깨닫도록 하는 방법

④ 분별기(分別記) - 질문이 이치에 합당하지 않거나 쓸모가 없을 때 침묵하는 방법

101 아래 인용한 부처님 말씀은 다음 표현 방식 중 어디에 해당하는가?(8회 기출문제)

> 모든 비구들이여, 이곳에서 걸식은 모든 생활 가운데 가장 밑바닥 생활이다. 그래서 세상 사람들은 가끔 '너희들 비구들은 손에 발우를 들고 유행한다'고 험담하기도 한다.
> 그러나 모든 비구들이여, 양가의 아들들이 출가하여 수행자가 되어 여기에 온 것은 바른 진리가 있기 때문이다. 그것은 왕에게 강요당했기 때문이 아니다. 학대에 강요당했기 때문이 아니다. 부채 때문도 아니다. 공포 때문도 아니다. 생활의 어려움 때문도 아니다.
> 우리들은 생로병사우비고뇌에 빠져 있다. 괴로움에 빠지고 괴로움에 둘러싸여 있다. 오직 고의 집적을 없애는 방법을 깨닫고자 여기에 온 것이다.
>
> - 『상응부경전』 권22

① 인연법(因緣法)　　　　　② 반어법(反語法)
③ 수기법(受記法)　　　　　④ 고조법(高調法)

102 언어를 사용하지 않고도 자연히 우러나오는 인격과 심덕(心德)으로 상대방에게 감화를 주고 마음을 깨우치게 해 주는 교화 방법은?(2회 기출문제)

103 5비구가 부처님이 오면 서로 아는 척도 하지 말자고 같이 다짐해 놓고서 실제 부처님께서 가까이 오시자 저절로 자리를 내주면서 예경하였다. 이런 상황에 대한 설명이 옳지 않은 것은?(4회 기출문제)

① 이것을 위의교화(威儀教化)라고 한다.
② 말이 없으면서도 말로써 하는 것 이상의 효과를 가진다.
③ 상호설법(相互說法)이라고도 한다.
④ 부처님과 함께 수행한 공덕 때문이었다.

104 보살의 한량없는 마음을 무량한 마음이라 한다. 보살이 갖추어야 할 네 가지의 무량한 마음인 사무량심(四無量心)이 무엇인지 쓰시오.(9회, 10회 기출문제)

105 다음 중 대기설법과 가장 거리가 먼 방법은 무엇인가?(12회 기출문제)

① 차제법(次第法)　　　　　② 인연법(因緣法)

③ 비유법(比喩法)   ④ 문답법(問答法)

106 이것은 사다리나 계단을 오르듯이 낮은 단계에서 높은 단계로 점차적으로 수준을 높여 나아가는 포교 방법이다. 예를 들면 부처님은 시론(施論) – 계론(戒論) – 생천론(生天論) – 제욕(諸欲)의 과환(過患) – 출리(出離)의 공덕 – 사제(四諦) 등을 순서에 따라 설법하셨다. 이러한 교화 방법을 무엇이라고 하는가?(6회, 8회 기출문제)

107 부처님은 중생을 점차적으로 깨달음의 세계로 인도하기 위하여 순차적인 포교 방법을 선택하였다. 천태의 오시설로 살펴본 경전의 순서를 바르게 나열한 것은?

① 화엄경 – 아함경 – 방등경 – 반야경 – 법화·열반경
② 아함경 – 방등경 – 반야경 – 화엄경 – 법화·열반경
③ 아함경 – 반야경 – 방등경 – 법화·열반경 – 화엄경
④ 화엄경 – 방등경 – 아함경 – 법화·열반경 – 반야경

108 모든 경전은 첫머리에 여섯 가지의 필수적인 요건을 갖추고 있다. 이를 육성취라 하는데 다음 중 주성취(主成就)에 해당하는 것은?(9회 기출문제)

> "如是我聞 一時 佛 在舍衛國 與大比丘 ……"

① 如是   ② 我聞
③ 佛   ④ 在舍衛國

109 새벽예불과 중송을 하기 전에 도량을 돌면서 아침 송주를 낭송하는 의식을 무엇이라 하는가?(3회, 5회 기출문제)

110 다음의 보기는 새벽예불 시간에 이루어지는 것이다. 가장 일반적으로 이루어지는 순서대로 바르게 나열된 것은?(10회 기출문제)

> 도량석, 축원, 칠정례, 반야심경, 종성

① 도량석 – 축원 – 칠정례 – 반야심경 – 종성
② 종성 – 축원 – 칠정례 – 반야심경 – 도량석
③ 도량석 – 종성 – 칠정례 – 축원 – 반야심경
④ 종성 – 칠정례 – 반야심경 – 축원 – 도량석

111 다음은 사찰에서의 도량석(道場釋)과 조석 예불에 대한 설명이다. 틀린 것은?

① 도량석은 사찰에서 예불을 행하기 전에 도량을 청정히 하기 위해서 행하는 의식
이다.
② 도량석이 끝나는 것과 함께 낮은 소리로 종송이 시작되고, 이어서 사물이 울
린다.
③ 대개 아침예불에는 차를 올리는 다게례를, 저녁예불에는 향을 올리는 오분향례
를 한다.
④ 축원이 끝나면 신중단이 아닌 상단을 향해서 반야심경을 독송한다.

112 절에서는 매일 사시(巳時)에 마지를 올리고 불공을 드리는데, 이를 사시마지라고 한
다. 사시(巳時)는 대개 오전 몇 시를 말하는가?

113 죽은 사람을 극락정토에 왕생시키기 위한 천도재 또는 명절 때 선망부모나 일체의 고
혼들에게 공양물을 올리고 베푸는 불교의식을 일컫는 말은?

114 일체의 유정(有情)이 생사를 거듭하며 윤회하는 과정은 보통 사유(四有)라 하여 네 가
지 단계로 나눈다. 이 중 죽은 직후부터 다음 생으로 태어나기 직전까지의 존재를 무
엇이라고 하는가?(6회 기출문제)

115 다음 중 특수 계층 포교의 대상이 아닌 것은?

① 경찰 포교   ② 청소년 포교
③ 환우 포교   ④ 군장병 포교

116 군포교 활성화와 군승의 효율적 지원·관리를 위해 조계종에서 새로 설치한 교구의 정식 명칭을 쓰시오.(6자)

117 우리나라에서는 군대와 같은 특수 계층 포교를 위해 1968년부터 군승(군법사)제도를 시행해 왔는데, 경찰 포교를 위해서 80년대 후반에 만들어진 제도는 무엇인가?

118 다음 중 활동 내용이 다른 것은?(3회, 7회 기출문제)

① 교법사 – 불교종립학교에서 학생들의 인성 계발을 위한 법사 활동을 주로 한다.
② 경승단 – 각 경찰서에서 교화와 선도 활동을 한다.
③ 군승단 – 군대에서의 정신 교육과 교화 활동을 한다.
④ 경제정의실천 불교시민연합 – 불교의 정치적 위상 강화를 위한 활동을 한다.

119 어린이·청소년 포교 활성화 방안에 대한 자신의 견해를 쓰시오.

120 불교에서는 배우는 것, 즉 학(學)을 강조하고 있다. 불교 교육의 핵심이라 할 수 있는 삼학(三學)을 쓰시오.

121 다음은 부처님께서 죽림정사에 계실 때 외도 시와카(Sivaka)와 문답한 내용이다. ( ) 안에 들어갈 내용과 거리가 먼 것은?

> "세존이시여, 배운다는 것은 무엇이며, 무엇을 배웁니까?"
> "배워야 할 것을 배우기 때문에 배운다고 말한다."
> "어떤 것을 배워야 하나이까?"
> "(   )"
>
> – 『잡아함경』에서

① 계율을 지켜 자기 자신을 보호하는 법

② 높은 선정으로 들어가는 법
③ 완성된 지혜를 얻는 법
④ 세속에서 성공하는 법

122 한국의 전통적인 불교 교육 제도를 설명한 것이다. 거리가 먼 것은?
① 대체로 한국의 불교 교육은 사원을 중심으로 이루어졌다.
② 고려시대 과거제도가 실시되면서 승가 교육은 시험 과목을 중심으로 하는 교육과 소의경전 위주의 종파 교육이 병행되었다.
③ 조선시대 불교 교육 과정은 사미과, 사집과, 사교과, 대교과, 수의과 등으로 이루어졌다.
④ 조선시대 불교는 선종적 특성보다는 교종적 특성이 강하게 반영되었다.

123 다음의 신도 교육의 필요성을 설명한 것이다. 가장 거리가 먼 것은?
① 신도로서 기본 교리를 이해하고 지적 수준을 높이기 위해서 필요하다.
② 종도로서의 정체성과 신념을 갖도록 하기 위해 필요하다.
③ 종단이 요구하는 전문 출가수행자를 양성하기 위해 필요하다.
④ 신도들이 보살행을 실천하도록 이끌어 주기 위해 필요하다.

124 대한불교조계종의 신도 교육 과정 순서를 제대로 열거한 것은?(9회 기출문제)
① 기초 – 기본 – 지도자 – 전문 – 재교육
② 입문 – 기본 – 전문 – 지도자 – 재교육
③ 기초 – 기본 – 지도자 – 재교육 – 전문교육
④ 입문 – 기본 – 전문 – 재교육 – 지도자교육

125 다음은 종단의 신도 교육 체계 중 기본교육 과정을 설명한 것이다. 그 내용이 틀린 것은?
① 종단의 신도가 되기 위한 의무 교육 과정이다.
② 기본교육 교재는 포교원에서 발간한 『불교입문』이다.
③ 기본교육을 이수한 불자는 오계를 수지할 수 있고, 신도 등록이 가능하다.
④ 기본교육 이수자에게는 포교원에서 실시하는 포교사 고시에 응시할 자격이 주어진다.

126 다음 중 우리 종단의 신도 교육 체계에 속하지 않는 것은?(12회 기출문제)

① 기초교육

② 기본교육

③ 전문교육

④ 재교육

127 다음 중 재가 신도가 불교 교단에 입문하여 기본교육을 이수한 뒤 받아야 할 계와 거리가 먼 것은?(11회 기출문제)

① 사미계(沙彌戒)

② 오계(五戒)

③ 십선계(十善戒)

④ 보살계(菩薩戒)

128 다음 포교사로 활동하기 위한 자격 중 맞지 않는 것은?

① 종단에서 정한 소정의 교육과 신행 활동을 마쳐야 한다.

② 포교사고시에 합격해야 한다.

③ 특정 사찰에서 소속되어 포교 활동을 할 필요는 없다.

④ 대사회적 활동 역량을 갖추어야 한다.

129 다음 신도 조직의 정의 중 맞지 않는 것은?

① 신도 조직은 신행 공동체다

② 신도 조직은 교육 공동체다

③ 신도 조직은 친목 공동체다

④ 신도 조직은 실천 공동체다

130 다음 신도 조직의 구성 요소 중 맞지 않는 것은?

① 부처님의 가르침 – 이념과 목표 제시

② 이부대중으로 구성된 인적 자원

③ 계율 정신을 바탕으로 한 운영 회칙

④ 재적사찰을 중심으로 한 활동 장소

131 대한불교조계종의 종단을 대표하는 신도 조직 명칭은?

① 전국신도회

② 중앙신도회

③ 한국불교총연합회

④ 불교도총연합회

132 다음 중 자율적이고 자주, 자립적인 신도 조직으로 탈바꿈하기 위한 조건과 가장 관련이 적은 것은?(7회 기출문제)

① 낡은 지도력의 해체와 새롭고 참신한 지도력의 형성

② 상층 위주의 의결 집행 체제를 통한 통일성 확보

③ 경제적 자립과 이를 통한 실질적인 종단 기여

④ 전근대적 주도권 의식의 탈피를 통한 조직 간의 대승적 결합

133 불교의 사회적 영향력 확대를 위해 신도 조직이 관심을 가져야 하는 사항과 가장 거리가 먼 것은?(1회 기출문제)

① 불교에 우호적인 전문인과 생활인의 조직화

② 직장인(일하는 사람들)을 기반으로 한 삶으로서의 불교 구현

③ 개인의 종교적 체험을 위한 불교의식의 개발

④ 재가 신도의 사회정치적 발언의 강화

134 불교의 사회적 영향력 확대를 위해 신도회가 관심을 가져야 하는 사항과 거리가 먼 것은?(2회 기출문제)

① 불자의 사회·경제적 지위 확보를 위한 정치 활동의 강화

② 직장인(일하는 사람)과 더불어 생활 속에서 불교 정신 구현

③ 불교적인 정서의 전문인과 생활인의 조직화

④ 불교와 스님을 비방하는 타종교인들의 잘못된 행동을 막는 호불호법(護佛護法) 활동

135 대한불교조계종 신도의 교육과 조직화에 대한 설명으로 가장 거리가 먼 것은?(10회 기출문제)

① 종단을 구분하지 말고 불자를 양성해야 한다.

② 재가 신도에 대한 직분에 따라 위계를 세워야 한다.

③ 도심포교당을 중심으로 한 도시 지역에 대한 포교 열기의 확산 등이 필요하다.

④ 종단 차원에서 재가 신도의 교육 방침을 확정하여 전국 본말사가 통일적으로 시행해야 한다.

136 다음 중 단계별 포교 전략 방안에서 제1단계라 할 수 있는 포교 기반 조성의 영역과 가장 거리가 먼 것은?(9회 기출문제)

① 신도 교육, 수계 제도화 　　　② 법회 활성화

③ 신도 조직화 　　　④ 신도 관리의 전산화

137 다음 복지 포교의 정의 중 바른 것은?

① 불제자들이 사회복지 활동을 수행하면 자연적으로 포교 활동이 이루어지는 것을 말한다.

② 불제자들이 사회복지 활동을 수행하는 가운데 복지 수혜자의 사회적 삶의 질을 향상시키며 궁극적으로 부처님 법을 널리 펴는 것을 말한다.

③ 불제자들이 사회복지 활동보다는 부처님 법을 널리 펴는 것을 말한다.

④ 포교를 부차적인 것으로 보고 복지 활동을 우선시하는 것을 말한다.

138 다음 보기 중 불교에서 말하는 복지 포교의 대상을 바르게 연결한 것은?

> ㄱ. 탐진치 삼독에 빠져 정신적 고통을 겪고 있는 현대인 일반
> ㄴ. 물질적 고통을 겪고 있는 사회적 약자와 사회적 취약 계층
> ㄷ. 특수한 사회 환경, 즉 교도소·병원·군대·경찰서 등에서 생활하는 사람들

① ㄱ 　　　② ㄴ

③ ㄷ 　　　④ ㄱ, ㄴ, ㄷ

139 『대지도론』에 의하면, 자비는 크게 세 가지 종류로 분류하고 있다. 이중 중생연(衆生緣)이나 법연(法緣)이라는 분별조차 버리고 아무 연고 없는 사람에게도 행하는 절대적 자비를 일컫는 말은?

140 대승과 소승에 관계없이 쓰이는 공통어로서 보살이 사람들을 섭수하여 깨달음의 길로 나아가도록 하는 방편으로, 다른 이들과 외로움, 슬픔, 괴로움을 함께하는 것을 이르는 말은?

① 보시섭(布施攝) 　　　② 애어섭(愛語攝)

③ 이행섭(利行攝) 　　　④ 동사섭(同事攝)

141 보살이 중생을 섭수하여 친애하는 마음을 일으켜 그들로 하여금 보살을 믿게 하여 마침내 불도(佛道)를 이끄는 네 가지 덕목을 사섭법(四攝法)이라고 한다. 이 사섭법의 네 가지 덕목을 쓰시오. (3회 기출문제)

142 다음은 현 우리나라 포교 전반에 대한 설명이다. 가장 타당한 것은? (5회 기출문제)

① 신도 조직화를 위해 기복 등 개인 신앙을 인정해야 한다.
② 현 우리나라 해외 포교는 사회적·경제적으로 낙후된 국가에 집중되어 있다.
③ 현재 사찰 수와 비슷하게 어린이 법회가 개설되고 있다.
④ 최소한의 공동선에 관심을 갖는 계층에게 불교의 사회적 정당성을 심어 준다.

143 불교에서 죽은 이를 위해 장례 전에 행하는 의식으로, 원래 인도 사람들이 시체를 버리는 곳을 이르는 말은?

144 유교의 제(祭) 의식과 불교의 재(齋) 의식의 차이점에 대해서 쓰시오.

145 2002년 월드컵 행사 기간 중 한국을 방문한 외국인들을 위하여 전통사찰을 개방함으로써 외국인에게 우리 전통문화를 직접 체험할 수 있는 기회를 제공하는 한편 숙박난 해소에 기여하기 위해 조계종이 추진하고 있는 사업은? (7회 기출문제)

146 참선을 할 때 몸에 무리가 생기지 않도록 하기 위해서 수행 도중 잠시 자리에서 일어나 천천히 법당이나 방 안 또는 도량을 거닐면서 몸의 균형을 맞추어 조절해 주는 것을 무엇이라 하는가?

147 우리나라에는 선, 염불, 간경, 주력 등의 전통적인 수행법이 있다. 다음 중 이러한 수행을 할 때 제일 먼저 갖추어야 할 수행 절차는?

① 부처님 말씀에 대한 정확한 이해, 즉 정견의 확보
② 불법승 삼보에 대한 믿음과 찬탄
③ 지난날의 잘못을 뉘우치고 정화하는 참회와 간절한 발원
④ 수행의 공덕을 이웃에 골고루 미치도록 회향

148 조계종의 핵심 수행법이라고 할 수 있는 것은?

① 조사선
② 묵조선
③ 간화선
④ 위빠사나

149 다음은 우리나라 미디어 포교 매체의 시원을 설명하고 있다. 틀린 것은?

① 최초의 불교 잡지는 1910년 창간된 원종(圓宗)이다.
② 최초의 불교계 신문은 1960년 창간된 대한불교(현 불교신문)이다.
③ 최초의 불교TV는 1990년, 불교 라디오 방송국은 1995년에 개국하였다.
④ 최초의 뉴미디어 포교인 인터넷 포교는 1992년 PC통신 동호회인 '천불동'이다.

150 다음 중 인터넷 포교가 지닌 특성과 가장 거리가 먼 것은?

① 시간과 공간의 한계를 극복할 수 있다.
② 쌍방향적 의사소통이 이루어질 수 있다.
③ 실시간으로 새로운 정보를 생산수정하는 것이 가능하다.
④ 개인 정보에 대한 비밀을 보장받을 수 있다.

151 다음은 포교 프로그램의 일반적인 개발 과정을 설명한 것이다. 틀린 것은?

① 포교 프로그램은 일반적으로 계획, 설계, 실행, 평가의 네 단계를 거쳐 개발된다.
② 포교 프로그램의 네 단계는 각각 독립적으로 존재하는 직선적인 관계이다.
③ 계획 단계에서부터 실행 계획과 결과를 예측하고 평가 계획까지 수립한다.
④ 실행 단계에서는 도입, 전개, 정리 단계의 시간별 계획에 따라 구체적으로 작성한다.

152 다음 중 포교 프로그램의 평가 지표라 할 수 있는 '믿음, 이해, 수행, 실천, 공동체' 중 실천 영역의 내용과 가장 거리가 먼 것은?(12회 기출문제)

① 봉사 활동   ② 계율 준수

③ 입교의식   ④ 일상생활과 종교의 일치도

제6장 종헌종법과 불교 상식

1 대한불교조계종에서 본존불로 모시는 부처님은?

2 대한불교조계종에서는 불교가 우리나라에서 공인된 기원(紀元)을 몇 년으로 정하고 있는가?

3 다음은 대한불교조계종 「종헌」의 제1조이다. 빈칸을 채우시오.(10회, 11회 기출문제)

> 제1조 본종은 대한불교조계종이라 칭한다. 본종은 신라 (   )가 창수한 가지산문에서 기원하여 고려 (   )의 중천을 거쳐 (   )의 제종포섭으로서 조계종이라 공칭하여 이후 그 종맥이 면면불절한 것이다.

4 (   )안에 알맞은 말은 무엇인가?(4회 기출문제 유사)

> 대한불교조계종은 석가세존(釋迦世尊)의 자각각타(自覺覺他) 각행원만(覺行圓滿)한 근본 교리를 봉체(奉體)하며 직지인심(直指人心) 견성성불(見性成佛) (   )을(를) 종지(宗旨)로 한다.

① 정혜쌍수(定慧雙修)　　　　② 요익중생(饒益衆生)
③ 지계청정(持戒淸淨)　　　　④ 전법도생(傳法度生)

5 대한불교조계종의 소의경전(所依經典)을 쓰시오.

6 대한불교조계종이 의식에 있어 의존하는 것이 아닌 것은?

① 불조(佛祖)의 유훈(遺訓)　　② 백장청규(百丈淸規)
③ 예참법(禮懺法)　　　　　　　④ 보림전(寶林傳)

7 한국불교의 장자종단인 조계종은 1960~70년대 정화운동의 후유증으로 심각한 분란이 있었으나 1970년대 후반 뜻있는 불자들의 노력으로 종단의 3대 과업이 정립되었다. 이와 같이 과거부터 꾸준히 제기되어 온 대한불교조계종의 3대 사업은?(3회, 6회, 8회, 11회 기출문제)

8 다음 빈칸에 들어갈 말은 무엇인가?(10회 기출문제 응용)

> 대한불교조계종은 승려(비구, 비구니)와 신도(㉠ , ㉡)로 구성한다.

① 사미, 사미니　　　　　　② 우바새, 우바이
③ 청신사, 청신녀　　　　　④ 거사, 보살

9 대한불교조계종의 종헌을 제정하고 통합종단이 출범하게 된 해는?

① 1945년　　　　　　　② 1950년
③ 1956년　　　　　　　④ 1962년

10 다음은 현재 대한불교조계종 비구 스님의 법계를 표시한 것이다. 순서대로 바르게 연결한 것은?(11회 기출문제)

① 사미(沙彌)-중덕(中德)-대덕(大德)-견덕(見德)-종사(宗師)-종덕(宗德)-대종사(大宗師)

② 사미(沙彌)-중덕(中德)-대덕(大德)-종사(宗師)-견덕(見德)-종덕(宗德)-대종사(大宗師)

③ 사미(沙彌)-견덕(見德)-중덕(中德)-대덕(大德)-종덕(宗德)-종사(宗師)-대종사(大宗師)

④ 사미(沙彌)-견덕(見德)-종덕(宗德)-중덕(中德)-대덕(大德)-종사(宗師)-대종사(大宗師)

11 대한불교조계종의 신성을 상징하며 종통을 승계하는 최고의 권위와 지위를 가진 스님을 무엇이라 하는가?

① 방장(方丈) ② 주지(住持)
③ 종정(宗正) ④ 회주(會主)

12 종정(宗正) 예하에 관한 설명 중 틀린 것은?(2회 기출문제)

① 종정은 본종의 신성을 상징하며 종통을 승계하는 최고의 권위와 지위를 가진다.
② 종정은 종헌종법이 정하는 바에 따라 포상과 징계의 사면, 경감, 복권을 행할 수 있다.
③ 종정의 임기는 4년이며 1차에 한하여 중임할 수 있다.
④ 종정은 전계대화상의 위촉권을 가진다.

13 종정(宗正)의 임기에 대하여 바르게 설명한 것은?

① 임기는 5년이며 중임할 수 없다.
② 임기는 5년이며 1차에 한하여 중임할 수 있다.
③ 임기는 4년이며 중임할 수 없다.
④ 임기는 4년이며 1차에 한하여 중임할 수 있다.

14 종정 추대권, 선출된 총무원장에 대한 인준권 등의 권한을 지닌 대한불교조계종의 기구는?(6회 기출문제)

15 대한불교조계종을 대표하고 종무행정을 통리하는 이는?

① 종정 ② 원로회의
③ 중앙종회 ④ 총무원장

16 대한불교조계종 총무원장의 임기는?

① 임기는 4년으로 하며, 연임할 수 있다.
② 임기는 4년으로 하며, 중임할 수 없다.
③ 임기는 4년으로 하며, 2차에 한하여 중임할 수 있다.

④ 임기는 4년으로 하며, 1차에 한하여 중임할 수 있다.

17 대한불교조계종의 입법기구는 무엇인가?

① 중앙종회　　　　　　　　　② 총무원

③ 포교원　　　　　　　　　　④ 교육원

18 중앙종회의 결의를 거쳐야 할 사항이 아닌 것은?

① 종헌종법 개정안, 종법안

② 진계대화상 추천

③ 원로회의 의원 추천

④ 징계의 사면, 경감, 복권에 대한 동의 사항

19 종헌 또는 종법에 대한 특별한 규정이 없는 한 중앙종회의 의결 방식은?

① 재적의원 과반수의 출석과 출석 의원 과반수의 찬성

② 재적의원 과반수의 출석과 출석 의원 3분의 2 이상의 찬성

③ 재적의원 3분의 2 이상의 출석과 출석 의원 과반수의 찬성

④ 재적의원 3분의 2 이상의 출석과 출석 의원 3분의 2 이상의 찬성

20 대한불교조계종의 교구본사에 대한 설명이다. 가장 거리가 먼 것은?

① 현재 25교구 본사제이다.

② 직할사찰을 포함하여 25교구 본사제이다.

③ 대한불교조계종의 통합종단의 출범 당시 25교구 본사제가 실시되었다.

④ 제주도를 제외한 전 지역에 교구본사가 있다.

21 교구종회의 의결 심의 사항이 아닌 것은?

① 총무원장 선거인 선출　　　② 중앙종회에 건의할 사항

③ 포교원 예산안, 결산안　　　④ 본사 주지가 의결할 사항

22 본사 주지의 임기는?

① 4년　　　　　　　　　　　② 5년

③ 6년 ④ 7년

23 포교원장의 임기에 대한 설명 중 옳은 것은?

① 임기는 5년으로 하며, 중임할 수 없다.
② 임기는 5년으로 하며, 1차에 한하여 중임할 수 있다.
③ 임기는 7년으로 하며, 중임할 수 없다.
④ 임기는 7년으로 하며, 1차에 한하여 중임할 수 있다.

24 포교원장 유고 시 포교원장 직무를 대행하는 직책은?

25 다음 중 「종법」이 정한 사찰의 용도와 가장 거리가 먼 것은?(9회 기출문제)

① 수도, 전법 ② 포교, 회의
③ 법회, 의식 ④ 거주, 취사

26 대한불교조계종 신도가 되기 위하여 반드시 수지해야 하는 계(戒)는 무엇인가?

① 삼귀의계와 오계 ② 보살계
③ 사미계 ④ 비구계

27 다음은 우리 종단의 「포교법」에서 밝힌 포교의 원칙과 방침이다. 가장 거리가 먼 것은?(11회 기출문제)

① 신심견고(信心堅固) ② 사교입선(捨敎入禪)
③ 수계청정(受戒淸淨) ④ 수행정진(修行精進)

28 포교의 목적을 달성하기 위하여 세운 포교 방침이 아닌 것은?(1회, 5회 기출문제)

① 삼보에 대한 불퇴전의 신심으로 깨달음의 성취와 불국토 건설에 나아가게 한다.
② 계정혜 삼학을 두루 갖추고 보살도를 실천하도록 한다.
③ 신도의 종단 참여 기회를 제공한다.
④ 교단과 불법을 호지해 갈 호법 정신과 대승원력을 함양하게 한다.

29 다음 중 대한불교조계종 「포교법」에 명시된, 포교사의 의무가 아닌 것은?(7회, 8회 기출문제)

① 삼보를 호지하고 정법을 홍포하며 보살도 실천으로 불국토를 건설한다.
② 종단이 인정하는 포교기관, 시설, 단체 등에서 정기적인 활동을 하여야 한다.
③ 매월 활동 상황을 서면으로 소속 교구본사 포교국 및 포교사단으로 정기적으로 보고하여야 한다.
④ 포교원에서 실시하는 연수 교육을 이수하여야 한다.

30 다음 중 대한불교조계종 「신도법」에 명시된, 신도 교육에 대한 설명 중 가장 타당한 것은?(7회, 8회 기출문제)

① 신도 기본 교육 기관은 학사 관리에 있어 교육원의 지도를 받아야 한다.
② 전문교육을 이수한 자는 전문포교사 선발 과정에 응시할 자격이 부여된다.
③ 기본교육을 이수한 자는 반드시 전문교육을 이수하여야 한다.
④ 전문 교육 기관은 포교원 인가 전문 교육 기관을 말한다.

31 「신도법」에 기술된 신도의 정의와 맞지 않은 것은?(2회 기출문제)

① 신도라 함은 신도법이 정한 절차에 따라 재적사찰 및 종단에 등록한 자이다.
② 신도는 삼보를 호지한다.
③ 신도는 등록 전후를 불문하고, 종단 소정의 기본계를 수지하고 법명을 받는다.
④ 신도는 성인만 해당된다.

32 다음 중 대한불교조계종 「신도법」에 의한, 신도의 의무가 아닌 것은?(1회, 2회, 6회, 10회, 11회 기출문제)

① 교무금을 납부할 의무
② 종단의 법규를 준수할 의무
③ 사찰 운영위원회에 참석해야 할 의무
④ 재적사찰의 수호 및 발전을 위해 노력할 의무

33 다음 중, 대한불교조계종 「신도법」에 명시된 신도의 의무이자 권리인 것은?

① 삼보를 호지함   ② 신도 교육

③ 보시 및 지계   ④ 교무금 납부

34 다음 신도회 가운데 「신도법」에서 구분하지 않은 신도회는?(2회 기출문제)

① 사찰 신도회   ② 지역 신도회
③ 교구 신도회   ④ 전국 신도회

35 사찰 신도회장의 임명권자는?

36 교구 신도회에 대한 설명이 아닌 것은?

① 교구본사는 교구 신도회를 두어야 한다.
② 교구 신도회는 지역 신도회의 연합으로 구성된다.
③ 교구 신도회는 그 활동에 있어 교구본사 주지의 지도를 받는다.
④ 교구 신도회장은 교구 신도회에서 선출하여 교구본사 주지가 임명한다.

37 종단에 등록한 신도 단체가 소속 종무기관에 보고하여야 할 사항이 아닌 것은?

① 회칙의 변경   ② 임원의 변경
③ 주소의 변경   ④ 회원의 변경

38 사찰 신도회의 사업 내용이 아닌 것은?(1회 기출문제)

① 공제 활동   ② 사회문화사업 및 사회 참여 활동
③ 사찰 운영위원회에 참여   ④ 재적사찰 주지의 임명

39 다음은 「신도법」에서 규정하는 재적사찰에 대한 설명이다. 가장 옳은 것은?(1회, 3회, 4회 기출문제)

① 재적사찰이라 함은 신도가 신앙의 근본으로 삼는 본말사 및 포교당을 말한다.
② 신도는 여러 곳의 재적사찰을 가질 수 있으며, 재적사찰과 관련하여 의무와 권리를 행사한다.
③ 신도는 재적사찰 이외의 사찰에서는 자유로이 참배 및 수행할 수 없다.
④ 재적사찰이 아닌 곳에 근거한 사찰일지라도 단위 신도 단체의 임원은 될 수

있다.

40 사찰에서 다음의 사항을 협의하는 종법상의 기구는?(2회 기출문제)

- 사찰의 예산 결산에 관한 사항
- 사찰의 각종 불사와 사업에 관한 사항
- 사찰 재산 처분에 관한 사항

41 「사찰운영위원회법」에서 말하는 사찰에 해당하는 것은?

| ㉠ 본사 | ㉡ 말사 | ㉢ 암자 | ㉣ 포교당 |

① ㉠, ㉡
② ㉠, ㉡, ㉢
③ ㉠, ㉡, ㉣
④ ㉠, ㉡, ㉢, ㉣

42 대한불교조계종은 소속 사찰의 관리와 운영을 공영화하기 위하여 사찰 운영위원회를 구성하고 있다. 사찰 운영위원회와 관련된 다음 내용 중 틀린 것은 무엇인가?

① 운영위원회의 구성은 당해 사찰의 소임을 맡은 승려와 신도로 구성한다.
② 사찰 신도회장은 당연직 운영위원회 위원장이 된다.
③ 운영위원회는 사찰의 예산과 결산에 관한 사항을 협의한다.
④ 운영위원회는 분기별 1회(년 4회) 정기적으로 주지가 소집한다.

43 사찰 운영위원회 구성에 대한 설명 중 틀린 것은?(1회, 3회, 5회 기출문제)

① 운영위원회는 소임을 맡은 승려와 신도로 구성한다.
② 사찰 신도회의 회장, 부회장은 당연직 운영위원이 된다.
③ 주지의 친인척도 운영위원이 될 수 있다.
④ 운영위원회 위원은 주지가 위촉한다.

44 사찰 운영위원회의 구성 인원수는?

45 사찰 운영위원회의 임기는 몇 년인가?

① 1년   ② 2년

③ 3년   ④ 4년

46 대한불교조계종 「사찰운영위원회법」에 명시된, 사찰 운영위원회의 협의 사항이 아닌 것은?(1회, 6회 기출문제)

① 사찰 운영위원회 위원장 추천에 관한 사항

② 사찰의 예산, 결산에 관한 사항

③ 사찰의 각종 불사와 사업에 관한 사항

④ 사찰 재산 처분에 관한 사항

47 다음 중 주지의 역할과 관계없는 것은?

① 사찰 운영위원회 위원 해임

② 사찰 운영위원회 위원장

③ 사찰 운영위원회 위원 위촉

④ 사찰 신도회장 추천

48 한국불교는 종교 인구 중에서 가장 많은 인구를 확보하고 있지만 타 종교에 비해 신행이 부정기적이고 조직화도 뒤떨어지고 있다. 종단은 이런 문제를 해결하기 위해 여러 방안을 추진하고 있다. 다음 중 그 방안과 가장 거리가 먼 것은?(4회, 6회, 11회 기출문제)

① 재적사찰 갖기   ② 교구종회 결성

③ 신도 등록   ④ 사찰 운영위원회 구성

49 다음 중 1988년 제정·공포되어 현재 시행되고 있는 불교 관계법은?(5회, 6회 기출문제)

① 사찰령   ② 불교재산관리법

③ 전통사찰보존법   ④ 문화재보호법

50 다음 중 신도증 발급에 대한 설명으로 가장 알맞은 것은?(9회 기출문제)

① 사찰에 축원 카드를 작성한 후

② 사찰의 정기법회에 참석한 후

③ 삼귀의계와 오계 수계를 받은 후

④ 성지 순례를 다녀온 후

51 신도증을 회수하여 파기하고 신도 등록을 말소하며 신도회 및 등록한 신도 단체의 회원 자격을 박탈하는 징계는?(1회 기출문제)

① 출교　　　　　　　　　② 근신

③ 공권 정지　　　　　　　④ 문서 견책

52 1개월 이상 5년 이하의 기간으로, 집행 기간 중 신도회, 등록한 신도 단체의 임원이 될 수 없으며, 임원인 자는 당연 면직되는 징계는?

① 출교　　　　　　　　　② 근신

③ 공권정지　　　　　　　④ 문서 견책

53 다음 중 종법이 정하는 사찰 신도회장의 자격으로 맞는 것은?(10회 기출문제)

① 연령 30세 이상, 오계 수지 자

② 연령 30세 이상, 보살계 수지 자

③ 연령 35세 이상, 오계 수지 자

④ 연령 35세 이상, 보살계 수지 자

54 우리 종단은 유관 단체에 보조금을 지원하고 있다. 다음 중 종령에 따른 유관 단체라 보기 어려운 것은?(11회 기출문제)

① 종단이 설립한 단체　　　② 종단에 등록한 단체

③ 종단이 인정한 단체　　　④ 종단별 연합단체

55 개정된 대한불교조계종 교육법에 의하면 출가할 수 있는 나이가 제한되어 있다. 그 나이는?(8회 기출문제)

56 종헌에 명시된 조계종의 종조는 누구인가?(5회 기출문제)

① 신라 도선 국사   ② 신라 원효 국사

③ 신라 도의 국사   ④ 신라 의상 국사

57 대한불교조계종의 종헌을 제정하고 통합종단이 출범하게 된 해는?(6회 기출문제)

① 1945년   ② 1950년

③ 1956년   ④ 1962년

58 한 사찰에 선원, 강원, 율원 및 염불원 등 수행기관을 모두 갖춘 종합 수행 도량을 무엇이라고 하는가?

① 총림(叢林)   ② 선림(禪林)

③ 교구본사(敎區本寺)   ④ 학림(學林)

59 대한불교조계종의 전국 신도 대표 기구는 무엇인가?

① 전국신도회   ② 광역신도회

③ 중앙신도회   ④ 교구신도회

60 우리 불교도들이 2008년 이명박 정부 출범 이후 정부 차원의 종교 편향 행위를 막아내고 헌법 질서를 수호하기 위해 8·27 범불교도대회를 열어 공직자의 종교 차별 금지 입법화를 요구한 바, 지난 2009년 1월 임시국회에서 개정된 법의 이름은 무엇인가?

① 국가공무원법   ② 초중등교육법

③ 중앙공무원법   ④ 공직자 선거법

61 우리 종단은 종교적 사명의 수행과 사회적 역할 제고를 위하여 필요한 기구를 설치 운영하고 있다. 다음 중 이에 해당하는 기구라 볼 수 있는 것은?(11회 기출문제)

① 민족공동체추진본부   ② 법률전문위원실

③ 문화유산발굴조사단   ④ 관람료위원회

62 군포교 활성화와 군승의 효율적 지원·관리를 위해 조계종에서 새로 설치한 교구의 정식 명칭을 쓰시오.(11회 기출문제)

63 구산선문 가운데 한 곳으로, 대한불교조계종의 특별 선원인 태고선원이 위치한 사찰은?(6회 기출문제)

64 1950년 스리랑카 콜롬보에서 말라레세케라 박사에 의해 창설된 불교 세계 기구로 출가 승려와 재가 불교도가 함께 참여하여 우의를 다지고 공통의 관심사를 논의하는 기구는?

① 세계불교도우의회 – WFB   ② 세계불교청년회 – WFBY
③ 세계승가회 – WBSC   ④ 유럽불교도연맹 – BUE

65 현재 불교 문화권에서 사용하는 불교기는 1950년 세계불교도우의회에서 제정한 것이다. 다음 중 불교기의 형태와 색상이 옳게 그려진 것은?(1회, 10회 기출문제)

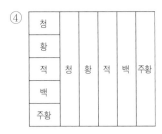

66 오늘날 사용하고 있는 불기(佛紀)에 대한 설명 중 틀린 것은?(6회 기출문제)

① 1956년을 불기 2500년으로 정하여 2010년은 불기 2554년이다.
② 현재 사용하는 불기는 세계승가회에서 결정한 것이다.
③ 부처님이 탄생하신 연도는 서기전 624년으로 정하였다.
④ 부처님이 돌아가신 서기전 544년을 불기 1년으로 정하였다.

67 대한불교조계종은 종단의 정체성 및 정통성 확보를 위해 본격적으로 문장 개발 사업을 진행하여 지난 2004년 12월 20일 특허청에 조계종 문장(紋章)인 삼보륜 등록을 완료하였다. 다음 중 이에 대한 설명이 틀린 것은?(11회 기출문제)

① 선종의 조계종 이념만을 담고 있다.
② 세 개의 점은 불·법·승 삼보를 상징하며, 원은 법륜을 상징한다.
③ 사부대중의 화합 그리고 신앙과 포교를 통한 불국정토의 구현을 의미한다.
④ 전용 색상으로는 금색과 가사색을 사용하며, 보조색으로 검정색을 사용한다.

68 수계는 청정한 장소에서 삼사칠증(三師七證)을 모시고 때를 정하여 대중이 모여 지켜보는 가운데 하여야 한다. 다음 중에서 삼사(三師)에 해당하지 않는 것은?(4회 기출문제)

① 불교 교육과 포교를 담당하는 전법사
② '표백문(表白文)'을 읽어 주는 갈마사
③ 계단(戒壇)에 대한 여러 가지 작법(作法)과 모 등을 가르쳐 주는 교수사
④ '계(戒)'를 주는 전계사

69 불교의 근본사상인 대자대비사상에 입각하여 사회에서 발생하는 제반 인권 침해, 생명 경시 풍조를 시정하여 건전한 민주 사회를 육성하기 위한 제반 사업을 시행함을 목적으로 하여 1990년도 설립한 불교 사회운동 단체는?(1회 기출문제)

① 공해추방운동불교인모임　　② 생명나눔실천회
③ 불교인권위원회　　　　　　④ 경제정의 실천 불교시민연합

70 우리 종단은 불기 2540년을 '불교청소년의 해'로 설정하고 전국 규모의 청소년 단체를 결성하였다. 이 청소년 단체의 명칭은?(2회 기출문제)

71 1994년 창립된 이 단체는 불교의 자비사상을 바탕으로 장기 기증을 비롯한 의료복지 사업을 실천하기 위하여 다양한 캠페인과 교육 계몽 활동을 지속적으로 전개하고 있으며, 특히 2005년 이 단체의 이사장으로 계시던 법장 총무원장 스님이 입적하시면서 세상에 많이 알려지게 되었는데, 사단법인체인 이 단체의 현재 명칭은?(4회, 11회 기출문제)

72 민족의 전통을 계승하여 민족의 자존 역량 함양에 기여하고 부처님의 가르침을 통하여 청년들의 심신 개발과 사회 정화를 선도하여 통일조국과 불국토 성취를 목적으로 하는 전국적 불교 청년 단체는?

① 중앙신도회 　　　　　　② 한국대학생불교연합회
③ 대불련 총동문회 　　　　④ 대한불교청년회

73 불타의 혜명을 이어받아 자아의 완성을 기함과 아울러 민족정기를 바로잡고 인류 사회 정화의 횃불이 될 것을 목적으로 하여 1963년 대학 동아리를 중심으로 구성된 불교단체는?

74 위법망구(爲法忘軀)의 바른 뜻을 한글로 쓰시오.(10회 기출문제)

75 현 대한불교조계종의 종정, 원로의장, 총무원장, 교육원장, 포교원장 스님의 법명을 쓰시오.

76 다음의 빈칸을 채우시오.(10회 기출문제)

> • 재적사찰의 본사는 제(　　　　)교구 (　　　　)사 주지 (　　　　)스님
> • 재적사찰은 (　　　　)사 주지 (　　　　)스님
> • 재적사찰의 신도회장은 (　　　　)

포교사고시

정답 및 해설

1. 합장(合掌) 2. ① 3. ② 4. 장궤합장 5. ① 6. ④ 7. ② 8. 고두례(유원반배, 고두배) 9. ④ 10. ② 11. ④ 12. ① 13. 어간문 14. ① 15. ① 16. ④ 17. ④ 18. 공양 19. 발우공양 20. 향, 등(초), 차, 과일, 꽃, 공양미(쌀) 21. ③ 22. 삼륜청정 또는 삼분청정 23. ② 24. ④ 25. ① 26. ③ 27. 편단우견 또는 우견편단 28. ① 29. ④ 30. ② 31. ④ 32. ② 33. ① 34. ① 35. 오대산 상원사, 설악산 봉정암, 영축산 통도사, 사자산 법흥사, 태백산 정암사 36. ③ 37. 부처님의 진신사리를 모시고 있기 때문이다. 38. ④ 39. ③ 40. ④ 41. 사천왕 42. 동 ; 지국천왕, 서 ; 광목천왕, 남 ; 증장천왕, 북 ; 다문천왕 43. ② 44. ① 45. ④ 46. 부도 47. ④ 48. ③ 49. ④ 50. 상단(불단, 불보살단, 수미단 등) 51. ③ 52. 나발(螺髮) 53. 관세음보살 54. 문수보살 55. 보현보살 56. 지장보살 57. ② 58. ③ 59. ① 60. ③ 61. ① 62. ② 63. 탱화 64. ② 65. 괘불 또는 괘불탱화 66. ② 67. ① 68. ④ 69. ③ 70. ④ 71. 당간(幢竿) 72. 업경대 73. ② 74. 해인사 장경판전, 불국사 석굴암 75. ③ 76. ④ 77. 교통과 통신 즉, 과학문명의 발달로 다른 세계와 접하면서 자기중심적인 틀에서 벗어나게 되었으며, 보이지 않는 절대자에 대한 믿음은 신을 통해서만이 아니라 진리의 세계 그 자체에도 있음을 알게 되어 종교의 다양성을 인정하면서 서양의 유일신적 사고에 비판이 일어나게 되었다. 78. ④ 79. ③ 80. ② 81. ④ 82. ④ 83. 삼귀의례 84. 불(佛), 법(法), 승(僧) 삼보(三寶) 85. 양족존, 이욕존, 중중존 86. ③ 87. ④ 88. 호명보살 89. ③ 90. 천상천하 유아독존 삼계개고 아당안지(天上天下 唯我獨尊 三界皆苦 我當安之) 91. ① 92. ④ 93. ② 94. ① 95. 탄생 ; 룸비니(카필라), 성도 ; 붓다가야(보드가야, 마가다), 초전법륜 ; 녹야원(바라나시, 베나레스), 열반 ; 쿠시나가라 96. 도솔래의상, 사문유관상, 설산수도상, 녹원전법상, 비람강생상, 유성출가상, 수하항마상, 쌍림열반상 97. ② 98. ④ 99. 전륜성왕, 출가, 부처님 100. ② 101. ① 102. ③ 103. ④ 104. 사문유관 105. ③ 106. ④ 107. 장애 또는 방해 108. ③ 109. ② 110. 당시 석가족의 정치적 상황, 그리고 어머니의 죽음도 간접적인 원인이 될 수 있으나, 직접적인 계기가 된 것은 사문유관을 통해 북문에서 출가수행자를 만난 후 생로병사에 대한 깊은 사색이

시작되면서 삶과 죽음의 고통 속에 있는 중생들을 구제하기 위해서 출가하였다. 111. ④ 112. ③ 113. ② 114. ④ 115. ② 116. ③ 117. 마명(馬鳴), 또는 아슈바고샤 118. ③ 119. ② 120. 녹야원 121. ③ 122. ③ 123. ④ 124. ④ 125. ② 126. ② 127. ③ 128. ④ 129. ④ 130. 죽림정사 131. ③ 132. ① 133. ① 134. ④ 135. 사리불 ; 지혜제일, 목련 ; 신통제일, 가섭 ; 두타제일, 아난 ; 다문제일, 라훌라 ; 밀행제일, 우 빨리 ; 지계제일, 아나율 ; 천안제일, 수보리 ; 해공제일, 가전연 ; 논의제일, 부루나 ; 전 법제일 136. ② 137. ② 138. 목건련 또는 목련존자 139. ③ 140. ① 141. ② 142. ② 143. 아나율 144. 우빨리 145. ④ 146. ① 147. ① 148. ② 149. ② 150. ① 151. ④ 152. ④ 153. 사섭법 154. ① 155. ④ 156. ④ 157. 자등명 법등명(自燈明 法燈明) 이계위사 불방일(以戒爲師 不放逸) 158. 법륜을 굴리는 일 159. ③ 160. ③ 161. ④ 162. ③ 163. ④ 164. 연기 165. ① 166. ④ 167. 육사외도들은 선악의 행위 는 결과를 가져오는가, 혹은 그렇지 않은가 하는 문제에 대해서 관심을 가지고 있었으며, 이러한 사상들은 지나치게 사변적이고 극단에 치우쳐 있어 인간의 자유 의지나 노력의 가 치를 부정하는 문제점을 가지고 있다. 168. 애욕과 고행의 양극단 탈피, 수정주의와 고 행주의의 양극단 탈피 169. 고락중도란 고행주의와 쾌락주의의 극단을, 단상중도란 단멸 론과 상주론이라는 극단을, 유무중도란 세계와 내세의 유무라는 극단을 떠난 길을 말한 다. 170. ③ 171. ② 172. 제행무상, 제법무아, 일체개고 또는 열반적정 173. ③ 174. ② 175. 기쁨과 즐거움이 일시적인 것임에도 여기에 집착하기 때문이며, 모든 것은 변하 여 고정 불변하는 실체가 없기 때문이다. 176. 열반(涅槃) 177. 고성제, 집성제, 멸성제, 도성제 178. ④ 179. ④ 180. 정견, 정사유, 정어, 정업, 정명, 정정진, 정념, 정정 181. ② 182. ② 183. ④ 184. ③ 185. ④ 186. 나를 구성하는 법으로서의 다섯 가지 요소(색, 수, 상, 행, 식)를 지혜의 눈으로 비추어 보니 모두 공이라는 뜻이다. 187. ④ 188. 수범수제(隨犯隨制) 189. 청규 또는 백장청규 190. ② 191. 불살생, 불투도, 불사 음, 불망어, 불음주(중생을 죽이지 말라. 훔치지 말라. 음행하지 말라. 거짓말하지 말라. 술 마시지 말라.) 192. ② 193. ① 194. 남의 생명을 손상시키는 것은 가장 큰 죄업이 며, 불성의 씨앗이 싹트는 것을 근본적으로 막기 때문이다. 또한 생명 존중과 자비심을 중시여기는 불교사상과 정반대되는 일이기 때문이다. 195. ③ 196. ① 197. ① 198. ③ 199. ② 200. ③ 201. 중생무변서원도(衆生無邊誓願度), 번뇌무진서원단(煩惱無盡 誓願斷), 법문무량서원학(法門無量誓願學), 불도무상서원성(佛道無上誓願成) 202. 염불 주력 간경 203. 간경 204. ① 205. ① 206. ② 207. ① 208. 영산회상중 염화미소,

다자탑전 반분좌, 사라쌍수하 곽시쌍부 209. 간화선 210. ③ 211. ② 212. ① 213. ④ 214. ③ 215. ④ 216. ① 217. ④ 218. ① 219. 통알 또는 세알 220. 시타림(尸陀林) 221. ① 222. 다비 또는 화장의식 223. ③ 224. ② 225. 영산재 226. ④ 227. ③ 228. ① 229. ④ 230. 도의국사(道義國師), 태고(太古) 보우국사(普愚國師) 231. ① 232. ① 233. ② 234. ① 235. ③ 236. ④ 237. 탐, 진, 치 238. 계(계율), 정(선정), 혜(지혜) 239. 칠불통계게(七佛通戒偈) 240. 모든 악을 짓지 말고(제악막작), 모든 선을 힘써 행해(중선봉행), 스스로 그 마음을 깨끗이 하라(자정기의). 이것이 모든 부처님의 가르침이다.(시제불교) 241. ① 242. ① 243. 보살 244. ③ 245. 보시, 지계, 인욕, 정진, 선정, 지혜 246. ① 247. 동체대비 248. ④ 249. ② 250. ④ 251. ② 252. 계향, 정향, 혜향, 해탈향, 해탈지견향 253. 인드라망 또는 제석천의 보석그물 254. 해탈향, 달마야중, 보현보살, 아라한, 선지식 255. ② 256. ① 257. ① 258. 옴 살바 못자 모지 사다야 사바하 259. 지혜안, 일체중, 계정도, 원적산, 법성신 260. 원아영리삼악도, 원아속단탐진치, 원아상문불법승, 원아근수계정혜, 원아항수제불학, 원아불퇴보리심, 원아결정생안양, 원아속견아미타, 원아분신변진찰, 원아광도제중생. 261. 자성 262. ② 263. 조견오온개공도일체고액, 색불이공 공불이색, 무안이비설신의, 원리전도몽상 264. 先 嚴父 全州后人 法山 李無常 靈駕 265. 사자좌, 사자후, 감로법 266. 시방세계, 대법문, 허공계, 중생계, 서원

해 설

1   합장에는 손을 연꽃 모양으로 마주 합하는 연화합장(蓮花合掌)과 손가락을 교차하여 마주하는 금강합장(金剛合掌)이 있다. 연화합장의 손 모양은 두 손바닥이 밀착하여 빈틈이 없어야 하며, 두 손 각각 다섯 개의 손가락이 연꽃잎처럼 서로 밀착되어 있어야 한다.

3   합장할 때 두 손을 모아 마주하는 것은 마음을 모은다는 뜻이고, 나와 남이 둘이 아니라 진리로 합쳐진 한 생명이라는 뜻을 담고 있으며, 자신을 낮추고 상대방을 존경한다는 하심(下心)의 의미가 담겨 있다.

4   '장궤합장(長跪合掌)'은 수계(受戒)의식처럼 스님으로부터 소중한 것을 받을 때 이 자세를 취하는데, 보통 두 무릎을 꿇는 자세와는 조금 다르다. 두 무릎을 가지런히

꿇고 앉되, 무릎부터 머리끝까지 상체가 수직이 되도록 몸을 꼿꼿이 세우고 두 발끝을 세워, 발끝으로 땅을 지탱하는 자세를 취한다. 이때 손은 합장을 하고 고개는 약간 숙이며 눈은 코끝을 보며 약간 내려뜬다. 흔히 호궤합장, 호계합장이라고도 한다.

5 『업보차별경(業報差別經)』에 의하면, 절하는 공덕에는 열 가지가 있다. 1. 부처님 얼굴과 같은 청아하고 단정한 용모를 얻게 된다. 2. 말을 하면 모든 사람들이 믿고 따라 준다. 3. 두려움이 없어지고 마음이 평온하여진다. 4. 부처님께서 마음에 두어 지켜 주신다. 5. 점차 거룩한 성자의 모습을 갖추게 된다. 6. 주위에 착하고 좋은 사람들이 모여 든다. 7. 모든 하늘의 천신이 사랑하고 공경하게 된다. 8. 큰 복덕(有漏福 및 無漏福)을 갖추게 된다. 9. 죽은 뒤에는 극락왕생하게 된다. 10. 열반을 속히 증득하게 된다.

6 불교에서는 자기 자신을 철저하게 낮추고 상대방을 공경한다는 마음 자세를 오체투지로 표시한다. 이 예법은 상대방의 발을 받드는 접족례에서 유래되었기 때문에 완전히 오체투지가 이루어진 후에 두 손을 뒤집어 약간 들어 올려서 부처님 발을 받드는 것과 같은 동작을 취한다.

7 법당에서 부처님을 참배할 때는 먼저 부처님께 큰절로 3배를 올린다. 물론 동참 대중이 많아서 큰절을 올리기 적합지 않을 경우는 반배를 한다.

9 고두례는 절을 마칠 때 접족례를 한 뒤에 머리를 자연스럽게 어깨 높이로 들고 합장한 손을 코끝에 닿을 정도로 한 다음 손바닥을 다시 짚고 이마를 바닥에 대고 바로 일어선다. 이때 접족례는 하지 않고 일어서야 한다. 그리고 머리를 들었을 때에 시선은 그대로 땅에 두어야 한다. 고두례를 올리는 것은 아무리 무수한 절을 한다 해도 부처님에 대한 예경의 뜻을 모두 표할 수 없기 때문에 거듭 극진한 예를 다하는 것이다.

10 사찰의 참배 순서는 대체로 (입구) 산문, 해탈교, 일주문, 천왕문(금강문), 불이문(해탈문), 탑, 대웅전, 각전(산신각) 등의 순서로 참배를 하게 되는데, 사찰 경내에 들어서면서 거치게 되는 산문의 순서는 사찰의 구조나 형편에 따라 약간 다를 수 있다.

11 법당 안에 들어가면 먼저 상단에 예배하고 중단, 하단에 차례로 예배하다. 탑돌이를 할 경우에는 공경의 대상인 탑을 가운데 두고 자기의 오른쪽에 탑이 위치하도록 하고 그 주위를 돈다. 이것은 인도의 전통예법[우요삼잡(右繞三帀)]대로 자신의 오른쪽 어깨가 항상 탑 쪽을 향하게 하기 위해서이다.

12 법당 내에서도 부처님 정면에서 참배하는 것은 삼가야 하며, 법당을 출입할 때에도 어간문을 이용해서는 안 되고 옆쪽 문이나 좌우측의 문을 이용해야 한다.

14 촛불과 향불이 피어 있을 때는 자신이 준비해 온 공양물을 불전에 놓고 3배만 올리

고 나온다.

19 '발우(鉢盂)'란 스님들의 밥그릇인데, '발(鉢)'은 범어로 응량기(應量器)라 번역하고 수행자에 합당한 크기의 그릇이란 뜻이다. '우(盂)'는 중국말로 밥그릇이란 뜻이다.

20 향은 해탈향(解脫香)이라고 해서 해탈을 의미한다. 자신을 태워 주위를 맑게 하므로 희생을 뜻하기도 하고 화합과 공덕을 상징하기도 한다. 등은 반야등(般若燈)이라고 하며, 지혜와 희생·광명·찬탄을 상징한다. 꽃은 만행화(萬行花)로서 꽃을 피우기 위해 인고의 세월을 견딘다고 해서 수행을 뜻하며, 장엄·찬탄을 상징하기도 한다. 과일은 보리과(菩提果)로 깨달음을 상징한다. 차는 감로다(甘露茶)라고 해서 부처의 법문이 만족스럽고 청량하다는 것을 상징한다. 마지막으로 쌀은 선열미(禪悅米)로서 기쁨과 환희를 상징한다.

21 무주상보시가 이뤄지려면 삼륜청정(三輪淸淨)이 전제돼야 한다. 여기서 삼륜은 보시하는 사람, 보시하는 물건, 보시를 받은 사람을 말한다.

25 『삼국사기』에 의하면 고구려에 불교가 처음 전래된 시기는 372년(소수림왕 2)으로서, 이해 6월에 전진(前秦)의 왕 부견(符堅)이 사신과 함께 승려 순도(順道)를 파견하여 불상과 불경을 보내왔다. 그로부터 2년 뒤인 374년(소수림왕 4)에는 승려 아도(阿道)가 고구려에 왔다. 다음해 2월에 초문사(肖門寺 : 省門寺라고도 하며, 후대에 興國寺로 바뀌었음)를 지어 아도를 머물게 하고, 이불란사(伊弗蘭寺 : 후대에 興福寺로 바뀌었음)를 지어 순도를 머물게 하였다.

26 법당(法堂)은 불교 신앙의 대상이 되는 불상을 모신 전각(殿閣)으로 절의 중심이 되는 곳이다. 고려 초기까지는 본존불(本尊佛), 즉 금인을 모셔 놓은 당이라는 의미에서 사찰의 중심 건물을 금당이라고 하였으나, 조선에 들어와서는 법문을 설하는 곳이라는 뜻으로 법당이라는 명칭이 보편화되어 있다. 지금도 중국이나 일본에서는 법당보다는 금당을 많이 쓰고 있다.

27 가사를 입을 때 오른 어깨 쪽은 벗고 왼 어깨에만 옷을 걸치는 것을 편단우견(偏袒右肩)이라고 하는데, 이는 인도에서 승려들이 경의를 표시할 때에 쓰던 예법이며, 자진하여 시중을 들겠다는 의미이기도 하다.

28 대광명전(大光明殿)은 대광보전(大光寶殿), 대적광전(大寂光殿)이라고 한다. 이것은 맑고 깨끗한 법신(法身)인 비로자나 부처님이 두루 비치는 빛, 즉 광명이니 적광이니 하는 성질을 갖고 있는 데서 유래한 것으로 비로자나 부처님이 봉안된 집이라는 뜻이다.

29 대적광전은 주로 화엄종 계통의 사찰에서 본전으로 건립하며, 소의경전인 『화엄경』에 근거하여 화엄전, 비로자나불을 봉안한다는 의미에서 비로전이라고도 한다.

30 대방광불이란 한량없이 크고 넓은 시간과 공간을 초월한 절대적인 붓다를 말한다. 그 붓다를 『화엄경』에서는 비로자나불이라고 한다. 따라서 화엄종에서는 산스크리트로 '태양', 즉 불지(佛智)의 광대무변함을 상징하는 비로자나불을 본존불로 모신다.

31 극락정토의 주재자인 아미타불을 모신 법당은 극락전, 무량수전, 미타전이라고도 한다.

32 약사전은 약사유리광여래를 모신 법당이다. 만월보전, 유리광전, 보광전이라고도 부른다. 원통전 또는 관음전은 관세음보살을 모신 곳이다.

33 나한전은 영산회상의 모습을 재현했다고 해서 영산전, 또는 진리와 완전히 합치한 분들을 모셨다는 의미에서 응진전이라고도 부른다. 명부전은 지장보살을 봉안한 경우 지장전(地藏殿), 시왕을 모신 경우에는 시왕전(十王殿)이라고도 하며, 용화전은 미륵불을 모신 곳이기에 미륵전(彌勒殿)이라고도 한다.

35 우리나라의 5대 적멸보궁은 영축산 통도사, 오대산 상원사, 설악산 봉정암, 태백산 정암사, 사자산 법흥사이다. 그리고 치아사리가 봉안된 사찰은 금강산 건봉사이다.

37 적멸보궁은 불사리를 봉안함으로써 부처가 항상 그곳에서 적멸의 법을 법계에 설하고 있음을 상징하게 되어 적멸보궁에는 불상을 안치하지 않고 대신 보궁 바깥쪽에 사리탑을 세우거나 계단을 만들기도 한다. 다만 진신사리가 봉안된 쪽으로 예배 행위를 위한 불단을 마련하였다.

38 삼성각(三聖閣)은 토속신인 산신, 독성, 칠성 등을 모신 곳이며, 별도로 모시기도 한다.

39 사찰에 들어가면 우선 일주문(一柱門)을 지나 천왕문(天王門), 불이문(不二門) 또는 해탈문(解脫門)을 지나게 된다.

40 천왕문은 불법을 지켜 주는 외호신인 사천왕(四天王)을 봉안한 건물이다.

42 사천왕은 동방 지국천왕, 남방 증장천왕, 서방 광목천왕, 북방 다문천왕이다. 그런데 사천왕이 든 지물은 시대에 따라 변화를 보이고 있어서 학자에 따라 지물에 대한 정의가 설왕설래하고 있다.

43 도리천은 불교의 28천 가운데 욕계 6천의 제2천에 속한다.

44 해우소란 화장실을 뜻하며, 적묵당은 말없이 명상하는 곳, 수선당은 올바른 행과 참선하는 장소라는 뜻이다.

45 중국에서는 전탑, 우리나라에서는 석탑, 일본에서는 목탑이 발달하였다.

47 탑은 고승의 사리를 모신 묘탑인데, 조사 숭배를 중시하는 선종의 발달과 함께 더불어 성행하였다. 최근에는 스님들의 부도를 승탑이라고 한다.

48 법당 안은 통상 부처님과 보살상을 모신 상단, 불법을 수호하는 호법신장을 모신 중단, 그리고 영가를 모신 영단으로 되어 있다.

51 팔부신중은 팔부신중(八部神衆), 팔부중(八部衆), 천룡팔부(天龍八部), 용신팔부(龍神八部) 등으로 부르며, 천, 용, 야차, 건달바, 아수라, 긴나라, 가루라, 마후라가를 말한다. 팔부신중을 간단히 살펴보면, ①천(天) : 초인적인 신이다. ②용(龍) : 용신 또는 용왕이라 하며 팔대 용왕이 있다. ③야차(野次) : 위덕(威德)이라 일컬으며 날래고 포악하여 사람을 괴롭히기도 한다. ④건달바(乾達波) : 항상 향만 먹는 천상의 음악신이다. ⑤아수라(阿修羅) : 싸움을 일삼는 전투신으로 항상 제석천과 싸운다고 한다. ⑥가루라(迦褸羅) : 금시조로서 용을 잡아먹는다는 신이다. ⑦긴나라(緊那羅) : 인비인(人非人) 가신(歌神)으로 번역되며, 사람인지 짐승인지 일정치 않고 노래하고 춤추는 신이다. ⑧마후라가(摩喉羅迦) : 사신(蛇神)으로 몸은 사람과 같고 머리는 뱀의 모양인 신이다. 이 팔부신장은 『법화경』, 『화엄경』, 『무량수경』, 『대반야경』 등의 대승경전에 항상 등장하여 법회 자리를 수호한다. 특히 경전의 끝 부분에서는 "팔부중이 부처님의 가르침을 듣고 환희하며 용약한다."라고 기록되어 있다.

52 불상의 명칭 가운데 몇 가지를 알아보면, 화불(化佛)은 응신불, 변화불이라고도 하는데, 보통 관음보살과 대일여래는 보관에 화불이 나타나는 것이 특징이며 광배에 작은 화불을 나타내는 경우도 있다. 광배(光背)는 불보살의 머리나 몸체에서 발하는 것으로 빛을 조형화한 것인데, 원래는 석가모니불에만 나타내지만 보살과 신도들에게도 사용되었다. 나라, 시대, 불상의 종류에 따라 다양하지만 크게 두광, 신광으로 나눌 수 있다. 육계(肉髻)는 머리에 상투 모양으로 난 혹으로 지혜를 상징, 불정, 무견정상, 정계라고도 한다. 본래는 인도 성인들의 머리카락을 올려 묶었던 형태에서 유래되었다. 나발(螺髮)은 부처의 머리카락으로 소라 껍데기처럼 틀어 말린 모양이라 하여 이렇게 이른다. 백호(白毫)란 부처의 양 눈썹 사이에 오른쪽으로 말리면서 난 희고 부드러운 털로 대승불교에서는 광명을 비춘다고 하여 보살들도 갖추도록 했다. 초기 불상에서는 작은 원을 도드라지게 새기거나 보석을 끼워 넣기도 했으며 드물게 직접 채색을 하기도 했다.

58 약사여래는 질병 치료, 수명 연장, 재화 소멸, 의복과 음식 등을 구족시키고자 하는 부처님으로서 왼손에는 약병이나 약함을 들고 있다.

59 선정인은 결가부좌 상태로 참선에 들 때의 수인이다. 전법륜인이란 부처님이 성도 후 다섯 비구에게 첫 설법을 하며 취한 수인으로 시대에 따라 약간씩 다르다. 시무외인은 중생의 두려움을 없애 주어 우환과 고난을 해소시키는 덕을 보이는 수인으로, 손의 모습은 다섯 손가락이 가지런히 위로 뻗치고 손바닥을 밖으로 하여 어깨 높이

까지 올린 형태이다. 여원인은 부처님이 중생에게 자비를 베풀고 중생이 원하는 바를 달성하게 하는 덕을 표시한 수인으로, 손의 모습은 손바닥을 밖으로 하고 손가락은 펴서 밑으로 향하며, 손 전체를 아래로 늘어뜨리는 모습이다.

60 지권인은 비로자나불의 수인으로 오른손으로 왼손의 둘째손가락 윗부분을 감싸는 형태를 취하고 있는데, 이와 반대의 경우도 있다.

61 항마촉지인은 선정인에서 왼손은 그대로 두고 위에 얹은 오른손을 풀어 손바닥을 무릎에 대고 손가락으로 땅을 가리키고 있는 모습이다.

62 탑은 초기불교에 있어서 신앙 대상의 중심이 되었으나 제한된 사리 수와 유물, 유품의 한계로 탑의 건립이 어려워지자 예배의 대상으로 불상이 조성되었다.

64 신중탱화는 불단의 측면에 위치한 신중단(神衆壇)에 모시는 탱화로서 주로 신중이나 호법신을 그린다. 감로탱화는 조상 숭배 신앙이나 영혼 숭배 신앙의 내용을 표현한 그림을 말한다. 수행자가 정진을 통해 본성을 깨달아가는 과정을 잃어버린 소를 찾는 일에 비유해서 그 과정을 10단계로 구분하고 있어 '십우도' 또는 '목우도(牧牛圖)'라고도 한다.

66 변상도는 경전의 복잡한 내용이나 심오한 가르침을 알기 쉽게 그림으로 나타낸 것으로, 부처님의 전생을 묘사한 본생도(本生圖)와 일대기를 나타낸 불전도(佛傳圖), 그리고 서방정토의 장엄도가 그 기본을 이루고 있다.

68 '운판'은 공중을 날아다니는 중생을 제도하고 허공을 헤매며 떠도는 영혼을 제도하기 위함이다.

69 죽비는 중국의 선원에서 처음 사용했으며, 통대나무나 그 뿌리로 만든다.

70 '사리'는 처음에는 탑에만 봉안해 오다 불경이나 불화, 불상 안에도 봉안하게 되었다.

71 당(幢)을 거는 장대인 당간을 지탱하며 세우기 위해 당간 좌우에 세우는 기둥을 '당간지주'라고 한다.

73 우리나라에는 고려 1173년(명종 3)에 지엄대사가 세운 경북 예천 용문사에 윤장대 2좌가 있다. 장생표(張生標)는 사찰이 소유하고 있거나 또는 수조권(收租權)을 행사하던 토지와 그 밖의 토지를 구별하기 위하여 그 경계지역에 세웠던 경계표지이다.

74 한국의 문화재 중 종묘(1995), 해인사 장경판전(1995), 불국사석굴암(1995), 창덕궁(1997), 수원화성(1997), 경주역사유적지구(2000), 고창화순강화 고인돌 유적(2000), 제주 화산섬과 용암동굴(2007)이 세계문화유산으로 지정되었다.

75 한자로 표기한 종교란 원래 모든 것의 으뜸 되는 근본적 가르침을 뜻한다. 종(宗)은 '진리를 깨우친 최고의 경지'란 뜻을 가진 중국불교에서 유래하고, 교(敎)는 각각의

양태에 따라 가르침으로 표현한다는 뜻을 지닌 것이므로 '宗'과 '教'의 합성어인 '宗教'란 근본적 진리를 가르쳐 표현하는 것이라는 의미가 된다.

중국의 천태 스님은 그의 저서 『법화현의(法華玄儀)』에서 종(宗), 교(教)의 용어를 사용했는데, 종(宗)은 부처님의 교설 가운데 어떤 특정된 교설을 지목해서 말할 때 쓰였고, 교(教)는 교의(教義)의 대소권실(大小權實)을 밝히는 의미로 쓰였다. 즉 종교는 부처님의 어떤 특정한 교설을 인간의 언어 문자로 표현한 것이다. 천태 스님은 교리의 교상판석(教相判釋)에서 『법화경』이야말로 가장 훌륭한 부처님 말씀으로 결론 내리면서 『법화경』을 종교라고 하신 것이다. 부처님의 말씀 중에서 으뜸 되는 가르침이 『법화경』이라고 보신 것이다. 이후 종교는 가장 근본적이고 근원적인 가르침을 제시하는 의미로 다른 유사한 모임(즉 유교, 도교 등)에서도 확대 적용해서 쓰였다. 그런데 일본 메이지[明治] 시대에 서양의 '릴리젼(Religion)'이 일본에 전해지자 그들은 이것을 '종교'라 번역하였다. 일본인들이 종교라는 말을 'Religion'으로 번역을 하여 통용되지만 전혀 어원이 다르다는 것을 알아야 한다. '종교'는 원래 불교를 말하는 것으로서, 불교의 요점을 설하는 교리가 즉 '종교'인 것이다.

76 종교는 크게 신의 종교와 진리를 믿고 행하는 종교로 구분할 수 있다.

77 그리스도교는 구원론, 원죄설, 삼위일체설 등을 강조한다.

79 유신론적 종교에서는 인간은 신의 피조물이기에 절대적인 복종을 통해서만 인간의 가치를 구현할 수 있다고 한다.

80 검은 쥐와 흰쥐는 밤과 낮을 의미한다.

81 '오욕락'이란 재욕(財欲), 성욕(性欲), 식욕(食欲), 명예욕(名譽欲), 수면욕(睡眠欲)의 다섯 가지로 재물에 대한 욕망, 이성에 대한 애욕, 먹을 것에 대한 탐욕, 명예에 대한 욕망, 편안함의 추구를 말한다.

82 『초발심자경문(初發心自警文)』은 고려 보조국사 지눌의 「계초심학인문(誡初心學人文)」과 신라 원효 스님의 「발심수행장(發心修行章)」, 그리고 고려 말 야운선사의 「자경문(自警文)」을 합본한 책이다. 이 책은 첫 발심 수행자의 지침서이며 처음 출가한 사미승의 기본서이다. 「수심결」은 깨달음과 수행의 방법을 논한 보조국사 지눌의 책이다.

84 '삼보'란 깨달음을 얻은 사람과 그 가르침 및 그 가르침을 따르는 교단 등, 이 세 가지를 보물에 비유한 말이다. 삼보에는 현전(現前)·주지(住持)·일체(一體) 삼보의 3종이 있다. 현전삼보란 부처님 당시의 석존과, 석존의 가르침과, 석존의 제자인 비구, 비구니를 가리키며 별체삼보(別體三寶)라고도 한다. 또 별체삼보가 신앙의 대상이 될 때 그것을 주지삼보(住持三寶)라고 한다. 주지삼보의 불보는 등상불이나 탱화 등

으로 조성된 부처님의 형상을 말하며, 법보는 경·율·론의 삼장, 승보는 출가승을 말한다. 그리고 일체삼보는 삼보가 진여(眞如)를 갖추고 있다는 점에서, 이것을 별개의 것이 아니라 하나로 보는 것이다.

85 삼귀의란 불·법·승 삼보에 돌아가 의지한다는 뜻이다. 즉, 귀의불 양족존(歸依佛 兩足尊) : 지혜와 복덕이 구족하고 거룩한 부처님께 귀의합니다. 귀의법 이욕존(歸依法 離欲尊) : 청정하고 미묘한 바른 법에 귀의합니다. 귀의승 중중존(歸依僧 衆中尊) : 위 없고 거룩한 스님(승가, 사부대중)께 귀의합니다.
삼귀의례는 불문에 들어오는 제자들이 불·법·승 삼보전에 자기의 맹세를 표시하는 일종의 계(戒)이며 삼보에 대한 예의를 갖추는 의식이다.

86 불교는 고통과 갈등의 원인을 현실에 대한 정확한 관찰을 통해서 발견하려고 한다.

87 기원전 6세기를 전후로 하여 상업이 발달하고 신흥 세력이 등장하면서 전통적인 농경 사회가 붕괴되고 상업을 중심으로 하는 소도시가 형성되었다. 이로 인해 오래 전부터 전승되어 오던 바라문 계급이 점차 권위를 잃어가고, 대신 왕족의 세력이 강화 되었다.

89 불교의 상징 동물은 흰 코끼리, 즉 백상(白象)이다.

90 부처님의 탄생 게송은 "천상천하 유아독존 삼계개고 아당안지(天上天下 唯我獨尊 三界皆苦 我當安之)"를 말한다. 탄생 게송은 당시 하늘과 신에게 제사 지내는 신본주의에서 땅 위에서 인간이 가장 위대하다고 한 최초의 인간 선언이다.

92 부처님은 호명보살로 10바라밀 수행을 닦고 도솔천에 머물고 있을 때 천인들의 간청을 받아들였다.

93 부처님의 할아버지인 사자협왕(師子頰王)에게는 4남 1녀가 있었는데, 그 순서는 정반왕(淨飯王), 백반왕(白飯王), 곡반왕(斛飯王), 감로반왕(甘露飯王)이며, 1녀는 감로미(甘露味)이다. 석가모니는 정반왕의 아들이고, 아난존자는 백반왕의 아들이며, 데와닷따는 감로반왕의 아들이었다.

94 호명보살은 도솔천에 계실 때의 이름이다.

95 불교의 4대 성지(聖地)는 부처님의 '탄생, 성도, 초전법륜, 열반' 장소를 말한다. 즉 탄생지 : 룸비니동산, 성도지 : 붓다가야, 초전법륜지 : 녹야원(사르나트), 열반지 : 쿠시나가라이다.

96 팔상성도(八相聖圖)는 부처님의 생애를 여덟 가지 그림으로 나타낸 것을 말한다. ① 도솔래의상: 도솔천 내원궁에서 흰 코끼리를 타고 마야 궁으로 내려오는 모습. ②비람강생상: 마야 부인이 룸비니 동산에서 무우수 나뭇가지를 잡고 아이를 낳는 모습.

③사문유관상: 동(노인), 남(병자), 서(죽음), 북(수행자)의 네 성문을 둘러보는 모습.
④유성출가상: 태자의 나이 29세, 2월 8일(음력)에 성 밖으로 나가 출가하는 모습.
⑤설산수도상: 깨달음을 위해서 6년 간 설산(고행을 상징)에서 수도 고행하는 모습.
⑥수하항마상: 35세 되던 해 보리수 아래서 모든 번뇌, 즉 마왕 파순(갖가지 욕망, 애착 등)의 항복을 받고 결국 성도(成道)이루는 모습. ⑦녹원전법상: '범천의 권청'을 받아들여 같이 수행했던 녹야원의 다섯 수행자들에게 최초로 법을 설하는 모습, '초전법륜'이라고 함. ⑧쌍림열반상: 쿠시나가라의 사라쌍수 아래에서 열반에 드는 모습.

101 당시 인도 풍습에는 언니가 죽으면 그 누이가 형부와 혼인할 수 있었다.

102 태자의 생활을 즐겁고 호화스럽게 보살펴서 출가의 길을 미연에 막으려고 많은 노력을 하였다.

106 동문에서 만난 사람 → 늙은 사람, 남문 → 병든 사람, 서문 → 죽은 사람을 보았다. 그리고 북문에서 행복을 찾아 수행하는 사문을 만났다.

109 싯닷타 왕자는 아들 라훌라가 태어나자 모든 사람이 잠든 한밤중에 마부 찬다카를 깨워 애마 칸다카를 타고 출가하였다. 처음에는 인도 남쪽의 신흥 공업국인 마가다국에서 당시 명성 높은 알라라깔라마와 웃다까라마뿟따에게 수행했으나, 스승에게서 배운 선정을 통해서는 괴로움에서 벗어나 영원한 행복과 평화를 얻을 수 없음을 알고, 독자적인 수행을 시작하였다. 육체를 학대하는 것만이 진정한 깨달음의 길이 아님을 깨닫고 고행을 포기하였다.

113 룸비니 동산에서 태자가 태어날 당시 마야 왕비는 무우수 나무의 동쪽 가지를 잡고 아기 왕자를 낳았다. 태자는 청년 시절 염부나무 밑에서 고통의 해결을 찾기 위해 깊은 명상에 잠겼으며, 수행자 고타마는 고행을 포기한 뒤 기운을 회복하고 목동 스바스티카가 바친 부드럽고 향기로운 풀을 보리수 아래에 깔고 그 위에 앉아 굳은 다짐을 하였다. 부처님은 마지막 쿠시나가라의 사라쌍수 아래에서 열반에 드셨다.

114 마왕의 공격은 여덟 가지 군대로 표현된다. 마왕의 세 딸의 이름이 은애(恩愛), 상락(常樂), 대락(大樂)인데, 이들을 항복받은 것은 성적인 쾌락 등의 육체적인 욕망, 즉 색욕을 물리쳤다는 의미이다. 이 세 가지 욕망을 극복한다는 것은 육체적, 정신적, 제도적 속박에서 벗어났다는 것을 말한다.

115 수행자 고타마가 보리수 아래에 앉아 성도할 때 마왕에게 항복받으신 장면을 나타낸 수인(手印)은 항마촉지인(降魔觸地印)이다.

116 「마하바스투」는 '거룩한 이야기'라는 뜻인데, 불교 특유의 산스크리트로 쓰인 것으로 초기 불교의 대중부 경전 중 후기의 것에 속한다. 『불본행집경』은 석가모니의 일생

을 상세히 기록한 것으로 널리 알려진 불전으로 산스크리트 원전은 발견되지 않고 있으며, 북인도로부터 중국에 온 지냐나굽타(Jānagupta ; 闍那崛多)가 587~591년에 중국학자들의 도움을 받아 완성시킨 한역본(漢譯本)만이 전해지고 있다. 이 한역본은 원전을 정확하게 직역한 것으로 보이며 불전문학 연구 전반에 걸쳐 귀중한 자료이다. 마명(馬鳴 ; Aśvaghoṣa)이 시적으로 서술한 「불소행찬」(정식 이름은 Bud-dhacarita-kāvya-sūtra ; 산스크리트로 '부처의 행적에 대한 시적인 가르침'이라는 뜻)은 산스크리트로는 전반부만 온전하게 남아 있으나, 한역(5세기)과 티베트어 역으로는 28장 전체가 그대로 보존되어 있다. 불교문학에서 가장 훌륭한 작품 중의 하나다.

122 초전법륜의 내용은 『전법륜경(轉法輪經)』으로 전해오고 있다. 초전법륜의 내용에 대해서는 여러 경전이 이를 갖가지로 전하고 있으며, 또 후대의 경전은 사제(四諦), 팔정도(八正道), 중도(中道), 무아설(無我說), 십이인연(十二因緣) 등 체계화된 불교 교리의 모든 것이 여기서 설해졌다고 기록하고 있다. 비교적 오래되었다고 생각되는 전승을 보면 쾌락과 고행 두 가지 극단을 떠난 중도를 설하고 있는데, 내용적으로는 팔정도의 가르침과 사성제의 가르침이 초전법륜의 골자를 이루고 있다고 볼 수 있다.

123 최초의 재가 신도는 야사의 부모이다.

125 불교에서 삼보(三寶)란 불법승, 즉 부처님과 부처님의 가르침, 그리고 불교의 교단인 승가를 말하는데, 최초의 승가는 출가자인 비구 스님의 등장이다.

128 부처님께서 깨달으신 후 범천의 권청에 따라 설법을 결심하고 하신 말씀이다.

129 사왓티의 부호 수닷타가 기원정사를 지어 바친 것은 코살라국에서의 일이다.

131 마가다국의 빔비사라 왕이 가란타(迦蘭陀 ; Kalandaka) 장자의 기증을 받아 중인도 마가다국의 수도인 라자그리하(王舍城이라고도 함) 북방에 죽림정사를 최초로 세웠다. 코살라국 사위성(舍衛城)의 기원정사(祇園精舍)와 함께 불교 최초의 2대 가람으로 불린다.

132 원래는 코살라국의 기타(祇陀 ; Jeta) 태자의 소유였던 동산을 사위성의 수닷타(須達多 ; Sudatta) 장자가 매입하여 정사를 지었다. 수닷타 장자는 고독한 사람들에게 많은 보시를 베풀었기 때문에 급고독(給孤獨)이라는 별칭을 얻고 있었다. 그는 동산을 뒤덮을 만큼의 금을 주고서 이 동산을 사들였으며, 이러한 그의 신심에 감동한 기타 태자가 동산의 일부를 무상으로 제공하여 함께 정사를 건립하였다. 그렇기 때문에 기타 태자의 동산을 의미하는 기수(祇樹)와 수닷타 장자를 의미하는 급고독을 합해서 이 정사를 기수급고독원이라고도 한다.

133 마가다국 우루벨라 지방에 머물면서 불을 섬기던 카사파(迦葉) 삼형제와 추종자 1,000명을 교화하신 하신 후, 이들을 이끌고 가야시사 산(象頭山)에 올라 설하신 설법으로 상두산 설법, 불의 설법이라 불린다. 이는 예수가 갈릴리 호숫가 산 위에서 설교한 산상수훈(山上垂訓)에 비견할 경우로 회자되고 있다.

135 부처님 십대제자의 수승한 능력은 다음과 같다. 지혜제일 사리불, 신통제일 목건련, 두타제일 마하가섭, 천안제일 아나율, 해공제일 수보리, 설법제일 부루나, 논의제일 가전연, 지계제일 우빨리, 밀행제일 라훌라, 다문제일 아난다이다.

136 앗사지가 전한 부처님의 가르침은 게(偈)의 형식으로 전하여지고 있다. "법(法)은 인(因)에 의해 생(生)한다. 여래(如來)는 그 인(因)을 설한다. 또 인(因)에 의해 멸(滅)한다. 대사문(大沙門)은 이와 같이 설한다."

141 제1결집에서 아난은 경을, 우빨리는 율을 결집하는 데 기여하였다.

142 사리불은 『반야심경』에 등장하며, 『금강경』에 등장하는 십대제자는 수보리이다.

144 계율에 관한 한 최고 권위자였던 우빨리는 원래 석가족의 궁중 이발사였는데, 이 직업은 비천한 계급의 사람이 종사하는 가장 천한 직업의 하나였다.

145 라훌라는 12세 때 부처님이 귀국하였을 때 어머니와 함께 출가하였으며, 사리불을 화상으로 목건련을 아사리로 삼아 출가하였다.

146 부처님보다 나이 많은 연장자로는 가섭 삼형제 등이 있으며, 당시 개종하여 불문에 들어온 사람들로는 사리불, 목건련, 가섭 삼형제 등이 있다.

147 마하빠자빠띠는 최초의 여성 출가자다. 마야 부인이 부처님을 출산한 후 7일 만에 죽자, 어린 고타마 싯닷타를 키웠다. 마야 부인의 여동생으로 고타마 싯닷타에게는 이모가 되기도 한다.

149 최초의 비구(교진여 등 5비구), 비구니(마하빠자빠띠), 우바새, 우바이(야사의 부모) 중에서 마지막으로 여성 출가자, 즉 비구니 승가가 만들어지게 되면서 사부대중이 성립되었다.

150 승가(僧伽)란 Samgha라는 인도말의 음역이며 그 뜻은 '중', 즉 무리, 모임, 단체를 가리킨다. 이 말은 불교 이전부터 고대 인도에서 종교적·사회적 조직을 가리키는 말로 쓰였다고 한다. 즉 어떤 종교 지도자가 많은 사람들을 교화·지도하면서 거느릴 경우, 그 지도자와 제자들을 아울러 승가라고 불렀으며, 또 길드(guild)와 같은 경제조직, 정치상의 공화제도 등을 가리키기도 하였다고 한다. 승가는 평등과 화합을 기본 정신으로 한다.

152 육화경(六和敬)은 승려들의 수행 생활을 하는 데 있어서 화합을 이루기 위한 여섯 가지 원칙으로 신화경(身和敬), 구화경(口和敬), 의화경(意和敬), 계화경(戒和敬), 견화경(見和敬), 이화경(利和敬)을 말한다.

157 부처님 열반 유훈은 부처님께서 열반에 드시려고 하자 아난존자와의 대화를 통해 이루어졌다.

159 불교에서는 우리들의 구체적인 현실 존재를 해명하기 위하여 갖가지 법 체계가 설명되었으나, 그 대표적인 것이 5온설(五蘊說)이다. 즉 물질적인 요소인 색(色)과 정신적인 요소인 수상행식(受想行識)이 결합한 것으로 보고 있다.

162 모든 것은 원인도 없고 조건도 없다는 주장은 우연론인 무인무연론(無因無緣論)이다. 연기법은 창조론(創造論)인 '존우화작인설(尊祐化作因說)', 운명론인 '숙작인론(宿作因論)', 우연론인 '무인무연론(無因無緣論)'의 잘못을 바로 잡은 훌륭한 가르침이다.

163 초기의 작은 원인이 결국은 커다란 결과로 발전해 갈 수 있음을 나타내는 나비효과 이론은 온 우주가 긴밀한 연관관계 속에 놓여 있으며, 이 우주의 어느 한 구석진 곳에서 일어나는 일이 그대로 다른 모든 이들에게 직간접적인 영향을 미친다는 연기의 법칙과 같다. ④는 부처님 당시 바라문 사상가들의 주장이다.

165 중도는 단순히 이변(二邊)을 양비론적으로 부정하거나 이변의 평면적인 산술적 평균 상태를 말하는 것이 아니다. 굳이 표현하자면 이변과 같은 차원이 아니라, 이변을 초월적으로 부정하는 높은 차원의 상태라고 할 수 있다.

166 중도의 사상은 부처님 당시의 사회사상과는 거리가 멀다.

167 '육사외도'란 인도의 우파니샤드 철학에서 생겨난 사상과 학설에는 62견(見) 또는 360여 종의 이설이 있었다고 하는데 그중 세력이 큰 여섯 유파를 이르는 말이다. 이들 학설은 비록 세력은 컸으나 브라만의 기본 경전인 『베다』와 『우파니샤드』에 배치되는 점이 많았으므로 외도(外道)라는 말이 붙여졌다. 더군다나 이 외도란 불교 측에서 붙인 호칭이다.

169 용수의 대표적인 논서라고 할 수 있는 『중론(中論)』에서 여덟 가지의 그릇된 견해를 부정함으로써 부처님의 적멸한 뜻이 어디 있는가를 밝히고 있다. 이른바 불생불멸(不生不滅) 불상부단(不常不斷) 불일불이(不一不異) 불래불거(不來不去)의 팔부중도가 그것이다. 문제의 내용은 극단을 떠난 길이 중도임을 보여 주고 있다.

170 성선설이나 성악설 중의 어느 것도 취하지 않는 것이 '무기설(無記說)'이다. 부처님이 말하는 무기란 "모든 사물의 특성은 중용(中庸)이기 때문에 선악의 어느 것으로도 결정할 수 없다."는 것을 말한다.

172 '삼법인'은 제행무상, 제법무아, 일체개고라고 하는 불교의 진리를 말한다. 여기에 열반적정을 합쳐서 사법인이라고도 한다.(최근에는 일체개고 대신 열반적정을 삼법인으로 말하는 경우도 있다.)

174 '제행무상'은 모든 것은 시간의 변화에 따라서 변화한다는 것이다. '제법무아'는 모든 것은 공간적으로 변화하여 고정 불변하는 실체가 없음을 말한다.

176 '열반'이란 산스크리트 '니르바나(nirvana)'의 음역인데, 본뜻은 '불어서 끄는 것', '불어서 꺼진 상태'를 뜻하며, 일체의 번뇌·고뇌가 소멸된 상태를 가리킨다.

177 '사성제(四聖諦)'란 네 가지의 성스러운 진리를 말하는데, 여기서 '체(諦)'란 진실, 깨달음을 말하며, 제라고 발음한다.

178 '사성제'는 현실의 관찰에 대한 결과(苦)와 그 원인(集), 이상세계의 결과(滅)와 그에 이르는 방법(道)을 말한 것이며, 인간과 모든 존재의 현실을 고통으로 보고 있다. 집성제란 12연기의 내용을 말한 것이다.

179 팔정도와 관계있는 것은 도성제이다.

181 '정견'이란 모든 존재의 실상을 무상과 고와 무아로 보고, 사성제의 관점에서 보아 모두 연기하고 있음을 통찰하는 것이다.

182 정정은 바른 선정이다. 마음 챙김과 마음 집중을 통하여 마음이 바른 삼매의 상태에 들어가 고요한 선정에 머무는 것이다.

183 ①, ②, ③은 부처님 당시의 인도 사회 사상으로 부처님이 비판한 삼종외도, 즉 신의론·숙명론·우연론을 설명하고 있다.

184 전생의 일을 알고자 하거든 금생에 받은 결과를 살피고 내생의 일을 알고자 하거든 금생에 짓고 있는 업을 살피라고 하고 있다[욕지전생사 금생수자시 욕지내생사 금생작자시(欲知前生事 今生受者是 欲知來生事 今生作者是)].

187 '계(戒)'가 주체적이고 자율적인 성격이라면, '율(律)'은 타율적인 행위 규범이다.

188 수범수제(隨犯隨制)란 제자들이 어떤 행위가 도리에 어긋나면 그마다 금계를 제정했다는 뜻이다. 부처님의 교화 방법 중 의사가 병에 따라 약을 처방하는 응병여약(應病與藥)의 의미와 같다.

190 식차마나(式叉摩那)는 구족계를 받아 비구니가 되기 위하여 수행하는 만 18세 이상 20세 미만의 사미니를 말한다.

192 투도는 복덕종자, 음주는 지혜종자를 끊는 것이다.

193 자비심이야말로 '산목숨을 죽이지 말라'는 실천적인 모습을 보여 주는 것이다.

196 불교의 기도는 불보살님의 위신력을 찬탄하고 다생에 지은 모든 업장을 참회하며 감

사한 마음으로 일체중생과 함께하기를 발원하고 회향하는 것이다. 기도는 간절한 마음으로 해야 하며, 그러기 위해서는 자기 부정이 전제되어야 한다.

198 '참(懺)'이란 지나간 허물을 뉘우침이다. 전에 지은 악업인 어리석고 교만하고 허황하고 시기, 질투하는 죄를 다 뉘우쳐 다시 일어나지 않게 하는 것이요, '회(悔)'란 다음에 지을 죄를 미리 깨닫고 아주 끊어 다시는 짓지 않겠다는 결심이다. ③ 참회는 자기가 한껏 못났다고 생각하고 무조건적인 참회를 해야 한다. 우리의 본성은 잘나고 못나고를 초월해 있는 것이지만, 다만 분별의식이 못났다는 것이다.

200 욕심은 미래에 중점이 두어져 있기 때문에, 그러한 욕망 달성을 위해서 때로는 현재를 희생할 것을 강조한다. 하지만 발원은 현재에 중점이 두어져 있다. 결과에 대한 집착이 없이 바로 지금 여기에서 노력하는 자체를 중시한다.

206 위빠사나는 불교의 여러 가지 수행법 가운데서 가장 적극적이고 실질적인 명상법으로서, 한역에서는 관(觀) 혹은 능견(能見)·정견(正見)·관찰(觀察) 등으로 번역되고 있다. 여기서 말하는 관이란 지혜로써 객관의 경계를 관찰하여 비추어 본다는 것으로, 가령 부정관(不淨觀)이라 하면 인간의 육체가 추하고 더러운 것임을 관하여 탐욕의 번뇌를 멸하는 것이다. 단학은 인체 내 기운의 흐름을 자연의 순환 법칙에 맞춤으로써 건강을 도모하고 생명의 참모습을 깨닫게 한다는 도교의 수행법이다.

207 삼처전심이란 석가모니께서 세 곳에서 제자 가섭존자에게 부처님 마음을 마음으로 전한 것인데, 영산회상의 염화미소, 다자탑전 반분좌, 사라쌍수하 곽시쌍부를 말한다.

209 화두를 갖지 않고 참선을 하는 방법을 묵조선이라고 한다면, 화두(話頭)를 근거로 하여 참선하는 방법을 간화선(看話禪)이라고 한다.

211 원나라 때 고승 고봉원묘(1238~1295) 선사가 「선요」를 통해 제시한 삼요는 간화선 수행에 많은 영향을 끼쳤다. 삼요란 대신심(大信心), 대분심(大憤心), 대의심(大疑心)을 말한다. 대신심이란 내 자신이 본래 성불해 있다는 확고한 믿음이다. 내 자신이 본래 부처라는 큰 긍정이다. 대분심은 크게 분한 마음을 말한다. 내가 본래 부처라는 것을 역대 선지식께서 자상하게 보여 줬음에도 그것을 보지 못하고 중생 놀음에 끝이 없는 나 자신에 대한 억울한 마음이며, 안타까운 마음이 바로 대분심이다. 대의심이란 화두에 조그마한 빈틈도 허용하지 않는 철두철미한 의심을 말한다.

212 십재일은 육재일에다 1일, 18일, 24일, 28일을 더한 것으로 각 재일에 특정한 불보살을 배대(配對)하여 의미를 부여했다. 1일은 정광불, 8일은 약사불, 14일은 보현보살, 15일은 아미타불, 18일은 지장보살, 23일은 대세지보살, 24일은 관세음보살, 28일은 비로자나불, 29일은 약왕보살, 30일은 석가모니불이다. 이를 십재일불(十齋日佛)이라고 부른다.

214 부처님 열반하신 날은 음력 2월 15일이다. 2월 8일은 출가재일이다.

215 부처님오신날이 공휴일로 제정된 것은 1975년이다. 1973년 3월 당시 불교신자인 용태영 변호사는 총무처장관을 상대로 서울고법에 석가탄신일 공휴권 확인 등을 구하는 행정소송을 제기했다. 즉 기독교의 성탄일인 12월 25일이 공휴일인 것과 마찬가지로 부처님오신날(석가탄신일)인 4월 8일도 공휴권(公休權)이 있음을 확인하고 이를 공휴일로 지정 공포해야 한다고 주장했다. 동시에 부처님오신날(석가탄신일)을 공휴일로 지정할 수 없다면 성탄절의 공휴일 지정을 무효화해야 한다고 했다. 이에 대해 서울고법은 1974년 10월 "원고는 성탄절이 공휴일로 지정됨으로 말미암아 어떠한 권리나 법률상 이익이 침해당하였다고 볼 수 없다."는 등의 이유를 들어 부적법하다고 판결 각하해 버렸다. 그러나 용태영 변호사는 소신을 굽히지 않고 대법원에 상고했고, 대법원에 계류 중인 1975년 1월 15일 정부는 국무회의에서 '부처님오신 날(석가탄신일, 음력 4월 8일)'로 법정공휴일로 지정·공포했다.

216 관불의식은 부처님이 탄생하신 것을 축복하며 향탕수로 아기 부처님을 목욕시키는 의식이다. 이 의식은 아기 부처님이 탄생하셨을 때 아홉 마리 용이 공중에서 향기로운 물을 솟아나게 하여 신체를 목욕시켰다는 데서 유래한다.

217 우란분절은 백중 또는 백종이라고 한다. '우란분'은 거꾸로 매어단다는 뜻으로 거꾸로 매달려 고통 받는 것을 풀어서, 바르게 세움으로써 고통으로부터 벗어나게 하는 것이다. 목련존자의 이야기에서 유래된 우란분절은 단순한 조상 천도의 제가 아니라 효행을 기본으로 한 바른 삶의 정신을 담고 있다.

219 새해 첫날 새벽예불을 마친 후 대중이 법당에 모여 제불보살과 신중에게 인사를 올리는데, 이를 통알(通謁)이라 부른다. 통알이란 삼보의 은혜에 감사드리고, 중생이 부처님의 자비광명과 함께하기를 기원하는 의식이다.

220 시타림(尸陀林)이란 본래 부처님 당시 인도 마갈타국의 도성인 왕사성에서 조금 떨어진 숲의 이름으로 왕사성과 인근 사람들이 죽은 이의 시신을 버리던 곳이었다. 당시 마갈타국 사람들의 장례 풍습으로 사람이 죽어서 이 숲에 시신을 갖다 놓으면 영축산의 독수리들이 떼 지어 날아와서 시신을 먹어치우는 형태의 조장(鳥葬)이 널리 행해졌다. 그래서 이 숲에는 항상 죽은 이의 시신이 여기저기 널려 있었기 때문에 숲속에 감도는 공기가 항상 음습하고 칙칙하고 찬바람이 돌았으므로 한림(寒林)이라고도 불렸다. 그런 시타림이라는 시신을 버리던 숲의 이름이 불교가 우리나라에 들어오면서 스님들이 상을 당한 신도의 집에 가서 죽은 이를 위해 염불하고 설법하고 여러 가지 의식을 집전하는 것을 이르는 말로 바뀌었다.

221 예수재는 살아생전에 미리 수행과 공덕을 닦아두는 재 의식으로 살아 있는 이가 자

신의 사후를 미리 준비함으로써 살아서나 죽어서나 행복하기를 추구하는 의식이다.

222 '다비(茶毘)'란 범어(梵語 : 산스크리트)의 jhapita에서 유래된 말로서 불에 태운다는 뜻이다. 곧 시체를 화장(火葬)하는 장례법으로 불교가 성립되기 이전부터 인도에서 행해 오던 장법이다. 이 법에 의해 석가모니도 그 유체를 화장하였는데, 그 후로 다비는 불교도 사이에 널리 행해지게 되었다.

223 발인이 끝나면 인로왕번을 든 사람이 앞장서고 명정, 사진, 법주, 상제, 일가친척, 조문객의 순으로 진행한다.

227 1940년에는 '조선불교 조계종'이라는 명칭이었다. 대한불교조계종의 이름은 1962년 통합종단이 출범하면서부터이다.

228 조계종의 종지는 "석가모니 부처님의 근본 교리를 받들어 배우며 바로 마음을 보아 부처가 되어 법을 널리 전하여 중생을 이롭게 하는 것[自覺覺他 覺行圓滿 直指人心 見性成佛 傳法度生]"이다. 즉 부처님의 교법을 배우고 자기 마음을 바로 보아 성불하고 법을 널리 전하여 중생을 이롭게 하는 것이다.

229 조계종의 소의경전은『금강경』과 '전등법어'이다. 전등법어는『육조단경』,『마조록』,『임제록』,『벽암록』 등이 대표적이다. 그리고 기타 경전의 연구와 염불, 지주(持呪) 등 여러 가지 수행법을 포섭하고 있다.

231 신도가 되기 위해서는 불교에 귀의하여 일정한 사찰에 소속해 있으면서 삼보에 귀의하고, 오계를 수지하고, 사찰을 외호해야 한다.

235 불교는 윤회설에 의해 금생만 살고 말면 된다는 생각으로 인한 순간적인 환락, 자포자기 등을 억제시키고, 스스로 행복을 위해 끊임없이 선을 행하려는 미래 지향적인 가치관을 가지고 있다.

236 불망어는 구업(口業)에 해당한다.

240 '과거칠불'이란 과거 장엄겁(莊嚴劫)에 나타난 비바시불(毘婆尸佛)·시기불(尸棄佛)·비사부불(毘舍浮佛)의 3불과 현재 현겁(賢劫)에 나타난 구류손불(拘留孫佛)·구나함모니불(拘那含牟尼佛)·가섭불(迦葉佛)·석가모니불(釋迦牟尼佛) 등의 4불을 합하여 일컫는 말이다. 역사적으로 불타는 석가모니불 혼자이지만, 교리적으로 진리를 깨달은 자는 얼마든지 있을 수 있다.

241 법은 변하지 않는 것이다.

242 삼사는 계화상(戒和尙)·갈마사(羯磨師)·교수사(敎授師)이고, 칠증이란 7인의 증명법사를 말한다.

246 보시를 바라는 사람이 있음을 보고 나서 주는 것은 보시라고는 하지만 바라밀이라고

는 하지 않는다. 보시를 바라는 사람이 보이지 않아도 자진해서 베풀 때 이를 보시바라밀이라고 부른다.

248 '반야(般若)'는 프라즈냐(prajna)의 음사어로 만물의 본질을 이해하고 불법(佛法)의 참다운 이치를 깨닫는 지혜를 뜻한다.

251 여기서 달마란 다르마(Dharma), 즉 부처님의 교법을 말한다.

255 보현보살은 실천의 상징으로 나타난 보살이다.

256 광명진언은 당나라 불공 스님이 번역한 『불공견삭비로자나불 대관정광진언경』 1권을 비롯해 많은 밀교 경전에 인용되고 있으며, 경전마다 광명진언이 지닌 헤아릴 수 없는 공덕을 설하고 있다. 광명진언은 비로자나 법신의 광명으로 무명과 업장을 걷어내고 자성의 밝은 본성이 드러나게 하며, 따라서 수행 중에 장애가 생길 때, 과거의 습관이나 업장을 조복받기 위해서, 또는 과거의 잘못을 참회할 때 이 진언을 한다. "옴 아모가 바이로차나 마하무드라 마니 파드마 즈바라 프라바르타야 훔"

262 삼선근이란 온갖 선을 내는 근본이란 뜻으로서 무탐(無貪)·무진(無嗔)·무치(無痴)를 말한다.

264 불교식의 위패(位牌) 쓰는 법은 다음과 같다. 예를 들어 홍길동 집안이면, 할아버지의 경우: 亡祖父 南陽後人 洪公 判書 靈駕, 할머니인 경우: 亡祖母 安東孺人 金氏 慶子 靈駕, 아버지인 경우: 亡嚴父 南陽後人 洪公 萬重 靈駕, 어머니인 경우: 亡慈母 慶州孺人 崔氏 末子 靈駕, 큰아버지인 경우: 亡伯父 南陽後人 洪公 千重 靈駕라고 쓰며, 영가가 수계불자로서 위패에 법명을 쓰고자 할 때 성(姓) 앞에 법명을 기재한다. (예 : 法玄 洪公 吉童 靈駕, 淸淨行 金氏 順子 靈駕 또는 法玄 洪 吉童 靈駕, 淸淨行 金 順子 靈駕)

제2장 불교의 이해와 신행 정답 및 해설

1. ① 2. ④ 3. ③ 4. ④ 5. 법신 ; 진리 그대로의 부처님, 보신 ; 중생을 구원하고자 원을 세우신 부처님, 화신 ; 중생을 구원하고자 이 땅에 오신 부처님 6. ① 7. ② 8. ④ 9. ② 10. ② 11. ④ 12. ③ 13. ② 14. ③ 15. ④ 16. 여래, 응공, 정변지, 명행족, 선서, 세간해, 무상사, 조어장부, 천인사, 불세존 17. ④ 18. 무상사, 정변지 19. ③ 20. ④ 21. ③ 22. ④ 23. ③ 24. 연기, 무아의 세계관에 대한 무지와 왜곡된 사상 25. 연기법 26. ① 27. ② 28. 이것이 있으므로 저것이 있고, 이것이 생기므로 저것이 생긴다. 이것이 없으면 저것도 없고, 이것이 사라지면 저것도 사라진다. 29. ③ 30. ④ 31. ① 32. ① 33. ④ 34. ③ 35. 오취온 36. ④ 37. ① 38. ④ 39. ② 40. 행고(行苦) 41. 괴고(壞苦) 42. ③ 43. 모든 것은 인과 연을 따라 모이고 흩어지므로 아트만처럼 나라고 할 만한 고정 불변의 실체가 없음을 깨달아 아집에 사로잡힌 자기 중심적 사고와 이기심에서 벗어나 네가 곧 나의 존재 근거임을 깨닫는다. 그리고 너와 나는 동일운명체로서의 자타불이임을 깨달아 행복과 불행을 온 세상의 모든 존재와 함께 나누는 동체대비의 생활을 실천한다. 44. ③ 45. ④ 46. 애별리고, 원증회고, 구부득고, 오음성고 47. ④ 48. ④ 49. 무명, 행, 식, 명색, 육입, 촉, 수, 애, 취, 유, 생, 노사 50. ① 51. ② 52. ① 53. ① 54. ④ 55. ① 56. ③ 57. ③ 58. ④ 59. ④ 60. ② 61. 아비달마교학 또는 아비달마 62. ④ 63. ④ 64. ④ 65. ③ 66. ② 67. ③ 68. ③ 69. ② 70. 아비달마불교(부파, 소승불교) 71. ① 72. ② 73. ④ 74. 대지도론 (大智度論) 75. ③ 76. ③ 77. ④ 78. ② 79. ① 80. 부자나 현명치 못하고(제1구), 현명하나 부자가 아니며(제2구), 부자이면서도 현명하며(제3구), 부자도 아니고 현명치도 않다.(제4구) 81. ① 82. 궁극적인 경지인 열반의 경지, 다시 말해 공의 경지에는 오온, 12처, 사성제 등 부처님의 가르침조차 존재할 수 없다는 뜻이다. 83. ③ 84. ④ 85. ④ 86. 세친 87. 마나식, 아뢰야식 88. ③ 89. 아뢰야식 90. ③ 91. 5위 100법 92. ① 93. ③ 94. ① 95. ④ 96. ② 97. ① 98. ① 99. ② 100. ③ 101. ③ 102. ① 103. ④ 104. ④ 105. 지옥, 아귀, 축생, 아수라, 인간, 하늘, 성문, 연각, 보살, 불의 세계를 말한다. 106. 오음세간(五陰世間), 중생세간(衆生世間), 국토세간(國土世間) 107. 공(空)

의 세계에 철저히 파고드는 것도 중요하지만, 현실세계가 아무런 가치가 없는 것도 아니라고 보는 중국인들의 실용주의적 관점이 들어 있으며, 공(空)이라고 해서 없다는 쪽에 치우치지도 말고, 가(假)라고 해서 있다는 편에도 비중을 두지 말자는 중도를 주장함으로써 공(空)·가(假)·중(中)이 한 마음 같이 연결되어 있음을 말하는 것이다. 다른 각도에서 보면 공(空)의 의미를 가(假)를 통해서 분명히 드러내고자 하는 것이다. **108.** ① **109.** ③ **110.** ③ **111.** 37도품(37조도품) **112.** ③ **113.** 성문, 연각, 보살 **114.** ① **115.** 일승(一乘)사상 **116.** 화엄경(華嚴經) **117.** ④ **118.** ③ **119.** ① **120.** ① **121.** 법계연기 **122.** ③ **123.** ③ **124.** ④ **125.** ① **126.** ① **127.** ④ **128.** ① **129.** 정토신앙 또는 아미타신앙 **130.** ④ **131.** ① **132.** 무량수경 **133.** ③ **134.** ② **135.** 사바세계 **136.** 십념왕생원(十念往生願) **137.** 마음이 모든 것의 근본으로 마음 밖에는 아무것도 없으며, 정토 또한 마음이 만들어낸 것에 지나지 않는다는 '유심정토(唯心淨土)설'로 내가 서 있는 이 땅이 바로 극락이라는 대승불교다운 해석이다. **138.** ③ **139.** 신밀(身密), 구밀(口密), 의밀(意密) **140.** ④ **141.** ② **142.** ④ **143.** 수정주의자 **144.** ④ **145.** ① **146.** ② **147.** 부정관, 자비관, 인연관, 계분별관, 수식관 **148.** ① **149.** ④ **150.** ④ **151.** 달마 **152.** ② **153.** ② **154.** ② **155.** 도에 들어가는 두 종류의 문이 있는데, 이치로 들어가는 이입(理入)과 실천행으로 들어가는 행입(行入)을 말한다. 여기서 이입이란 경전의 가르침에 의거하여 종(宗 : 心, 禪)을 깨달아 궁극에는 범부와 성인이 동일한 참성품, 즉 불성을 깨달음을 말하고, 행입에는 다시 네 가지의 실천행이 있는데, 보원행(報怨行 ; 빚을 갚는 행), 수연행(隨緣行 ; 인연에 따르는 행), 무소구행(無所求行 ; 구하는 바가 없는 행), 칭법행(稱法行 ; 법에 합일된 행)을 말한다. **156.** 혜가 **157.** 동산법문(東山法門) **158.** ③ **159.** ③ **160.** ① **161.** ② **162.** 오가칠종(五家七宗) **163.** ② **164.** ③ **165.** ② **166.** 희양산문, 가지산문, 실상산문, 동리산문, 봉림산문, 성주산문, 사굴산문, 사자산문, 수미산문 **167.** 무위임운(無爲任運), 무념무수(無念無修)로서 남종선의 '마음이 곧 부처(卽心是佛)'라고 하는 돈오견성의 무념법문을 토대로 하고 있다. **168.** 도의 **169.** ④ **170.** ② **171.** 정혜결사 **172.** ④ **173.** 서산대사 휴정 **174.** 대신근(大信根), 대분지(大憤志), 대의정(大疑情) **175.** 화두(話頭) **176.** ③ **177.** 현대 사회에서 대부분의 사람들은 물질적 풍요 속에서도 정신적 빈곤을 느끼며 정체성을 상실하고 방황하며 살아가고 있다. 또한 과잉 문화현상 속에서 소비적 향락문화에 매몰되어 물질의 노예가 된 채 무의미하게 인생을 살아가고 있다. 이러한 물질과 허위의식으로 채워진 현대인들에게 육체적인 욕망과 허위의식을 버리고 인간의 본래 모습을 회복하도록 하기 위해서는 선 수행이 절실히 필요하다. 특히 인간성이 상실되고 환경 오염, 전쟁과 기아가 만연한 현대 사회에서 인간의 본성이 그대로 부처임을 강조한 선 수행의 정신을 통해 주체적인 삶을 회복할 수 있다. 그리고 본래 부처인 인간이 무한한 존엄성을 가진 존재임을 자각하게 하는 선의 가르침을 통해 인간 신뢰와 존중정신을 확립할 수 있다. 또한 우주와 인간이 하나라는 불교의 연기 사상 등은 환경 오염이 없는 맑고 깨끗한 공동체 사회를 이룩하는 데 기여할 수 있기 때문에 현대 사회에서 선 수행은 불교인만이 아니라 모든 사람에게 절실히 필요하다고 할 수 있다. 178. ④ 179. ② 180. ④ 181. ③ 182. ④ 183. 업 184. ③ 185. 색계 186. 아수라 187. 아귀 188. 무기설 189. ③ 190. 법보시(法布施), 재보시(財布施), 무외시(無畏施) 191. ② 192. 매월 음력 8일, 14일, 15일, 23일, 29일, 30일 193. ④ 194. ④ 195. 사찰 196. ② 197. ③ 198. ② 199. ③ 200. ① 201. ② 202. 응신 203. ④ 204. 지장보살 205. ④ 206. 이참기도 ; 과거와 현재에 지은 모든 죄업은 마음에서 생긴 것이며, 마음 바깥에서 일어나는 것은 하나도 없다고 관찰하며 기도하는 것을 말한다. 사참기도 ; 몸으로는 부처님께 예배드리고, 입으로는 부처님을 찬탄하며, 마음으로는 부처님의 성스러운 모습을 그리면서 과거와 현재에 지은 모든 죄를 참회하는 것을 말한다. 207. ① 208. ④ 209. ② 210. 학수쌍존, 세간소유아진견 211. 원력홍심, 대자대비, 광수지방편, 무찰불현신 212. ④ 213. 위빠사나 214. ③ 215. 묵조선(默照禪) 216. ② 217. ① 218. ④ 219. ④ 220. ③ 221. ① 222. ④

해 설

1   자타카(Jataka)는 빨리어로 쓰인 고대 인도의 불교설화집으로 불타의 전생(前生)의 이야기가 담겨 있다.

3   여래(如來)란 산스크리트 '타타가타(tathāgata)'로 직역하면, '그와같이 오는 것', '있는 그대로 오는 사람'이란 뜻. 진리의 체현자(體現者)·열반(涅槃)에 다다른 자를 말한다.

4   여래란 석가모니 부처님 당시 인도에서 사회적으로 위대한 사람들을 일컫는 고유명사였다.

5   삼신(三身)이란 법신(法身), 보신(報身), 화신(化身)을 말한다.

6   법신불은 비로자나불과 대일여래이며, 아미타불은 보신불이다. 또 석가모니불은 화신불에 해당하며, 보통 원만보신노사나불은 보신불로 불린다.

7   불교에서의 법은 크게 세 가지 의미로 쓰인다. 우선 부처님의 가르침, 즉 불교 교리

를 말한다. 두 번째는 석가모니 부처님이 얻은 깨달음을 일컫는 말로 모든 중생의 세계와 깨달음의 세계의 본질을 의미한다. 세 번째는 내가 눈으로 사물을 본다고 할 때 나라는 존재는 보는 주체가 되고, 보이는 사물은 대상 그리고 눈은 보는 수단이 되듯이 우리의 의식이 주체가 되어 어떤 것을 인식할 때 그 대상이 되는 것을 법이라 한다. 예를 들어 우리가 어린 시절의 어떤 추억을 회상할 때 그 추억이란 우리 의식의 대상이라는 점에서 법이라고 부른다. 그런데 법신의 법이란 두 번째의 법을 의미한다.

11 과거칠불이란 과거 장엄겁(莊嚴劫)에 나타난 비바시불(毘婆尸佛)·시기불(尸棄佛)·비사부불(毘舍浮佛)의 3불과 현재 현겁(賢劫)에 나타난 구류손불(拘留孫佛)·구나함모니불(拘那含牟尼佛)·가섭불(迦葉佛)·석가모니불(釋迦牟尼佛) 등의 4불을 합하여 일컫는 말이다. 아촉불은 분노를 가라앉히고 마음의 동요를 진정시키는 역할을 하는 부처로 밀교에서는 중앙에 대일여래(大日如來)와 동쪽에 아촉불, 서쪽에 아미타불, 남쪽에 보생불, 북쪽에 불공성취불 등 5대 부처가 있다.

13 부처님은 무량한 겁에 선업을 닦고 번뇌를 멸하고 우주의 궁극적인 진리를 가장 정확하게 깨달은 자이므로 일반 범부들과는 비교가 되지 않을 정도로 위대한 지혜와 덕을 갖추고 있다. 부처님만이 갖는 그러한 능력이 경전에서 여러 가지로 설명을 하는데, 그중에서 대표적인 것은 십팔불공법이다. 불공법이라는 말은 범부는 물론 '아라한'이나 '벽지불' 또는 '보살'과도 구별되는 부처님 독자의 법이라는 뜻으로 십력(十力), 사무소외(四無所畏), 삼념주(三念住), 대비(大悲)의 18가지를 말한다.

14 부처님께서는 네 가지 확신, 즉 두려움 없는 네 가지 마음을 가지고 계신 데 ③은 사무소외(四無所畏)의 첫 번째를 설명하고 있다.

15 불교에서 말하는 자비는 모든 생명체를 무조건 사랑한다는 의미에서 기독교의 사랑과는 다르다. 그리고 유교의 인(仁)이 선택적이고 분별적인 사랑이라는 점에서도 차이가 있다.

17 세간해는 우리가 살고 있는 이 세상을 완전하게 이해하신 분의 의미이다.

18 아뇩다라삼먁삼보리(anuttar samyak-sa bodhi)의 음사. 무상정등각(無上正等覺)·무상정변지(無上正遍智)라 번역한다. anuttar는 '더 이상의 것이 없는'의 뜻. samyak은 '바른', '완전한'의 뜻. sa bodhi는 깨달음의 뜻. 무상의 바른 깨달음이니 곧 부처님이 얻으신 깨달음의 지혜를 가리킨다.

21 부처님 당시의 인도 사회 사상으로 부처님이 비판한 삼종외도는 신의론·숙명론·우연론이다.

23 부처님은 양극단의 양변을 버리고 중도의 가르침을 통해 깨달음을 성취하셨다.

불교의 성주괴공 개념은 타종교에서 말하는 종말론과 정반대의 개념이다. 우주에 존재하는 것 중에서 영원히 변화하지 않고 그대로의 모습으로 존재하는 것은 하나도 없다. 어떠한 것도 반드시 탄생, 존속, 파괴, 사멸을 반복하면서 끊임없이 변화를 계속하고 있다. 이를 불교에서는 성주괴공(成住壞空)이라고 한다.

26 소오나 비구의 거문고 비유는 집착하지도 방일하지도 말고 중도의 가르침에 따라 부지런히 정진하라는 의미이다. 삼계화택 비유는 집착하지 말라는 의미가 담겨 있다. 『전유경』의 독화살 비유는 형이상학적 문제에 대해 우리의 현실적인 삶과는 관계가 없는 '무기(無記)'라고 하여 희론(戱論)으로 배척하고 대답을 일체 거부함으로써 부처님의 독특하고도 현실적인 태도를 보여 주고 있다.

29 18계설에서는 일체의 존재를 인식 기관[6根]과 인식 대상[6境], 그리고 인식 작용[6識]으로 분류한다.

31 부처님께서 '5온', '12처', '18계'를 설하신 목적은 물질과 정신이 모두 영구불변하는 실체가 아니라, 연기하는 존재임을 확인시켜 주기 위함이다.

32 눈, 귀, 코 등의 감각 기관을 형성하는 것은 색(色)이다. 수(受)는 육체가 감각적으로 받는 유쾌, 불쾌의 느낌과 정신이 지각적으로 느끼는 괴로움과 즐거움 등의 감수 작용이다.

33 오온설은 물질뿐만 아니라 정신 또한 실체가 없으며 연기된 것임을 일깨워 주고 있다.

37 현상계의 일체만유를 법 하나의 항목으로 편입하여 설명하는 데는 어려움이 따른다. 그래서 만유를 구성하는 요소를 종류별로 모아서 오온(五蘊), 십이처(十二處), 십팔계(十八界)의 세 가지로 분류한 것을 삼과(三科)라고 한다.

39 고(苦)를 성질에 따라 고고(苦苦), 괴고(壞苦), 행고(行苦) 등 3종으로 나누기도 한다. '고고(苦苦)' 주로 육체적인 고통을 말한다. 보통 고통이라고 하는 것이 이 경우에 해당된다. 괴고(壞苦)란 파괴나 멸망 등에서 느끼는 정신적 고뇌를 말한다. 행고(行苦)란 현상세계가 무상하다는 것을 조건으로 해서 느끼는 고이다. 유한한 존재인 인간이 끊임없이 변하는 현실 앞에서 느끼게 되는 괴로움이다.

42 2001년 1월 26일 도쿄 전철역 구내에서 일어난 일화. 당시 고려대 무역과 4학년 휴학 중인 이수현 씨(26)의 살신성인의 모습을 보여 준 고귀한 이야기이다.

44 이런 점에서 부처님은 중생의 병을 치료하는 대의왕(大醫王)이라고 할 수 있다.

45 멸이란 목숨이 끊어진 상태가 아니라 환자의 병이 완쾌된 상태, 즉 해탈과 열반의 상태를 말한다.

47 무유애(無有愛)란 욕애와 유애를 추구하다가 더 이상 나아갈 수 없을 때 자포자기한

상태에서 허무를 탐닉하는 것을 말한다.

48 팔정도를 삼학의 구조 속에서 살펴보면, 계(戒)는 정어, 정업, 정명, 정(定)은 정정
    진, 정념, 정정, 혜(慧)는 정견, 정사유의 영역으로 나눌 수 있다.

49 12연기란 미혹한 세계의 인과관계를 설명한 것이다. '12지 연기' 또는 '12인연'이라고
    도 한다. 그 12의 지분은, 무명(無明)·행(行)·식(識)·명색(名色)·육입(六入)·촉(觸)·수(受)·
    애(愛)·취(取)·유(有)·생(生)·노사(老死) 등이다. 미혹의 현실세계가 무엇에 기초하여 성
    립되어 있는가를 나타내는 것을 '유전문(流轉門)의 연기', '순관(順觀)의 십이연기'라
    고 한다.

50 명색은 정신현상을 표시하는 명칭과 물질을 나타내는 색을 합친 것을 의미한다.

51 십이인연의 전개 순서를 무명이 있기 때문에 행이 있고, 행이 있기 때문에 식이 있
    고, … 생이 있으면 노사가 있다고 긍정적으로 보는 입장을 순관(順觀)이라 한다(流
    轉緣起). 이와 반대로 무명이 없으면 행도 없고, 행이 없으면 식도 없고, … 생이 없
    으면 노사도 없다는 것과 같이 부정적으로 보는 입장을 역관이라고 한다(還滅緣起).

53 12연기법에서 모든 고통의 근본은 무명, 즉 무지에서 비롯된다.

54 연기법은 여래의 출현 여부와 관계없이 본래부터 존재하는 영원한 법칙이다.

56 보살이 중생을 제도할 때 취하는 네 가지의 행동 양식은 보시(布施), 애어(愛語), 이
    행(利行), 동사(同事)의 사섭법이다.

57 인간 중심적인 생활 태도는 지배적이고 정복적이며 이분법적인 자연관을 갖게 한다.

62 아비달마의 연구 제목은 '논모(論母 ; matrka)'라고 한다.

63 소의(所依)란 '의지할 바 대상'을 말하며, 소의경전(所依經典)은 개인이나 종파에서
    신행(信行)·교의(教義)상 의거하는 근본 경전을 말한다. 부파불교에서는 계율의 해석
    상의 차이로 부파가 생긴 것이다. 소의경전은 중국불교의 개념이다.

65 붓다는 성불하기 이전 도솔천에서 호명보살로 계셨다. 보살이란 명칭은 모든 불자에
    게 사용되는 호칭이면서 특히 여성 불자들에게 보편적으로 사용되고 있지만, 시주를
    많이 한 사람에게만 붙여지는 이름은 아니다.

68 중관 사상은 대승불교의 근본 경전인『반야경』을 토대로 성립된 사상이다.

72 『백론』은 용수의 제자인 아리야제바(170~270경)의 저서이다. 용수는『중론』,『회쟁
    론』,『십이문론』,『광파론』,『대지도론』을 저술했다.

74 『대지도론(大智度論)』은『대품반야경』의 주석서이다.

75 설일체유부에서는 '삼세실유 법체항유' 한다고 주장한다. 이러한 아공법유의 사상은
    이후 아공법공을 주장하는 대승불교의 중관사상에 의해 논파가 되는데 그것은 무아

를 설명하기 위한 설일체유부의 법에 대한 관점이 실질적으로 무아설과 상충된다고 생각했기 때문이다.

76 불교는 세상이 공허하다는 허무주의가 아니라 욕망이나 아집과 같은 자아나 사물에 집착하는 인식의 오류를 지적하고자 한 것이다.

78 중도는 '가운데의 길이 옳다'는 것이 아니라 '양극단이 모두 틀렸다'는 것을 의미한다. 중도란 산술적 평등이 아니라 고행주의와 쾌락주의의 양극단을 버리는 것이다.

79 중도는 불고불락과 같이 고행주의와 쾌락주의적 수행관 모두를 비판하는 '실천적 중도'와 불생불멸, 불상부단, 불일불이, 비유비무와 같은 '사상적 중도'가 있다. 중관학에서 말하는 중도는 사상적 중도를 말한다.

84 『법화경』은 주로 천태사상을 담고 있다. 유식의 교리를 담고 있는 대표적인 경전으로는 『해심밀경』을 들 수 있으며, 『화엄경』이나 『입능가경』도 넓은 의미에서 유식학의 소의경전이라 할 수 있다.

85 『대지도론』은 용수의 저서로 중관 계통에 속한다.

88 '마나식'은 '무아의 이치를 모르는 어리석음', '내가 있다는 착각', '내가 잘났다는 교만심', '착각된 자아에 대해 애착하는 마음' 등을 유발하는 것으로 우리의 자의식과 이기심의 뿌리라고 할 수 있다. '아뢰야식'은 세상만사를 수렴하고 방출하는 가장 근원적인 마음이라고 할 수 있다.

90 유식학에서는 업과 과보에 대한 설명을 '아뢰야연기론'이라고 부른다.

91 '심왕'이란 8가지의 '굵은 마음'이란 뜻이다. '심소'란 심왕 내에서 일어나는 '작은 마음 작용들'을 말한다. 색법은 물질 또는 형상을 의미한다. 심불상응행법은 마음과 무관한 법을 말한다. 무위법이란 '인연소생의 법'이 아닌 것들을 말한다.

94 변계소집성이란 '두루 분별된 자성', 의타기성은 '다른 것에 의존한 자성', 원성실성이란 '완전히 성취된 자성'이란 뜻이다. 민절무기란 인간의 망념을 끊고 소멸하여[泯絶] 어떠한 범주나 개념에도 집착하지 않는[無寄] 선의 가르침이라는 뜻이다.

95 업종자의 경우 인(因)은 선악이나 과(果)는 무기성인 육도(六道)의 고락이고, '명언종자'의 경우 인도 선악이고 과도 선악이다. ④와 같은 흐름을 갖는 습기란 등류습기로 명언종자를 말한다.

96 업종자(업의 씨앗)는 이숙습기(성질을 달리하여 익은 습기)라고 부르고, 명언종자(인지의 씨앗)는 등류습기(같은 흐름을 갖는 습기)라고 부른다. '전생에 남을 많이 해친 사람은 삼악도에 떨어져 고통스러운 삶을 살고, 남을 도운 사람은 삼선취에 태어나 행복한 삶을 산다'는 말은 업종자와 관계된 말이다. 본문은 명언종자와 관계된 말이다.

97 번뇌장은 정서적 장애, 소지장은 인지적 장애라 풀이할 수 있다.

98 '자량위'란 수행의 준비 단계에 해당한다. '가행위'란 주관과 객관이 각각 공함을 관찰하는 단계이며, '통달위'란 만법유식을 체득하고 사성제를 관찰하는 단계를 말한다. '수습위'란 십지(十地)의 수행에 들어가는 단계이며, '구경위'는 보리와 열반을 얻어 성불하는 단계를 말한다.

99 제6식은 변재가 출중한 묘관찰지로 전환된다.

102 요세(1163~1245)는 백련결사를 일으킨 고려시대 스님이다.

103 육상원융은 모든 존재는 여섯 가지의 상(相), 즉 총상(總相), 별상(別相), 동상(同相), 이상(異相), 성상(成相), 괴상(壞相)을 갖추고 있는데, 각 상들은 서로 의존하는 관계로 이루어져 있어 우주 법계가 서로 원만하게 융화되어 있음을 말하는 화엄교학의 중심 사상이다.

104 현실의 사람은 가능성으로는 무엇이든지 될 수 있지만, 현실적으로는 인간의 세계에 머물고 있다.

105 십법계란 6도(六道)와 삼승(三乘), 불계(佛界)를 더한 것이다.

106 오음세간이란 세계를 구성하는 요소인 물질이고, 중생세간은 거기에 안주하는 인간과 생물이며, 국토세간은 그 인간과 생물이 살고 있는 환경을 말한다.

107 일심삼관이란 공(空)·가(假)·중(中)이 한 마음 같이 연결되어 있음을 말하는 것이다.

108 음계입경에서 '음(陰)'은 오음(五陰)이고, '계(界)'는 십팔계(十八界)이며, '입(入)'은 십이입(十二入)을 말한다. '업상경'이란 병환이 제거되어서 몸이 튼튼해지면, 선을 행하기도 하고 악을 행하기도 해서 결국 업을 짓게 된다는 것이다.

109 이런 부류의 사람들을 '증상만인(增上慢人)'이라고 한다.

111 37조도품이란 도를 닦는 데 보조적인 역할이 되는 것으로 4념처, 4정단, 4여의족, 5근, 5력, 7각분, 8정도의 수행법을 말한다.

112 37조도품이란 불교의 궁극적인 목적인 깨달음을 실현하는 지혜를 얻기 위한 37가지 실천도를 말한다. 오정심관은 사념처에 앞서서 닦는 법이다.

115 성문승은 4성제, 8정도 등의 가르침을 듣고 아라한과(阿羅漢果)를 얻기 위해서 수행하는 자이며, 연각승은 혼자서 12인연법을 깨우친 이들을 가리킨다. 벽지불 또는 독각이라고도 한다. 보살승은 불과(佛果)를 얻기 위해서 대승법(大乘法)을 실천하는 수행자들을 가리킨다.

117 화엄이란 여러 꽃으로 장엄하고 꾸민다는 뜻이다. 길가에 무심히 피어 있는 이름 모를 잡초까지도 모두 포함된다는 점에서 『화엄경』을 『잡화경』이라고도 한다.

118 두순은 중국 화엄종의 초조이며, 지엄은 두순의 법맥을 잇고, 화엄교학의 대성자 법장을 길러낸 과도기적인 역할을 한 사람이다. 법장은 화엄종의 제3조로 실질적으로 화엄교학을 체계화시킨 인물이다. 화엄종을 그의 호를 따서 '현수종'이라고도 한다. 징관은 화엄종의 제4조다.

120 일심삼관은 천태교학의 중심 사상이다.

121 법계연기의 구체적인 모습이 십현연기와 육상원융이다. 그리고 법계를 '사(事)'와 '이(理)'로 구분하여 설명한 것을 '사법계설(四法界說)'이라고 한다.

122 우리나라에는 자장에 의해 처음으로 화엄경이 전래된 이래 통일신라시대에 접어들면서 원효와 의상 두 스님에 의해 화엄사상의 기틀이 마련되었다. 균여는 『법계도원통기』 등의 저서를 남겼다.

123 사법계(事法界)란 모든 현상적이 차별적인 세계를 말하며, 이법계(理法界)란 사법계를 성립시키는 본체적이고 평등한 세계를 가리킨다.

125 마치 바다의 섬들이 겉으로 보기에는 서로 떨어져 있는 것처럼 보이지만, 바다 밑으로 보면 모두가 하나로 연결되어 있다고 본다.(인드라망 비유. 一卽多 多卽一)

126 천태교학에서는 모든 것이 본성 안에 다 갖추어져 있다는 성구설(性具說)을 주장하였다.

127 담란, 도작은 정토사상 계통의 스님이다.

132 법장비구의 제18원에 따른 칭명염불이 극락왕생을 위한 주된 수행법으로 자리 잡았다.

131 『관무량수경』은 극락정토의 장엄함과 그곳에 주재하시는 무량수불과 좌우에서 보좌하는 관음, 세지보살을 관하는 내용으로 되어 있다.

134 진실한 세계를 찾는 데는 두 가지 방법이 있는데, 하나는 먼 길을 가는데 혼자 힘으로 열심히 노력해서 어렵게 찾아가는 방법과 다른 하나는 같은 목적지를 자동차를 타고 쉽게 가듯이 남의 힘을 빌어서 찾아가는 방법이다. 정토사상은 후자에 속한다고 볼 수 있다.(타력, 이행도, 정토문이라고 할 수 있다.)

135 사바세계란 '인토(忍土)', '감인토(堪忍土)'라고도 한다.

140 진언과 다라니는 부처님의 언어적 비밀로 구밀, 어밀(語蜜)이라고 한다.

141 밀교의 붓다관은 대승불교의 붓다관을 계승하면서도 한편으로 붓다와 대보살의 경계를 허물어 진언문의 수행자가 성불하여 자신이 곧 절대 법신의 붓다로서 중생 구호를 위해 영원히 노력해야 한다고 설하고 있다.

142 붓다의 선정은 제법의 본질인 연기의 법을 깨닫기 위한 것이 목적이다. ④는 고대 인도의 『우파니샤드』에서 설하는 브라만교에서의 목적을 설명하고 있다.

144 관(觀)은 선정에서 일어나는 동적(動的)인 상태인 지혜를 나타내는 말이다.

146 신념처관은 이 몸이 부정하다고 관하는 것이고, 심념처관은 의식 생멸하여 항상하지 않음을 관하는 것이다. 법념처관은 제법이 인연으로 생겨남으로 무자성임을 관하는 것이며, 수념처관은 고락(苦樂) 등 감각 작용이 모두 고(苦)라고 관하는 것이다.

149 생사, 즉 열반은 유마경에 나타난 불이법문(不二法門)이다.

152 불립문자란 '언어 문자를 초월한 선의 경지를 나타내기 위해 문자를 세우지 않는다' 는 뜻으로, 언어 문자에 집착하지 않는다는 뜻이다.

154 『능가경』에서 말한 사종선이란, 우부소행선, 관찰의선, 반연여선, 여래청정선을 말 한다.

155 이입(二入)이란, 도에 들어가는 두 종류의 문으로 이치로 들어가는 '이입(理入)'과 실 천행으로 들어가는 '행입(行入)'이 있다.

157 동산법문의 핵심 사상은 '수일불이(守一不移)' 사상이다. 이는 마음을 하나의 사물에 집중시켜 관(觀)하게 하는 구체적인 좌선 실천법이다.

158 북종은 점수선적 가풍을, 남종은 돈오선적 가풍을 나타내고 있다.

161 청규(淸規)란 선승들의 집단적인 수행 생활의 규범과 주체적인 교단의 조직 및 운영 등을 위해 체계적으로 성문화된 규범을 말한다. 백장청규는 전 대중이 생산노동에 참여해야 함을 규정하고 있다.(하루 일하지 않으면 하루 먹지 않는다.)

164 석두 문하에 조동종, 운문종, 법안종이 개창되고, 마조 문하의 위앙종, 임제종과 더 불어 '오가(五家)'가 펼쳐진다. 오가(五家)와 임제종에서 분파된 황룡종, 양기종을 더 해 선종에서는 일반적으로 '오가칠종(五家七宗)'이라고 한다.

165 우리나라에는 교종이 먼저 들어오고, 신라 말에 선종이 전래되어 '5교 9산'을 형성하 게 되었다.

166 '불교사의 이해' 153번 문항 해설 참조.

169 사굴산문은 범일에 의해 강릉 굴산사에서 개창되었다. 화순 쌍봉사는 사자산문의 도 윤 스님이 선법을 펼친 곳이다.

172 정혜결사의 수행은 경절문에서 화두 참구에 의한 간화선의 수행을 중시하고 있다.

176 용성 스님은 대각운동과 생활선을 주창하며 독립운동과 교화에 진력한 스님이다. 그 의 제자로는 동산·인곡·동헌·고암·자운 스님 등이 있으며, 성철 또한 그 문손이다. 만 공 스님과 함께 근대 한국선을 중흥시킨 양대 산맥이다.

178 업의 범어는 까르마(karma)이며 '의도를 가진 행동'을 뜻한다.

179 공업(共業)이란 서로가 공통으로 과보를 받는 업을 말한다.

180 삼업이란 신·구의 삼업을 말한다. 삼계란 욕계, 색계, 무색계를 말한다. 삼학은 계·정·혜를 말한다. 삼독은 탐·진·치를 말한다.

182 불교에서 천상이나 극락은 윤회의 세계인 육도의 천상계에 불과하며, 마지막 목적지는 깨달음을 이루어 부처가 되는 것이다.

184 삼계란 욕계(欲界)·색계(色界)·무색계(無色界)의 세 가지이다. 욕계는 맨 아래에 있으며 오관(五官)의 욕망이 존재하는 세계로 지옥·아귀·축생·아수라·인간·육욕천(人間六欲天)이 이 안에 살고 있다.

188 세계는 공간적으로 유한한가, 무한한가? 세계는 시간적으로 영원한가, 끝이 있는가? 신체와 정신은 하나인가, 다른가? 여래는 사후에 존속하는가, 소멸하는가? 이러한 형이상학적 물음에 대해 석가모니 부처님은 침묵[無記]을 지켰다. 침묵의 이유는 회의주의나 불가지론(不可知論) 때문이 아니라 그러한 질문이 아예 문제로서 가치가 없고 무의미한 공리공론이기 때문이다. 불교에서는 인간의 인식 범위를 넘고 또 현실의 문제와 직결되지 않는 형이상학적 문제로 시간과 정력을 낭비하는 모습을 독화살을 맞은 사람에 비유했다.

192 육재일은 매월 음력 8, 14, 15, 23, 29, 30일을 말하며, 십재일은 육재일에다 1일, 18일, 24일, 28일을 더한 것을 말한다.

193 팔관재계는 오계에 몸에 패물을 달거나 화장하지 말며 노래하고 춤추지 말라, 높고 넓은 큰 평상에 앉지 말라, 제때가 아니면 먹지 말라는 덕목을 더한 것이다.

194 십선계란 살생, 도둑질, 사음, 망어, 양설, 악구, 기어, 탐욕, 분노, 사견을 멀리 여의는 것을 말한다. 이는 원시불교 때부터 재가자의 실천 덕목으로 설하여졌던 것이다.

195 참회의 방법에는 사참(事懺)과 이참(理懺)이 있다. 사참이라고 하는 것은 죄를 드러내서 행동으로 불보살님께 용서를 비는 것을 말한다.

197 욕심은 결과를 중시하지만 발원은 과정을 중시한다.

202 일반적으로 관세음보살 '삼십이응신'이라고 한다. 그러나 「보문품」을 자세히 읽어 보면 '장자 거사 재관 부인'이라 하고 있는데 장자와 거사를 하나로 묶어 보면 32응신이 되고 장자 부인, 거사 부인을 따로 보면 33응신이 된다. 『능엄경』에서는 32응신을 말하고, 『법화경』에서는 33응신을 기록하고 있으나, 부분적으로 다른 이름이 보인다.

203 남해 금산 보리암과 동해 양양의 낙산사, 그리고 서해 강화도의 보문사를 삼대 관음 기도 도량이라 일컫는다.

204 지장보살은 처음 발심한 이래 오로지 중생 제도를 위한 힘을 길렀고, 중생을 해탈시키기 위해 지옥의 불구덩이 속에 뛰어드는 일조차 조금도 주저하지 않았다. 지장보살은 고난 속에 빠진 중생을 구하고 중생을 깨달음의 길로 인도하기 위해 성불(成佛)마저 포기한 대원의 본존이시다.

216 수식관은 마음이 산란한 사람들을 위해서, 계분별관은 모든 존재를 실체로 보는 사람들을 위해서, 자비관은 화를 잘 내는 사람들을 위해서, 인연관은 전도된 가치관을 가진 사람들을 위해서 닦는 수행법이다.

219 참선은 본래 완전한 나를 확인해 나갈 따름이다.

222 반야(般若)는 프라즈냐(prajna)의 음사어로 만물의 본질을 이해하고 불법(佛法)의 참다운 이치를 깨닫는 지혜를 뜻한다.

1. ④ 2. ① 3. ③ 4. ③ 5. ② 6. ① 7. ③ 8. ④ 9. ② 10. ① 11. ④ 12. 사문(沙門) 또는 유행자(遊行者) 13. ③ 14. ④ 15. ④ 16. 범행기, 가주기, 임주기, 유행기 17. ② 18. ② 19. 빔비사라 왕 20. ① 21. ② 22. ③ 23. 결집이란, 합송(合誦), 합주(合奏), 집회(集會)라고도 한다. 그 말의 원어인 상기티(saṃgīti)란, 제자들이 한데 모여서 기억하고 있는 가르침을 일제히 읊는 것으로 이의가 없다는 것을 표시하여 불설(佛說)을 확정하였던 것을 가리킨다. 이러한 뜻에서 '성전(聖典)의 편집'을 의미하게 되었다. 예컨대 경전 편찬을 위한 집회를 말한다. 24. ③ 25. ② 26. ③ 27. ② 28. ② 29. ② 30. ③ 31. 경장(經藏), 율장(律藏), 논장(論藏) 32. ③ 33. ③ 34. ④ 35. ② 36. ④ 37. ④ 38. ② 39. ② 40. ② 41. ① 42. ④ 43. ④ 44. ② 45. ③ 46. ③ 47. 현교(顯敎) 48. ① 49. ③ 50. 구밀(口密), 신밀(身密), 의밀(意密) 51. ④ 52. 암베드카르 53. ④ 54. ④ 55. 백마사(白馬寺) 56. 사십이장경 57. 노자화호설(老子化胡說) 58. ④ 59. ① 60. ① 61. ② 62. 교판이란 붓다가 설한 가르침을 '시기와 수준'으로 구별하여 모든 것을 포용하는 체계를 말한다. 63. 격의불교(格義佛敎) 64. 구마라집(鳩摩羅什) 65. ② 66. ④ 67. ④ 68. ③ 69. 구마라집, 현장 70. ① 71. ① 72. 지겸(支謙) 73. ② 74. ④ 75. ① 76. 현장 스님 77. ④ 78. ② 79. ④ 80. ② 81. ② 82. 북위 태무제, 북주 무제, 당 무종, 후주 세종 때 있었던 4번의 큰 폐불 사건 83. ② 84. ③ 85. ③ 86. 보리달마(菩提達摩) 87. ② 88. 강호(江湖) 89. ① 90. 백장청규(百丈淸規) 91. ④ 92. ④ 93. ② 94. ① 95. 간화선(看話禪) 96. 화두(話頭) 97. ③ 98. ④ 99. ③ 100. ② 101. 중국 불교회 102. ④ 103. ④ 104. ① 105. ① 106. ② 107. ① 108. ② 109. ② 110. ① 111. ④ 112. ③ 113. ① 114. ④ 115. ③ 116. ② 117. 승랑(僧朗) 118. 겸익(謙益) 119. ① 120. 점찰법(占察法) 또는 목륜상법(木輪相法) 121. ① 사군이충 : (충성으로써 임금을 섬긴다), ② 사친이효 : (효도로써 어버이를 섬긴다), ③ 교우이신 : (믿음으로써 벗을 사귄다), ④ 임전무퇴 : (싸움에 임해서는 물러남이 없다), ⑤ 살생유택 : (산 것을 죽임에는 가림이 있다) 122. ③ 123. 자장율사 124. ③ 125. ② 126. ④ 127. 왕오천축국전 128. 지장 스님(김교각 스님, 김지장

스님) **129.** 원측(圓測) **130.** ① **131.** ④ **132.** ④ **133.** ① **134.** ③ **135.** ① **136.** 정법전(政法典) **137.** ① **138.** 원효 스님은 『기신론』과 『금강삼매경』에 의거하여, 서로 대립하는 이론들은 진리를 서로 다른 측면에서 이야기한 것으로 이해하여 조화시킨 뒤, 불교의 근본 목적은 차별을 초월한 절대적 진리인 일심을 체득하는 것이라고 주장하였다. 서로 대립되는 이론들이 실제로는 대립되지 않는 것이라고 주장한 원효 스님의 화쟁(和諍)사상은 바로 이러한 입장에서 나온 것이었다. 특히 『십문화쟁론(十門和諍論)』에서 원효는 그 당시 불교학에서 서로 대립되는 것으로 이야기되는 개념들이 실상은 동일한 진리의 모습을 다른 차원에서 다른 방법에 의해 설명한 것이라고 해명하고, 진리의 참모습을 보기 위해서는 언어의 개념에 얽매이지 말아야 한다고 강조했다. **139.** ③ **140.** ② **141.** ③ **142.** ② **143.** ① **144.** ③ **145.** ② **146.** ② **147.** ④ **148.** ① **149.** ② **150.** ④ **151.** ③ **152.** ④ **153.** ④ **154.** ② **155.** ③ **156.** 비보사탑설(裨補寺塔說), 비보설(裨補說) **157.** 도선 스님이 주장했던 풍수지리설은 풍수 이론을 불교적으로 재구성한 것으로서 지리적 결함을 사찰이나 탑을 건립하여 보완한다는 것이었다. 이를 가리켜 비보사탑설(裨補寺塔說)이라 부른다. 풍수지리 이론에 의할 때 사찰은 단순히 불교 신앙의 터전일 뿐 아니라 국토의 안정을 보장하는 기능까지 담당하고 있다고 보았으며, 이를 기초로 하여 단순히 지형의 우열을 판정하는 것이 아니라 모든 토지의 균형적 이용을 가능하게 하는 이론으로서 비보사탑설은 폭넓은 지지를 받았다. 특히 새롭게 등장한 지방 세력가들이 자신들의 지역을 효율적으로 관리할 수 있는 이론으로 활용하였다. 왕건의 왕조 개창 과정에서 보듯이 지역의 지리적 결점을 합리적으로 보완하면 오히려 지역의 발전을 가져올 수 있다고 믿어졌던 것이다. **158.** ① **159.** ④ **160.** ② **161.** ① **162.** ② **163.** ④ **164.** ③ **165.** ③ **166.** ② **167.** ② **168.** ① **169.** ④ **170.** ③ **171.** ③ **172.** 제관(諦觀) 또는 체관(諦觀) **173.** 대각국사 의천 **174.** 신편제종교장총록 **175.** ③ **176.** ② **177.** ④ **178.** ③ **179.** ③ **180.** ③ **181.** ① **182.** ③ **183.** ② **184.** 백련결사 **185.** ④ **186.** ④ **187.** ① **188.** ① **189.** ② **190.** ③ **191.** 균여(均如) **192.** 지공, 나옹, 무학 **193.** 신돈(편조 스님) **194.** ④ **195.** 승록사(僧錄司) **196.** ④ **197.** ③ **198.** ① **199.** ② **200.** ① **201.** ② **202.** ③ **203.** ② **204.** ② **205.** ② **206.** ① **207.** ① **208.** ② **209.** ④ **210.** ④ **211.** ② **212.** ③ **213.** ④ **214.** 유홍기(유대치) **215.** ① **216.** 만당 **217.** ② **218.** ③ **219.** 도제 양성, 포교, 역경 **220.** 대사(大寺) **221.** ③ **222.** ② **223.** ③

1 근본불교란 고타마 붓다가 생존해 있던 당시의 불교만을 한정하여 부르는 용어다. 대체로 초기불교를 근본불교와 원시불교로 세분할 때, 후자는 붓다의 입멸 이후부터 아쇼카 왕 즉위 이전의 300년경까지를 지칭한다. 부파불교시대는 근본불교 이후로 부터 대승의 중흥기 전까지를 말하며 소승불교, 아비달마불교, 성문불교라고도 한 다. 시대적으로는 기원전 300년경부터 기원전 100년까지이며, 일설에서는 불멸 후 100여 년경부터라고 보기도 한다. 대승불교는 기원전 100년경 또는 서기 1세기경을 그 시발점으로 한다.

2 초기불교시대 중에서 고타마 붓다가 생존해 있던 당시에만 한정해서 근본불교시대라 한다.

3 아비달마불교는 부파불교시대를 가리키는 같은 말이다.

4 밀교는 인도불교의 최종 발전 단계로서 대승불교의 인도적 변용이라 볼 수 있다.

6 기원전 6세기를 전후로 하여 상업이 발달하고 신흥 세력이 등장하면서 전통적인 농 경 사회가 붕괴되고 상업을 중심으로 하는 소도시가 형성되었다. 이로 인해 오래 전 부터 전승되어 오던 바라문 계급이 점차 권위를 잃어가고, 대신 왕족의 세력이 강화 되었다. 당시 16대국의 통치 형태는 군주정치와 공화정치의 형태를 취하고 있었으 며, 도시국가들 간의 정복전쟁은 기원전 4세기경까지 이어졌다.

7 기원전 6세기경에 이르러 종래의 부족적 계급제도가 무너지고, 브라만교의 전통적 습속이나 의례를 지키는 기풍 또한 점차 약화되었다. 갠지스 강 중류의 마가다국과 코살라국을 중심으로 다양한 사상가들이 배출되었다.

8 부처님은 『중아함』 권3에 '만일 모든 것이 신의 뜻에 의해 일어난다고 하면, 우리들 이 나쁜 업을 짓는 것도 그 때문에 짓는다고 해야 할 것이다. 그리고 이것은 해야 한 다, 이것은 해서는 안 된다는 의욕도 일어나지 않을 것이며, 또 노력이라는 것도 있 을 수가 없을 것이다. 또 만일 모든 것이 과거에 지은 바에 의해 일어난다고 하면, 우리들이 나쁜 업을 짓는 것도 그 때문에 짓는다고 해야 할 것이고, 의욕도 노력도 일어나지 않을 것이다. 또 만일 모든 것이 아무런 원인 없이 일어난다고 하면, 우리 들이 나쁜 업을 짓는 것도 그렇게 일어난다고 해야 할 것이고 의욕도 노력도 일어나 지 않을 것이다'라 하여 삼종외도에 대한 독특한 2가지 방법의 비판을 하셨다. 이를 삼종외도설이라고 한다.

9 크샤트리아 계급은 왕족, 귀족, 무사 등의 지배계급을 말하며, 브라만 계급이 사제계

급이다.

10 '사성계급(四姓階級)'이란 사제(바라문), 왕족(크샤트리아), 서민(바이샤), 노예(수드라) 계급을 말한다.

11 불가촉천민은 전통적인 인도 사회에서 가장 낮은 카스트에 속하는 수많은 집단 또는 카스트 체계에도 속하지 않는 사람들을 말한다. 불가촉천민이라는 말의 사용과 그와 관련된 사회적 차별 행위는 1949년에 인도의 헌법제정회의에서 채택된 헌법에 의해 불법으로 규정되었으며 파키스탄에서는 1953년 불법임이 선포되었다.

14 사문이란 당시 전통적인 종교였던 브라만교에 대항하는 혁신 사상가로서 여기저기 방랑하면서 종교적 수행을 목적으로 떠돌아다니는 이를 말한다. 석가모니나 자이나교의 개조로 꼽히는 마하비라도 그와 같은 사상적 조류 속에서 성장했다.

15 바라문은 전통적인 베다 종교를 믿고 제사를 지내면서도 범아일여의 철학에 도취하여 불사(不死)의 진리 획득이 그 목적이었다.

16 바라문의 수행을 범행(梵行)이라고 하는데 범행의 범은 천정의 뜻으로 모든 욕망을 끊는 수행으로 일생동안 네 단계를 거쳐야 한다. 즉 학생기(學生期), 가주기(家住期), 임주기(林住期), 유행기(遊行期)이다. 학생기는 베다의 학습, 그리고 제사 행위를 습득하는 종교적 교육을 받는 기간이며 가주기는 가정에 돌아와 결혼하여 가장으로서의 책임과 의무를 다하는 기간이고, 임주기는 노인이 되어 아들에게 모든 것을 맡기고 숲 속으로 들어가 보내는 기간이며, 유행기는 숲 속의 거주까지 모두 버리고 빈 몸으로 중생 교화와 자기 수행을 위하여 여러 곳을 돌아다니는 기간을 말한다. 이것이 그들의 수행 방법이며 최고의 이상으로 알고 실천하였다.

17 불교와 마찬가지로 비정통 브라만교에서 발생한 출가주의 종교이다. 불전에서 니간타(Nigantha : 尼乾陀)라고 전하는 종교를, 석가와 같은 시대의 마하비라(Mahvra)가 재정비하여 이루어진 것이다. 최고의 완성자를 지나(Jina)라 부르고, 그 가르침이라 하여 지나교 또는 자이나교라는 호칭이 생겼다. 불타에서 연유하여 '불교'라는 호칭이 생긴 것과 같은 이치이다. 인도의 다른 종교와 마찬가지로 자이나교도 삶을 태어나고 죽고 다시 태어나는 끝없는 윤회와 속박으로 보며, 그 원인은 개개인이 지은 행동(까르마)이라고 믿는다. 따라서 윤회에서 해방되려면 까르마를 소멸시키면서 동시에 새로운 까르마를 짓지 않도록 노력해야 한다고 한다. 사리불과 목건련은 회의론자인 산자야의 제자였다.

18 부처님 당시 초기 교단은 출가자를 중심으로 한 승가로 유행 생활을 하는 것이 원칙이었다. 출가자들은 무소득을 기본으로 하는 무소유 생활을 실천하였고, 어떠한 재물이나 가축, 노예 등도 소유할 수 없었다. 중앙집권적인 형태가 아니라 교단 구성원

의 자율과 화합을 통해서 유지되었다.

19 붓다의 생존 당시에 마가다국의 왕이었던 빔비사라는 15세에 즉위하여 16세에 불법
에 귀의했다고 전한다. 그의 아들 아자타샤투르의 왕위 찬탈로 인해 유폐된 뒤 죽음
을 맞았던 빔비사라 왕은 재위 당시에 불교만 후원한 것은 아니었지만, 불교 교단에
대해 우호적으로 베풀었던 것은 교단의 발전에 크나큰 힘으로 이용했다.

21 승원은 구조적으로 정사, 평부옥, 전루, 누방, 굴원 등 다양한 양식을 따랐지만, 그
중에서 정사와 굴원이 가장 오랫동안 사용되었다. 정사는 평지에 벽돌이나 돌로 건
립되었고, 굴원은 고원의 암석 지대에 인공적인 굴을 뚫어서 만들었다.

22 자연 동굴이 아니라 인위적으로 석굴을 파서 종교 공간으로 활용하기 시작한 것은
기원전 3세기 마우리아의 아쇼카 왕 시대이다. 부처님의 성도처인 보드가야에서 그
리 멀지 않은 바라바르 힐에 있는 몇 개의 석굴은 인공적으로 조성된 석굴 사원의 초
창기 예이다. 따라서 석굴 사원은 부파의 분열이 끝나갈 무렵에 조성되기 시작했다.

23 결집이란 '합송(合誦), 합주(合奏), 집회(集會)'라고도 한다. 그 말의 원어인 상기티
(saṃgīti)란, 제자들이 한데 모여서 기억하고 있는 가르침을 일제히 읊는 것으로 이
의가 없다는 것을 표시하여 불설(佛說)을 확정하였던 것을 가리킨다. 이러한 뜻에서
'성전(聖典)의 편집'을 의미하게 되었다. 예컨대 경전 편찬을 위한 집회를 말한다.

24 제3결집에서 논서들이 논장으로 집대성됨으로써 비로소 삼장이 갖추어지게 되었다.

25 역사상 최초의 결집은 붓다의 열반 직후에 라자그리하에서 500명의 제자들이 모여
경장과 율장을 편찬하였다.

26 25년간 부처님을 시봉하며 교설을 모두 암송한 아난존자는 결집의 주역이 될 수밖에
없었다. 그러나 마하카사파존자는 상수(上首) 입장에서 '아난존자가 아직 아라한과
를 증득하지 못했다'고 내친다. 결집 하루 전날 밤 아라한과를 증득했음을 마하카사
파존자로부터 인가받고 겨우 결집 장소에 들어오지만, 아난존자는 마하카사파존자를
존중해 교단의 화합을 만들어 내고, 후일 '부법 제2조'가 된다. 사실 마하카사파존자
의 가르침과 아난존자의 인내로 화합승단은 탄생될 수 있었고, 아난존자가 승복했기
에 불교는 민족종교의 틀을 넘어 세계종교로 발전할 수 있는 기틀이 마련됐다.

28 근본 분열의 원인과 관련해 불교 전통 문헌에는 크게 두 가지 서로 다른 전승이 있
다. 남방불교의 문헌에서는 '10가지 계율에 관한 이견'으로 인해 근본 분열이 일어났
다고 하는 반면 북방불교의 문헌에서는 아라한에 대한 이견으로 분열이 발생했다고
전하고 있다. 먼저 남방에서 전해지는 '10가지 계율에 관한 이견'에 대해 살펴본다.
남전(南傳)의 『디파방사(Dīpavaṃsa)』와 『마하밤사(Mahāvaṃsa)』에 의하면, 불멸
후 백 년경 바이샬리에서 밧지(Vajji)족 출신의 비구들이 전통적인 계율을 완화한 십

사(十事)를 정법(淨法)이라고 주장한 것과 달리, 장로 비구들은 비법(非法)이라고 선언한 데서 근본 분열이 비롯되었다. 십사를 비법이라고 선언한 쪽이 상좌부로, 십사를 정법으로 주장한 쪽이 대중부가 되어 교단이 두 개의 부파로 분열되었다. 밧지족 비구들은 다음의 십사를 정법으로 인정해야 한다고 주장하였다.

① 염정(鹽淨): 원칙적으로 출가 비구는 음식을 저장할 수 없다. 그러나 바이샬리 비구들은 소금을 약(藥)으로서가 아니고 음식물로서 보관해 두었다가 먹는 것을 합법적(淨)이라고 주장했다. ② 이지정(二指淨): 비구는 정오까지의 정시에 모든 식사를 끝내야 한다. 그러나 바이샬리 비구들은 태양의 그림자가 정오에서 두 손가락 길이 정도를 지날 때쯤까지는 식사가 허용된다는 것. ③ 취락간정(聚落間淨): 한번 탁발을 해서 식사를 한 후에도 오전 중이라면 다른 마을에 가서 탁발할 수 있다는 견해. ④ 주처정(住處淨): 한 곳에서 포살을 하지 않고 다른 곳에서도 포살을 할 수 있다. 같은 경계(sma) 안에 있는 비구들이 전부 모이기가 번거로우므로 각 주처에서 따로 포살행을 행할 수 있다고 주장했다. ⑤ 수의정(隨意淨): 원칙적으로 상가의 일을 논의할 땐 전원 참석이 요구되는데 모든 비구가 참석하지 않은 상태에서 어떤 사항을 결정한 후에 나중에 다른 비구들이 왔을 때 결정된 사실을 알리고 허가를 받아도 정법이라는 것이다. ⑥ 상법정(常法淨): 스승의 시대부터 관습적으로 행해 온 것을 자신이 행하는 것도 합법적이며, 출가하기 이전에 행하던 것을 출가 이후에도 행하는 것은 합법적이라고 주장했다. ⑦ 생화합정(生和合淨): 정오 이후엔 물이나 과즙과 같은 액상 음료 외에는 먹는 것이 금지되어 있었는데 바이샬리 비구들은 석밀(石蜜) 등을 섞은 우유를 정오 이후에 마시는 것도 합법적이라고 봤다. ⑧ 음도루가주정(飮闍樓伽酒住淨): 아직 발효되지 않은 술을 마시는 것은 합법적이라는 주장하였다. ⑨ 좌구정(坐具淨): 좌구를 만들 때 규정에 따르지 않고 자신의 취향대로 만들어도 무방하다. ⑩ 금은정(金銀淨): 금은이나 돈을 소유하거나 저축하여도 합법적이다.

위의 십사(十事)는 모두 계율 문제들에 관한 것인데 금은정이 논쟁의 핵심이었다. 밧지족의 비구들의 10가지 주장은 모두 십사비법이라고 판정되었다. 그러나 결정에 승복하지 않은 다수의 비구들이 별도로 집회를 열어 대중부라고 칭하였으며, 이에 대해 장로들을 중심으로 하는 보수파의 비구들은 상좌부라 칭하였다. 즉 불멸 후 백 년 무렵 바이샬리에서 야기되었던 십사의 논쟁을 계기로 승가는 상좌부와 대중부로 분열되는 근본 분열이 있었다고 남전에서는 전하고 있다.

33 상좌부와 대중부 가운데 먼저 분열되기 시작한 쪽은 대중부였다고 전한다. 대중부는 근본 분열 이후 100년 간 모두 4회에 걸쳐 분열을 거듭했으며, 8개의 부파가 성립됐다. 근본인 대중부를 포함해 지말 8부파를 합해 '본말 9부파'라고 불렀다. 상좌부는

부처님 열반 300년이 지났을 때 설일체유부(說一切有部)와 설산부(雪山部)로 나뉜 것을 시작으로 100년 동안 모두 7회에 걸쳐 분열을 거듭했다. 그 결과 11개의 지말 부파로 나뉘었으며, 설산부를 근본 상좌부와 동일시하여 '본말 11부파'라 지칭했다. 따라서 초기 교단은 크게 20개의 부파로 나뉘었으며 이외에도 수많은 분파가 명멸(明滅)했다.

34 경량부는 기원전 2세기경 인도에서 설일체유부(說一切有部 ; Sarvāstivāda)와 반대되는 입장을 취하며 등장한 부파이다. 아비달마라 하는 교의 연구의 권위를 거부하면서 경전이나 석가모니 교설에 의존하기 때문에 경량부라 한다. 경량부에서는 주관[心]과 객관[物]을 이원적인 것으로 파악하여 설일체유부의 모든 것은 실제로 존재한다[一切實有]는 주장을 부정하였다. 단지 지수화풍(地水火風) 4대(四大)와 마음만이 실재할 뿐이며, 사대와 마음은 서로 보완적 관계이므로 각 개체들의 생사와 상속(相續)은 끊어지지 않는 것이라고 하였다. 또한 설일체유부가 과거·현재·미래는 실재한다고 하는 삼세실유(三世實有)를 주장했던 데에 반해 현재만의 실재를 주장했다. 이와 같이 경량부는 비록 사물이나 현상들이 단지 찰나적으로 존재할지라도, 모든 사람들의 내면에 갖추어져 있는 선의 종자(種子)를 포함하고 있는 마음의 윤회하는 기체(基體)는 있다고 인정하였다. 경량부는 대승불교로 발전하는 과도기적 부파로 그 성격이 규정되기도 한다. 특히 이 부파의 많은 견해는 후대에 유식설(唯識說)을 내세운 유가행파 사상에 영향을 끼쳤다.

35 밀교의 성립은 7세기경으로 대승불교 성립 이후에 일어난 불교이다.

37 보살이란 인도 범어의 bodhisattva를 한문으로 음역한 '보리살타'를 줄인 말이다. bodhi는 '불지(佛智)', '불도(佛道)' 깨달음을 의미하고 Sattva는 '유정(有情)' 혹은 '중생(衆生)'을 뜻한다. 곧 bodhisattva는 '깨달음을 구하는 유정', 보리를 탐구하는 자라할 수 있다. 석가모니만을 유일한 붓다로 인정하는 소승불교에서는 성도 이전의 석존만을 보살이라 하였지만, 수많은 붓다의 존재를 인정하는 대승불교에서는 대승법을 수행하며 '깨달음을 구하여 노력하고 있는 자'를 모두 보살이라 한다.

38 초기 대승불교의 공사상을 담은 『팔천송반야경』에 의하면, 수보리 장로가 부처님께 다음과 같이 물었다. "세존이시여, 대승이란 무엇입니까? 대승은 어디에서 머무는 것입니까? 어떤 것이 대승의 진정한 가르침입니까?" 그러자 부처님은 수보리 장로에게 이렇게 말씀하셨다.

"수보리여, 대승이라고 하는 것은 작은 수레(Hīnayāna)가 아니라 커다란 수레(Mahāyāna)이다. 그래서 대승(大乘 : Great Vehicle)이라고 하는 것이다. 그리고 대승은 번뇌 많은 이 중생의 세계에서 대자대비로 나온 것이다. 그리고 대승은 항상 모든 것을 아는 지혜의 본성에 머물러 있는 것이다. 그리고 대승은 항상 모든 것을 아는 지혜의 본성에 머물러 있는 것이다. 그리고 이 대승은 보살이 타고 나아가는 것이다. 그리고 대승의 진정한 가르침은 다음과 같은 것이다. 즉, '대승도 보살도 사실은 존재하지 않는다'라는 것이다. 왜냐하면 대승과 보살은 실체로서 존재하는 한 물건이 아니기 때문이다. 이와 같이 모든 존재는 무상한 것이다. 왜냐하면 모든 것은 다 연기이므로 무자성(無自性)이며, 진공(眞空)이기 때문이다. 진리가 이러하다면 그 어떤 보살이 그 어떤 대승을 타고 그 어디로 나아간다고 주장할 수 있겠는가? 그러므로 장로 수보리여, 그 어떠한 것에도 집착함이 없이 그 마음을 내어야 하는 것이다."

39 비불설 논쟁이 대승과 소승 사이에서만 일어난 특수한 논쟁이 결코 아니라 각 부파 간에 빈번하게 다뤄졌던 일반적인 논쟁이었지만, 최근 학자들을 중심으로 이러한 논쟁이 일어나기도 하였다.

40 소승불교에서는 아공(我空)의 이(理)만을 인정하고 아직 법공(法空)의 이(理)를 알지 못하여 법(法)은 실유(實有)하는 것이라 고집하므로 이를 아공법유집(我空法有執)이라 한다. 이에 대하여 대승에서는 아공은 물론이요, 법도 또한 공하다는 것이다. 아공 법공, 즉 주관도 공하고, 객관도 공하다는 것이므로 이를 아법양공관(我法兩空觀)이라 한다. 소승불교 중에서도 설일체유부(說一切有部)의 학설이 아공법유집인 것은 명확한 사실이다. 그러나 원시불교를 위시로 기타제부파의 학설로서는 그렇지 않고 역시 아법양공설이었다.

44 굽타 왕조 때부터 지배층의 종교로서 확고하게 자리매김한 힌두교는 사회 전반의 기본 질서로서 그 골격을 형성하였다.

45 힌두교의 정통적 문헌 분류법에 따르면 탄트라는 베다 성립 이후에 형성된 일군의 산스크리트 경전을 말하며, 신화, 전설 및 그 밖의 이야기들을 백과전서식으로 집성한 중세 인도의 푸라나(Purāṇa) 문헌과 유사하다. 이러한 의미로 사용되는 경우에 탄트라는 신학, 요가, 사원 건축과 신상 제작, 그 밖의 종교적 관습 등을 다루고 있어야 이론적으로 타당하다. 그러나 실제에서 탄트라는 대개 힌두교의 대중적 요소들, 즉 주문·의례·상징 등을 다룬다. 탄트라는 힌두교 종파에 따라 달리 불리는데, 시바파에서는 아가마(Āgama), 비슈누파에서는 상히타(Saṃhitā), 샤크티파에서는 탄트라라고 불린다.

50 삼밀관행은 사람이 살아가는 기본 활동인 신체적(몸)·정신적(뜻)·언어적(입) 활동을 자기 창조를 위한 긍정적인 입장으로 보아 삼밀(三密)로 규정하고 이를 통해 인간이 가진 무한한 능력과 생명의 심비(深秘)를 실현할 수 있다고 보아 사람마다 가지고 있는 삼밀 활동을 비로자나 부처님의 삼밀 활동과 일치되게 하는 것이다.

다시 말하면 사람이 몸과 입과 뜻으로 하는 세 가지의 활동을 전인적으로 유지해 부처님 닮아 가는 연습을 통해 결국에는 스스로 부처님의 세계를 체험함으로써 생활 그대로 부처님의 활동이 되도록 하는 것이다. 가장 쉽게 할 수 있는 삼밀관행법은 자리를 정해 앉아 반가부좌를 해서 손으로 비로자나 부처님의 결인인 금강지권을 하고 입으로 본존 육자대명왕진언 '옴마니반메훔'을 염송하며 뜻으로 육자관념을 통해 본존을 관하는 것이다. 첫째, 신밀(身密)은 법신 비로자나불의 결인인 금강지권 또는 금강권을 결하고, 둘째, 구밀(口密)은 육자대명왕 진언인 '옴마니반메훔'을 염송하고, 셋째, 의밀(意密)은 육자관념으로 자신의 몸이 부처의 몸과 같음을 관하는 것이다.

51 카스트제도로 인한 인간 차별에 반대하는 인간 평등 사상을 강조했다.

53 조령제(祖靈祭)를 행하지 않는다는 조목도 선포되었다.

54 중국에 불교가 전래된 계기에 대해서는 여러 가지 설이 있지만, 한(漢)나라의 명제(明帝 : 58~75년 재위)와 관련된 설화가 가장 널리 전해져 오고 있다.

55 백마사(白馬寺)는 불교 전래 후의 중국 최초의 사원으로 후한(後漢)시대에 창건되었다. 절의 이름은 천황이 인도에 파견한 일행이 백마(白馬)에 경전을 싣고 돌아온 것에서 유래되었다고 하고, 백마사로 인해 불교는 중국에서 처음으로 인정받았다고 할 수 있다. 절 입구 양쪽에는 송(宋)나라 때 만들어진 두 마리의 백마상(白馬像)이 있고, 입구를 들어서면 정면에는 왕주전(天王殿), 그 뒤로 대불전, 대웅전 등의 건축물이 늘어서 있다.

56 『사십이장경』은 모든 경전의 요지를 단 한 권의 책으로 명료하게 정리해 놓은 경전이다. 이 경은 중국불교사에서 가장 최초로 세워졌다는 절, 백마사(白馬寺)에서 초역되었다고 전한다. 이런 이야기로 미루어 볼 때 『사십이장경』이 중국불교나 한문 문화권인 우리나라에서 차지하는 위치는 크다고 할 수 있겠다. 『사십이장경』은 다른 대승경전들과는 그 형식에서 조금 차이가 난다. 그것은 서분, 정종분, 유통분 등의 정형화된 형식으로 편찬되어 있지 않고, 이름 그대로 42개의 각 장(章)으로 나누어져 알기 쉬운 비유를 들어 불법의 요지를 설하고 있다. 그런 점에서 항상 바쁜 일상속에 마음의 여유가 없는 현대인들에겐 가까이하기 쉬운 경전일 것이다.

58 후한서(後漢書) 「서역전(西域傳)」 천축국조(天竺國條)에 전하는 명제(明帝)의 감몽구법설(感夢救法說)에 의하면 황제가 어느 날 금인(金人)이 방광을 하면서 서방으로부터 황궁(皇宮)으로 하강하는 꿈을 꾸고 나서 신하들을 불러 꿈 얘기를 한 다음 서역으로 사신을 보내어 불상과 경전을 얻어 오도록 하였다. 황제의 명을 받고 서역으로 가던 채음과 진경 등 18명의 사신들은 중도에서 백마(白馬)에 불상과 경전을 싣고 오는 가섭마등(迦葉摩騰)과 축법란(竺法蘭)을 만나 낙양(洛陽)으로 함께 동행하였더니

황제는 그들을 반갑게 맞아드리고 문밖에 백마사(白馬寺)라는 절을 세우고 그들을 머무르게 하였는데, 이것이 중국 최초의 사찰로서 여기서 『사십이장경(四十二章經)』을 번역하였다.

『모자이혹론(牟子理惑論)』은 중국 최초의 불교 관련 저작의 하나로서, 모용의 저작으로 전해지고 있으며, 남조(南朝) 제(齊)나라와 양(梁)나라의 불교 연구가 승우(僧祐)가 편찬한 『홍명집(弘明集)』에 수록되어 있다. 불교 전래가 중국 사회에 미친 영향과 반박 등을 싣고 있는데, 공자나 노자의 논점을 인용하여 불교를 옹호하고, 유(儒)·불(佛)·도(道) 정신의 일치를 주장하고 있다.

60 전통적 종교의 용어를 채용하여 번역했으며, 특히 도교의 용어를 많이 선택했다.

61 역경에는 천축국, 대월지국 등 여러 나라의 역경가들이 참여하였다.

63 격의불교란 중국인에게 쉽게 이해되지 않은 불교 교리를 널리 이해하기 쉽도록 하기 위해, 유교나 도교 등 중국 고유의 사상으로부터 유사한 개념이나 용어를 차용하여 설명하는 편법을 가리킨다.

65 구마라집(鳩摩羅什 ; Kumarajiva, 344~413)이 『반야경』과 중관학의 경론을 한역하고 소개함에 따라 격의불교를 극복하고, 불경에 의해서 불경을 이해하는 시대가 도래했다.

구마라집(이후 라집)은 요진시대의 인물로 중국불교를 전래의 시대에서 성장 발전의 시대로 전환시킨 장본인이다. 라집은 전진을 계승한 후진의 왕 요흥에 의해 401년에, 우여곡절 끝에 장안에 들어오게 된다. 라집의 노력에 힘입어 중국불교는 격의불교시대의 잘못된 공사상의 이해를 완전히 극복하고 중관사상을 확립하는데, 이것이 바로 삼론종이다.

66 초기에는 안세고, 지루가참 등에 의해서 소승과 대승의 구별 없이 불교를 받아들였다.

68 안세고(安世高)는 안식국의 태자이다. 후한 환제(桓帝) 2년(148)경에 중국에 와서 영제(168~189)에 이르는 동안 역경, 한역의 시초이며, 소승여래선의 선법을 알려 주는 『음지입경』과 『안반수의경』 등 20여 년간 30여 부의 경전을 번역하였다. 지루가참(Lokaksema)은 대월지국인으로 영제의 광화(178~183), 중평(中平 184~189)연간에 『도행반야경』, 『수능엄경』, 『반주삼매경』, 『아축불국경』 등을 번역하였고, 『출삼장기집』 등 모두 대승 경전의 번역을 하였다.

70 진제는 양(梁)나라 무제(武帝)의 초청으로 548년 건업(建業)으로 왔다가 중국 내부의 동란으로 각지를 방랑하면서 많은 문헌을 번역했다. 특히 무착의 『섭대승론』을 번역함으로써 교리적으로 체계화된 유식설이 중국에 알려지게 되었고, 그 결과 「섭대승론」을 근간으로 삼는 섭론종이 성립했다.

73 『유마경』을 최초로 번역한 이는 대월지(大越氏, 越氏를 月氏 또는 月支로 표기하기도 함) 우바새(優婆塞 ; up-asaka, 淸信士, 재가 남자 불교 신도) 지겸(支謙)이라 한다. 그가 『불설유마힐경(佛說維摩詰經)』 상·하 2권으로 번역한 것이다. 그리고 230년경 아미타불을 최초로 중국에 소개했다. 지겸은 총명한 자질을 타고나서 10세 때 이미 중국 글을 터득하고 13세 때에는 인도 문자를 모두 배워 6개 국어를 능숙하게 구사하였다 한다. 수많은 책을 널리 읽어 모르는 것이 없었는데 특히 불교 경전에 통달했고 각종 예술에도 정통했다. 몸이 가늘고 길며 빛이 검었고 눈은 흰빛이 많고 눈동자는 노랬으나, 총명이 뛰어나서 사람들이 그를 꾀주머니라고 불렀다. 그는 후한 헌제(獻帝, 재위 190~220) 말년경에 나라가 크게 어지러워지자 같은 고향 사람 수십 명과 함께 남쪽 오나라로 피난해 오나라 대제(大帝) 손권(孫權, 재위 222~252)에게 발탁되어 박사(博士)가 되고 동궁(東宮 ; 태자)을 보도(輔導 ; 도와서 이끌어 감, 즉 가르침)하는 직책을 맡는다. 이때 이미 불교가 전파되기 시작했으나 인도 문자를 아는 사람이 많지 않았으므로 일반 사람들이 불경을 이해할 수 없었다. 그래서 지겸은 중요한 불교 경전들을 모아다 번역하기 시작했다. 오나라 대제(大帝) 황무(黃武) 원년(222)부터 후관후(候官侯) 건흥 2년(253)에 걸치는 31년의 긴 세월이었다. 그 사이 『유마힐경』, 『대반니원경(大般泥洹經)』, 『법구경(法句經)』, 『아미타경(阿彌陀經)』, 『서응본기경(瑞應本起經)』 등 129부(部)를 번역해냈다 하는데, 그중 첫손가락으로 꼽아야 할 것이 바로 『유마힐경』 상하 2권이다.

75 법현은 『불국기(佛國記)』, 『역유천축기전(歷遊天竺記傳)』, 현장은 『대당서역기(大唐西域記)』, 의정은 『남해기귀내법전(南海奇歸內法傳)』을 저술하였다. 혜원은 백련사라는 염불결사를 창설하여 중국 정토종의 개조가 된 중국 동진시대의 스님이다.

77 중국의 남북조시대의 도첩제는 억불 숭유 정책을 그 배경으로 자유로운 출가를 제한하고 불교를 국가적인 통치 아래 예속시키기 위해서 시행되었다.

79 400년경 북서쪽 끝에 위치한 돈황에서부터 조성되기 시작하였다.

81 삼계교는 중국 수나라 시대에 말법사상(末法思想)을 기반으로 하여 일어난 불교의 한 종파이다. 백련교는 당, 송 이래로 민간에 전해 내려온 일종의 비밀 종교 결사이다. 연원은 불교의 정토종이다. 전해지는 바로는 정토종의 시조인 동진(東晉)의 석혜원(釋慧遠)이 노산림사에서 유유민(劉遺民) 등과 백련사(白蓮社)를 만들어 같이 염불한 데서 기원하며, 후인들이 그들을 모범으로 삼았다고 한다. 북송 시기에 정토염불결사는 아주 성행하였고, 백련사 또는 연사라고 칭하였다. 남송 소흥연간에는 오군(吳郡)의 곤산(昆山)에서 스님 모자원(茅子元, 법명은 慈照)이 당시 유행하던 정토결사의 기초 아래에서 새로운 종교 문파를 만드니 백련종(白蓮宗)이다. 이것이 바로 백

련교이다. 시대가 지나면서 100여 종 이상의 다양한 종파가 생겼는데, 청대의 용화교(龍華敎)·혼원교(混元敎)·홍양교(弘陽敎) 등이 대표적인 지파이다. 현재 타이완을 비롯해 동남아시아 화교들이 백련교를 믿는다.

82 중국 종래의 종교와 권력으로부터 의도적인 탄압을 받은 일이다. 우리는 이를 '삼무일종의 법난'이라고 하는데 '북위 태무제', '북주 무제', '당 무종', '후주 세종' 때에 불교 교단에 가해진 박해를 말한다. 중국불교사에서 일어난 네 번의 법난은 강제적이고 물리적인 박해였는데 이와 같은 법난이 일어나게 된 이유에 대하여서는 대체로 위정자들의 정치적 의도와 중국 고래의 도교, 유교와의 갈등 관계, 그리고 한족의 민족주의에 입각한 우월주의, 불교 교단 내의 부분적인 병폐를 들고 있다.

85 중국의 선종은 양나라 보리달마(?~528)가 인도로부터 석가모니의 의발(가사와 발우를 말하나 정통 법통을 이어가는 제자에게 물려주는 상징물임)을 전수받아 중국으로 들어와 설립한 종파이다. 석가모니 이후 그의 수제자인 마하가섭 이래 28대조에 이르는 전법제자이며 중국 선종의 시조가 되니 달마가 가지고 들어온 의발이 6조 혜능에까지 전수되어 이를 합쳐 선종 33조사(祖師)라고 부른다.

87 중국 선종은 초조 보리달마 → 2조 혜가(慧可, 487~593) → 3조 승찬 → 4조 도신 → 5조 홍인(弘忍, 602~675) → 6조 혜능(慧能, 638~713)으로 이어진다고 보면 된다. 여기에서 5조인 홍인에게는 두 제자가 있었는데 한 분은 신수(神秀, ?~706)이고 또 다른 한 분은 혜능인데 의발이 혜능에 넘어가 신수는 북종선의 시조가 되었고 혜능은 남종선의 맥을 열었다. 그 후 북종선은 대가 끊기고 남종만이 5가(家) 7종(宗)으로 번성하였다.

88 중국 선종의 역사는 수많은 영웅들이 나타나고 사라진 강호의 모습과 유사하다. 실제 강호라는 말도 강서 마조와 호남 석두라는 말에서 유래했으며 영웅들이 무공으로 우열을 다퉜다면 선사들의 선기로 자신의 가르침을 선양했다.

91 당나라의 백장 회해(百丈懷海)가 선종 사원의 규범을 성문화한 것을 「고청규(古淸規)」라고 하였는데, 선종이 독립된 사원·제도·의식 등을 아직 갖지 않았을 때 법당(法堂)·승당(僧堂)·방장(方丈) 등의 제도를 설정하고, 중승(衆僧)에게 동서(東序)·요원(寮元)·당주(堂主)·화주(化主) 등의 각 직책을 규정해 놓았다. 그러나 이것이 당송시대에 이리저리 흩어져서 없어졌으므로, 1335년 원(元)나라의 백장 덕휘(百丈德輝)가 순제(順帝)의 칙명을 좇아 수정, 전국 선원에서 시행시켰는데, 바로 이것이 「칙수백장청규」이다. 9장으로 되어 일종청규(一宗淸規)의 대강이 망라되어 있다.

92 중국 선종의 오가는 위앙종·임제종·조동종·운문종·법안종 등이다.

94 중국의 선은 6조 혜능을 정점으로 하여 큰 발전을 이루었다.

96 선종에서 화두란 고칙(古則)·공안(公案)이라고도 한다. 원래 공안은 공부안독(公府案牘)의 약칭이며, 정부에서 확정한 법률안으로 국민이 준수해야 할 사안(事案)을 뜻하는 말이나, 이것을 선가에서는 고래로 조사(祖師)들이 정한 설(說)·언구(言句)·문답 등 불조(佛祖)와 인연된 종강(宗綱)을 수록하여 공안이라 하고, 선(禪)의 과제로 삼아 인연화두(因緣話頭)라고 한다. 간화선(看話禪)은 이 화두를 참구하여 오경(悟境)에 이르는 참선법이다.

97 조계 혜능의 법맥을 이어 마조 도일은 조사선을 천하에 전파하여 '천하에 선을 유포시킨 제일 공로자'로 평가된다.

98 3살 때 아버지를 여읜 혜능(慧能)은 홀어머니와 함께 남해(南海)로 이사를 갔고, 그곳에서 산에서 나무를 해다가 시장에 지게 짐을 놓고 팔아 생계를 꾸려 나가는 찢어지게 가난한 생활을 하게 되면서 일자무식의 나무꾼으로 살게 되었는데, 하루는 어떤 손님이 나무를 한 짐 사더니 자기가 묵고 있는 여관에 배달해 달라고 해서 배달을 마치고 여관 문밖을 막 나서려는 참에 문간방에 있는 한 손님이 읽던 경전의 한 글귀가 귀에 쏙 들어왔다. 그 구절은 바로 『금강경(金剛經)』 「제10분 장엄정토분 제5절(第十分 莊嚴淨土分 第五節)」에 나오는 '응무소주이생기심(應無所住而生其心 : 반드시 머무는 곳이 없이 그 마음을 낼지니라)'이었다. 그래서 혜능이 '무슨 경(經)이냐'고 묻자, '『금강경(金剛經)』'이라 하였고, '어디서 그런 훌륭한 경전을 갖고 왔느냐'고 다시 묻자, 그 손님은 '기주(蘄州) 황매현(黃梅縣) 동풍모산(東馮母山 : 동산(東山)) 동선사(東禪寺)에서 왔으며, 그곳에는 오조 홍인대사(五祖 弘忍大師)께서 주석하고 계시면서 많은 사람을 감화하고 계신데 그 문인이 일천 명을 넘는다'고 하였는데, 이 말을 들은 혜능은 그 자리에서 출가구법의 결심을 하였다.

99 불교의 영향을 받아 신유학이 확고하게 관료 체제로 성립되었다.

100 지식인 계층에서 승려가 된 예는 극히 드물었고, 그에 따라서 교단의 지위는 하락하였다.

102 우리나라에 불교가 유입되기 시작한 때로부터 선종이 전래되기 전까지는 '교학 시대'라고 할 수 있는데, 경전을 중심으로 한 연구가 주를 이루었다. 그리고 통일 신라 말기부터 선종이 전래된 이후 고려의 천태종이 성립되기 전까지는 '교선 병립 시대'라 하여 양자가 나란히 발전하였다. 고려시대 때 천태종과 조계종이 성립된 이후로부터 고려 말기까지는 '선교 융섭 시대'라 하며, 숭유 억불 정책을 기조로 하였던 조선의 후반, 서산과 사명의 활약으로 '선교 겸학 시대'가 열림으로써, 한국불교의 특징으로 손꼽히는 '원융불이의 통불교'라는 회통 불교의 기반을 다지게 되었다.

103 고구려와 백제는 불교를 받아들이는 데 있어서 별다른 갈등이 없었던 반면, 신라는

전래 초기에 갈등이 있었다.

104 서력 374년에 승려 아도(阿道)가 고구려에 들어왔다. 이에 소수림왕 5년에는 성문사 (省門寺)와 이불란사(伊弗蘭寺)를 건립하여, 순도와 아도가 머물게 하고 불교를 공식 적으로 수용하였다.

105 백제의 불교 수용은 서기 384년, 침류왕 원년에 남중국의 동진에서 서역 출신 승려 마라난타가 오자, 그 이듬해 수도 근처의 한산에 절을 건립하고 열 명을 출가시켜 거 주케 함으로써 불교를 공식적으로 수용하였다.

106 처음 신라에 불교를 전해준 것은 고구려에서 온 승려들이었다. 그들은 신라와 고구 려의 국경 지대였던 경북 선산 지역을 거점으로 하여 불교를 전파했다.

110 이차돈은 혼자 불교의 공인을 주장하다가 순교를 자청하여 마침내 주살되었다. 그는 죽을 때 "부처가 있다면 내가 죽은 뒤 반드시 이적(異蹟)이 있을 것이다"라고 예언하 였는데, 그의 목을 베니 피가 흰 젖빛으로 변하여 솟구쳤고, 하늘이 컴컴해지더니 꽃 비가 내리는 기적이 일어났다. 이에 모두 놀라고 감동하여 528년 드디어 불교를 공 인하기에 이르렀다. 전설에는 그가 죽을 때 머리가 날아가 떨어진 곳이 경주 북쪽에 있는 금강산이며, 그곳에 817년 헌덕왕 때 승려 혜륭이 무덤을 만들고 비를 세웠다 고 한다.

113 신라 제23대 법흥왕 때부터 제28대 진덕여왕 때까지의 왕명은 모두 불교식이다. 특 히 진평왕의 경우는 자신의 이름을 백정(白淨), 왕비의 이름은 마야(摩耶) 부인이라 하였는데, 이것은 각각 석가모니의 아버지와 어머니의 이름이다. 불교식 왕명 시대 는 신라가 체제 정비를 통하여 비약적으로 발전하면서 삼국 항쟁의 주도권을 잡아 나가던 때인데, 이 시기의 불교식 왕명은 바로 왕즉불(王卽佛 ; 왕이 바로 부처) 사 상에 입각한 것으로 불교가 왕권 강화에 이바지하였음을 보여 주는 것이다. 제29대 무열왕 때부터는 불교식 왕명을 버리고 유교식 시호(諡號 ; 왕의 사후 그 공덕을 칭 송하여 붙이는 이름)를 쓴다.

115 신라 법흥왕을 계승하여 왕위에 오른 진흥왕은 이와 같은 전륜성왕의 이념을 가장 적극적으로 받아들인 군주였다. 그의 아들들의 이름은 전륜성왕의 이름을 딴 동륜과 금륜이었고, 그가 창건한 황룡사의 장륙불상은 원래 인도의 아쇼카 왕이 불상을 만 들기 위하여 발원한 철과 금을 사용하여 주조한 것이라고 한다.

117 승랑(僧朗)은 6세기 경 고구려의 고승으로, 일명 낭대사(朗大師), 섭산대사(攝山大 師)라고 한다. 고구려 요동 출신으로 중국 남북조시대에 중국에 들어가서 구마라습 의 교의를 공부하고 삼론학을 대성하여 중국 삼론종의 제3대조가 되었고 양무제로부 터 우대를 받았다. 그는 용수의 진속이제설(眞俗二諦說)을 밝혀 길장에게 전하여 중

국 삼론의 원조가 되었다.

118 겸익은(謙益, ? ~ ?)은 백제의 이름난 승려이다. 성왕 4년(526) 인도 상가나대률사(常伽那大律寺)에 이르러 범문(梵文)과 축어(竺語)를 익혀 율부(律部)를 깊이 공부하고 범승(梵僧) 배달다삼장(倍達多三藏)과 더불어 범본 아곤담장(阿昆曇藏)과 오부율문(五部律文)을 가지고 귀국했다. 왕의 환대를 받고 흥륜사(興輪寺)에 있으면서 명승 28명을 소집하여 율부 72권을 번역하였다. 이리하여 예의와 의식에 치중하는 백제 불교의 특징이 이루어졌던 것이다.

122 원광법사는 신라 진평왕이 608년에 고구려를 치기 위하여 수나라에 청병(請兵)하는 글인 걸사표(乞師表)를 써달라고 왕이 부탁하였을 때, '승려로서 자기 나라를 이익되게 하기 위해 남의 나라를 멸망시켜 달라는 글을 쓸 수가 없지만 신라의 백성이기 때문에 백성의 도리로서 왕명을 따르지 않을 수 없다'고 하면서 걸사표를 써 주었다.

123 황룡사 9층탑은 선덕여왕 14년(645)에 대국통(大國統)이었던 자장(慈藏)이 건의하여 건립된다. 설계와 건축은 백제가 목조 건축술이 발달되어 있었던 터라 신라 조정의 초청으로 백제에서 건너온 당대의 장인 아비지(阿非知)가 맡아 2년 동안 걸려 황룡사 경내에 세웠다. 원래 신라가 황룡사 탑을 9층으로 쌓은 것은 신라가 반드시 복속하고자 한 신라의 9적(九敵)을 각 층으로 쌓아 부처의 힘(佛力)을 빌어서라도 제압하고자 한 것이다. 1층은 일본, 2층은 중국[한족], 3층은 오월[황하 이남], 4층은 탐라[탁라], 5층은 응유[중국 강서 동쪽], 6층은 말갈, 7층은 글안[단국], 8층은 여진[여적], 9층은 예맥을 상징한다. 신라가 황룡사 9층탑의 9적에 백제와 고구려를 넣지 않은 것도 비록 지금은 치열하게 싸움을 하고 있다지만 결국은 민족이 같은 한 갈래로 본 것이다.

124 신라와 당나라의 교역 중심지인 산둥반도 일대에는 신라인들이 살던 신라방이 있었다. 여기를 중심으로 신라인들이 점차 늘어나면서, 필요하게 되어 세운 절을 신라원이라고 했다. 대표적인 절로 흥덕왕 때 장보고(張保皐)가 산둥반도 츠산촌[赤山村]에 세운 법화원(法華院)을 들 수 있다. 신라소는 중국 당나라에 살고 있던 신라인을 다스리는 행정기구, 신라관은 중국 당나라에 있던 신라 사신의 숙소를 말한다.

125 불교 대중화 운동은 신라의 삼국통일 무렵에 혜숙, 혜공, 그리고 대안에 의해 전개되었으며, 원효가 이들을 계승하여 불교 대중화를 완성하였다. 원효는 귀족적 정토신앙인 미륵신앙보다 민중적 정토신앙인 미타신앙을 강조하였다. 미타신앙은 '나무아미타불' 염불만으로 극락왕생할 수 있다는 것으로 누구나 쉽게 믿을 수 있었기 때문이다.

127 『왕오천축국전(往五天竺國傳)』은 신라 성덕왕(또는 경덕왕) 때 승려 혜초가 인도 5

국 부근의 여러 나라를 순례하고 그 행적을 적은 여행기이다. 혜초는 723년부터 727년까지 4년간 인도와 중앙아시아, 아랍을 여행하였다. 8세기 초에 쓰인 이 『왕오천축국전』은 세계 4대 여행기로도 손꼽히며 또한 그중에서도 가장 오래된 것이기도 하다. 세계 4대 여행기는 혜초의 『왕오천축국전』과 13세기 후반에 쓰인 마르코 폴로의 『동방견문록』, 14세기 초반의 오도록의 『동유기』 그리고 14세기 중반의 『이븐바투타 여행기』를 손꼽는데, 혜초의 것이 가장 오래되었다.

128 김교각(金喬覺, 697~794)은 신라 성덕왕의 첫째 아들로 속명은 중경(重慶), 24세에 당나라로 출가하여 교각(喬覺)이라는 법명을 받고 안후이성 구화산에서 화엄경을 설파하며, 중생을 구제하는 지장보살의 화신으로 평가받았다.

129 원측(圓測, 613~696)은 성은 김, 속명은 문아(文雅)이고, 신라 왕족으로서 경주 모량부(牟梁部) 출신인 승려이다. 3세에 출가했고, 15세에 당나라로 유학을 떠나 효소왕 5년(696)에 84세로 당에서 입적하였다. 『해심밀경소(海深密經疏)』를 후세에 남겼다.

130 의상은 화엄사상, 원효는 화쟁사상이다. 백제 출신의 의영(義榮) 스님은 오성각별설(五性各別說)을 강하게 비판하는 등 유식학에 깊은 관심을 가졌다.

133 현재 남아 있는 삼국시대의 자료에는 주로 하생 신앙이 나타나며, 상생 신앙은 이른 시기의 사례가 일부분일 뿐이다.

135 원효 스님이 밝힌 일심정토는 서방정토와 유심정토를 다 함께 포용하고, 불법의 씨앗을 민중의 땅에 뿌려 정토의 꽃을 피우는 독창적인 정토사상이다.

137 『대승기신론』의 저자 마명(馬鳴)은 범어(Sanskrit) 이름이 아슈바고샤(Asvaghoṣa)로 중인도 마갈타 출신이다. 『대승기신론』은 북방불교, 즉 동양3국의 불교 발전에 큰 영향을 끼쳤으며 수많은 주석서가 쓰였다. 그중에서도 원효대사가 주석한 『대승기신론소』가 가장 뛰어난 저술이다.

139 원효는 당나라에 유학하지 않았지만, 학승으로서의 위대함은 당나라에서도 존경할 정도였다. 그는 보다 높은 차원에서 각 종파간의 대립을 극복하여 불교의 조화, 융합을 꾀하였다.

140 인도에서 유식학을 공부하고 돌아온 사람은 원측법사이다.

141 『화엄일승법계도(華嚴一勝法界圖)』는 신라의 고승 의상이 '화엄일승'의 교리를 도해한 것이다. 전문 210자의 자작게송(自作偈頌)을 붙여 인(印)의 형식으로 된 4각형 54개를 그려 넣었다. 자작게송은 굴곡된 원형(圓形)을 그리며, 그 도(圖)의 중심에서 시작하여 중심에서 끝나도록 되어 있다. 그 원의 중심에 위치하는 두 글자는 시작이 〈법(法)〉이며, 끝이 〈불(佛)〉이다. 이것은 극히 독창적이고, 내용이 심오하여 당시의

불교학계에 큰 영향을 끼쳤고, 그의 제자들은 이에 관한 스승과의 대화와 자기들 나름의 해석을 모아 『법계도기총수록』이라는 저서를 남겼다.

142 통일신라 전반기에는 당에서 융성했던 법상, 유식, 화엄, 밀교가 전래되었다. 그리고 통일신라 후반기에는 당 중엽 중국에서 일어난 선(禪)이 전래되었다. 이와 같이 신라 말에 수용된 선(禪)은 고려시대에 와서 독자적 전개를 하면서 조계종의 원류로서 확립되었다.

143 통일신라시대인 8세기 후기 신라에 선종이 수용된다.

144 5교는 교학을 바탕으로 한 교종의 5대 종파다. 구산은 선학을 바탕으로 한 선종의 9대 종파다. 그러나 당시 우리나라 불교의 교세로 볼 때 종파라기보다는 학종(學宗)에 가깝다고 보는 게 옳을 것 같다. 특히 오교는 삼국시대 말부터 태동을 시작한 반면 구산은 나말여초(羅末麗初)에 이르러서야 뼈대를 갖추기 시작했다. 선교후선(先敎後禪)인 셈이다. 오교는 열반종(涅槃宗), 계율종(戒律宗), 법성종(法性宗), 화엄종(華嚴宗), 법상종(法相宗)이다.

145 선문구산 중에는 실상산파와 가지산파, 나아가서는 사굴산파, 동리산파, 성주산파, 사자산파, 희양산파, 봉림산파, 수미산파가 있다.

146 진표율사는 완산주(전주) 망경현에서 태어났다. 12살에 금산사 숭제법사 문하에 들어갔는데, 점찰법은 신라 진표율사(713~780)가 전북 김제 금산사, 충북 보은 속리산 법주사, 대구 팔공산 동화사와 금강산 발연사에서 시행하면서 고려시대까지 크게 성행했던 수행법이다.

147 의상계의 화엄학과 함께 경덕왕대 후반에 대두된 실천적 신앙은 진표(眞表)의 미륵신앙이었다.

148 신라에 남종선을 처음으로 전한 사람은 40여 년의 중국 유학을 마치고 헌덕왕 13년(821)에 귀국한 도의(道義)였다.

149 홍척은 흥덕왕 3년(827) 전라북도 남원 지리산에 실상사를 개창하고 이곳에서 선풍을 선향하고 실상산파를 형성했다.

150 도의국사는 당나라에 유학하여 그곳에서 서당 지장의 법을 받고 신라의 최초 선종산문인 가지산문을 열었다. 물론 가지산에 보림사(寶林寺)를 개창한 것은 신라 말의 보조체징(普照體澄, 804~880) 선사이다. 그러나 체징은 도의국사의 법을 이었기 때문에 가지산문의 개창조를 도의로 파악하고 있는 것이다. 가지산문이 구산선문 가운데 최초로 성립된 것으로 설명하는 것은 도의국사가 선을 제일 먼저 전해 왔기 때문이다.

151 9세기에 이르면 당나라로부터 신행과 도의에 의하여 선종이 들어와 그 뒤 전국에 두

드러진 9종파가 생겨 이른바 선문 9산을 이루게 되는데, 9산의 각 선문에서는 각기 사자상승(師資相承)함으로써 선풍(禪風)을 크게 일으켰으며 각 산문에는 그 법문의 개산조와 개산인의 순서로 뚜렷한 일종파의 계보가 만들어졌다.

153 신라 말 당나라 유학승들에 의해 전래된 선종은 신라 말 고려 초의 사회·정치적 격변의 시기에 불교의 새로운 사상으로 자리 잡게 되었다. 이 시기에 들어온 선종 사상을 초석으로 아홉 개의 산문(山門)이 형성되니 이것이 바로 구산선문(九山禪門)이다.

처음으로 실상산문(實相山門)이 개설된 828년(신라 법흥왕 3)에서 부터 마지막 수미산문(須彌山門)이 만들어진 932년(고려 태조 15)까지는 실로 104년의 긴 세월이 흐른다. 현재 우리 불교의 종가를 이루는 대한불교조계종의 종맥도 바로 이 구산선문에서 부터 비롯되었다.

① 실상산문(실상사) ; 구산선문 중 가장 먼저 개창된 것이 실상산문이다. 개조(開祖) 홍척 스님(?~828)은 중국 서당의 법을 얻어 826년(흥덕왕 6)에 귀국해 산문을 만들었다.

② 가지산문(보림사) ; 도의선사(783~821)는 859년(헌안왕 3)에 왕의 청으로 보림사에 머무르며 김언경 등의 후원 아래 사원 세력을 확장시켜 가지산문을 형성했다.

③ 희양산문(봉암사) ; 구산선문 중 유일하게 중국에 들어가지 않고 산문을 성립시킨 희양산문의 개창자 지증선사 도헌(824~882). 그는 다른 선문 개산조와는 달리 유학에 밝았고 선승으로서의 특별한 인연을 나타내는 탄생·금기·출가 등 6이(異)와 불사의 필요성을 나타내는 6시(是) 등을 주장했다. 봉암사는 사람들의 출입을 막고 1년 내내 오직 참선으로 수행 정진하는 도량이다.

④ 동리산문(태안사) ; 중국 서당의 법을 받아 개창했던 또 하나의 산문이 바로 동리산문이다. 개조 혜철 스님(785~861)은 839년(신무왕 1) 중국에서 돌아와 처음에는 왕실과 연결해 산문을 이끌고 나갔다.

⑤ 사굴산문(굴산사지) ; 사굴산문은 범일 스님(810~889)에 의해 개창됐다. 범일은 831년 중국에 들어가 마조의 제자인 염관의 법을 받아 846년(문성왕 8)에 귀국했다. 이 산문은 강릉과 오대산 일대에 세력을 미쳤다.

⑥ 봉림산문(봉림사지) ; 봉림산문의 개창자는 현욱선사(787~868)이다. 현욱은 824년 중국에 들어가 마조의 제자인 장경의 법을 받아 837년에 귀국한 뒤 봉림산문을 만들었다.

⑦ 사자산문(법흥사) ; 사자산문의 개창조인 도윤 스님(798~868)은 825년(헌덕왕 17) 중국에 들어가 마조의 법제자인 남전의 법을 받아 귀국했다.

⑧ 성주산문(성주사지) ; 성주산문은 무염국사(801~888)에 의해 개창됐다. 무염국

사는 821년(헌덕왕 13) 중국으로 들어가 마조의 제자인 마곡의 법을 받아 845년(문성왕 7)에 귀국, 남포 지역의 호족인 김흔과 결합해 성주산문을 열었다.

⑨ 수미산문(광조사지) ; 구산선문 중 가장 늦게 성립된 수미산문의 개창자는 이엄 스님(870~936)이다. 그는 896년 중국에 들어가 운거의 법을 받아 911년(효공왕 15)에 귀국해 산문을 열었다.

155 체계적인 풍수지리설을 처음 제시한 사람은 선승이었던 도선(道詵, 827~898)이다.

158 왕건은 개인적으로도 불교에 대해 많은 관심을 가지고 있었다. 그는 왕위에 오르기 전부터 선종과 교종의 여러 승려들과 긴밀한 관계를 맺고 있었을 뿐 아니라 왕위에 오른 이후에도 고승들의 비문을 직접 짓거나 비문의 제액을 써 주는 등 승려들에 대한 호의적인 태도를 보였다.

159 승과의 실시로 승려들이 국가 체제에 예속되는 결과를 초래하였다.

160 공식적으로 국왕들의 제사를 지내 주는 종묘 등이 있음에도 불구하고 국왕들의 진전 사원을 따로 설정했던 것은 종묘 등에서 거행하는 유교식 제사와는 별도로 생전에 신앙했던 불교적인 제사가 필요했기 때문이다.

161 연등회는 매년 2월 보름에 각 지역 단위로 거행하였다.

163 팔관회는 신라에서 전몰장병들의 명복을 빌기 위해서 거행했던 행사였지만, 고려시대에는 매년 11월 보름에 중앙과 지방의 대표자들이 왕궁에 모여 단합을 확인하고, 국가의 안녕을 기원하는 행사로 거행하였다.

166 화엄종, 법상종, 선종 등은 신라시대 이래의 종파들이다.

167 고려는 중국의 제도를 받아들여 광종 9년(958)에 처음으로 과거제도를 시행하였는데, 이때 승과도 함께 시행되었다. 승과는 한국에만 있었던 특별한 제도로서 고려 과거 제도의 모델이 된 중국에도 승과는 없었다.

168 제관은 천태종의 교판론을 설명한 천태사교의를 저술하였고, 의통은 중국 천태종의 16대 조사로 존경과 숭배를 받았다.

170 처음 승과에 합격하면 대덕이 되고 이후 수행 기간과 능력에 따라 상위의 승계로 승진하였다. 교학불교인 화엄종과 법상종의 승려들은 교종의 승계를 받았고, 선종과 천태종의 승려들은 선종의 승계를 받았다.

171 통치자가 고승을 스승으로 섬기며 국정 운영에 대한 자문을 받고 국가와 왕실의 안녕을 기원했던 국사왕사 제도는 조선시대 무학대사를 마지막으로 폐지됐다.

177 현종대의 대장경 제작은 현종 20년(1029)에 완성되었던 것으로 보인다.

178 『개보장』은 한역된 불경을 집대성한 최초의 한문 대장경으로, 송나라 태조의 개보 4

년(971)에 관리들을 촉(蜀) 지방에 파견하여 목판본으로 제작한 것인데, 이『개보장』은 당나라 때 제작한 불경 목록인『개원석교록』에 의거한 것이다.

180 교장도감은 의천(義天)의 요청으로 선종(宣宗)이 1086년(선종 3) 흥왕사(興王寺)에 설치한 고려시대 속장경(續藏經)을 간행하는 일을 맡았던 임시 기관이다.

182 의천은 고려 중기 교의 입장에서 교와 선을 겸수해야 한다고 주장했다.

183「권수정혜결사문」의 저자는 보조 지눌이다.

184 백련결사는 1216년(고종 3) 천태종의 승려인 요세(了世)가 중심이 되어 무인란 이후 변화한 사회와 불교에 대한 자각과 반성을 촉구한 신앙결사로 전남 강진의 백련사를 중심으로 이루어졌다.

186 대장도감은 강화도의 본사와 함께 남해 섬에 분사를 두었다. 본사에서는 대장경 제작을 위한 계획 수립과 경비의 조달 등을 담당하였고, 대장경의 실제 판각 사업은 주로 남해의 분사에서 이루어졌다.

188『대반야경』은 예로부터 국가의 보호와 융성 그리고 재앙의 소멸과 복을 구할 때는 종파의 구별 없이 일률적으로 이 경의 독송과 전파에 주력해 왔다고 하여 진국(鎭國)의 전(典)이요, 인천(人天)의 큰 보배로 일컬어져 온 경전이다.

190 태고 보우는 1346년 원나라로 향해 당시 선의 중심이었던 중국에 가서 순례하던 중 "강호의 진정한 안목은 석옥에게 있다"는 말을 듣고 석옥 청공을 찾아가 친견하고 인가를 받았다. 대한불교조계종은 태고보우를 중흥조로 모시고 있다.

191 균여는 화엄종의 남악파, 북악파의 갈등을 해소하여 통합된 지배이념으로써 광종의 왕권 강화 정책에 이바지하였다.

192 신륵사의 조사당에는 한국불교계의 삼화상(三和尙)이 모셔져 있다.

193 신돈(辛旽, ?~1371)은 고려 말의 승려로 법명은 편조(遍照)이다. 전민변정도감이라는 토지 개혁 관청을 두어 부호들이 권세로 빼앗은 토지를 각 소유자에게 돌려주고, 억울하게 노비가 된 자들을 해방시켰으며, 국가 재정을 잘 관리하여 민심을 얻었다.

196 통일신라 때 성립된 법상종(法相宗)은 고려에 들어서도 영향력을 유지했다. 고려시대 법상종의 특징은 유식학(唯識學)을 사상적 기반으로 하여 진표(眞表) 스님 계열의 점찰신앙을 계승하고 있다.

198 태종이 즉위하면서부터 불교에 대한 억압 정책은 본격화되기 시작하였다.

199 조선 초기 왕들의 대부분은 배불론을 앞세워 불교를 공격했다.

200 세종은 왕실불교를 위하여 경복궁 안에 내불당을 지었으며, 세조는 원각사를 짓고 간경도감을 두어 한글로 된 불경을 간행하기도 했다.

201 『불씨잡변(佛氏雜辨)』은 14세기 말에 정도전이 쓴 책이다. 『불씨잡변』의 편찬은 종합적으로 집행되었다. 정도전이 이 책을 쓰기 시작했는데 '부처의 잡소리'라는 제목에서 알 수 있듯이 불교를 비난하는 내용을 담고 있다.

202 함허(1376~1433)는 조선 초기의 배불 정책 속에서 불교를 수호한 고승이다. 조선 초기 유학자들이 배불을 주창하면서 '허무적멸지도(虛無寂滅之道)'라고 비판한 것을 반박한 내용이 「현정론(顯正論)」에 잘 나타나 있다. 또 『유석질의론』은 배불론자들에 대한 불교 이해 증진과 포교에 관한 책이라 할 수 있다.

206 조선시대 불서 편찬은 왕실의 후원으로 진행됐다. 최초의 한글불서인 『석보상절(釋譜詳節)』이 세종 30년에 간행됐으며, 이후 『월인천강지곡(月印千江之曲)』 『월인석보(月印釋譜)』 등이 출간됐다. 특히 세조는 간경도감(刊經都監)을 설치해 불교 경전을 한글로 번역하는 일을 적극 후원했다.

207 승병장인 영규대사는 밀양 박씨로 호는 기허이며, 서산대사 휴정의 제자이다. 계룡산 갑사 청련암에서 수도하면서 무예를 익혔는데 그 재능을 따를 자가 없었다고 한다. 선조 25년(1592) 임진왜란이 일어나자 분을 이기지 못하고 3일 동안 통곡하고 스스로 승병장이 되었다 한다. 승병 1천 명을 모집하여 의병장 조헌과 함께 청주성 전투와 금산 전투에서 왜군을 물리치는 공을 세웠다. 의주까지 피난을 갔던 선조는 승전 소식을 듣고 영규대사에게 벼슬과 옷을 하사하였는데, 하사한 선물이 도착하기도 전에 금산 전투에서 숨을 거두었다. 임진왜란이 일어난 뒤 승병이 일어난 것은 그가 최초로 전국 곳곳에서 승병이 일어나는 도화선이 되었다.

209 중종 11년(1516)에 『경국대전』에서 승려의 출가를 규정한 도승조(度僧條)를 삭제하였다.

210 1895년 3월 29일 고종의 명으로 승려의 도성 출입 금지가 해제되었다.

214 대치(大致) 유홍규 선생은 유대치란 이름으로 더 많이 알려져 있다. 그는 구한말 개화기에 김옥균, 박영효, 서광범 등 개화당이라 일컫는 사람들의 스승이자 실질적인 막후 실력자로 백의정승(白衣政丞)이라 불리기도 했다.

216 만당은 항일 투쟁을 목적으로 만들어진 불교계 비밀 결사 조직이다. 1920년대 이래 불교청년운동이나 유신회운동 등 공개적인 불교운동은 일제의 탄압 속에서 제대로 활동할 수가 없었다. 이에 공개적인 운동의 한계를 절감한 백성욱·김법린·김상호·이용조 등이 1930년 비밀결사를 조직하기로 합의하여 여러 동지를 규합한 다음 비밀리에 창당 선서를 하고 당명을 만당이라고 했다.

222 손첸감포(581~694) 왕 때 인도와 중국, 두 나라로부터 거의 동시에 유입되었다. 삼

예사의 대논쟁이 벌어진 때는 티송데첸 왕이 재위하던 794년이었다. 삼예사의 대논쟁이란 중국계의 마하연과 인도계의 카마라쉴라가 대론했던 것을 가리킨다. 삼예사에서 마하연과의 대론에 승리한 카마라쉴라는 인도 중관 사상을 티베트에 전수하는 데 성공했다.

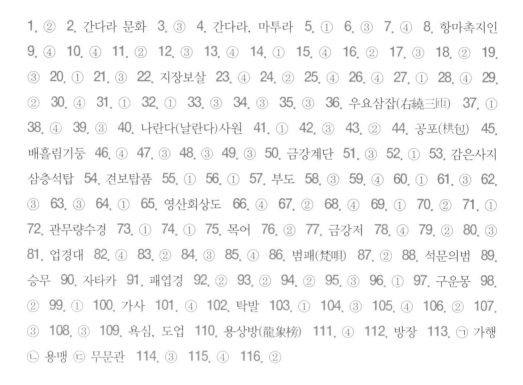

제4장 불교문화 정답 및 해설

1. ② 2. 간다라 문화 3. ③ 4. 간다라, 마투라 5. ① 6. ③ 7. ④ 8. 항마촉지인 9. ④ 10. ④ 11. ② 12. ③ 13. ④ 14. ① 15. ④ 16. ② 17. ③ 18. ② 19. ③ 20. ① 21. ③ 22. 지장보살 23. ④ 24. ② 25. ④ 26. ④ 27. ① 28. ④ 29. ② 30. ④ 31. ① 32. ① 33. ③ 34. ③ 35. ③ 36. 우요삼잡(右繞三匝) 37. ① 38. ④ 39. ③ 40. 나란다(날란다)사원 41. ① 42. ③ 43. ② 44. 공포(栱包) 45. 배흘림기둥 46. ④ 47. ③ 48. ③ 49. ③ 50. 금강계단 51. ③ 52. ① 53. 감은사지 삼층석탑 54. 견보탑품 55. ① 56. ① 57. 부도 58. ③ 59. ④ 60. ① 61. ③ 62. ③ 63. ③ 64. ① 65. 영산회상도 66. ④ 67. ② 68. ④ 69. ① 70. ② 71. ① 72. 관무량수경 73. ① 74. ① 75. 목어 76. ② 77. 금강저 78. ④ 79. ② 80. ③ 81. 업경대 82. ④ 83. ② 84. ③ 85. ④ 86. 범패(梵唄) 87. ② 88. 석문의범 89. 승무 90. 자타카 91. 패엽경 92. ② 93. ② 94. ② 95. ③ 96. ① 97. 구운몽 98. ② 99. ① 100. 가사 101. ④ 102. 탁발 103. ① 104. ③ 105. ④ 106. ② 107. ③ 108. ③ 109. 욕심, 도업 110. 용상방(龍象榜) 111. ④ 112. 방장 113. ㉠ 가행 ㉡ 용맹 ㉢ 무문관 114. ③ 115. ④ 116. ②

해 설

1 불교미술은 부처님 생존 당시부터 있었으며, 본격적으로 유행한 것은 부처님 입멸 뒤에 조성된 탑에서부터 시작되었다.

2 기원 전후 수세기에 걸쳐 파키스탄 북서부 간다라 지방을 중심으로 발달한 불교문화. 헬레니즘 문화의 영향을 받은 이른바 간다라 양식의 불교미술이 성하였으며, 이 미술 양식은 중앙아시아·중국·한국 등지로 전해졌다.

4 고대 인도 중기에 해당하는 쿠샨 왕조 시기, 즉 기원후 1세기경에 간다라와 마투라 지방에서 불상이 탄생했다. 이 두 지역의 당시 역사가 분명하지 않아 불상 제작 시기

를 놓고 격렬한 논쟁이 일어났다. 즉 불상의 간다라설과 마투라설이 팽팽하게 맞서 왔다. 다행히 요즘은 학계에서 간다라와 마투라 동시설로 견해가 일치되고 있다. 간다라와 마투라 지역에서 제작된 불상은 그 모습이 전혀 달라 각각 독자적으로 불상을 만들었던 것으로 보인다.

5　부처님이 열반에 드신 지 5백여 년이 지나서야 불상이 만들어지기 시작했다. 이처럼 불상이 없었던 시기의 초기 불교미술을 일반적으로 불상이 없는 시대의 불교미술이라 하여 '무불상시대(無佛像時代)'라 부른다. 불상이 없었던 시기에는 보리수·법륜·불족탑 등이 예배 대상이었다. 연꽃은 부처님 탄생을, 보리수는 성도(成道)를, 법륜은 초전법륜을, 탑은 열반을 각각 상징한다.

6　지물을 들고 있는 경우를 계인(契印)이라고 한다.

7　석가모니불은 천지인(天地印), 선정인(禪定印), 항마촉지인(降魔觸地印), 전법륜인(轉法輪印), 시무외·여원인(施無畏·如願印) 등이 있다.

9　아미타여래가 봉안된 전각에는 좌우 협시보살로 관음보살과 대세지보살이 가장 보편적이나 고려시대부터는 관음보살과 지장보살이 배치되기도 하였다.

10　편단(偏袒)이란 한쪽 팔을 드러낸다는 뜻이며, 이 형식에 비구가 존자를 공경한다는 뜻이 담겨 있다. 그래서 부처님은 공경 받아야 하는데 편단우견을 하는 것은 원칙에 벗어난다. 이는 불교미술이 전통을 고수하기 때문에 모방에 의해서 변화되었다고 할 수 있다. 또한 「석씨요람(釋氏要覽)」에서는 '율에 이르기를 일체 공양은 모두 편단이다. 이는 집작(執作)에 편리하기 때문이다'라고 하여 편단우견이 노동에 편리하다고 하는 뜻이 있다.

11　아미타불은 극락세계에 상주하는 보신불이다. 아미타는 범어인 아미타유스(Amita-yus) 또는 아미타바하(Amita-bha)에서 온 것이다. 아미타유스는 무한한 수명을 뜻하는 무량수(無量壽)로, 아미타바하는 무한한 광명을 뜻하는 무량광(無量光)으로 의역된다. 아미타불과 관련된 대표적인 경전인 『무량수경』, 『관무량수경』, 『아미타경』을 정토삼부경이라고 한다. 정토삼부경에 의하면 아미타불은 과거에 법장(法藏)보살로 깨달음을 얻어 중생을 제도하겠다는 48대원을 세우고 오랫동안 수행한 결과 그 원을 성취하여 지금부터 10겁 전에 극락세계 부처가 되었다.

12　우리나라는 주로 중품하생인을 하고 있는데, 오른손은 들고 왼손은 무릎에 얹어 엄지와 가운데 손가락을 맞대고 있다. 미륵불이나 미륵보살이 손에 용화수 꽃가지를 들기도 한다.

13　우리나라는 항마촉지인을 하고 왼손에 약기(藥器)를 올려놓은 약사불이 많다. 이는 『약사여래본원공덕경』의 내용처럼 약사불의 이름만 들어도 모든 병환이 치유되고

번뇌가 고갈되는 까닭에 한 손에는 마군이나 병마를 격파하고, 한 손에는 약을 가지고 병을 치유하는 것을 나타낸 것이다. 즉 석가불이 깨달았을 때 마군을 항복받는 것이나 약사불이 병마를 항복받는 것은 동일하다고 생각했기 때문에 석가불의 항마촉지인을 적용한 것으로 보인다.

14 대일여래(大日如來)라고 한역되기도 하는 비로자나불은 그 기원이 고대 이란의 광명신 아후라 마즈다와 깊은 관계가 있는 것으로 추정된다. 초기 불교의 전륜성왕(轉輪聖王)이나 아수라왕(阿修羅王)에서 그 연원을 추정하기도 한다. 대승불교에서는 『화엄경』에서 시방제불(十方諸佛)을 전체적으로 포괄하는 법신불(法身佛 : 진리를 신체로 하고 있는 부처)로 등장한다.

16 법상종파의 사상적 기반은 유식에 있지만 신앙적인 측면은 미륵신앙을 기초로 하고 있기 때문에 중심 불상은 미륵불이다. 태현대사 계통의 미륵불로는 경주 남산 용장사지 석불좌상이 대표적이며, 진표율사 계통의 미륵불로는 금산사 미륵전 소조미륵 삼존불상이 대표적이다.

18 정토(淨土)로 일컬을 때는 극락안양(極樂安養), 정토(淨土), 안락국(安樂國), 안락정토(安樂淨土), 안양정토(安養淨土)라고도 한다.

19 나발과 육계는 여래불인 불상에 표현된다.

20 관음보살상은 보관에 화불과 손에 연꽃가지나 연봉, 또는 정병을 들기도 한다. 석장을 들고 머리에 두건을 쓰는 존상은 지장보살상이며, 보관에 정병을 표현하는 존상은 대세지보살상이며, 손에는 법륜을 들고 있는 존상은 치성광불이다. 미륵불의 좌협시보살은 아직 정확히 밝혀지지 않았으며, 다만 대묘상보살이나 천광보살로 추정하고 있다.

21 『화엄경』「입법계품」에서 선재동자가 법을 구하는 관음보살은 일반적으로 수월관음보살로 표현된다.

23 지장보살상은 스님의 모습으로 표현되기 때문에 다른 보살상에 비하여 최대한 장신구를 절재(絕才)하여 표현된다. 그렇다고 장신구가 없는 것은 아니다. ④는 관음보살상을 설명하고 있다.

24 석장의 기능이 확대되어 중생의 잘못을 깨닫게 하기 위한 지물로 사용될 수 있다. 그러나 지문은 석장의 유래에 대한 것이다.

25 문수(文殊)는 묘(妙)의 뜻이고 사리는 두(頭), 덕(德), 길상(吉祥)의 뜻이므로 지혜가 뛰어난 공덕이라는 뜻이 된다. 석가모니불의 보처로서 왼쪽에 있는 지혜를 맡고 있다. 머리에 맺은 것은 대일(大日)의 5지(5智)를 나타내는 것이고, 오른손에는 지혜의

칼을 들고 왼손에는 꽃 위에 지혜의 그림이 그려있는 청련화를 쥐고 있다. 위엄과 용맹을 나타내기 위하여 사자를 타고 있으며 석존의 교화를 돕기 위해 일시적인 권현(權現)으로 보살의 자리에 있다고 한다.

26 보현보살은 실천행을 상징하는 보살로서 흰 코끼리를 타고 있거나, 연화대 위에 앉아 있는 모습으로 조성된다. 석가모니불의 오른쪽 협시보살로 봉안되는 보현보살은 중생들의 수명을 연장시켜 준다하여 연명(延命)보살이라고도 한다.

27 우리나라의 반가사유상은 삼국시대인 6세기부터 통일신라시대 초기까지 약 100년간 집중적으로 조성되었다. 머리에 삼산형의 보관을 쓰는 경우도 있지만, 손에 정병을 들고 있는 존상은 관음보살이나 미륵보살, 대세지보살 등에서 볼 수 있다.

28 문수보살은 사자를, 관음보살상은 보관에 화불을, 미륵보살은 용화수를 상징적인 지물로 등장시킨다. 대세지보살은 보관에 보병을 표현하는 것이 일반적이다.

29 현천상제(玄天上帝)는 도교의 신 중 하나로 북방 하늘의 상제(上帝)를 가리킨다. 북극성이 신격화된 것으로 북극성제군(北極星帝君)·자미북극대제(紫微北極大帝)라고도 불린다.

30 석굴암의 제석천은 오른손에 불자(拂子)를 들고 왼손에는 금강저를 들고 있으며, 범천은 오른손에 불자를 들고 왼손에는 정병을 들고 있다.

31 사천왕은 동방 지국천, 남방 증장천, 서방 광목천, 북방 다문천으로 하늘의 사방에서 지키는 신이다.

32 가릉빈가(迦陵頻伽)는 경전에 나오는 상상의 새로서 범어 kalavinka의 음역이다. 가릉비가·가라빈가·갈라빈가·갈비가라·가비가라 등 다양하게 부르며, 줄여서 빈가라고도 한다. 히말라야 산중에 있는 아름다운 소리의 새로, 껍질 속에 있을 때 이미 잘 울며, 그 소리를 듣는 자는 질리는 일이 없다고 한다. 또는 극락정토에 사는 새라 하여 정토만다라 등에는 인두조신의 형태로 나타난다.

33 부처님이 입적하신 후에는 불탑을 중심으로 가람이 세워지기 시작했다.

35 가람(伽藍)이란 부처님이 태어나신 인도에서 오래전부터 '절'의 의미로 쓰였던 말이다. '가람'은 고대 인도어인 '상가람마'를 소리 나는 대로 한역한 '승가람마'를 줄인 것이다. 승가는 대중을 뜻하고 람마는 원이라는 뜻인데 이를 줄여 가람이라고 부르게 된 것이다.

37 기록으로 남아 있는 우리나라 최초의 가람은 불교가 공식적으로 공인되고 3년 후인 375년에 세운 이불란사와 초문사이다. 백제의 가람 배치는 일탑 일금당 형식이 대부분이다. 미륵사지는 일탑 일금당 형식이 확대되어 삼탑 삼금당 형식으로 배치되어

있다. 황룡사지는 일탑 삼당식의 가람 배치이다.

38 에메랄드 사원은 태국에 있는 사원 이름이다.

39 아잔타석굴의 벽면에 그려진 그림은 인도 회화사상 대표작으로 알려져 있다. 대부분 불전(佛傳)을 주제로 하고 있으며, 이후 중앙아시아를 거쳐 중국, 한국에 영향을 주었다.

40 나란다(Nalanda)사원은 5세기에서 12세기 무렵 번영한 불교대학이다. 번성기에는 만여 명의 승려들이 거주하였다고 한다. 이후 이슬람교도들의 침공으로 파괴되어 오늘날에 일부 흔적만 남아 있다.

41 법륭사는 성덕 태자가 601~607년에 세웠다고 하며, 현존하는 세계 최고의 목조건물이 있는 곳이다. 금당과 오층석탑을 중심으로 하는 서원(西院)과 몽전을 중심으로 하는 동원(東院)으로 나누어지는 대가람이다. 금당의 불상, 벽화 등 수백 점의 국보급 성보문화재가 봉안되어 있다. 특히 금당 내부의 벽화는 고구려 영양왕 21년(610) 고구려의 담징이 그린 것으로 알려져 있다. 실제 담징의 생몰연대와 벽화의 양식에 시대적 차이가 있어 앞으로 깊은 연구가 필요하다. 동대사는 일본 화엄종의 총본산이며 청동대불로 널리 알려진 일본 대표적인 거찰이다. 사천왕사는 일본 화종의 총본산으로 법륭사, 광륭사 등과 함께 성덕 태자가 오사카 부근에 건립한 일본 7대 사찰 중의 하나이다. 광륭사는 일본 경도에 위치한 진언종 대본산으로 신라 장인의 손길이 남아 있는 반가사유상이 봉안되어 있다.

42 유점사는 천여 년 간을 내려온 큰 사찰로서, 신계사(神溪寺)·표훈사(表訓寺)·장안사(長安寺)와 함께 금강산 4대 사찰의 하나로 손꼽히는 곳이다. 뿐만 아니라 유점사는 금강산의 모든 절을 통솔하는 본사(本寺)였다.

43 우리나라에는 산중의 명가람을 이룬 사찰이 많으며 그중에서도 영주 부석사, 구례 화엄사 등이 대표적인 산지가람이다.

46 개암사 대웅보전은 기둥과 기둥 사이의 공간에도 공포가 설치되어 있는 다포식(多包式) 건물이다.

48 우리나라는 주로 석탑인 반면 중국은 전탑이 많다.

49 부처님이 열반한 뒤 당시 인도의 여덟 나라가 불신(佛身)을 다비하여 나온 진신사리를 나누어 봉안하고 각 나라마다 탑을 세웠다고 하는데 이때 세워진 8기의 탑을 근본팔탑이라고 한다. 아쇼카 왕은 부처님을 각지에서 예배하도록 하기 위해 8기 가운데 7기를 헐어 8만4천의 탑을 조성하였다. 프라세나지트 왕은 빠세나디라고 한다. 그는 코살라국의 왕으로 불교 교단을 지원하고 보호하는 일에 헌신했다. 빔비사라

왕은 부처님께 귀의한 최초의 왕으로 죽림정사를 세웠다. 우전왕은 부처님께 귀의하여 최초로 불상을 조성했다는 설화가 전해진다.

51 법주사 팔상전은 신라 진흥왕 14년(553)에 창건되어, 조선 인조 4년(1626)에 벽암선사(碧巖禪師)가 재건하였고, 최근(1968)에 완전 해체 복원 공사를 하여 오늘에 이르고 있다. 이 팔상전은 법주사의 오층 목조 탑파건축(塔婆建築)으로 1984년 4월 30일 쌍봉사의 대웅전으로 쓰이고 있던 삼층 목조탑이 화재가 발생하여 없어지게 됨으로써 한국 목조탑(木造塔)의 유일한 실례가 된 중요한 건축물이다.

53 신라 문무왕은 681년에 승하하였는데 평소 지의법사(智義法師)에게 유언하기를 그가 '죽은 후에 나라를 지키는 동해의 용이 되어 불법을 받들고 나라를 수호하겠다'고 했다. 그리하여 동해변에 가람을 세워 불력으로 왜구를 격퇴시키려 했다. 그러나 그 절을 완성시키지 못한 채 승하하니 그의 아들인 신문왕이 부왕의 유지를 받들어 절을 완공하고 절 이름을 감은사라 하였다.

54 『법화경』「견보탑품(見寶塔品)」은 다보불이 석가불의 『법화경』 설법을 증명하고 찬탄하기 위하여 솟아 오른 탑의 자리를 석가불에게 나누어 주는 내용이다. 그래서 불국사에는 『법화경』「견보탑품」을 도해한 석가탑과 다보탑이 나란히 세워져 있다.

55 분황사 탑은 현존하는 신라시대 가장 오래된 탑으로 형태는 전탑처럼 보이지만 돌로 쌓아 올린 석탑이다. 그래서 보통 모전석탑(模塼石塔)이라고 한다.

56 『무구정광대다라니경(無垢淨光大陀羅尼經)』은 8세기 중엽에 간행된 목판 인쇄본으로 너비 약 8cm, 전체 길이 약 620cm이며 1행 8~9자의 다라니경문을 두루마리 형식으로 적어 놓은 것이다. 1966년 10월 경주 불국사 석가탑을 보수하기 위해 해체할 당시 탑 안에 있던 다른 유물들과 함께 발견되었다. 발견 당시 부식되고 산화되어 결실된 부분이 있었는데 20여 년 사이 더욱 심해져, 1988년에서 1989년 사이 대대적으로 수리·보강하였다. 불경이 봉안된 석가탑이 751년 김대성에 의해 불국사가 중창될 때 세워졌으므로 이 불경은 그 무렵 간행된 것으로 인정된다. 또한 본문 가운데 중국 당나라 측천무후 집권 당시만 썼던 글자들이 발견되어, 간행 연대를 추정할 수 있게 해 준다. 이 인쇄물이 발견되기 전까지 세계에서 가장 오래된 인쇄물은 770년경에 간행된 일본의 「백만탑다라니」로 알려져 왔다. 그러나 이것은 전문을 다 새긴 것이 아니라 『무구정광대다라니경』 중에서 발췌하여 새긴 것으로 판각술에 있어서도 『무구정광대다라니경』이 훨씬 정교하며 글자체가 예스럽고 힘이 있다. 따라서 목판인쇄술의 성격과 특징을 완전하게 갖추고 있는 『무구정광대다라니경』이야말로 세계에서 가장 오래된 목판본이라 할 수 있다.

57 부도(浮屠)는 원래 Buddha에서 음역한 말이다. 통일신라시대의 비문에 부도라는 용어도 나오고 있지만 원칙적으로는 스님의 탑은 승탑으로 부르는 것이 타당하다. '보림사보조선사창성탑', '지광국사현묘탑' 등 원래 스님들이 탑은 모두 이름을 가지고 있다. 그래서 부도라는 용어보다는 승탑이라는 용어가 설득력이 있다.

59 고려시대에는 대체로 국가에서 인정되는 국사, 왕사 등의 스님들만 승탑을 조성하였는데, 우리나라에서는 절의 외곽에 따로 탑원(塔院)을 마련하여 승탑과 탑비를 안치하고 있다.

62 오색을 기조로 갖가지 문양을 베풀어 장엄하는 단청도 불화에 포함되며, 불화의 중요한 분야 중에 하나이다.

63 불화는 주제에 따라 크게 존상도, 회상도, 변상도로 나눌 수 있다. 존상도는 경전에 등장하는 존상 가운데 대중의 신앙 대상이 되는 존상을 그린 그림이다. 회상도는 부처님이 진리를 설하는 모임에서 설법하는 광경을 기록한 그림이다. 변상도는 경전의 내용이나 심오한 교리적 의미를 한 폭의 그림 또는 경전 속에 함축하여 표현하는 그림이다. 그리고 불화는 쓰임새에 따라 예배용, 교화용, 장엄용으로 나눌 수 있다. 예배용 불화는 사찰에 예배의 주된 대상이 되는 그림이다. 교화용 불화는 불교 경전의 내용을 그림으로써 쉽게 이해하고 나아가 감동을 불러일으켜 교화하는 그림이다. 장엄용 불화는 법당을 장엄하기 위하여 그리는 그림이다. 형태와 재료에 따라 탱화, 벽화, 경전화로 나눌 수 있다. 탱화는 현재 우리나라에 가장 많이 남아 있는 불화로 벽에 걸어 봉안하는 그림이다. 벽화는 전각을 장엄하기 위해 내외 벽면에 그린 그림으로 후불벽에 많이 남아 있다. 경전화는 사경이나 판경으로 경전의 내용을 함축하여 그린 그림으로 내용적으로 보면 변상도라고 부른다.

64 불화도 불교조각과 마찬가지로 불교의 성립과 거의 비슷한 시기에 만들어졌을 것으로 짐작되지만, 초기의 불화로서 남아 있는 예는 하나도 없다. 그러나 초기의 불교사원에 불화들이 그려졌던 사실은 여러 경전에서 찾아볼 수 있다. 그 예로 『근본설일체유부비나야잡사(根本說一切有部毘那耶雜事)』 같은 경전에서는 최초의 사원인 기원정사(祇園精舍)에 사원의 건물이나 용도에 따라 불화를 장식하였다고 하는 기록이 보인다. 주로 약차(藥叉), 본생담(本生談), 불전도(佛傳圖), 해골 등의 교훈적이고 장엄한 그림을 그렸을 뿐이며 예배 대상인 존상화들은 아직 그리지 않았다. 지금까지 알려진 최초의 불화는 아잔타석굴(Ajantn石窟)벽화이다.

67 심우도는 모두 10개의 장면으로 구성되어 있는데 소는 인간의 본성에, 동자나 스님은 불도(佛道)의 수행자에 비유된다. 중국에서는 소 대신 말을 등장시킨 시마도(十馬圖)가, 티베트에서는 코끼리를 등장시킨 시상도(十象圖)가 전해진다. 한국에는 송(宋)

나라 때 제작된 곽암본과 보명(普明)본이 전해져 2가지가 조선시대까지 함께 그려졌는데 현재는 보명본보다 곽암본이 널리 그려진다. 곽암본과 보명본은 용어와 화면 형식이 달라서 곽암본은 처음부터 마지막 단계까지 원상(圓相) 안에 그림을 그리는데 보명본은 10번째 그림에만 원상을 그린다.

곽암본을 기초로 한 심우도 장면의 용어와 내용은 다음과 같다. (1) 심우(尋牛) : 동자승이 소를 찾고 있는 장면이다. 자신의 본성을 잊고 찾아 헤매는 것은 불도 수행의 입문을 일컫는다. (2) 견적(見跡) : 동자승이 소의 발자국을 발견하고 그것을 따라간다. 수행자는 꾸준히 노력하다 보면 본성의 발자취를 느끼기 시작한다는 뜻이다. (3) 견우(見牛) : 동자승이 소의 뒷모습이나 소의 꼬리를 발견한다. 수행자가 사물의 근원을 보기 시작하여 견성(見性)에 가까웠음을 뜻한다. (4) 득우(得牛) : 동자승이 드디어 소의 꼬리를 잡아 막 고삐를 건 모습이다. 수행자가 자신의 마음에 있는 불성(佛性)을 꿰뚫어보는 견성의 단계에 이르렀음을 뜻한다. (5) 목우(牧友) : 동자승이 소에 코뚜레를 뚫어 길들이며 끌고 가는 모습이다. 얻은 본성을 고행과 수행으로 길들여서 삼독의 때를 지우는 단계로 소도 점점 흰색으로 변화된다. (6) 기우귀가(騎牛歸家) : 흰 소에 올라탄 동자승이 피리를 불며 집으로 돌아오고 있다. 더 이상 아무런 장애가 없는 자유로운 무애의 단계로 더할 나위 없이 즐거운 때이다. (7) 망우재인(忘牛在人) : 소는 없고 동자승만 앉아 있다. 소는 단지 방편일 뿐 고향에 돌아온 후에는 모두 잊어야 한다. (8) 인우구망(人牛俱忘) : 소도 사람도 실체가 없는 모두 공(空)임을 깨닫는다는 뜻으로 텅 빈 원상만 그려져 있다. (9) 반본환원(返本還源) : 강은 잔잔히 흐르고 꽃은 붉게 피어 있는 산수풍경만이 그려져 있다. 있는 그대로의 세계를 깨닫는다는 것으로 이는 우주를 아무런 번뇌 없이 참된 경지로서 바라보는 것을 뜻한다. (10) 입전수수 : 지팡이에 도포를 두른 행각승의 모습이나 목동이 포대화상(布袋和尚)과 마주한 모습으로 그려진다. 육도중생의 골목에 들어가 손을 드리운다는 뜻으로 중생 제도를 위해 속세로 나아감을 뜻한다.

보명본의 심우도는 10개의 장면이 거의 유사하나 용어가 다르다. 보명본의 용어는 (1) 미목(未牧), (2) 초조(初調), (3) 수제(受制), (4) 회수(廻首), (5) 순복(馴伏), (6) 무애(無碍), (7) 주운(住運), (8) 상망(相忘), (9) 독조(獨照), (10) 쌍민(雙泯)이다. 중국의 이숭(李嵩), 일본의 슈분[周文] 등의 〈심우도〉가 있으며 한국에는 송광사를 비롯한 사찰에 벽화로 남아 있다.

70 만다라란 산스크리트로 '圓'이라는 뜻이며, 힌두교와 탄트라 불교에서 종교의례를 거행할 때나 명상할 때 사용하는 상징적인 그림을 말한다. 만다라는 기본적으로 우주를 상징한다. 즉 신들이 거할 수 있는 신성한 장소이며, 우주의 힘이 응집되는 장소

이다. 인간(소우주)은 정신적으로 만다라에 들어가 그 중심을 향하여 전진하며 유추에 의해 흩어지고 다시 결합하는 우주 과정으로 인도된다. 만다라는 기본적으로 2종류가 있어 우주의 2가지 다른 양상을 나타내고 있다. 하나에서 여럿을 향해 움직이는 '태장계(胎藏界 ; garbha-dhātu)'와 여럿에서 한 곳을 향해 움직이는 '금강계(金剛界 ; vajra-dhātu)'가 그것이다.

71 칠처구회도는 『화엄경』의 내용을 함축한 그림으로 화엄경변상도라고도 한다. 또한 모두 탱화 형식으로 남아 있어 보통 화엄탱(華嚴幀)이라고 부른다. 우리나라에서는 80권으로 번역된 80화엄이 주로 유통되었는데, 내용은 크게 일곱 군데에서 행하는 아홉 번의 법회로 구성된다.

72 관경변상도는 아미타사상의 기본 경전인 정토삼부경 가운데 가장 발달된 형태라고 할 수 있는 『관무량수경』의 내용을 그린 것이다. 관경변상도는 서분(序分)의 내용을 그린 서분변상도(序分變相圖)와 본분변상도(本分變相圖)로 구분된다.

73 신중도는 신중 계열 불화이다. 명부 중 계열은 명부와 관련성을 가지고 있는 그림이다. 명부는 죽은 이가 가는 저승 곧 사후세계를 상징하고 있다.

74 범종은 지옥 중생을, 법고는 육상 중생을, 목어는 수중 중생을, 운판은 공중 중생을 제도한다.

76 경북 경주시 인왕동 국립 경주박물관에 있는 신라시대의 종인 성덕대왕신종은 한국 최대의 종으로 봉덕사에 달았기 때문에 봉덕사종이라고도 한다. 종명에 의하면 신라 35대 경덕왕이 그의 아버지 33대 성덕왕의 명복을 빌기 위하여 큰 종을 만들려고 하였으나 뜻을 이루지 못하고 죽자, 그의 아들 혜공왕이 뒤를 이어 771년에 구리 12만 근(72ton)을 들여 완성하고 성덕대왕신종이라 불렀다고 한다.

77 금강저는 산스크리트 바지라(Vajra)를 금강(金剛) 또는 금강저(金剛杵)라고 뜻을 옮긴 것이다. 금강지저(金剛智杵), 견혜저(堅慧杵)라고도 한다. 금강저는 원래 제석천의 번개에 붙은 이름이나 점차 여러 신이나 역사(力士)가 지니는 무기를 가리키는 말이 되었다. 인도 고대에서부터 무기로 사용했으며, 제석천이 아수라를 쳐부순 전설을 불교에서 수용해 중생의 무명번뇌를 굳세고 날카로운 지혜로 부숴 버리는 것에 비유했다.

79 금강령은 불교의식에 사용되는 불구의 하나로 진언을 송경할 때나 성현 또는 천인 망령들을 초청할 때 많이 쓰인다. 일반적으로 요령이라고 부르고 금속 제품이 대부분이다. 쇠북은 농악의 징 모양을 하고 있는 금고 혹은 반자 등을 말한다. 편종은 아악기에 속하는 타악기의 하나이다.

80 육환장은 승려가 지니는 18지물 중에 하나로서 지팡이의 일종이다. 본디 석장이라고

하며, 보통 둥근 고리가 6개 달려 있다고 하여 육환장이라고 한다.

81 업경대(業鏡臺)는 지옥의 염라대왕(閻羅大王)이 갖고 있는 거울로 업경륜(業鏡輪) 혹은 업경(業鏡)이라고도 한다. 불교에서 지옥은 염라대왕이 다스리는 곳이며 육도(六道) 중 가장 고통이 심한 곳으로 가장 죄를 많이 지은 사람이 가는 곳이다. 사람이 죽어 지옥에 이르면 염라대왕은 업경대 앞에 죄인을 세우고 생전에 지은 죄를 모두 털어놓도록 한다. 업경대에는 그가 생전에 지은 선악의 행적이 그대로 나타나며, 염라대왕은 그 죄목을 일일이 두루마리에 적는다. 죄인의 공술이 끝났을 때 더 이상 업경대에 죄가 비추어지지 않으면 심문이 끝난다. 심문이 끝나면 두루마리를 저울에 달아 죄의 경중을 판가름하고, 그에 따라 가야 할 지옥이 정해진다.

82 세종대왕은 불교를 억압하기 위하여 선교양종을 통합하였지만, 직접 창작한 불교곡이 있을 정도로 불교음악에 관심이 많았다.

83 쌍계사는 신라 성덕왕 21년(722)에 대비와 삼법의 두 화상이 당나라에서 육조 스님의 정상(頂相)을 모셔 와서 '지리산 곡설리에 갈화처에 봉안하라'는 꿈의 계시를 받고 범의 인도를 받아 옥천사라 하고 조사를 봉안하였던 곳이다. 그 후 문성왕 2년(840)에 진감국사가 중국 유학을 마치고 차 종자를 가지고 와서 이곳 지리산 주변에 심고 대가람을 이루었다. 이후 정강왕이 진감국사의 도풍을 흠모하여 쌍계사라는 이름을 내려 그 이름이 바뀌게 되었다.

84 수심가는 곡조가 서글픈 서도민요의 하나로 인생의 허무함을 한탄하는 사설이다. 하여가는 고려 말에 이방원이 정몽주를 떠보기 위하여 '이런들 어떠하며 저런들 어떠하리'로 시작되는 단가이다. 회심곡은 불교의 대중적 포교를 위해 마련된 노래로 알아듣기 쉬운 한글 사설을 민요 선율에 얹어 부르는 노래이다. 회심곡은 인간의 권선징악과 희로애락, 그리고 생로병사와 관련된 내용으로 구성된 것과 부모은중경 중 덕담 부분을 뽑아서 한글 가사로 만든 것이 있으며, 축원화청을 부르기 전 독창으로 부른다.

85 권상로 스님의 『부모은중경전』은 1925년 재단법인 조선불교중앙교무원에서 발행하였다. 조학유 스님의 『불교』는 1926년 10월에서 1927년 11월까지 발행한 잡지로 총 24곡의 찬불가를 발표하였다. 백용성 스님의 『대각교의식』은 1920~30년대 집필하였으며 총 7곡의 찬불가가 수록되었다. 정운문 스님의 『불교성가집』은 1988년에 출간한 현대적인 찬불가집이다. 1964년 『불교동요집』과 1985년 『어린이찬불가』에 수록된 곡을 재정리하고 새롭게 만들어진 곡을 첨가하여 집대성한 한층 진보된 찬불가집이다.

87 안채비소리, 바깥채비소리, 화청은 범패를 분류한 것이다. 안채비는 불교의 해박한

지식을 가진 본사의 스님이나 재의 진행을 맡은 법주에 의해서 불리는데, 권공하는 이유의 내용이 담겨 있는 4, 6체의 형식이나 산문 형식의 문장으로 구성되어 있다. 바깥채비는 안채비 이외의 사설, 진언, 게송 등의 소리를 말하며 홋소리, 반짓소리, 짓소리로 구분된다. 아니리는 판소리에서 창자(唱者)가 소리를 하다가 한 대목에서 다른 대목으로 넘어가기 전에 자유리듬으로 사설을 엮어 나가는 행위이다.

88 안진호(安震湖) 스님이 1931년 『석문의범(釋門儀範)』을 편찬했다. 이 『석문의범』이 곧 현행 한국불교의 '의식(儀式)'인 것이다. 『석문의범』은 상하 2편으로 나누어져 있는데, 상편은 예경(禮敬)·축원(祝願)·송주(誦呪)·재공(齋供)·각소(各疏) 5장이고, 하편은 각청(各請)·시식(施食)·배송(拜送)·점안(點眼)·이운(移運)·수계(受戒)·다비(茶毘)·제반(諸般)·방생(放生)·지송(持誦)·간례(簡禮)·가곡(歌曲)·신비(神秘) 등 13장으로 편성되어 있다. 『석문의범』의 특징은 재래 불교의식집에서 강조한 의식음악인 범패(梵唄)의 기능보다는 지금까지 별도로 유행하고 있던 세분화된 의식문을 교리에 맞도록 합리적으로 간추려 재편성했다는 점이다.

92 『삼국유사』는 신앙 중심의 종교사이기 때문에 빈부와 귀천의 차별이 있을 수 없으며, 그 결과는 왕실이나 귀족층은 물론 서민, 노비 신분까지도 그 소재가 될 수 있었다. 신앙의 주체인 개인이 강조되었다. 더구나 『삼국유사』에는 불교와 직접 관련이 없는 시대의 국가의 역사를 싣고, 또 불교와 직접 관련이 없으면서도 비슷한 소재를 실음으로써 승속을 아울렀고, 무교적·도교적인 내용까지도 실을 수 있었다. 또 『삼국유사』는 신앙만이 아니라 국가나 가정의 문제까지를 다룸으로 신앙을 중심으로 한 문학 작품인 동시에 역사서라 할 수 있다. 이런 점을 볼 때 김부식의 『삼국사기』가 정치사 중심의 국가사라 한다면 『삼국유사』는 종교와 신앙 중심의 불교사라 할 것이다. (『삼국사기』 ; 고려 인종23년/1145, 『삼국유사』 ; 고려 충렬왕 7~9년/1281~1283)

94 선시는 주제에 있어 보다 선적이며 좀 더 시적인 표현 양식으로 선의 세계를 표현한 것이다. 어록은 고승의 말씀을 기록한 글이다. 불교가사는 가사의 형식을 통해 불교 사상과 교리를 설파하는 노래이다.

96 『석보상절(釋譜詳節)』은 조선 세종 29년(1447)에 수양 대군이 세종의 명에 따라 소헌 왕후 심씨의 명복을 빌기 위하여 쓴 책으로 당나라 도선의 『석가씨보(釋迦氏譜)』, 양나라 승우(僧祐)의 『석가보(釋迦譜)』, 『법화경』, 『지장경(地藏經)』, 『아미타경』, 『약사경』 등에서 뽑아 한글로 풀이한 석가모니의 일대기이다. 『월인천강지곡』은 『석보상절』과 거의 같은 시기에 창작된 것으로 석가모니의 공덕을 기리는 노래, 찬불가라고 할 수 있다. 용비어천가와는 달리 찬불가이므로 궁중 음악에서는 사용이 안 되

었다. 『월인석보(月印釋譜)』는 조선 세조 5년(1459)에 『월인천강지곡』과 『석보상절』을 합하여 간행한 책이다. 『월인천강지곡』의 각 절은 본문이 되고 그에 해당한 내용의 『석보상절』을 주석(註釋)하는 식으로 편찬하였다. 『용비어천가』는 1445년(세종 27) 4월에 편찬되어 1447년(세종 29) 5월에 간행된, 조선 왕조의 창업을 송영(頌詠)한 노래이다. 모두 125장에 달하는 서사시로서, 한글로 엮은 책으로는 한국 최초의 것이다.

98 고선사는 원효대사가 주지스님으로 주석하던 사찰로 고선사 터가 덕동호에 수몰되는 바람에 여기 남아 있던 고선사 삼층석탑이 현재 국립경주박물관에 세워져 있다. 천관사는 경주 내남면 일남리에 있었던 사찰로 신라시대 김유신이 사랑하던 기생 천관의 집을 절로 바꾸어 창건한 것이다. 천룡사는 경주 내남면 용장리 고위산 천룡곡에 있는 사찰로 천녀와 용녀라는 두 딸을 가진 부모가 딸을 위해 절을 짓고 이름을 한자씩 따서 천룡사라고 전한다.

99 『직지심경』은 고려 공민왕 21년(1372)에 백운화상이 원나라에서 받아온 『불조직지심체요절』 1권의 내용을 대폭 늘려 상하 2권으로 엮은 것으로서, 역대 여러 부처와 고승들의 법어, 대화, 편지 등에서 중요한 내용을 뽑아서 편찬한 것이다. 닥종이에 찍은 목판본으로, 크기는 세로 21.4cm, 가로 15.8cm이다. 금속활자를 이용해 1455년 간행된 독일의 구텐베르크 성경보다 78년이 빠른 세계 최초의 금속활자본이나, 현재는 프랑스국립도서관에 소장되어 있다.

1. ③ 2. ④ 3. 불교를 사람들에게 널리 알려서 믿게[信] 할 뿐만 아니라, 그 교리를 충분히 이해시키고[解], 실천하게 함으로써[行] 불교가 추구하는 궁극적인 목표에 도달하게 하려고[證] 노력하는 모든 행위를 말한다. 4. ④ 5. ④ 6. ① 7. ② 8. ④ 9. ① 10. ① 11. ① 12. ③ 13. ③ 14. 천안통, 천이통, 타심통, 숙명통, 신족통(여의통), 누진통 15. ④ 16. ③ 17. ② 18. ③ 19. 부루나 20. ② 21. ① 22. ③ 23. ② 24. 수다원 25. ③ 26. 격의불교 27. ② 28. ④ 29. ① 30. 아쇼카 왕 31. ① 32. ① 33. ① 34. ③ 35. ① 36. ② 37. ④ 38. ① 39. ① 40. 자장, 자장율사 41. ② 42. ④ 43. ③ 44. ① 45. ① 46. ③ 47. ① 48. ④ 49. 승려(비구, 비구니)와 신도(우바새, 우바이) 50. ③ 51. ④ 52. 2-용주사, 3-신흥사, 4-월정사, 5-법주사, 6-마곡사, 7-수덕사, 8-직지사, 9-동화사, 10-은해사, 11-불국사, 12-해인사, 13-쌍계사, 14-범어사,15-통도사, 16-고운사, 17-금산사, 18-백양사, 19-화엄사, 20-선암사, 21-송광사, 22-대흥사, 23-관음사, 24-선운사, 25-봉선사 53. 불보사찰 (영취산 통도사), 법보사찰 (가야산 해인사), 승보사찰 (조계산 송광사) 54. ④ 55. ② 56. 통도사 ; (영축)총림, 해인사 ; (해인)총림, 송광사 ; (조계)총림, 수덕사 ; (덕숭)총림, 백양사 ; (고불)총림 57. 사방승가 ; 부처님 이래로 불교에 귀의하여 수행을 한 모든 스님을 포괄하는 개념이다. 현전승가 ; 현재 수행하고, 중생 교화 활동을 실천하고 있는 스님을 가리킨다. 58. ④ 59. 여시본말구경(如是本末究竟) 60. ④ 61. ② 62. 국제포교가 효과적으로 이루어지기 위해서는 첫째, 포교 대상국에 불교를 전파하고 이끌어 가기 위한 포교 주체, 즉 승가가 구성되어야 한다. 둘째, 국제포교를 담당할 수 있는 포교 거점을 확보하고 있어야 한다. 셋째, 국제포교는 그 나라의 문화와 전통, 사회적 특성을 반영하는 신행과 수행 체계를 갖추고 있어야 한다. 넷째, 국제포교는 포교 대상국에 대한 정신적 유대관계와 지원 체계를 갖추고 있어야 한다. 63. 금강경 64. ④ 65. 유마경 66. ② 67. 법화경 68. ③ 69. ④ 70. ③ 71. ③ 72. ④ 73. ① 74. 무차대회 75. ① 76. 점안식, 개안식 77. 개산대재 (開山大齋) 78. ④ 79. ④ 80. ④ 81. 반야심경, 법문, 사홍서원 82. ② 83. ③ 84. ④ 85. ③ 86. ④ 87. ① 88. ④ 89. ① 90. ④ 91. ㉠ 법무애변(法無碍辯), ㉡ 의무애변(義無碍辯), ㉢ 사무애변(辭無碍辯) 92. ② 93. 대기설법 94. ② 95. ② 96. ③

97. ③ 98. 반어법 99. 미란타왕문경(나선비구경, 밀린다팡하) 100. ① 101. ④ 102. 위의 교화 103. ④ 104. 자, 비, 희, 사 105. ① 106. 차제설법 107. ① 108. ③ 109. 도량석 110. ③ 111. ④ 112. 9시에서 11시 사이 113. 시식(施食) 114. 중유(中有), 중음, 중온, 중음신 115. ② 116. 군종특별교구 117. 경승제도, 경승단 또는 경승 118. ④ 119. 어린이 청소년의 눈높이에 맞는 프로그램을 개발하고, 저학년의 경우 단계별 프로그램을 개발한다. 또한 미성년을 대상으로 한다는 점에서 우수한 지도자를 육성 배출해야 하며, 어린이 청소년들과 친숙한 포교 매체를 활용하는 방안을 모색한다. 120. 계(계율), 정(선정), 혜(지혜) 121. ④ 122. ④ 123. ③ 124. ② 125. ④ 126. ① 127. ① 128. ③ 129. ③ 130. ② 131. ② 132. ② 133. ③ 134. ① 135. ① 136. ④ 137. ② 138. ④ 139. 무연(無緣)자비 140. ④ 141. 보시, 애어, 이행, 동사 142. ④ 143. 시다림(尸茶林) 144. 유교의 제 의식은 희생제의를 전제로 하지만, 불교의 재의식은 공양의식을 전제로 한다. 145. 사찰 숙식(템플스테이, Temple-stay) 146. 방선(放禪) 또는 경행(經行) 147. ① 148. ③ 149. ③ 150. ④ 151. ② 152. ③

해 설

1 포교와 관련 있는 불교 개념으로는 교화(敎化), 전도(傳道), 포덕(布德), 감화(感化), 권화(權化) 등이 있다. 포교는 선포교법(宣布敎法) 혹은 홍포교법(弘布敎法)의 약어로 홍교(弘敎), 선교(宣敎), 전도(傳道), 전파(傳播) 등의 용어와 같은 의미로 사용되었다. 종교학대사전에서는 포교를 "종교적 진리를 언어(言語)와 고의(故意)를 통하여 전달 홍포(弘布)하는 것"으로 정의하고 있다.

2 포교사의 임무는 지식을 전달하는 것이 아니라 신행의 기쁨을 전달하는 것이다. 따라서 포교에는 직접적인 설법 이외에 다양한 방법이 있다.

4 과거 일곱 부처님이 한 분도 빠짐없이 공통으로 금계(禁戒)의 근본으로 삼는 게송이라는 뜻이다. 칠불통계게는 과거칠불의 공통적인 가르침으로서, 시대와 지역을 초월한, 불교에 대한 가장 보편적인 정의라고 할 수 있다.

5 포교법 제2조에 의하면 포교의 목적은 불타의 교법을 널리 홍포하여 중생을 교화하고, 지혜와 자비의 불타정신을 사회에 구현하여 불국정토를 건설함을 목적으로 한다.

8 포교법 31조에 의하면 포교사는 삼보를 호지하고 정법을 홍포하며 보살도 실천으로

불국토를 건설함에 헌신해야 한다. 포교사는 사설 포교당을 운영하거나 수계의식을 진행하거나 법명을 부여할 수 없다.

9 『법화경』제10 「법사품」에서 법사는 대자비심으로써 집을 삼고, 중생을 제도하게 위해 끝까지 부드럽게 인욕하는 것으로 옷을 삼아야 한다. 그리고 만법(萬法)이 텅 비어 모두 공한 경지로써 법좌(法座)로 삼아서 법화경을 수지(受持), 독(讀), 송(誦), 해설(解說), 서사(書寫)하라고 하였다.

10 대한불교조계종 포교법 제4조 포교 지침의 내용이다. ① 삼보에 대한 굳건한 신심과 보살의 서원으로 교화한다. ② 불타의 교법을 올바로 이해하고 수행 정진하여 불법 홍포에 신명을 다한다. ③ 중생을 수순하기 위하여 다양한 교화 방편을 수립한다. ④ 동사십의 정신을 사회 속에 구현한다. ⑤ 대승원력으로 요익중생과 교단 발전을 위하여 교화한다.

11 '독사가 물을 마시면 독을 이루고 소가 물을 마시면 젖을 이룬다[所謂蛇飲水 成毒 牛飲水 成乳]'는 말과 같이, 지혜롭게 잘 배우면 보리를 이루고 어리석게 배우면 생사를 이룬다 함이 이를 두고 하는 말이다.

13 『포교 이해론』 35쪽 부처님의 포교 방법과 사례 참조.

14-15 육신통 가운데 앞의 다섯 신통은 외도(外道)나 특수한 경험을 한 사람들이 얻을 수 있지만, 누진통만은 부처님 또는 아라한 이상의 경지에 오르지 않으면 얻을 수 없다고 한다. 육신통과 관련하여 부처님은 제자들에게 신통력 사용을 엄격하게 금하셨다. 왜냐하면 불교의 본질은 깨달음이지 신통력을 얻고자 하는 것이 아니기 때문이다.

20 가섭존자는 부처님이 열반에 들고난 후 부처님이 가르침이 세상에서 사라질 것을 염려하여, 5백 명의 아라한을 칠엽굴에 모이게 해서 부처님의 가르침과 계율을 모두 모으는 데 앞장섰다.

21 아난존자는 부처님의 사촌 동생으로 곡반왕(斛飯王)의 아들이었다. 불교 경전에 그 이름이 나온 횟수는 십대제자들 가운데 아난존자가 가장 많다. 그것은 부처님의 시자(=비서) 역할을 맡고 있었기 때문이다.

22 불교사적으로 아난이 했던 가장 큰 공적은 부처님께 여성의 출가를 간청하여 이를 관철시킨 일이다. 부처님 성도 후 20년에 이루어진 여성의 출가 과정을 간략히 살펴보면, 여성의 출가는 마하빠자빠띠의 세 번에 걸친 간청 끝에 아난존자의 도움으로 이루어졌다.

23 수행자 스님들을 초청하여 공양을 올리는 공승제는 오늘날 우란분재의 기원이 되

었다.

26 격의(格義)라는 말은 중국인에게는 쉽게 이해되지 않은 불교 교리를 널리 이해하기 쉽도록 하기 위해, 유교나 도교 등 중국 고유의 사상으로부터 유사한 개념이나 용어를 차용하여 설명하는 편법을 가리킨다. 이러한 방식에 의거하여 전개된 불교의 총칭이 격의불교이다.

31 붓다고사가 저술한 『청정도론』은 남방불교의 대표적 수행지침서이다. 『십주비바사론』, 『대지도론』은 용수의 저서이다. 『앙굿따라니까야』는 부수별로 모은 『아함경』에 해당하는 부처님 당시의 초기경전이다.

32 대지도론은 삼장 가운데 논(論)에 해당한다. 용수(龍樹)가 저술한 것으로, 당시(200년경)의 불교사상을 알 수 있는 불교 백과사전의 역할을 하는 대논문이다.

34 『삼국유사』의 기록에 의하면 원효가 파계하여 설총을 낳은 후 속인 행세를 하며 소성거사(小姓居士)라고 자칭할 때, 우연히 광대들이 가지고 노는 큰 바가지를 얻었는데 그 모양이 이상했다. 원효는 『화엄경』의 "一切無碍人 一道出生死(일체 구속됨이 없는 사람은 죽고 사는 것을 한길로 벗어남)"의 문구를 따서 그 바가지의 이름을 '무애(無碍)'라 했다. 이 바가지를 들고 이 노래를 부르며 수많은 마을을 돌아다니면서 사람들에게 불교를 널리 전했다.

35 태국에서 태어난 술락 시바락사는 참여불교 운동의 선구자이며, 마하 고사난다는 캄보디아의 간디라 불리는 캄보디아 종정스님이다.

36 중국 선종의 창시자로 선포교의 지평을 열었던 분은 달마대사이다.

38 한국불교는 중국의 종파불교를 계승하면서도 다시 그들 사이의 화해와 융합을 강조한 회통불교적인 성격을 지니고 있다.

39 겸익이 인도에 직접 가서 「아비담 5부」의 율문을 가지고 왔는데, 그 뒤 담욱(曇旭)과 혜인(惠仁)은 율에 대한 소(疏) 36권을 지었다. 관륵과 혜총은 일본불교 발전을 위해 많은 공을 세운 백제의 승려이다.

42 우리나라의 화엄십찰은 신라의 의상(義湘)이 당나라에서 수행하고 돌아와 세운 사찰이다. 최치원(崔治遠)이 쓴 『법장화상전』에 의하면 태백산 부석사(浮石寺), 원주 비마라사(毘摩羅寺), 가야산 해인사(海印寺), 비슬산 옥천사(玉泉寺), 금정산 범어사(梵魚寺), 지리산 화엄사(華嚴寺), 팔공산 미리사(美理寺), 계룡산 갑사(甲寺), 웅주 가야협 보원사(普願寺), 삼각산 청담사(靑潭寺) 10개 사찰을 말한다. 그러나 일부 학자들은 원주 비마라사 대신 전주 무산 국신사(國信寺 : 현재의 귀신사)를 십찰의 하나로 여기기도 한다. 『삼국유사』에는 이중 부석사와 비마라사·해인사·옥천사·범어사

화엄사 6개 사찰만이 기록되어 있다. 이들 사찰은 의상이 전파한 화엄사상을 널리 펴는 데 중요한 역할을 하였다. 경주 황복사는 의상 스님이 29세에 출가한 사찰이다.

43 「법계도」는 신라의 고승 의상 스님이 광대무변한 화엄사상의 요지를 2백 10자의 게송으로 압축한 법성계를 도표 형식으로 구성한 것으로 「화엄일승법계도」라고도 한다. 『발심수행장』은 신라 원효의 저서이며, 『석원사림』, 『원종문류』는 고려 대각국사 의천의 저서이다.

44 『선가귀감』은 청허당(淸虛堂) 휴정(休靜) 스님이 지은 책으로 말 그대로 선가에서 거울로 삼을 수 있는 지침서이다. 이 책은 저자 서산대사가 선의 진수와 불교를 배우고 수행하는 사람에게 본보기가 되게 하고자 지은 것으로 대장경과 선사의 어록 가운데서 요긴한 것을 추려 모아 직접 주해를 달고 간혹 송(誦)과 평(評)을 붙인 형식으로 돼 있다.

46 백용성 스님은 3·1운동 때 민족대표 33인 중 한 사람이며, 1921년 출옥과 더불어 우리 민족이 불법에 귀의하여 민족의 위기 상황을 극복해야 한다고 제창하면서 대각사(大覺寺)를 창건하고 대각교(大覺敎)를 창설했다.

48 신도는 삼귀의계와 5계를 수지하고 삼보를 호지하며, 본종의 종지를 신수 봉행하는 자를 말한다.

49 사부대중이란 사중(四衆) 또는 사부중이라고도 한다. 사부는 출가와 재가, 남자와 여자에 따른 구분인데, 우선 출가의 두 무리와 재가의 두 무리로 나뉜다. 출가의 두 무리는 비구(比丘)와 비구니(比丘尼), 재가의 두 무리는 우바새(優婆塞)와 우바이(優婆夷)이다.

57 추상적인 의미에서 불교 교단을 사방승가(四方僧伽)라고 하고, 현실로 눈앞에 보이는 비구·비구니 등의 집단을 현전승가(現前僧伽)라고 한다.

58 포교사와 비슷한 개념으로 법사라는 용어를 사용하는 경우도 있으나, 종단에서는 신도에게 법사라는 호칭을 쓰지 않고 있다. 법사는 재가 불자들에게 부처님의 가르침을 설명하여 괴로움에서 벗어나게 이끌어 주고, 지혜를 증득하도록 지도하는 구실을 하기 때문이다.

59 십여시 가운데 처음의 여시상을 본(本), 마지막의 여시보를 말(末)이라 하며, 이들이 전체적으로 궁극적인 구경(究竟)이 되어 동등한 것을 여시본말구경(如是本末究竟)이라고 한다.

60 간접 포교는 포교 주체와 포교 대상자 사이에 언론이나 서적 등과 같은 매체가 있어서 직접적인 접촉이 없이도 포교 효과를 기대하는 방법이다. 스포츠, 음악, 미술, 사

회복지 활동도 간접적으로 포교 효과를 기대할 수 있다.

64 『화엄경』「입법계품」에서 선재동자는 문수보살에 의해 보리심을 내어 53선지식을 차례로 찾아가서 도를 묻고, 마지막으로 보현보살을 찾았을 때 보현보살이 설한 법문을 듣고 법계에 든다.

66 『승만경』은 사위국 바사닉 왕의 딸로서 아유타국의 우칭 왕에게 시집 간 승만 부인이 석가세존에게 10대 서원과 3대 서원을 세우고 정법을 설하는 형식을 취하고 있다.

74 무차대회(無遮大會)란 불교에서 여는 법회의 하나이다. 승려나 속인, 빈부노소·귀천을 가리지 않고 누구나 자유롭게 참여하여 법문을 들을 수 있다. 시주자가 잔치를 열고 물건을 나눠주며, 불경을 강의한다. 불법의 공덕이 중생에게 골고루 미치도록 하자는 의미가 있고, 왕이 백성의 어려운 생활을 달래고 민심을 수습하려는 의도에서 열기도 하였다.

75 점안의식은 불교 신앙의 대상에다 생명력을 불어넣어 주는 의식으로 개안의식(開眼儀式)이라고도 한다. 불상이나 불화, 만다라, 석탑, 불단 등을 새로 만들거나 개수하였을 때 반드시 이에 공양하고 불구(佛具)의 근본 서원을 나타내기 위하여 여법하게 점안의식을 행한다. 점안의식을 하지 않는 모든 불상이나 탑은 종이, 돌, 천, 나무의 천연물에 불과하다.

81 연단의 높이는 장소의 넓이에 비례한다. 작은 장소는 연단이 낮을수록 좋다.

90 사무애변(四無碍辯)은 『법화경』에 나타난 사상으로 네 가지 걸림 없는 이해와 표현 능력을 말한다. 요설무애변(樂說無碍辯)이란 설법함에(즐거움을 주는 데 있어서) 걸림이 없는 것을 말한다.

94 『법화경』에는 일곱 가지 비유가 나오는데 이를 법화칠유(法華七喩)라고 한다. 첫째는 「비유품」 권2에 나오는 유명한 '화택비유(火宅譬喩)'이다. 두 번째는 「신해품」 제3에 나오는 '궁자비유(窮子譬喩)'이다. 세 번째는 「약초유품」 제5에 나오는 '약초비유(藥草譬喩)'이다. 네 번째, 「화성유품」 제7에 나오는 '화성비유(化城譬喩)'이다. 다섯 번째, 「오백제자수기품」 제8에 있는 '계주비유(繫珠譬喩)'이다. 일곱 번째, 『법화경』의 안목이자 바로 불교의 안목이기까지 되는 「여래수량품」 제16에서 밝히는 '의사비유(醫師譬喩)'이다.

95 『잡아함』 15권 406경 『맹구경(盲龜經)』에 '맹구우목(盲龜遇木)'이란 고사성어가 나오는데, 이 말은 사람의 몸을 받지 못하면 사유하기 어렵고, 부처님 법을 만나는 인연이 없으면 바른 법으로 수행하기 어렵기 때문에 사람으로 태어났을 때 부지런히 선행을 닦아야 한다는 의미를 지니고 있다.

99 『밀린다왕문경』은 『밀린다팡하(MilindaPañha)』의 한역으로 『나선비구경(那先比丘經)』

이라고 하는데, 경이라고 하지만 불설(佛說)이 아니며, 빨리어 삼장에서는 장외(藏外)에 들어 있다.

기원전 2세기 후반에 서북 인도를 지배한 그리스인 박트리아 국왕 밀린다(메난드로스)가 불교승 나가세나(那先比丘)에게 불교 교리에 대해서 질문하면 승이 이에 해답(解答)을 하는 대화 형식으로 된 성전으로서, 성립 시기는 기원전 1세기 후반에서 기원 1세기 전반 사이로 되어 있다.

106 차제설법은 사성제(四聖諦)의 가르침을 제시하기 위한 전 단계로 순서에 따라 가르침을 설하는 것을 말한다. 여기에는 시론(施論), 계론(戒論), 생천론(生天論)의 단계적 설법이 대표적이라 할 수 있는데, 즉 수행자에게 가난한 이에게 옷과 식을 베풀라는 시론, 오계를 지키라는 계론, 그러한 선업의 결과로 천계에 태어나 행복한 삶을 영위할 수 있다는 생천론을 먼저 단계적으로 설하는 것을 말한다.

108 모든 경전은 첫머리에 여섯 가지의 필수적인 요건을 갖추고 있는데 이것을 육성취(六成就)라고 한다. 석존의 가르침이 틀림없다는 것을 확인하는 신성취(信成就) : 여시(如是), 내가 직접 들었다는 문성취(聞成就) : 아문(我聞), 설법의 때를 명시하는 시성취(時成就) : 일시(一時), 설법을 한 것이 붓다였다는 주성취(主成就) : 불(佛), 설법한 장소를 밝히는 처성취(處成就) : 재사위국(在舍衛國), 어떤 사람(대중)이 들었는가를 밝히는 중성취(衆成就) : 여대비구(與大比丘)이다. 그래서 모든 경전이 "여시 아문 일시 불 재사위국 여대비구~"하고 시작되는 것이며, 이 육성취를 기본으로 하여 위경을 가리기도 한다.

111 예불 시 신중단을 향해 『반야심경』 독송을 하는 것이 일반적이다. 그전까지는 상단예불, 중단예불 식으로 신중단에도 중단예불을 하였는데 1947년 봉암사 결사에서부터 중단예불을 『반야심경』으로 대체하였다고 전한다. 『반야심경』의 내용이 선종이 추구하는 목표를 잘 반영하기도 했지만, 무엇보다 자력 수행을 하는 선종의 입장에서 '궁극적 모델은 부처님이며 불교를 외호하는 신중은 예경의 대상이 아니라 오히려 불법을 들려주어 깨닫게 하는 대상'이라는 생각에서였다.

112 소승불교에서는 중생이 윤회하는 과정을 사유(四有)로서 설명하고 있는데, 중유(中有), 생유(生有), 본유(本有), 사유(死有)를 말한다. 여기서 중유(中有)는 전생에 지은 모든 업력을 지니고 사망해서 다시 출생하기까지의 중간 생명을 뜻한다. 생유(生有)는 중유 기간의 영혼(阿賴耶識)이 출생의 인연을 만나 이승에 출생하는 순간을 말한다. 본유(本有)는 중유가 출생하여 이승에서 살다가 사망하기까지의 생명체를 뜻한다. 사유(死有)는 이승에서 살다가 인연이 다 되어 사망하는 순간을 말한다.

115 청소년 포교는 특수 계층 포교가 아니라 계층 포교이다.

122 한국불교의 전통 강원의 학습제도는 삼국시대 교학을 주로 한 데서부터 유래되었다고 할 수 있으나 선과 교를 겸학하는 강원제의 유래는 명확하지 않다. 이 제도가 완비된 것은 대체로 조선시대의 인조─숙종의 시기인 것으로 본다. 강원제의 학제는 사미과 (沙彌科), 사집과(四集科), 사교과(四敎科), 대교과(大敎科)의 4단계가 있었다. 이는 오늘날의 학제에 비교하면 사미과는 초등학교, 사집과는 중학교, 사교과는 고등학교, 대교과는 대학, 수의과는 대학원에 해당된다고 할 수 있다. 학제상 사미과는 사집과 의 예비문이었으며, 사집과는 경전을 볼 수 있는 기초 지식을 습득시킴을 목적으로 하고, 사교과는 『능엄경』·『법화경』(기신론으로 대치)·『금강경』·『원각경』을 연구함을 목적으로 하고, 대교과는 화엄경과 특수한 염송을 수학함을 목적으로 하였다.

125 포교사 고시 응시 자격은 전문교육 과정 이수자에게 그 자격이 주어진다.

126 사미계는 출가수행자들이 행자 생활을 마치고 받는 계이다. 최초의 사미십계는 '사 미십계경'에 있는데, 부처님이 사리불을 시켜서 라훌라에게 일러 준 것이다.

131 2004년 전국신도회와 중앙신도회로 양분돼 활동했던 조계종 신도 조직이 조계사에 서 대회를 갖고 중앙신도회로 통합됐다. 1994년 종단 개혁 이후 조계종 중앙종무기 관에서 중앙신도회를 발족하면서 양분화됐던 신도 조직은 1여 년간에 걸친 논의 끝 에 결국 통합을 이끌어냈다. 중앙신도회가 발족하기 전까지는 대한불교조계종의 신 도 단체는 전국신도회였다.

137 불교적 측면에서 보면 세속적 삶 자체가 고통의 바다이기에 모든 세속인이 복지 포 교의 대상이 될 수밖에 없다. 본문의 분석은 복지 포교의 대상을 분석적 차원에서 세 가지로 분류한 것이다.

139 복지 포교의 실천 사상으로 보살사상, 보시사상, 복전사상, 보은사상, 사섭법 등이 있다.

143 시다림(尸茶林)은 죽은 이를 위해 장례 전에 행하는 의식이다. 원래 인도의 시타바나 에서 연유한 말이다. 시타바나는 추운 숲으로 인도 사람들이 시체를 버리는 곳이었 다. 왕사성 옆에 있던 곳으로 죽은 시신을 이 숲에 버리면 독수리 떼가 날아와 먹어 치우는 조장(鳥葬)의 풍습이 행해진 곳이다. 우리나라에서는 뜻이 바뀌어 망자를 위 하여 설법하는 것을 시다림이라 하고 이를 시다림 법문이라 한다. 한문으로는 屍茶 林이라고도 쓰고 尸陀林이라고도 한다.

144 우리 주변에서 가장 흔하게 듣고 보고 행하는 의식 가운데 '재(齋)'와 '제(祭)'가 있 다. 불교의식을 통칭하는 '재'는 범어 우포사다(uposadha)의 한역으로 '삼가다'는 뜻 이다.

『구사론』이나 『관정경』에서는 '포살(布薩)'의 개념으로 '일정한 날에 계율을 지키는 것'이라고 정의한다. 아울러 재는 '신(身)·구(口)·의(意)의 세 가지 행위를 삼가고 몸을 깨끗이 하는 것'을 의미하기도 하는데, 이는 단순한 의식 행위의 차원을 넘어 삼업(三業)을 정재(淨齋)하고 스스로 정신과 육체를 밝히고자 하는 인간의 자발적인 행업(行業)이라 할 수 있다.

재는 이처럼 한마디로 '몸과 마음을 모두 깨끗이 한다'는 뜻이다. 『잡아함』에서는 인도의 일반적 제사를 재로 정의하고 있는데, 재와 제의 의미가 개념상 일맥상통한다고 볼 수 있는 대목이다. 이처럼 불교의 재와 유사한 제(祭)는 돌아가신 조상을 추모하고 그 은혜에 보답하고자 하는 최소한의 의식 절차이며, 살아생전 다하지 못한 효도의 연장이라 볼 수 있다.

이를 토대로 불교에서는 부처님과 수행자에게 공양을 올리거나 죽은 자의 명복을 기원하는 불공의식(佛供儀式)을 모두 '재'라고 공칭하고 있다.

죽은 자에 대한 공경과 추모의식의 일면에서 보면 재와 제는 동일한 개념이라 할 수 있다. 하지만 제가 죽은 자에 대한 제사(祭祀)의 개념에 한정된 반면, 재는 죽은 자에 대한 천도의식을 포함해 산 자 스스로 삼업을 삼가고 정신과 육체를 정갈히 하고자 하는 참된 공양의식에 그 근본 취지를 두고 있다는 점에서 제를 포섭한다고 하겠다. 따라서 불교에서 제례의식을 포함한 모든 공양의식이나 불교 행사는 모두 '제'가 아닌 '재'로 표현하고 있다.

147 수행할 때 제일 먼저 갖추어야 할 요소는 정견의 확보다. 정견이란 치우침이 없이 편견 없이 바르게 보는 것으로, 연기, 중도, 무아 등의 부처님 말씀에 대한 정확한 이해를 먼저 해야 한다.

149 1990년 라디오 〈불교방송〉이 서울에 처음 개국하였고, 세계 최초의 케이블 TV인 〈불교TV〉는 1995년에 개국하였다.

151 프로그램 개발의 네 단계는 서로 밀접하게 관련되어 규제하고 상호 영향을 주면서 주기적으로 반복되는 순환적인 과정을 이루고 있다.

152 실천 영역의 평가 지표는 계율 준수, 봉사 활동, 전도, 일상생활과 종교의 일치도, 종교 생활 시간, 일상에 대한 종교의 영향력 등이다. 입교의식은 믿음의 측정 지표라고 할 수 있다.

1. 석가모니불 2. 소수림왕 2년, 서기 372년 3. 도의국사, 보조국사, 태고 보우국사 4. ④ 5. 금강경(金剛經)과 전등법어(傳燈法語) 6. ④ 7. 포교, 역경, 도제양성 8. ② 9. ④ 10. ③ 11. ③ 12. ③ 13. ② 14. 원로회의 15. ④ 16. ④ 17. ① 18. ② 19. ① 20. ④ 21. ③ 22. ① 23. ② 24. 포교부장 25. ④ 26. ① 27. ② 28. ③ 29. ① 30. ④ 31. ④ 32. ③ 33. ② 34. ④ 35. 재적사찰 주지스님 36. ② 37. ④ 38. ④ 39. ① 40. 사찰 운영위원회 41. ④ 42. ② 43. ③ 44. 7인 이상 30인 이내 45. ② 46. ① 47. ④ 48. ② 49. ③ 50. ③ 51. ① 52. ③ 53. ② 54. ④ 55. 만 15세~만 50세 56. ③ 57. ④ 58. ① 59. ③ 60. ① 61. ① 62. 군종특별교구 63. 봉암사 64. ① 65. ① 66. ② 67. ① 68. ① 69. ③ 70. 사단법인 파라미타 청소년협회(연합회) 71. (사단법인)생명나눔실천본부 72. ④ 73. 한국대학생불교연합회 74. 올바른 법을 지키기 위하여 신심의 안위를 버린다. 75~76. 생략

해 설

1 종헌 4조에 의하면, 본종은 석가모니불을 본존불로 한다. 단, 종전부터 석가모니불 이외의 불상을 모신 사찰에 있어서는 그 관례에 따른다.

2 종헌 5조에 의하면, 본종은 석가모니불의 기원을 단기 1789년(서기 기원전 544)으로써 기산한다. ② 불교가 우리나라에 공인된 기원을 단기 2705년(고구려 소수림왕 2)으로서 기산한다.

3 종헌 1조에 의하면, 본종은 대한불교조계종이라 칭한다. 본종은 신라 도의국사가 창수한 가지산문에서 기원하여 고려 보조국사의 중천을 거쳐 태고 보우국사의 제종 포섭으로서 조계종이라 공칭하여 이후 그 종맥이 면면부절한 것이다.

4 종헌 2조에 의하면, 본종은 석가세존의 자각각타 각행원만한 근본 교리를 봉체하며 직지인심 견성성불 전법도생함을 종지로 한다.

5 종헌 3조에 의하면, 본종의 소의경전은 『금강경』과 「전등법어」로 한다. 기타 경전의

연구와 염불 지주 등은 제한치 아니한다.

6 종헌 13조에 의하면, 본종의 의식은 불조의 유훈과 전래의 「백장청규」 및 「예참법」에 의준한다. 「보림전」이란 조사선의 역사를 기록하기 위해 편집된 것이다.

8 종헌 8조에 의하면 본종은 승려(비구·비구니)와 신도(우바이·우바새)로 구성한다.

9 종헌 전문에 의하면, [중략] 8·15 광복 후 교단의 청정과 승풍을 진작하려는 종도들의 원력에 의해 불기 2498(1954)년 정화운동이 일어나 자정과 쇄신으로 마침내 종단의 화합이 이룩되어 불기 2506(1962)년 3월 22일 종헌을 제정하고 통합종단이 출범하게 되었다.

그리하여 교단의 청정성과 삼보 호지의 기본 틀이 다져지고, 수행납자의 승풍이 진작되었으며, 포교와 가람 불사에 힘을 기울여 한국불교는 유례없는 교세 확장을 이루었다.

10 대한불교조계종의 「법계법」 7조(종별, 9조 기본자격요건)에 의하면, 법계는 다음 종별로 한다. 비구법계는 대종사, 종사, 종덕, 대덕, 중덕, 견덕이다. 비구니법계는 명사, 명덕, 현덕, 혜덕, 정덕, 계덕으로 되어 있다.

법계의 자격 요건은 대종사(승랍 40년 이상 종사법계 수지자), 종사(승랍 30년 이상 종덕법계 수지자), 종덕(승랍 25년 이상 대덕법계 수지 및 1급 승가고시에 합격한 자), 대덕(승랍 20년 이상 중덕법계 수지 및 2급 승가고시에 합격한 자), 중덕(승랍 10년 이상 견덕법계 수지 및 3급 승가고시에 합격한 자), 견덕(승랍 10년 미만 4급 승가고시에 합격한 자)이며, 비구니 법계 요건은 비구법계에 준한다.

11~13 종헌 제6장 (종정)에 의하면 다음과 같다. 종정은 본종의 신성을 상징하며 종통을 승계하는 최고의 권위와 지위를 가진다. 종정은 승납 45년 이상, 연령 65세 이상, 법계(대종사 이상)의 자격을 구비하고, 행해가 원만한 비구이어야 한다. 종정은 원로회의 의원, 총무원장, 호계원장과 중앙종회의장이 추대한다. 종정의 임기는 5년으로 하며, 1차에 한하여 중임할 수 있다.

종정은 전계대화상 위촉권을 가지며, 종헌종법이 정하는 바에 따라 포상과 징계의 사면, 경감, 복권을 행할 수 있다. 또한 종단 비상 시에 원로회의 재적 3분의 2 이상의 제청으로 중앙종회를 해산할 수 있다.

14 종헌 26조에 의하면 원로회의는 17인 이상 25인 이내의 승납 45년, 연령 70세, 법계 대종사급의 원로 비구로 구성한다. 원로회의 의원은 중앙종회의 추천에 의하여 원로회의에서 선출한다. 원로회의 의원의 임기는 10년으로 하며, 중임할 수 없다. 또한 원로회의는 1. 종정 추대권, 2. 중앙종회에서 추천한 원로의원 선출권, 3. 종헌 개정안 인준권, 4. 선출된 총무원장에 대한 인준권, 5. 중앙종회의 총무원장 불신임 결의

에 대한 인준권, 6. 2급 이상의 법계 심의권, 7. 전계대화상 추천권, 8. 종단 비상시 중앙종회 해산 제청권, 9. 중앙종회에서 부의한 종단 중요 종책의 조정권의 권한을 갖는다.(종헌 28조)

15 종헌 54조에 의하면, 총무원장은 본종을 대표하고 종무행정을 통리한다. 총무원장은 중앙종회에 종헌종법 개정안, 종법안을 제출할 수 있다. 총무원장은 종법에서 위임 받은 사항과 종법을 집행하기 위하여 필요한 사항에 관하여 종령을 발할 수 있다. 총무원장은 종헌종법이 정하는 바에 따라 총무원 임직원과 각 사찰의 주지를 임면한다. 총무원장은 종헌종법이 정하는 바에 따라 종단과 사찰에 속한 재산을 감독하며, 그 처분에 있어서 승인권을 가진다. 사찰이 재산을 처분하고자 할 경우에는 총무원장은 타당성 여부에 대한 감사기관의 사전 조사를 거쳐 승인하여야 한다. 총무원장은 종헌종법이 정하는 바에 따라 특별 분담 사찰과 직영 사찰 등 중요 사찰의 예산 승인권 및 예산 조정권을 가진다. 총무원장은 종헌종법이 정하는 바에 따라 교육·포교·역경·복지·문화 사업을 시행하기 위하여 중앙종회의 의결을 거쳐 특별 분담 사찰 및 직영사찰을 지정할 수 있다. 직영 사찰의 주지는 종헌 제99조의 규정에도 불구하고 임기 연한을 두지 아니한다. 직영 사찰과 특별 분담 사찰의 지정 및 운영에 관한 사항은 종법으로 정한다. 총무원장은 징계의 사면, 경감, 복권 및 종법이 정하는 바에 따른 포상을 종정에게 품신할 수 있다.

16 종헌 53조에 의하면, ① 총무원장의 자격은 승납 30년 연령 50세 법계 종사급 이상의 비구로 한다. ② 총무원장의 임기는 4년으로 하며, 1차에 한하여 중임할 수 있다.

17 종헌 31조~34조에 의하면 본종은 입법기구로서 중앙종회를 둔다. 중앙종회는 선거법에 의해 선출된 81인 이내의 의원으로 구성한다. 중앙종회 의원의 자격은 승납 15년 이상, 연령 35세 이상의 승려로 한다. 중앙종회의원의 임기는 4년으로 한다. 다만, 보궐의원의 임기는 전임자의 잔여기간으로 한다.

18 종헌 36조에 의하면, 다음 사항은 중앙종회의 결의를 거쳐야 한다.
1. 종헌종법 개정안, 종법안, 2. 교육원장, 포교원장, 호계원장, 호계위원, 법규위원, 중앙선거관리위원, 소청심사위원 선출, 3. 원로회의 의원 추천, 4. 예산안, 결산서, 원유재산 처분안, 5. 교구획정에 관한 사항, 6. 징계의 사면, 경감, 부권에 대한 동의사항, 7. 총무원장, 교육원장, 포교원장 불신임 결의(다만, 재적의원 3분의 2 이상의 찬성으로 한다), 8. 각급 종무기관에 대한 감사, 9. 호법부장 임명 동의, 10. 중앙종회 의원 징계, 11. 직영 사찰과 특별 분담 사찰 지정에 관한 사항, 12. 종무위원 해임 건의, 13. 종헌종법에 의해 중앙종회의 권한에 속한 사항, 14. 기타 중요하다고 인정하는 사항.

19 종헌 41조에 의하면, 중앙종회는 종헌 또는 종법에 특별한 규정이 없는 한 재적의원 과반수의 출석과 출석 의원 과반수의 찬성으로 의결한다. 가부동수인 때에는 부결된 것으로 본다.

20 제주 관음사는 대한불교조계종 제23교구 본사이다.

21 종헌 86조에 의하면, 교구종회는 총무원장 선거인 선출, 중앙종회에 건의할 종법 제정 및 개정에 관한 사항, 중앙종회에 건의할 사항, 교구규칙의 제정 및 개폐에 관한 사항, 교구의 예·결산에 관한 사항, 교구 내 중요한 불사, 교육, 포교, 수행, 사회, 복지에 관한 사항, 본사 주지가 부의한 사항, 기타 중요하다고 인정하는 사항을 심의 의결한다.

23 종헌 67조, 포교법 15조에 의하면, 포교원장의 자격은 승랍 30년 이상, 연령 50세 이상, 법계 종사급 이상의 학덕을 겸비한 비구로서 총무원장의 추천으로 중앙종회에서 선출한다. 포교원장의 임기는 5년으로 하며, 1차에 한하여 중임할 수 있다.

24 포교법 20조에 의하면 포교원장 유고 시 포교원장 직무는 포교부장이 대행한다.

25 종헌 95조에 의하면, 사찰 및 포교소는 수도, 전법, 포교, 회의, 집회, 법식 집행 및 승려 거주의 목적 이외에는 사용할 수 없다.

26 신도법 2조에 의하면, 신도라 함은 삼귀의계와 5계를 수지하고 삼보를 호지하며, 본종의 종지를 신수 봉행하는 자를 말한다. 신도법 18조에서는 본종의 신도가 되고자 하는 자는 삼귀의계와 5계를 수지하여야 한다. 본종의 신도는 삼귀의계, 5계를 수지한 후 보살계를 수지할 수 있다.

27 포교법 3조에 의하면, 포교의 목적을 달성하기 위하여 다음의 포교 방침을 세운다. 1. 삼보에 대한 불퇴전의 신심으로 깨달음의 성취와 불국토 건설에 나아가게 한다. 2. 불타의 교법을 바르게 이해하고 여실히 수행하여 지혜와 자비의 삶을 구현하게 한다. 3. 계·정·혜 삼학을 두루 갖추고 보살도를 실천하도록 한다. 4. 사회를 정토화하기 위해 평등, 평화, 해탈의 불교 정신으로 현대 물질문명의 병폐를 치유하게 한다. 5. 교단과 불법을 호지해 갈 호법정신과 대승원력을 함양하게 한다.

28 포교법 4조에 의하면, 다섯 가지의 포교 지침을 제시하고 있다. ① 삼보에 대한 굳건한 신심과 보살의 서원으로 교화한다. ② 불타의 교법을 올바로 이해하고 수행 정진하여 불법 홍포에 신명을 다한다. ③ 중생을 수순하기 위하여 다양한 교화 방편을 수립한다. ④ 동사섭의 정신을 사회 속에 구현한다. ⑤ 대승원력으로 요익중생과 교단 발전을 위하여 교화한다.

29 포교법 32조에 의하면, ① 포교사는 종단이 인정하는 포교기관, 시설, 단체 등에서

정기적인 활동을 하여야 한다. ② 포교사는 매월 활동 상황을 서면으로 소속 교구본사 포교국 및 포교사단으로 정기적으로 보고하여야 한다. ③ 포교사는 포교원에서 실시하는 연수 교육을 이수하여야 한다. 삼보를 호지하고 정법을 홍포하며 보살도 실천으로 불국토를 건설함에 헌신한다는 것은 포교사의 사명이다.

30 신도법 10조에 의하면, 신도의 교육 체계는 기본교육, 전문교육, 지도자교육으로 되어 있다.

기본교육은 종단에서 인정하는 신도 기본 교육 기관에서 기본교육을 이수하여야 하며, 신도 기본 교육 기관은 학사 관리에 있어 포교원의 지도를 받아야 한다. 그리고 사찰 신도회와 개별 신도 단체의 임원, 각급 종무기관의 종무원, 종단 산하기관단체의 종사자는 취임 후 1년 이내에 제1항의 기본교육을 이수하여야 한다. 기본교육을 이수한 신도는 포교원이 인가한 신도 전문 교육 기관에서 전문교육을 이수할 수 있다. 전문교육을 이수한 자는 일반 포교사 선발 과정에 응시할 자격이 부여되며, 전문교육 기관은 학사 관리에 있어서 포교원의 지도를 받아야 한다. 또 포교원은 전문포교사 또는 동등 이상의 자격을 갖는 자 중에서 지도자로서 소양이 있는 자를 선발하여 지도자교육 과정을 개설하며, 신도회 및 신도 단체의 임원과 제21조 내지 제23조에 해당하는 자는 포교원에서 개설하는 각종 연수 교육 등 재교육을 이수하여야 한다.

31 신도법 2조에 의하면, 신도라 함은 삼귀의계와 5계를 수지하고 삼보를 호지하며, 본종의 종지를 신수 봉행하는 자를 말한다.

32 신도법 3조에 의하면 신도는 삼보를 호지할 의무, 보시 및 지계의 의무, 상구보리 하화중생의 서원을 세우고 수행할 의무, 종법령에서 정하는 신도 교육과 법회에 참여할 의무, 교무금을 납부할 의무, 본종의 종법령을 준수할 의무, 본종의 종지에 입각하여 포교할 의무, 종단 및 사찰의 외호와 발전에 기여할 의무, 기타 종법령에서 정하는 의무를 가진다. 성지 순례나 사회봉사 활동에의 참여, 포교사의 자격을 갖추는 것은 의무라고 할 수 없다.

33 신도법 4조에 의하면, 신도는 신도 교육을 받을 권리, 종단 또는 사찰에서 행하는 법회·행사 등에 참여할 권리, 신도회 또는 신도 단체를 결성하거나 이에 가입하여 활동할 권리, 관람료 징수 사찰 무료 입장 및 각종 종단 시설을 무료 또는 우선적으로 이용할 권리, 종단과 사찰의 유지 및 발전에 동참할 권리, 기타 종법령에서 정하는 권리를 가진다.

34 종단에서는 전국 신도 대표 기구로 중앙신도회를 두고 있다.(신도법 제36조)

36 신도법 27조에 의하면, 각 교구본사는 해당 교구본사 및 말사의 사찰 신도회 전체로

구성되는 교구 신도회를 두어야 한다. 교구 신도회의 대의원은 각 사찰 신도회장으로 하며, 교구 신도회는 그 활동에 있어 소속 교구본사 주지의 지도를 받는다.

37 신도 단체 등록 및 관리령 10조에 의하면, 종단에 등록한 신도 단체의 대표자는 포교원장에게 단체의 활동 및 운영 상황을 분기별로 서면으로 보고하여야 한다. 특히 정관 또는 회칙(규약)의 변경, 명칭의 변경, 사업의 변경, 임원의 변경, 주소의 변경, 비회원 신도 대상의 포교원 개원의 항이 발생하는 때는 변경 사항이 발생한 날로부터 15일 이내에 별지 제6호 서식의 '신도 단체 변경신고서'를 작성하여 포교원장에게 보고하여야 한다.

38 신도법 24조에 의하면, 사찰 신도회는 포교, 교화 사업의 추진과 협력, 공제 활동, 사찰의 수호와 발전을 위한 각종 사업, 사회문화사업과 사회 참여 활동, 사찰 운영위원회에 참여, 신도의 포상과 징계에 대하여 주지에게 품신 또는 협의를 하며, 그 활동에 있어 당해 사찰 주지의 지도를 받는다.

39 신도법 5조에 의하면, 본종의 신도는 하나의 재적사찰을 정하여 신행의 근본 도량으로 삼고 정기적인 신행 활동을 하여야 한다.

40 대한불교조계종 사찰운영위원회법 1조에 의하면 종헌 제101조에 의하여 본종 소속 사찰의 관리와 운영을 공영화하고 합리화함으로써 사찰 운영의 능률화, 공개화, 공정화를 기함을 목적으로 사찰 운영위원회를 설치하며, 여기서 사찰이라 함은 본종 관할 아래 있는 본사, 말사, 암자, 포교당을 말한다.

42 사찰운영위원회법 5조에 의하면, 주지는 당연직 운영위원회 위원장이 되며, 부위원장은 승려 대표 1인으로 한다. 다만, 사찰 형편에 따라 신도 대표를 부위원장으로 하여 위원장단을 구성할 수 있다.

43 사찰운영위원회법 3조에 의하면, ① 각 사찰은 실정에 따라 7인 이상 30인 이내의 위원으로 운영위원회를 구성하여야 한다. ② 운영위원회는 소임을 맡은 승려와 신도로 구성한다. ③ 사찰 신도회의 회장, 부회장은 당연직 운영위원이 된다. ④ 주지는 사찰 신도로서 신심, 수행, 교양, 학식, 덕망, 사회 활동 정도를 보아 타의 모범이 되는 자를 운영위원으로 위촉할 수 있다. ⑤ 운영위원회 위원은 주지가 위촉하며 그 임기는 2년으로 한다. ⑥ 주지의 찬·인척은 운영위원으로 위촉할 수 없다. ⑦ 주지는 재직 중인 운영위원이 그 임무를 태만하거나 사찰 및 종단에 해로운 행위를 할 때는 해당 운영위원을 해임할 수 있다.

44 사찰운영위원회법 3조에 의하면, 각 사찰은 실정에 따라 7인 이상 30인 이내의 위원으로 운영위원회를 구성하여야 한다.

46 사찰운영위원회법 6조에 의하면, 운영위원회는 사찰의 예산, 결산에 관한 사항, 사

찰의 각종 불사와 사업에 관한 사항, 사찰 재산 처분에 관한 사항, 기타 사찰 운영에 관한 사항, 당해 사찰과 관련한 신도회 활동에 관한 사항, 신도 교육 및 포교에 관한 사항, 신도의 자격 심의 및 징계에 관한 사항을 협의한다.

49 불교재산관리법은 1987년 11월 28일 전통사찰보존법이 공포되기까지 불교 단체에 적용된 법이다.

50 신도법 8조에 의하면, 사찰 주지는 삼귀의계와 5계를 수지한 자에 대하여 본종의 종지를 신수 봉행할 것을 확인한 후 종단 양식의 신도증을 발급하여야 한다. 다만 사찰 주지는 신도증 발급에 대하여 소속 교구본사의 조력을 받을 수 있다.

51-52 신도법 41조에 의하면, 신도의 징계는 공공연히 삼보를 비방한 자, 종단의 파괴와 분열을 목적으로 단체를 결성하거나 가입하여 주도적으로 활동한 자, 종헌종법을 위반한 자, 타인에게 폭력을 행사하거나 종단 기물을 고의로 파괴한 자, 종단의 재산상 손실을 가한 자, 종무 집행을 방해한 자, 개인의 이익을 도모하기 위하여 종단의 이익과 명예를 훼손한 자에 대하여 출교, 공권 정지, 문서 견책을 할 수 있다. 출교는 신도증을 회수하여 파기하고 신도 등록을 말소하며, 신도회 및 등록한 신도 단체의 회원 자격을 박탈한다. 참회 및 근신의 정상 참작에 따른 재입교는 징계 받은 때로부터 5년이 지나야 가능하다. 공권 정지는 1개월 이상 5년 이하의 기간으로 한다. 공권 정지 집행 기간 중 신도회, 등록한 신도 단체의 임원이 될 수 없으며, 임원인 자는 당연 면직된다. 그리고 문서 견책은 서류상으로 경고하고 변상금을 납부하여야 한다.

53 신도법 25조에 의하면, 사찰 신도회장은 연령 30세 이상, 보살계 수지자로 삼보에 대한 신심이 견고하고 언행이 타의 모범이 되는 자로서 사찰 신도회의 회칙에 의하여 선출하여 주지가 임명하며, 사찰 신도회 임원은 사찰 신도회장의 제청으로 신도회의 총회에서 인준한다. 사찰 신도회 임원은 종단에서 실시하는 연 1회 이상의 재교육을 이수하여야 한다.

55 교육법 55조에 의하면 행자교육원에서 수학하기 위해서는 다음과 같은 자격을 갖추어야 한다. 연령 15세 이상 50세 이하, 고졸 또는 동등 이상의 학력자, 행자로서 출가본사에서 5개월 이상 교육받은 자.

61 대한불교조계종 민족공동체추진본부는 부처님의 자비정신을 바탕으로 남북으로 분단되어 대결과 불신으로 이어져 온 우리 민족의 고통의 역사를 화합과 평화, 통일의 역사로 만들기 위해 2000년 6월 창립된 조계종단의 종령 기구로 남북불교의 동질성 회복을 위하여 남북불교 교류를 추진, 연구조사를 통한 종단의 통일 정책, 북한 동포돕기를 위한 인도적 지원 사업 등을 하고 있다.

62 2005년 3월 종헌 제93조의 2에 의거하여 군 포교의 전문화, 체계화, 활성화 등을 위

해 필요한 조직의 설치와 운영에 관한 제반 사항을 규정함을 목적으로 군종특별교구의 설치 및 운영에 관하여 필요한 사항을 정하였는데, 이 특별교구의 명칭은 '대한불교조계종 군종특별교구(군종교구)'라 칭한다.

63 경북 문경시 가은읍 원북리 봉암사는 구산선문(九山禪門)의 하나인 희양산문(曦陽山門)의 본산이다. 1947년 성철·자운·청담·우봉 스님 등이 "부처님 법대로 한 번 살아보자"며 "봉암사 결사"를 결행, 흐트러진 수행 풍토를 바로잡았던 곳이기도 하다. 봉암사 태고선원은 지난 1982년 대한불교조계종의 특별 수도원으로 지정되었다.

64 세계불교도우의회(WFB: World Fellowship of Buddhists)는 가장 크고 가장 영향력 있는 국제 불교 단체이다. 1950년 스리랑카 콜롬보에서 27개국 대표들이 참석한 가운데 창설되었다. 본부는 태국에 있으며, 역대 회장은 모두 스리랑카와 동남아시아에서 배출되는 등 소승불교가 가장 영향력을 크게 행사하고 있지만, 모든 종파가 WFB에서 활동 중이다. 미국, 인도, 오스트레일리아, 아프리카와 유럽의 여러 나라 등 35개국에 지부가 설립되어 있다. 대한민국에는 1963년에 지부 위원회가 결성되었다.

65 불교기는 1950년 실론에서 개최된 세계불교도우의회(World Fellowship of Buddhists)에서 세계 불교 지도자들이 정식으로 인정하여 사용하고 있다. 불교기에 사용되는 색은 청(靑)·황(黃)·적(赤)·백(白)·주황(朱黃)의 5색으로 바탕의 5색은 전 인류와 인종을 상징화한 것이며 옆으로 그은 선은 사바세계에 펼치는 부처님의 법을 의미하며 아래로 그은 선은 미래에까지 영겁토록 불법이 전해짐을 의미한다. 5색 중 청색은 부처님의 검푸른 모발 색으로 마음을 흩뜨리지 않고 꾸준히 진리를 추구하는 정근(精勤)을 상징하고, 황색은 금빛 찬란한 부처님의 몸을 빛깔로 확고부동한 금강(金剛)을 상징하며, 적색은 대자대비의 묘법을 닦아 항상 수도에 힘쓰는 정진(精進)을 상징하고, 백색은 부처님의 치아 색으로 청순한 마음으로 온갖 억압과 번뇌를 밝히는 청정(淸淨)을 상징한다. 또한 주황색은 가사(袈裟)의 색깔로 온갖 굴욕과 핍박과 유혹을 잘 견디어 이기는 인욕(忍辱)을 상징하는 것이다. 즉 불교기는 정근·금강·정진·청정·인욕을 상징하고 있다.

66 현재 우리나라에서 사용하고 있는 불기는 1956년 11월 네팔의 수도 카트만두에서 열린 제4차 세계불교도대회 때 불교 국가마다 서로 다르게 사용하고 있는 불기를 통일하기로 결의하고 1956년을 불기 2500년으로 정한 것에 따른다. 또한 양력 5월 15일을 부처님오신날로 결정하였다. 세계불교도대회에서는 석가모니의 생존 시기를 기원전 624년~기원전 544년으로 공식 채택하였다. 대한민국의 대표로는 청담·효봉·동산 스님이 참석하였다. 1970년 이후, 대한불교조계종은 세계불교도대회의 공식 채택 기

준인 544년 설을 취하고 있다. 이에 따르면 2010년은 불기 2554년이다. 그러나 부처님오신날은 세계불교도대회의 양력 5월 15일을 채택하지 않고, 음력 4월 8일을 채택하고 있다.

67 삼보륜은 대한불교조계종의 이미지를 대표적으로 표현한 상징으로, 삼보의 신앙과 선교양종의 조계종의 이념을 담았으며, 사부대중의 화합 그리고 신앙과 포교를 통한 불국정토의 구현을 의미한다. 전용 색상으로는 순금의 변하지 않은 성질과 조계종의 근본 수행의 표상임과 동시에 신뢰감과 편안한 이미지를 제공하는 금색과 가사 색을 사용하며, 보조 색으로 검정색을 사용하였다.

제19회, 제20회, 제21회, 제22회

문제 및 정답

[제1교시]

1 사찰을 참배할 때 예절로 잘못된 것은?

① 일주문이나 천왕문, 해탈문을 지날 때에는 법당을 향해 반배를 한다.

② 법당에 오르기 전 탑이 있는 경우에는 반배로 3배의 예를 올린다.

③ 탑을 돌며 기도할 때는 왼쪽 어깨가 탑을 향하도록 하고 돈다.

④ 역대 조사스님의 부도(浮屠)를 지날 때에는 반배를 한다.

2 각 전각에 대한 설명으로 바르지 못한 것은?

① 미래의 부처님을 모신 전각을 자씨전(慈氏殿)이라고 한다.

② 팔상도를 봉안한 곳을 팔상전이라 하며, 법주사의 팔상전이 유명하다.

③ 아라한과를 성취한 성자들인 나한을 모신 곳을 응진전(應眞殿)이라고도 한다.

④ 중생의 병고를 치유해 주는 부처님을 모신 법당을 영산전이라고 한다.

3 팔부중(八部衆)의 하나로, 수미산 남쪽의 금강굴에 살면서 제석천(帝釋天)의 아악을 맡아본다는 신(神)으로 향(香)만 먹고 공중으로 날아다닌다고 하는 이 신의 이름은?

① 가루라(迦樓羅)　　　　　　② 건달바(乾闥婆)

③ 아수라(阿修羅)　　　　　　④ 긴나라(緊那羅)

4 세계에서 가장 오래된 목판 인쇄물인 『무구정광대다라니』가 발견된 탑은?

① 불국사 석가탑　　　　　　② 불국사 다보탑

③ 감은사지탑　　　　　　　④ 분황사모전석탑

5 불탑에 관한 설명 중 틀린 것은?

① 탑은 산스크리트어로 스뚜빠(stūpa) 또는 빨리어로 뚜빠(thūpa)라고 한다.

② 불탑의 기원은 부처님 입멸 당시의 경전 기록에서 찾을 수 있다.

③ 우리나라에서는 목탑, 중국에서는 석탑, 일본에서는 전탑이 발달했다.

④ 여덟 나라의 국왕들이 부처님의 사리를 8등분해 자신들의 나라로 가지고 가서 탑을 세웠다.

6 석가모니의 부촉을 받아, 그가 입멸한 뒤 미래불인 미륵불(彌勒佛)이 출현하기까지의 무불(無佛)시대에 중생을 교화·구제한다는 보살로 지옥에서 고통 받고 있는 모든 중생을 제도하기 전에는 결코 성불하지 않겠다고 서원을 세운 보살은?

① 보현보살   ② 지장보살

③ 문수보살   ④ 관세음보살

7 관세음보살상에 대한 설명과 관련 없는 것은?

① 자비를 상징하는 보살이다.

② 명부전에 봉안된다.

③ 손에는 연꽃이나 정병(淨瓶)을 들고 있다.

④ 11면 또는 천수천안(千手千眼)의 모습도 있다.

8 보살상은 대체로 머리에 보관(寶冠)을 쓰고 있는데, 관세음보살의 정수리와 지장보살이 들고 있는 육환장(六環杖)의 정수리 부분에 모셔진 부처님상은?

① 석가모니불의 화현   ② 비로자나불의 화현

③ 미륵불의 화현   ④ 아미타불의 화현

9 사찰 전각의 벽에 그려 넣는 그림으로 수행자가 정진을 통해 본성을 깨달아 가는 과정을, 잃어버린 소를 찾는 일에 비유해서 그린 선화(禪畵)는?

① 심우도   ② 감로도

③ 변상도   ④ 탱화

10 다음은 우리나라 사찰에서의 스님의 소임을 설명한 것이다. 틀린 것은?

① 회주(會主) : 법회를 주관하는 법사, 또는 하나의 회(會, 一家)를 이끌어 가는 큰 어른스님을 말한다.

② 조실(祖室) : 선(禪)종에서 정신적 지도자로 모셔진 스님을 말한다.

③ 주지(住持) : 사찰의 일을 주관하는 스님을 말하는 선종의 용어이다.

④ 방장(方丈) : 모든 교구본사 사찰의 큰 어른스님을 말한다.

11 다음 중, 주불로 모신 부처님과 법당의 이름을 짝 지은 것으로 틀린 것은?

① 석가모니불 – 대웅전   ② 비로자나불 – 대적광전

③ 미륵불 – 원통전   ④ 아미타불 – 무량수전

12 항마촉지인(降魔觸地印)에 대한 설명과 거리가 먼 것은?

① 석가모니불의 성도를 상징하는 수인이다.

② 녹야원에서의 첫 설법을 상징하는 수인이다.

③ 경주 석굴암의 부처님은 항마촉지인을 하고 있다.

④ 선정인에서 왼손은 그대로 두고, 오른손으로 땅을 가리키는 모습이다.

13 불전사물(佛殿四物)에 관한 설명 중 잘못된 것은?

① 조석 예불 때 치는 법고, 운판, 목어, 범종의 네 가지 법구를 말한다.

② 법고(法鼓)는 법을 전하는 북이라는 뜻으로 짐승세계의 중생들을 깨우치는 목적이 있다.

③ 운판(雲板)은 청동이나 철로 만든 넓은 판으로, 물에 사는 모든 중생들을 제도하기 위한 목적이 있다.

④ 범종(梵鐘)은 조석 예불과 사찰의 큰 행사 때 사용하며, 범종을 치는 근본 뜻은 천상과 지옥을 중생을 제도하기 위함이다.

14 일반적으로 법당은 상단, 중단, 하단의 삼단 구조로 되어 있는데, 각 단에 모셔진 분이 바르게 연결된 것은?

① 상단 – 감로탱화, 중단 – 제석천과 팔부신장, 하단 – 부처님과 보살상

② 상단 – 제석천과 팔부신장, 중단 – 부처님과 보살상, 하단 – 감로탱화

③ 상단 – 부처님과 보살상, 중단 – 감로탱화, 하단 – 제석천과 팔부신장

④ 상단 – 부처님과 보살상, 중단 – 제석천과 팔부신장, 하단 – 감로탱화

15 부처님이 지상에 출현하시기 전에 머물렀던 곳으로, 이곳의 내원궁은 장래 부처가 될 보살의 주거지이며 욕계의 6천 가운데 제4천이다. 이곳은 어디인가?

① 도솔천(兜率天)
② 사천왕천(四天王天)
③ 도리천(忉利天)
④ 야마천(夜摩天)

16 싯닷타 태자의 출가 동기를 가장 바르지 않게 설명한 것은?

① 천상에 태어날 복덕을 짓기 위해서
② 왕궁의 화려한 생활에 환멸을 느껴서
③ 생로병사의 고통에서 벗어나기 위해서
④ 당시의 풍습에 따라 수행을 경험하기 위해서

17 다음은 불교의 진리, 즉 법(法)에 대하여 설한 『잡아함경』 말씀이다. ☐☐☐ 안에 각각 들어갈 말이 차례로 바르게 연결된 것은?

> "법은 세존에 의해 잘 설해졌나이다. 이 법은 ☐☐☐에서 밝혀진 것이며, 머지않아 ☐☐☐이(가) 있는 것이며, 와서 보라고 말할 수 있는 것이며, ☐☐☐로(으로) 잘 인도하는 것이며, 또 지혜 있는 이가 저마다 스스로 알 수 있는 것입니다.

① 깨달음, 행복, 열반
② 현실, 깨달음, 무상
③ 무상, 업보, 해탈
④ 현실, 과보, 열반

18 다음 중 삼독심(三毒心)과 삼학(三學)의 관계를 바르게 설명한 것은?

① 탐욕은 청빈하고 맑고 깨끗한 생활인 계(戒)로 다스린다.
② 화는 급히 올라오는 마음을 잠재우는 지혜(智慧)로 다스린다.
③ 어리석음은 자신은 텅 빈 무아로 보는 선정(禪定)으로 다스린다.
④ 탐욕, 화, 어리석음을 흔히 깨달음을 방해하는 삼학이라고 한다.

19 부처님의 초기 제자들은 일일이 규제하지 않아도 마땅히 지켜야 할 것과 하지 말아야 할 것을 잘 알고 있었기 때문에 부처님께서는 출가 생활의 기본 방침으로 4의지(依止)를 알려주셨다. 이와 관련이 없는 것은?

① 정사(精舍)에서 만든 음식에 의지하라.
② 분소의(糞掃衣)를 입는 생활에 의지하라.
③ 진기약(陳棄藥)을 사용하는 생활에 의지하라.
④ 나무 아래에서 좌선하는 생활에 의지하라.

20 다음 중, 비구(比丘, Bhikṣu)에 대한 올바른 설명은?

① 20세 이상이어야 한다.
② 348계의 구족계를 받으며, 걸사(乞士)라고도 한다.
③ 걸식 생활은 불교에서 처음 생겨난 생활 풍습이다.
④ 오계와 팔계를 받아 지닌 남자 재가 불자를 말한다.

21 재가 불자가 수지해야 하는 계를 바르게 연결한 것은?

ㄱ 삼귀의와 오계 ㄴ 사미10계 ㄷ 보살계 ㄹ 십선계 ㅁ 비구250계 ㅂ 식차마나계

① ㄱ, ㄴ, ㅁ   ② ㄴ, ㅁ, ㅂ
③ ㄱ, ㄷ, ㄹ   ④ ㄷ, ㄹ, ㅂ

22 다음은 부처님께 예불을 올릴 때 봉송하는 예불문이다. (   )에 들어 갈 말이 틀린 것은?

지심귀명례 삼계도사 사생자부 시아본사 (㉠   )
지심귀명례 시방삼세 제망찰해 상주일체 불타야중
지심귀명례 시방삼세 제망찰해 상주일체 달마야중
지심귀명례 대지문수 사리보살 대행보현보살 대비관세음보살 대원본존(㉡   )마하살
지심귀명례 영산당시 수불부촉 (㉢   ) 십육성 오백성 독수성 내지 천이백제대아라한 무량자비성중
지심귀명례 서건동진 급아해동 역대전득 제대조사 천하종사 일체미진수 제대선지식
지심귀명례 시방삼세 제망찰해 상주일체 (㉣   )
유원 무진삼보 대자대비 수아정례 명훈가피력 원공법계제중생 자타일시성불도

① ㉠ 석가모니불   ② ㉡ 미륵보살

③ ㉢ 십대제자   ④ ㉣ 승가야중

23 다음 중, 관불의식(灌佛儀式)에 대한 설명으로 틀린 것은?

① 중국에서 부처님의 탄생일에 독창적으로 만든 의식이다.

② 부처님에 대한 공경을 표시하고 심신을 청정하게 하는 의식이다.

③ 인도의 국왕 즉위 시 바닷물을 정수리에 뿌려 축하한 의식에서 비롯되었다.

④ 후에 일정한 지위에 오르는 수도자의 정수리에 향수를 끼얹는 의식으로 변형되었다.

24 다음의 보기는 새벽 예불 시간에 이루어지는 것이다. 가장 일반적으로 이루어지는 순서를 바르게 나열된 것은?

도량석, 축원, 칠정례, 반야심경, 종성

① 도량석 – 축원 – 칠정례 – 반야심경 – 종성

② 종성 – 축원 – 칠정례 – 반야심경 – 도량석

③ 도량석 – 종성 – 칠정례 – 축원 – 반야심경

④ 종성 – 칠정례 – 반야심경 – 축원 – 도량석

25 부처님께 예불을 드릴 때 봉송하는 『반야심경』의 핵심 내용은 무엇인가?

① 보시바라밀   ② 지계바라밀

③ 인욕바라밀   ④ 지혜바라밀

26 다음은 천수경에 나오는 진언이다. 바르게 연결된 것은?

① 참회진언 : 옴 살바 못자 모지 사다야 사바하

② 개법장진언 : 옴 자례 주례 준제 사바하 부림

③ 정법계진언 : 수리수리 마하수리 수수리 사바하

④ 호신진언 : 나무 사만다 못다남 옴 도로도로 지미 사바하

27 다음은 전통적으로 사찰에서 불자들이 지켜야 할 10재일이다. 바르게 연결된 것은?

① 8일 – 미타(彌陀)재일

② 15일 – 약사(藥師)재일

③ 24일 – 관음(觀音)재일

④ 30일 – 지장(地藏)재일

28 살아 있는 사람이 자신의 사후를 위해 미리 수행과 공덕을 닦아두는 재 의식은?

① 7·7재

② 영산재

③ 수륙재

④ 예수재

29 부처님이나 보살님의 명호와 모습을 끊임없이 마음에 집중함으로써 번뇌와 망상을 없애 깨달음을 이루고 불국정토에 왕생하는 불교의 수행 방법은 무엇인가?

① 참선(參禪)

② 염불(念佛)

③ 간경(看經)

④ 주력(呪力)

30 불교의 계율에 관한 경전을 인도로부터 직접 전해와 번역하여 백제 율종의 기원을 이룩한 분은?

① 겸익

② 의상

③ 혜초

④ 승랑

31 다음 중, 원효대사와 관계없는 것은?

① 일체유심조(一切唯心造)의 도리를 깨닫고 유학길을 포기하였다.

② 노래하고 춤을 추며 부처님 법을 일반 서민들에게 전하였다.

③ 『금강삼매경』과 「법성게」 등을 지었다.

④ 화쟁사상(和諍思想)을 정립했다.

32 다음 중, 신라 하대에 선종의 유입과 관련이 깊은 조형물은?

① 승탑(부도)

② 당간지주

③ 석등

④ 불탑

33 고려시대 보조국사 지눌스님에 대한 설명 중 틀린 것은?

① 정혜결사(定慧結社)를 결성하여 새로운 수행 풍토를 진작했다.
② 수심결, 직지심경요절 등을 지었으며 삼문 수업을 내걸었다.
③ 선과 교의 조화를 도모하고자 했다.
④ 대한불교조계종의 중천조이다.

34 조선시대 때 시행된 승려의 도성 출입 금지가 해제된 시기는 언제인가?

① 서기 1890년　　　　　　② 서기 1895년
③ 서기 1900년　　　　　　④ 서기 1905년

35 근대에 들어 사대문 안에 각황사 포교당을 짓는 등 전국 사찰의 대표 스님들이 건설한 최초의 종단은 어느 것인가?

① 임제종　　　　　　② 사사관리서
③ 조계종　　　　　　④ 원종

36 3·1 독립선언에 참여하여 서명한 불교계 대표를 바르게 연결된 것은?

① 손병희, 최린　　　　　　② 한용운, 백용성
③ 박한영, 오성월　　　　　　④ 백성욱, 김법린

37 조계종의 『포교법』에서 밝힌 포교의 원칙과 방침이 아닌 것은?

① 수행정진(修行精進)　　　　　　② 사교입선(捨敎入禪)
③ 정토구현(淨土具顯)　　　　　　④ 수계청정(受戒淸淨)

38 다음 중, 대한불교조계종의 소의경전은 무엇인가?

① 금강경, 전등법어　　　　　　② 화엄경, 전등법어
③ 금강경, 육조단경　　　　　　④ 법화경, 전등법어

39 대한불교조계종에는 몇 개의 교구본사가 있는가?

① 24개　　　　　　② 25개

③ 28개   ④ 30개

40 『신도법』에서 대한불교조계종의 신도 등록 시기는 언제인가?

① 사찰에 축원 카드를 작성한 후
② 사찰의 정기법회에 참석한 후
③ 성지 순례를 다녀온 후
④ 삼귀의와 오계 수계를 받은 후

41 스승에 대한 존경의 표시로 수계식이나 포살(布薩), 자자(自恣)할 때 무릎을 바닥에 대고 다리를 세운 채 합장하는 자세를 가리키는 말은?(4점)

(   )

42 부처님에 대한 지극한 마음을 더욱더 간절하게 표현하기 위하여 예배의 마지막 끝에 머리를 조아려 무수히 예경하고픈 간절한 심정의 아쉬움을 표하는 예법을 무엇이라 하는가?(4점)

(   )

43 중국 당나라 때 총림을 개설하면서 선문의 규칙을 제정한 데서 유래한 것으로, 우리나라에서도 선원에서 결제 때나 큰일을 치를 때에 소임과 그 소임을 맡은 스님의 법명을 적을 방(榜)을 큰방에 붙이는데, 이를 무엇이라 하는가?(4점)

(   )

44 뭍(땅)과 물에 공양을 베풀어 일체 중생을 위로하고 구제하기 위해 불법을 강설하고 승보께 공양을 올리는 불교의식으로 최근 중요무형문화재로 지정된 것은?(4점)

(   )

45 조사스님이 쓴 어록으로 경전의 반열에 이른 경전이며, 조사선 창립선언서로서의 역할을 한 것은 무엇인지 쓰시오.(4점)

(   )

[제2교시]

1 대한불교조계종 신도품계의 순서를 바르게 열거한 것은?

① 발심-부동-선혜-행도
② 발심-행도-부동-선혜
③ 행도-발심-선혜-부동
④ 부동-행도-발심-선혜

2 재가 불자가 수지해야 하는 오계(五戒) 중 첫 번째 덕목은 무엇인가?

① 살생하지 말라.
② 주지 않은 남의 물건을 훔치지 말라.
③ 사음하지 말라.
④ 거짓말을 하지 말라.

3 다음은 『법구경』「제5 우암품(愚闇品)」에 나오는 내용이다. 그 의미에 대한 설명으로 거리가 먼 것은?

> "잠 못 드는 사람에게 밤은 길고 피곤한 나그네에게 길이 멀 듯이, 진리를 모르는 어리석은 사람에겐 생사의 밤길은 길고도 멀어라."

① 행복하게 살기 위해서는 바른 진리를 탐구해야 한다.
② 행복에 이르는 길은 내 안에 있음을 알아야 한다.
③ 진리를 깨닫고 행하면서 사는 삶은 자유롭고 행복하다.
④ 존재하는 모든 것과 행위는 과거 전생의 업(業)이기에 어쩔 수 없다.

4 다음 중, 부처님의 최초 재가 신도는 누구인가?

① 교진여
② 야사의 부모
③ 빔비사라 왕
④ 유마거사

5 부처님의 10대 제자 중 천안제일(天眼第一)로 불렸던 비구로서, 부처님의 사촌 동생이었던 수행자의 이름은 누구인가?

① 샤리푸트라
② 데와닷따
③ 아누룻다
④ 숫도다나

6 기타(祇陀) 태자가 소유하고 있던 숲을 구입하여 기수급고독원(祇樹給孤獨園)을 지어서 부처님께 헌납한 것으로 유명한 사람은 누구인가?

① 아난다(Ānanda)
② 수닷타(Sudatta)
③ 수부티(Subhūti)
④ 앗사지(Assaji)

7 다음은 부처님께서 슈로나 비구에게 준 가르침이다. 괄호 속에 들어갈 말이 바르게 연결된 것은?

> 수행은 마치 악기를 연주하듯 해야 한다. 현을 너무 조이거나 너무 느슨해도 좋은 소리가 나지 않듯이 진리의 길도 그와 같다. 너무 조급히 서두르지 말고 너무 나태하지 않고 항상 (㉠)의 길을 걸으면 언젠가 이 속세의 (㉡)에서 벗어나게 될 것이다.

　　　㉠　－　㉡　　　　　　　　　　㉠　－　㉡
① 중도　－　미혹
② 염불　－　중생
③ 염불　－　미망
④ 중도　－　진흙

8 결혼하여 외도에 빠져 있던 시댁을 교화시킨 것으로 유명하고, 시아버지가 며느리에게 "네가 내 어머니"라고 하여, 녹자모(鹿子母)라는 별칭을 가졌던 여인의 이름은?

① 위사카
② 아난다
③ 난다
④ 우빠난다

9 부처님께서 세상을 떠난 뒤에 결집이 이루어졌고, 그때 경장과 율장을 암송해 내는 데 주도적인 역할을 담당했던 두 비구의 이름은 누구인가?

① 마하 카쉬야파 - 도나
② 아난다 - 우빨리
③ 도나 - 아난다
④ 우빨리 - 마하 카쉬야파

10 다음 중, 여래(如來)라는 부처님의 호칭에 대한 설명으로 거리가 먼 것은?

① 부처님의 법은 시방삼세에 변함없이 있음을 말한다.
② 부처님의 생애는 열반에 든 것으로 끝난 것이 아님을 의미한다.
③ 부처님의 법은 다른 여러 부처님으로 나타날 수 있음을 상징하고 있다.
④ 석가모니 부처님만이 가장 위대한 존재라는 의미이다.

11 부처님이 활동하셨던 당시의 인도 사회는 사상적으로나 종교적으로 극심한 혼란 속에 휩싸여 있었다. 다음 중 불교가 발생할 당시 부처님이 비판한 인도의 사회사상과 거리가 먼 것은?

① 신의론(神意論)
② 숙명론(宿命論)
③ 연기론(緣起論)
④ 우연론(偶然論)

12 부처님은 내세나 영혼의 유무와 같은 형이상학적인 질문에 대해서는 침묵으로 질문에 대한 답을 대신하셨다. 다음 중 이러한 부처님의 침묵을 일컫는 말은?

① 무기(無記)
② 무처(無處)
③ 무아(無我)
④ 무념(無念)

13 다음은 초기경전에서 언급한 일체법에 대한 설명이다. 틀린 것은?

① 5온(五蘊)은 물질현상인 색(色)과 정신 현상인 수상행식(受想行識)을 말한다.
② 12처란 6가지 감각 기관과 6가지 감각 대상을 합친 것을 말한다.
③ 18계란 일체의 존재를 인식 기관과 인식 대상, 그리고 인식 작용으로 분류한 것을 말한다.
④ 5온, 12처, 18계를 설하신 목적은 물질과 정신이 영구불변함을 확인시켜 주기 위함이다.

14 다음 중, 불교의 교리를 설명한 것으로 거리가 먼 것은?

① 부처님의 가르침인 법은 불교에만 한정되지 않는 보편적인 진리이다.
② 모든 것은 독자적으로 존재하지 않고 상호 관계 속에서 존재한다.
③ 어느 한쪽에 치우치지 않는 중도의 가르침이다.
④ 엄격한 고행을 통해서만 우주의 존재자인 브라만과 아트만이 합일할 수 있다.

15 다음 중, 불교에서 보는 존재의 실상을 가장 잘 설명한 것은?

① 절대적 존재로 고정 불변한다.
② 연기의 존재로 무상, 무아이다.
③ 일체는 고이며, 해결할 수 없다.
④ 일체는 시간, 공간을 초월하는 절대자의 것이다.

16 연기(緣起)에 대한 설명이다. 틀린 것은?

① 인연법과 다를 바 없다.
② 인과법과 같다.
③ 세상 모든 것의 상호 관계 작용을 강조한다.
④ 세계의 현상적 관계에만 적용된다.

17 사성제의 설명으로서 바르게 연결된 것은?

① 제1 고제(苦諦) ; 미혹의 세계는 모든 것이 고통이라고 하는 진리.
② 제2 집제(集諦) ; 뭐든지 모으고 쌓아 두는 습관을 버려야 한다는 진리.
③ 제3 멸제(滅諦) ; 뭐든지 없애 버리려는 습관을 버려야 한다는 진리.
④ 제4 도제(道諦) ; 도 닦는 고통을 바르게 알아야 한다는 진리.

18 초기 불교 교단에서 최고의 깨달음을 얻었다고 여겨지는 성자의 지위를 가리키는 말은?

① 사다함   ② 아나함
③ 수라한   ④ 아라한

19 부파불교시대의 특징을 설명한 것이다. 틀린 것은?

① 출가주의를 엄격하게 고수하였다.
② 스승을 따라서 소속된 부파가 결정되기 마련이었다.
③ 떠돌아다니며 포교에 열중하던 시기였다.
④ 부파에 따라 승복의 색깔을 달리하기도 하였다.

20 불멸 후 100년경, 아난다의 제자였던 야사비구의 주도로 바이샬리에서 이루어졌으며, 주로 계율에 대한 해석상의 차이를 문제 삼았던 결집은?

① 1차 결집   ② 2차 결집
③ 3차 결집   ④ 4차 결집

21 소승과 대승에 대한 설명으로 틀린 것은?

① 대승불교 쪽에서는 소승불교 쪽을 폄하했다.
② 대승불교에서는 힌두교의 신앙 형태를 다양하게 수용했다.
③ 소승불교 쪽에서는 대승불교 쪽을 존경했다.
④ 대승에서는 소승불교와 다른 독자적인 경전을 편찬했다.

22 이 사람은 1989년 세계참여불교연대를 설립해서 '불교의 가르침으로 세상 바꾸기'를 시도한 사람이다. '신자유주의 반대'와 '지속 가능한 개발', 그리고 '평화운동' 등 사회 참여를 통한 불교 포교 활동을 전개하고 있는 이 사람은 누구인가?

① 미얀마의 아웅산 수지   ② 태국의 술락 시바락사
③ 베트남 출신의 틱낫한   ④ 티베트의 달라이라마

23 치우치고 그릇된 미망(迷妄)을 떠나 지혜를 터득하는 것이 가장 중요하다고 주장했던 대승 사상은?

① 유식(唯識) 사상   ② 보시(布施) 사상
③ 중관(中觀) 사상   ④ 중화(中華) 사상

24 다음 중, 현상계가 그대로 진리라는 법계연기(法界緣起)에 해당하지 않는 것은?

① 사법계 ② 이법계

③ 사사무애법계 ④ 일법계

25 불성(佛性, buddhatva)에 대한 설명으로서 잘 들어맞는 말은?

① 소승불교의 기본 개념으로서 부파시대 때 가장 중요시되었다.

② 중생에게 본래부터 갖추어진 부처될 성품을 가리킨다.

③ 부파불교에서 가장 중요시하던 개념이 불성이다.

④ 깨달아야만 갖게 되는 특성이 불성이다.

26 중생이 사는 이 세상이 바로 온갖 아름다운 꽃으로 가득한 법계라는 뜻을 담은 단어는 무엇인가?

① 수다라해(修多羅海) ② 보현중(普賢衆)

③ 화엄장(華嚴藏) ④ 보장엄(寶莊嚴)

27 문수보살이 사자를 타고 다닌다면, 보현보살은 무엇을 타고 다니는가?

① 기린 ② 코뿔소

③ 사자 ④ 코끼리

28 대승보살이 보시를 할 때 반드시 갖추고 점검해야 할 바라밀은 무엇인가?

① 정진바라밀 ② 선정바라밀

③ 인욕바라밀 ④ 반야바라밀

29 종파의 성립 당시부터 지금까지도 변함없이 가장 많은 사람들이 믿고 따르는 정토신앙을 담고 있는 경전은?

① 법화경(蓮華經) ② 열반경(涅槃經)

③ 가치나경(迦絺那經) ④ 무량수경(無量壽經)

30 다음 중, 중국 선종의 발달사를 설명한 것으로 틀린 것은?

① 달마, 혜가, 승찬, 도신, 홍인을 거쳐 발전하였다.

② 홍인 이후 신수와 혜능에 의해 북종과 남종으로 나누어졌다.

③ 북종은 돈오선, 남종은 점수선을 각각 선양하였다.

④ 남종 계통인 마조의 홍주종에 이르러 조사선의 생활종교로 발전하였다.

31 중국 송나라 시대 『서장(書狀)』을 지어 간화선을 체계화한 선사는 누구인가?

① 대혜종고   ② 무문혜개

③ 임제의현   ④ 고봉원묘

32 참선 수행은 알음알이를 쉬는 것이라고 하는데, 다음 중 알음알이라 할 수 없는 것은?

① 이것은 옳고 저것은 그르다

② 이것은 맞고 저것은 틀리다

③ 이것은 이익 되고 저것은 손해다

④ 이것이 있으므로 저것이 있다

33 다음 중, 참선 이전의 관법 수행으로 탐욕이나 애욕이 많은 사람들로 하여금 인생의 무상함을 깨우치게 하는 데 가장 도움이 되는 수행법이라 할 수 있는 것은?

① 부정관   ② 자비관

③ 인연관   ④ 수식관

34 위빠사나에 대한 설명 중 맞지 않는 것은?

① 본래 인도나 상좌부불교의 수행법이었지만 지금은 많은 나라에 퍼져 있다.

② 어원적 의미로 '꿰뚫어 봄', '통찰'을 뜻하며 한문으로는 관법(觀法)이라 번역한다.

③ 한자로는 지(止)로 번역되며 마음을 어느 한 곳에 집중하는 수행법이다.

④ 모든 것이 무아(無我)이고 무상(無常)임을 꿰뚫어 보고 알아차리는 수행법이다.

35 다음 중, 화두 드는 방법으로 바른 것은?

① 말이나 생각으로 헤아려 보면서 화두를 든다.

② 반드시 호흡에 맞추어 화두를 들어야 한다.

③ 화두를 대상으로 논리적으로 관해 나가야 한다.

④ 화두와 나 사이에 빈틈이 없어야 한다.

36 한국에 불교의 수행법인 선(禪)이 본격적으로 전래된 시기는?

① 신라 초기   ② 신라 말

③ 고려 말에서 조선 초기   ④ 고려 말

37 원효스님이 널리 알린 『화엄경』의 '일체무애인 일도출생사(一切無碍人 一道出生死)'란 구절에서 따왔다고 하는 이 노래의 제목은?

① 회심곡   ② 왕생가

③ 무애가   ④ 백발가

38 사찰의 삼성각에 진영을 모셔 둔 곳이 있을 정도로 이름난, 고려 말 선풍을 떨친 대 선사인 한국불교계의 삼화상(三和尚)이 아닌 분은 누구인가?

① 지공   ② 나옹

③ 무학   ④ 보우

39 미국에서 현실적 불교를 일구고 있다는 평가를 받은 젠 피스메이커 오더(Zen Peacemaker Order, ZPO)의 정신과 목표라고 할 수 없는 것은?

① 참선이나 명상 등 개인적 수행만 중시한다.

② '있는 그대로의 현실, 그 자체'를 화두로 삼고 수행한다.

③ 지역사회에 기여할 다양한 사회봉사 방안을 마련한다.

④ 사회단체 참여, 복지, 생명평화운동 등에 관심을 기울인다.

40 다음 중, 환경 문제를 해결하기 위한 불자의 바람직한 태도라고 할 수 없는 것은?

① 나부터 바뀌면 세계가 바뀐다는 적극적인 생명관을 갖는다.

② 인간의 행복을 위해 자연을 지속적으로 개발하는 정책을 추진한다.

③ 모든 것이 서로 밀접하게 연관되어 있다는 연기적 세계관을 갖는다.

④ 인간 생활의 기본적인 요소인 의식주 생활에서부터 근검절약을 생활화한다.

41 현 대한불교조계종의 종정과 총무원장 스님의 법명을 쓰시오.(4점)

종정 : (　　　㉠　　　) 스님, 총무원장 : (　　　㉡　　　) 스님

42 대승보살이 중생을 대할 때 품어야 하는 마음 씀씀이인 사무량심에 해당하는 덕목을 쓰시오.(4점)

(　　　　　,　　　　　,　　　　　,　　　　　)

43 부처님께서 사람들의 능력과 처지 등을 간파한 다음에 그 수준에 맞추어서 각기 설법해 주었던 방식을 일컫는 말은 무엇인가요? 사자성어(四字成語)로 쓰시오.(4점)

(　　　　　　　　　)

44 다음은 부처님의 최초 법문인 '초전법륜'의 내용이다. 괄호 안에 들어갈 내용을 2자로 쓰시오.(4점)

> "수행자여, 이 세상 사람들은 두 가지 극단으로 치우치는 길이 있느니라. 그 하나는 육체의 요구대로 자신을 내맡기는 쾌락의 길이고, 또 하나는 육체를 너무 지나치게 괴롭히는 고행의 길이다. 수행자는 이 두 극단을 버리고 (　　　　　)를 배워야 한다.

(　　　　　　　　　)

45 한국을 비롯한 중국, 일본 등 북방 불교권에서 선종의 공안이나 화두를 통해서 수행자로 하여금 큰 의심을 일으키고 스스로 그 의심을 해결하여 깨달음을 얻게 하는 불교의 수행법을 무엇이라고 하는가?(4점)

(　　　　　　　　　)

[제1교시]

1 불보살님은 정등정각(正等正覺)이라는 말로 수식되곤 한다. 올바른 뜻은?

① 완전한 지혜와 무한한 능력을 가진 자

② 완전한 보시와 무한한 인내를 가진 자

③ 최상의 지혜와 최상의 미모를 가진 자

④ 최상의 능력과 최상의 보시를 가진 자

2 석가모니의 아버지와 어머니 이름이 바르게 짝지어진 것은?

① 수반왕 – 소라 왕비 ② 정반왕 – 마야 왕비

③ 곡반왕 – 마야 왕비 ④ 정반왕 – 소다 왕비

3 싯닷타 태자가 사문유관(四門遊觀)을 통해서 경험하고 터득한 사실과 거리가 먼 것은?

① 병들지 말아야겠다는 사실

② 늙어가는 것이 괴롭다는 사실

③ 살아가는 것이 고통이라는 사실

④ 존재의 고통이 죽는다고 끝나는 것이 아니라는 사실

4 싯닷타가 출가한 뒤 최상의 지혜를 얻기 전에 감행했던 수행법에 대한 설명이다. 가장 거리가 먼 것은?

① 호흡을 최대한 참는 고행을 했다.

② 깊은 선정을 체험하는 수행에 몰두하였다.

③ 최대한 금식하는 고행을 감행하여 살이 말랐다.

④ 쾌락의 절정을 만끽하는 고행에 빠진 적도 있다.

5 성도(成道)의 과정에서 얻게 되는 갖가지 능력 가운데서 번뇌를 말끔히 없애는 것을 일컫는 말은?

① 축지통(縮地通) 　　　　② 천안통(天眼通)

③ 누진통(漏盡通) 　　　　④ 타심통(他心通)

6 부처님께서 4제(諦)를 설명할 때, 시전(示轉), 권전(勸轉), 증전(證轉)을 통해 설명했다고 하는데, 이를 요약한 용어는?

① 삼전십이행상(三轉十二行相)

② 삼전십이연기(三轉十二緣起)

③ 삼행십이연기(三行十二緣起)

④ 사제십이전상(四諦十二轉相)

7 다음은 석가모니 부처님의 전도 선언으로 알려져 있는 명구이다. 관련된 설명 가운데 거리가 먼 것은?

> 처음도 좋고 중간도 좋고 끝도 좋은,
> 도리에 맞고 언설이 잘 정돈된 진리를 설하라.
>
> ― 율장 『대품』 중에서

① 중생의 애민을 위해 설법하라.

② 하늘의 신들만을 위해서 설법하라.

③ 중생의 안락을 위해 설법하라.

④ 인간의 이익을 위해 설법하라.

8 다음은 제자들에 대한 부처님의 평에 나오는 말이다. ( ) 속에 들어갈 말이 바르게 연결된 것은?

> 그 둘은 마치 중생의 부모와 같다.
> 비구들아,
> (㉠   )와 (㉡   )를 따르고 가까이 하라.

	㉠	㉡
①	사리뿟따	마하목갈라나
②	아난다	마하깟사빠
③	라훌라	아난다
④	라훌라	사리뿟따

9 고향 방문을 마치고 까삘라왓투를 떠나 말리족이 사는 아누삐야의 망고동산에 머무실 때에 사꺄족의 줄지어 출가한 여러 왕자들을 오래도록 시중하던 이발사 한 명도 왕자들을 따라 함께 출가하였는데, 훗날 부처님으로부터 승가의 규율을 제일 잘 알고 잘 지키는 비구라고 칭찬을 받은 사람은 누구인가?

① 바구　　　　　　　② 낌빌라
③ 우빨리　　　　　　④ 우빠난다

10 부처님께서 제자에게 했던 "너는 언젠가 부처가 되리라."라는 말을 가리켜서 무엇이라고 하는가? 불교 경전의 표현으로서 적절한 단어는?

① 수타(修他)　　　　② 보리(菩提)
③ 보기(寶器)　　　　④ 수기(授記)

11 사리뿟따와 관련된 설명들이다. 가장 거리가 먼 것은?

① 사리의 아들이라는 뜻을 가진 이름이다.
② 고행 제일이라는 별칭을 얻을 정도였다.
③ 사리뿟따의 어머니 이름은 루파사리였다.
④ 산자야벨랏티뿟따에게서 불가지론을 배웠다.

12 부처님이 성취한 깨달음의 내용에 대한 설명이다. 틀린 것은?

① 고성제(苦聖諦)는 인생의 사고(四苦)와 팔고(八苦) 등을 말한다.

② 집성제(集聖諦)는 괴로움의 원인을 갈애와 집착으로 규정하였다.

③ 멸성제(滅聖諦)는 온갖 번뇌가 사라진 열반의 세계를 말한다.

④ 도성제(道聖諦)는 오온(五蘊)이 무아(無我)임을 깨닫는 것이다.

13 보살 고따마 싯닷타께서는 출가의 목적을 이루기 위하여 고행과 용맹정진으로 진력을 다하였으나 만족한 목적을 성취하지 못하였다. 그래서 지난 시절에 몸소 겪은 수행방법을 점검해보았다. 그것이 바로 수행에 큰 전환을 가져온 계기였다. 여기서 과거에 체험한 내용은 무엇인가?

① 태자 시절에 익힌 학문에 의한 지혜

② 태자 시절에 경험한 선(禪)의 경험

③ 알라라깔라마에게 배운 무소유처 수행방법

④ 웃다까라마뿟따에게 배운 비상비비상처의 경험

14 부처님께서는 완전한 깨달음을 성취하시어 초전법륜으로부터 열반의 순간까지 수많은 사람에게 진리의 말씀을 전하셨다. 다음 중 부처님의 교화 내용과 가장 거리가 먼 것은?

① 인생의 고통과 그 원인을 직시하여 알아서 끊도록 하였다.

② 기존의 신앙에서 벗어나 새로운 신앙을 수행하도록 하였다.

③ 인간의 한계를 인식하여 절대적인 신을 신봉하여 귀의하도록 하였다.

④ 연기의 원칙에 따라 모든 악을 짓지 말고 모든 선을 봉행하도록 하였다.

15 카스트 제도는 인더스 강 유역을 점령하였던 아리안족이 자신들의 지배력을 강화하기 위해 만든 계급 제도다. 부처님은 이에 대한 불합리성을 지적하여 승가공동체를 형성하여 극복하였다. 다음 중 네 그룹의 임무가 틀린 것은?

① 브라만 – 사회의 정신교육과 모든 신들을 지배하는 일

② 크샤트리아 – 사회 제도와 안보를 유지하며 국가를 통치하는 일

③ 바이샤 – 모든 생산 활동과 관련된 일

④ 수드라 – 육체노동과 관련된 가장 하천한 일

16 석가모니 부처님은 과거에 청년 수행자 수메다였을 때에 굳건한 믿음과 공경을 표명하여 수기를 받았으며, 고삐라는 여인과 맺은 인연의 서약에 의해서 현세의 야소다라와 거룩한 만남으로 이어졌다. 이를 통해서 얻을 수 있는 교훈으로 적합하지 않는 것은?

① 수행자는 고행만이 최상의 복락을 누리고 해탈하고 열반할 수 있다.

② 수행자는 스승에 대한 공경과 믿음에 의해서 완전한 인격을 완성할 수 있다.

③ 매월 초하루 법회는 연등 부처님과 인연을 돈독히 하여 육바라밀을 실천한다.

④ 일곱 송이 연꽃의 상징을 통하여 현실 속에서 완전한 인격의 깨달음을 성숙시킨다.

17 보살 싯닷타 태자의 수행과정에 대한 설명으로 올바른 것은?

① 보살 태자는 처음부터 박가와의 철저한 고행주의자였으며, 설산에서 행한 6년간의 극심한 고행의 결과로 마침내 성도를 이루었다.

② 보살 태자는 선정주의자인 웃다까라마뿟따가 제시하는 비상비비상처정(非想非非想處定)을 최고의 경지로 인정하고 이 경지를 달성하는 것을 수행의 목표로 삼았다.

③ 보살 태자는 오직 알라라깔라마의 무소유처정(無所有處定)의 선정수행에만 몰입했으며 처음부터 고행주의 전통에 대해서는 관심을 두지 않았다.

④ 보살 태자는 극심한 금식을 비롯해 오랫동안 고행에 몰입했으나 그것이 성도(成道)의 길이 아님을 깨닫고 고행을 포기하고 중도수행으로 완전한 정각과 열반을 체득하였다.

18 다음은 부처님의 전법선언이다. (   ) 속에 들어갈 말로 적절한 것은?

"비구들이여, 나는 (   )의 굴레에서 해방되었다. 그대들 역시 (   )의 굴레에서 해방되었다. 이제 법을 전하러 길을 떠나라. 많은 사람의 이익을 위해, 많은 사람들의 행복을 위해, 세상을 불쌍히 여겨 길을 떠나라. 마을에서 마을로, 두 사람이 같은 길을 가지 말고 혼자서 가라."

① 하늘과 땅　　　　　② 남자와 여자

③ 스승과 제자　　　　④ 신과 인간

19 다음은 부처님의 제자인 사리뿟따와 마하목갈라나의 귀의와 관련된 설명이다. 올바른 것은?

① 사리뿟따와 마하목갈라나는 부처님께 귀의하기 전에 산자야의 제자였다.

② 사리뿟따와 마하목갈라나는 부처님의 열반 이후에 생존하였으며 교단을 잘 통합할 수 있는 계율을 제정하였다.

③ 앗사지는 사리뿟따와 마하목갈라나에게 자신이 아라한이라고 소개하고 부처님의 진리를 차근차근 설명해주었다.

④ 사리뿟따와 마하목갈라나는 부처님께 출가하자마자 교단을 이끌어가는 규칙과 지도자를 뽑아야한다고 주장하였으며 자신들이 지도자로서 마땅하다고 설파하였다.

20 제따 왕자가 보시한 숲에 수닷따가 세운 기원정사에 대한 내용 중 틀린 것은?

① 부처님은 부처님과 교단을 위하여 정사를 지어 공양 올리겠다는 수닷타의 권청을 세 번이나 허락하시지 않았다.

② 수닷따는 스님들의 수행을 위해 사왓티성에서 가능한 먼 곳에 정사를 지어 일반인의 출입을 제한하였다.

③ 제따 왕자는 수닷따에게 입구의 기원정사라는 화려한 문을 세울 것을 제안하였다.

④ 기원정사에서 부처님은 가장 많은 안거를 하셨다.

21 다음은 부처님이 빠세나디 왕을 가르치는 내용이다. 이를 잘못 이해한 사람은 다음 중 누구인가?

"대왕이시여, 이 세상에 아무리 작아도 가볍게 볼 수 없는 것이 네 가지가 있습니다. 왕자, 독사, 불씨, 수행자 이 네 가지는 아무리 작아도 가벼이 보아서는 안 됩니다."

① 정선 : "왕자, 독사, 불씨, 수행자 이 네 가지의 공통점은 현재 미약한 존재로 보일 수 있다는 것이야."

② 정열 : "맞아. 그리고 왕자, 독사, 불씨, 수행자는 반드시 성장하면 큰 힘을 갖는다는 공통점도 있지."

③ 정욱 : "나도 지금은 작고 약한 존재지만 나도 언젠가는 내가 당한 고통을 몇 배로 되돌려줄 수 있으니 기죽지 말고 당당히 살아야겠다."

④ 기현 : "상대에게 행한 과보를 스스로 받을 수 있기 때문에 결코 누구라도 업신여기면 안 돼."

22 다음 중 부처님의 전법활동의 순서가 바르게 연결된 것은?

> ㉠ 깟사빠 삼형제의 제도
> ㉡ 빠세나디 왕을 귀의시킴
> ㉢ 난다를 출가시킴
> ㉣ 야사를 귀의시킴

① ㉠-㉣-㉢-㉡　　　　　　② ㉠-㉣-㉡-㉢
③ ㉣-㉠-㉢-㉡　　　　　　④ ㉣-㉠-㉡-㉢

23 부처님 재세 시에 출가한 비구니 스님들에 대한 설명 중 틀린 것은?

① 빔비사라왕의 왕비였던 케마는 아름다움에 대한 자신의 교만한 마음을 참회하고 출가하여 부처님께 '비구니 제자 중에 가장 지혜가 뛰어난 사람'이라는 칭찬을 받았다.

② 왕비 케마의 친구였던 비자야 비구니 스님은 갖은 유혹에 의해 여러 번 교단을 뛰쳐나갔지만 결국 용맹정진을 하여 천안통을 얻었다.

③ 라자가하의 부호 위사카의 아내였던 담마딘나는 출가하여 어려운 법문을 쉽게 설명하는 탁월한 능력을 갖춘 법사가 되었다.

④ 마하빠자빠띠는 여러 뛰어난 비구니 스님들의 활약을 보고 용기를 내어 출가하게 되었고 결국 장로의 지위를 얻게 되었다.

24 부처님은 처음에 여성의 출가를 선뜻 허락하지 않았는데 아난다가 '여성도 출가 수도하면 최후에는 성자의 최고 경지에 이를 수 있다'는 부처님 말씀을 방패 삼아 간청하자 여덟 가지 계법을 만들어 여성의 출가를 인정하였다. 이 여덟 가지 계법에 해당하는 것은?

① 비구니는 설령 자신보다 후에 출가한 비구라 할지라도 그를 공경해야한다.

② 비구니는 여성의 몸으로는 성불하지 못하니 출가 수행자로서 브라만을 공경하는 데 힘써야 한다.

③ 비구니는 어린이와 노인을 돌보는 일을 해야 하는 등 지역사회의 복지를 담당해야하기 때문에 비구와 늘 함께 기거해야 한다.

④ 비구니는 교단의 유지와 발전을 담당해야하기 때문에 보시물들을 잘 관리해야 하며 상업이나 금융업 등의 수완을 발휘하여 사원을 발전시켜 나가야 한다.

25 다음은 부처님의 전법활동에 대한 설명이다. 틀린 것끼리 짝지어진 것은?

> ㉠ 부처님이 깨달음을 이루시고 죽림정사에 머무실 때 웨살리에 재앙이 찾아와 가뭄이 계속되고 역병이 창궐했는데 부처님이 독룡을 제거하여 사람들을 구하였다.
>
> ㉡ 부처님이 깨달음을 이루신 후 5년. 로히니 강을 사이에 둔 사꺄족과 꼴리야족의 땅에 극심한 가뭄이 계속되었고 이 때문에 전쟁이 발생할 위기에 생기자 부처님이 이들을 잘 설득하여 부족을 통일시켰다.
>
> ㉢ 빔비사라 왕의 권유에도 죽림정사를 찾지 않던 셋째 왕비 케마는 어느 날 몰래 부처님을 찾아뵙는 데 아름다운 여인이 순식간에 늙은 노파가 되는 것을 보고 부처님께 귀의할 것을 허락해 달라고 왕께 청하게 되고 수많은 여인들이 출가하게 된다.
>
> ㉣ 비자야 비구니는 여러 번 정사를 떠났다 돌아오기를 반복하다 12처를 관찰하고 4성제와 5선근의 능력과 깨달음을 얻는 7가지 방법, 8가지 바른 길에 대한 설명을 듣고 실천하며 환희심과 안락함이 충만한 나날을 보냈다.

① ㉠, ㉡ 　　　　　　　② ㉠, ㉢

③ ㉡, ㉢ 　　　　　　　④ ㉡, ㉣

26 부처님께서 정하신 교단의 입단 절차와 상관이 없는 것은?

① 대중에게 세 번 물어 이의제기가 없을 경우에만 승가가 동의한 것으로 인정 후 비구가 지켜야 할 계목을 알려주며 아사리로 명하였다.

② 화상(덕 높으신 스님)을 선택하여 평생 스승으로 모시며, 세속의 부모자식 같이 서로 보살피고 돌보게 하였다.

③ 화상은 제자에게 필요한 덕목과 행동 하나하나 지도하며, 필요한 물품을 마련할 수 있게 해주었다.

④ 화상을 정해 수학한 사람만 스승인 화상의 보증 아래 비구가 될 자격을 갖게 하였다.

27 부처님께서 깨달음을 이루신 후 7년, 사왓티에 머무시던 부처님은 누구에게도 알리지 않은 채 조용히 가사와 발우를 들고 33천으로 올라가 그 해 우기를 제석천과 마야부인, 그리고 천녀들에게 설법하며 지내셨다. 부처님께서 이러한 행적을 보이신 이유에 대한 설명으로 올바른 것은?

① 부처님을 찾아오는 사람들이 너무 많아서 휴식을 취하시기 위하여

② 일찍 돌아가신 어머니가 33천에 태어나셨는지 직접 확인하시기 위하여

③ 명성과 이익을 탐하고 종족과 계급 간에 무리를 짓는 제자들을 경책하기 위하여

④ 비약적으로 성장한 불교 공동체를 시기한 이교도들의 견제와 공격을 누그러뜨리기 위하여

28 부처님은 숭수마라기리 근처의 베사깔라 동산에서 안거를 지내시던 중 어느 노부부를 제도 하셨다. 부처님을 자신의 아들이라고 부르며 달려왔던 나꿀라의 부모인 이 노부부 교화와 관련이 없는 것은?

① 나꿀라의 부모인 노부부는 과거 오백 생 동안 부처님의 부모님이었다.
② 부처님은 초대에 응하여 노부부의 집에서 여러 날 동안 공양을 받으시고 설법하였다.
③ 노인이 부처님을 아들이라고 불러도 되는지를 묻자 부처님은 그의 청을 받아들이셨다.
④ 두 팔을 벌리고 달려드는 노부부를 비구들이 막아서자 부처님이 방해하지 말라고 하셨다.

29 부처님께서 깨달음을 이루신지 9년, 꼬삼비에서 우기를 보내신 다음에 비구들이 두 패로 갈리어 서로를 욕하고 심지어 주먹질까지 하는 분쟁이 생겼는데 포살까지 두 곳에서 나뉘 어 시행하는 사태로까지 번졌다. 이 사건의 발단이 된 사건은 무엇인가?

① 어느 비구가 걸식을 할 때에 맛있는 음식을 골라서 받은 일
② 불교 교단에 여성 출가자를 받아들여야 한다는 주장을 한 일
③ 멀리 외출했다가 늦게 돌아온 비구가 때 아닌 때에 공양을 했던 일
④ 한 장로 비구가 화장실에 갔다가 쓰고 남은 물을 버리지 않고 그냥 남겨두었던 일

30 다음은 부처님께서 라자가하 남쪽 닥키나기리 지역에 머무실 때에 밭을 갈고 씨를 뿌린 뒤 에 음식을 먹으라는 바라문 까씨바라드와자에게 설한 게송이다. ( )안에 들어갈 말이 바르 게 연결된 것은?

(㉠)은(는) 씨앗, 감관을 지키는 단비
(㉡)은(는) 나의 멍에와 쟁기
부끄러움은 쟁기자루, 삼매는 끈, 정념은 나의 쟁기날과 몰이막대
몸가짐을 삼가고 말을 삼가고 알맞은 양으로 음식을 절제하며
진실함으로 잡초를 제거하는 낫을 삼고 온화함으로 멍에를 내려놓습니다.

① ㉠-믿음, ㉡-지혜   ② ㉠-정견, ㉡-정진
③ ㉠-정어, ㉡-정정   ④ ㉠-지혜, ㉡-자비

31 부처님께서 바라문 왕 악기닷따의 초대에 응하여 웨란자에서 안거를 하실 때의 일로 사실이 아닌 것은?

① 부처님을 초대했던 악기닷따 왕은 불교교단을 외면하고 지원하지 않았다.

② 웨란자 사람들은 부처님을 잘 몰랐고 심한 기근까지 겹쳐 걸식에 어려움을 겪었다.

③ 마하목갈라나가 신통력으로 웃따라꾸루에 가서 쌀을 구해다가 겨우 공양을 해결하였다.

④ 마을 사람들이 말에게 먹일 사료를 스님들께 공양하였고 부처님께서도 이 음식을 드셨다.

32 다음은 마히 강변에서 소를 방목해 키우던 다니야와 부처님이 주고받은 게송이다. 이 게송을 통해서 부처님께서 깨우쳐 주시려고 한 가르침으로 가장 적절한 것은?

> 쇠파리나 모기들이 없고 소들은 늪가에 우거진 풀 위를 거닙니다.
> 비가 내려도 그들은 참고 견딜 것이니 하늘이여, 비를 뿌리려거든 뿌리소서.
>
> 나의 뗏목은 이미 잘 엮여 거센 물결을 넘어 피안에 이르렀습니다.
> 이제는 더 이상 뗏목이 필요 없으니 하늘이여, 비를 뿌리려거든 뿌리소서.

① 고통을 참고 견디는 인내심을 키우고 고난에 미리 대비하라는 가르침

② 강을 건넌 뒤에도 뗏목을 끌고 다니는 어리석음을 범하지 말라는 가르침

③ 비가 많이 오는 우기에는 뗏목을 미리 준비해 두는 것이 현명하다는 가르침

④ 물질적인 충족에 안주하는 이에게 자유로운 피안의 세계를 알려 주려는 가르침

33 부처님께서 기원정사에 계실 때 죽은 아이를 살려달라고 애원하던 끼사고따미 여인이 찾아왔던 일과 거리가 먼 것은?

① 끼사고따미 여인은 무상의 도리를 깨닫고 출가하여 비구니가 되었다.

② 여인이 겨자씨를 얻으러 갔던 집마다 사람이 죽어나가지 않은 집은 없었다.

③ 겨자씨를 얻지 못한 여인은 부처님을 원망하고 교단을 비방하다가 지옥에 떨어졌다.

④ 부처님은 사람이 한 번도 죽어나가지 않은 집에서 겨자씨 한 줌을 얻어오라고 하셨다.

34 부처님 곁에는 가사와 발우를 들어드리고 찬물과 더운물을 준비하는 제자가 늘 있었는데, 가장 먼저 깨달음을 얻었고, 설법제일의 뿐나를 제자로 두었던 부처님의 첫 번째 시자는 누구인가?

① 아난다　　　　　　　　　② 사리뿟따

③ 마하목갈라나　　　　　　④ 안냐따꼰단냐

35 욕심이 적어 만족할 줄 알았으며, 특히 지혜롭고 총명했던 제자로서 부처님보다 먼저 입적했을 때에 그의 유골을 받들고 당신의 처지를 가지가 부러진 고목에 비유할 정도로 아끼셨던 부처님의 제자는 누구인가?

① 우빨리　　　　　　　　　② 사리뿟따

③ 마하깟사빠　　　　　　　④ 마하목갈라나

36 부처님을 대신하여 교단을 통솔하려고 반역을 꾀했던 데와닷따를 지원하고, 아버지 빔비사라왕을 폐위시키고 마가다국의 왕이 되었던 인물은 누구인가?

① 아자따삿뚜　　　　　　　② 앙굴리말라

③ 미가라마따　　　　　　　④ 알라라깔라마

37 부처님의 제자들 가운데 출가하였지만 승가에 들어와서도 여전히 잘못된 습성대로 사는 이들이 더러 있었는데, 교만하거나 음욕을 부리고 계율을 자주 어겨 부처님으로부터 시체를 태우는 막대기와 같다고 질책을 받았던 인물이 아닌 분은?

① 띳사　　　　　　　　　　② 찬나

③ 빠따짜라　　　　　　　　④ 깔루다이

38 부처님께서 성도하신지 44년, 깃자꾸따에 머무실 때에 비구들에게 설하신 내용으로 승가가 무너지지 않고 정법이 쇠퇴하지 않는 일곱 가지 법에 해당하지 않는 것은?

① 종묘를 받들고 조상을 숭배해야 한다.

② 자주 모여 올바른 뜻을 논의해야 한다.

③ 법을 받들고 금기를 알며 제도를 어기지 않아야 한다.

④ 남을 앞세우고 자신은 뒤로 물러서며 명예와 이익을 탐하지 않아야 한다.

39 부처님은 대장장이의 아들 쭌다가 올린 쌀밥과 전단나무 버섯을 드신 후 깊은 병을 얻으셨음에도 마지막 공양을 올린 공덕으로 쭌다가 큰 이익과 과보를 얻을 것이라고 칭찬하셨다. 이 사실로부터 불자들이 깨달을 수 있는 사실과 거리가 먼 것은?

① 부처님께 정성을 다해 올리는 공양은 큰 이익과 과보가 있다.

② 불자들은 좌구, 가사, 의약품과 교단이 정한 육법공양구만을 올려야 한다.

③ 공양물은 공양 올리는 사람의 처지에서 귀하고 청정한 것으로 준비하면 된다.

④ 쭌다가 공양 올린 음식 때문에 부처님이 돌아가시게 되었다고 자책할 것을 염려하셨다.

40 부처님의 반열반이 가까워졌음을 감지한 아난다가 장례법에 대해 여쭈었을 때 부처님께서 직접 일러주신 장례법에 해당하지 않는 것은?

① 전륜성왕의 장례법에 따르라.

② 길을 오가는 사람 모두 탑을 보게 하라.

③ 화장한 다음 사리를 거두고 네거리에 탑을 세워라.

④ 사리를 거두면 여러 나라에 고루 나누어 탑에 봉안하라.

41 부처님 멸도 후에 찬나 비구처럼 옛날 버릇을 버리지 못하고 제멋대로 행동할 경우에는 모든 비구들이 그와 더불어 말하지도 말고, 서로 왕래하지 말고, 가르치지도 말고, 일을 시키지도 말라고 하셨다. 이렇게 벌하는 불교 교단의 치죄법을 무엇이라 하는지 쓰시오. [4점]

(   )

42 부처님께서 반열반에 드시고 장례를 마친 직후 마하깟사빠의 주관으로 500명의 장로비구가 칠엽굴에 모여 계율과 법을 결집하였다. 이 첫 번째 결집에서 계율과 법을 암송했던 사람은 각각 누구인지 순서대로 쓰시오. [4점]

(,   )

43 불교교단에서 안거(安居)가 끝나는 날 수행자들이 한 곳에 모여 보고[見] 듣고[聞] 의심나는[疑] 세 가지 일[三事]에 대하여 공개적으로 자기의 죄과(罪過)를 드러내 놓고 반성하며, 자신의 잘못을 지적해 달라고 대중에게 요청하는 참회의식을 무엇이라고 하는지 쓰시오. [4점]

(   )

44 미가라 장자의 며느리인 위사카는 니간타 교도인 시아버지를 부처님께 귀의시켜 시아버지가 며느리를 어머니라고 부를 정도로 칭송받았고 불교교단에서도 어머니 위사카라고 부를 정도였다. 이 위사카가 사왓티 동쪽 성문 밖에 건립하여 부처님 교단에 기증한 대규모 정사로 천 명이 거주할 수 있는 이 정사의 이름을 쓰시오. [4점]

(   )

45 보기의 설명 중에서 (   )에 해당되는 것은? [4점]

> 부처님은 출가자와 재가자들이 교단에 들어올 때 승가의 위계와 질서유지를 위해 입단절차를 제도화하였는데 비구가 되기 위해서는 (   )를(을) 받도록 하였다.

(   )

[제2교시]

1 다음 문장의 괄호 안에 들어갈 적절한 말은?

> 인도의 공경법인 오체투지를 (　　)라고도 한다. 절을 하면서 공경하는 마음을 표시할 때 반드시 상대방의 발에 자신의 손이나 이마를 닿게 하기 때문이다.

① 접안례(接眼禮)　　　　　② 접수례(接手禮)

③ 접족례(接足禮)　　　　　④ 접심례(接心禮)

2 과거 · 현재 · 미래의 삼세를 통하여 중생을 교화하는 삼세불을 바르게 연결한 것은?

① 관세음보살, 문수보살, 보현보살

② 석가모니불, 아미타불, 약사여래

③ 아미타불, 석가모니불, 미륵보살

④ 제화갈라보살, 석가모니불, 미륵보살

3 석가모니불의 좌우보처로서 지혜와 실천행을 상징하는 불상이 차례로 바르게 연결된 것은?

① 문수보살 – 보현보살

② 가섭존자 – 아난존자

③ 관세음보살 – 대세지보살

④ 일광보살 – 월광보살

4 불화에 대한 설명으로 잘못된 것은?

① 불화는 경전에 등장하는 여러 존상들을 형상화한 그림이다.

② 불화의 기원은 불교 성립 초기부터 법당을 장엄했다는 사실을 전해 주고 있다.

③ 불화가 지니는 의의는 크게 종교성과 예술성 두 가지 측면에서 살펴 볼 수 있다.

④ 오색을 기조로 갖가지 문양을 베풀어 장엄하는 단청은 불화의 범주에 포함되지 않는다.

5 우리나라의 성보문화재(불교문화재) 가운데 유네스코가 지정한 세계문화유산이 바르게 연결된 것은?

① 경주의 석굴암과 불국사 – 해인사의 장경판전

② 해인사 팔만대장경판 – 직지심체요절

③ 백제 부여문화유적지 – 경주역사 유적지구

④ 수륙재와 영산재 – 연등회와 팔관회

6 괄호 속에 들어 갈 말로서 가장 바르게 연결된 것은?

> 불교는 (㉠)의 종교이자 (㉡)의 종교이다.

    ㉠ — ㉡
① 과학 — 자연
② 과학 — 신들
③ 신앙 — 수행
④ 신앙 — 걸식

7 우란분절에 대한 설명으로 바르게 된 것은?

① 백중날과 우란분절은 같은 날이 아니다.

② 우란분절에는 포살할 필요가 전혀 없다.

③ 우란분절은 여름 안거가 끝나는 해제일이다.

④ 우란분재와 같은 말이고 음력 8월 보름날이다.

8 경주 불국사 대웅전 앞쪽에는 석가탑과 다보탑이 아름다운 자태를 뽐내며 자리하고 있다. 이곳에 한 쌍의 탑을 세운 것은 법화경의 경설에 따른 것이라 하는데 그 구체적인 내용이

설해진 곳은 『법화경』 중 어느 품인가?

① 관세음보살 보문품　　　　② 견보탑품
③ 화성유품　　　　　　　　④ 오백제자 수기품

9 고려시대 일연 스님에 대한 설명으로 틀린 것은?

① 남해 분사도감의 대장경 판각불사에 참여하였다.
② 경북 군위의 인각사에서 삼국유사를 저술하였다.
③ 우리의 문화전통과 민족의 주체의식을 강조하였다.
④ 야사와 설화 등을 통해 유교적 합리주의를 강조하였다.

10 근대 불교계에서 일어난 사건들을 순서대로 바르게 나타낸 것은?

| ㉠ 사찰령 반포 | ㉡ 통합종단 출범 | ㉢ 선학원 건립 | ㉣ 태고사 창건 |

① ㉠ ㉢ ㉣ ㉡　　　　　　② ㉡ ㉠ ㉣ ㉢
③ ㉠ ㉡ ㉢ ㉣　　　　　　④ ㉣ ㉢ ㉠ ㉡

11 각 사찰에서 운영하고 있는 사찰운영위원회의 구성 및 자격에 대한 설명으로 틀린 것은?

① 운영위원회는 소임을 맡은 승려와 신도로 구성한다.
② 신도 운영위원은 해당 사찰에 20년 이상 신도로 재적한 자로 한다.
③ 사찰 주지는 5인 이상 30인 이내의 위원으로 운영위원회를 구성하여야 한다.
④ 운영위원회의 의장은 주지가 맡고, 사찰신도회의 회장과 부회장은 운영위원이 된다.

12 중도(中道)에 대한 설명으로 가장 적절한 것은?

① 중도는 양 극단을 떠나 조화로운 관계를 형성하는 것이고, 조화로운 관계는 곧 연기에 입각한 관계이다.
② 중도의 가르침은 고행주의와 쾌락주의의 양 극단을 버리는 가르침으로 적절한 고통과 즐거움을 경험하는 것이 좋다.
③ 중도는 중간(中間)과 같은 의미로서, 흑백 논리의 경우 양 쪽 주장의 가장 중립적 위치

를 찾아서 자신의 자리를 정하는 것이다.

④ 중도는 고락(苦樂), 유무(有無), 단상(斷常)의 양극단을 버리기 위해 옳고 그름이나 착하고 악함에 대한 일체의 판단을 하지 않는 것이다.

13 12처에 대한 설명으로 바르지 못한 것은?

① 12처의 6경은 안, 이, 비, 설, 신, 의를 말한다.

② 처(處)란 일체가 들어가 머무는 장소라는 뜻이다.

③ 12처는 6가지 인식주관과 6가지 인식대상을 일컫는다.

④ 일체법은 십이처에 포함되므로 십이처는 세계 전체, 모든 존재를 일컫는다.

14 교단의 근본 분열 이후 여러 부파들이 전성하던 시대의 불교를 설명한 것으로 틀린 것은?

① 재가와 출가를 엄격히 구분하였다.

② 출가주의와 승원불교를 특징으로 한다.

③ 출가자들이 연구와 수행에만 전념하였다.

④ 승단은 대중과 멀어져 경제적으로 곤궁하였다.

15 전륜성왕으로 칭송되는 마우리아 왕조의 아소까 왕과 관련이 없는 것은?

① 칼링가 전쟁에서 승리한 후 불교로 개종하여 불교를 국교로 삼았다.

② 제4차 결집을 후원하여 논서를 집대성하고 동서양의 교류를 촉진하였다.

③ 인도 각지에 비석과 돌기둥을 세워 불법을 널리 알리고 지키도록 권장하였다.

④ 스리랑카, 시리아, 이집트 등으로 불교 사절단을 보내 불교의 교세를 확장했다.

16 모든 것은 마음이 변화되어 나타났다고 보는 사상으로 중관학파와 함께 대승불교의 양대 체계를 이루고 있는 유식학파의 사상을 담고 있는 논서가 아닌 것은?

① 유가사지론   ② 섭대승론

③ 십지경론   ④ 십이문론

17 유식(唯識)에서 똑같은 물이라도 보는 자의 입장에 따라 4가지로 다르게 보인다는 일수사견(一水四見)의 비유를 바르게 말한 것을 고르시오.

① 아귀 – 갈증을 달래 줄 마실 물

② 사람 – 배를 띄우고 놀이하는 연못

③ 물고기 – 자신들이 사는 보금자리 집

④ 천상의 신 – 고통에 빠져 있는 위험한 곳

18 사법계(四法界)에 대하여 바르게 설명한 것은?

① 사법계는 언제나 평등한 본체의 세계, 즉 진실한 깨달음의 세계를 말한다.

② 이법계는 현실 미혹의 세계, 사물들이 대립하는 차별적인 현상의 세계를 말한다.

③ 이사무애법계는 번뇌와 보리, 즉 현실과 이상의 세계가 각각 존재하는 것을 말한다.

④ 사사무애법계는 현실 속 개개의 존재들이 서로 자리를 내주어 아름다운 조화를 이루어 서로 연기적 관계에 있음을 말한다.

19 화두 참구의 중요한 세 가지 요소를 바르게 연결한 것은?

① 대신심(大信心) – 대분심(大憤心) – 대의심(大疑心)

② 귀의불(歸依佛) – 귀의법(歸依法) – 귀의승(歸依僧)

③ 신업(身業) – 구업(口業) – 의업(意業)

④ 제행무상(諸行無常) – 제법무아(諸法無我) – 열반적정(涅槃寂靜)

20 종단은 2015년 1월 28일에 '종단혁신과 백년대계를 위한 사부대중 100인 대중공사' 첫 번째 마당을 열었다. 매월 1차례씩 9회에 걸쳐 열리게 될 이 행사는 2012년 3월부터 2014년 12월까지 실시한 자정과 쇄신을 위한 1000일 결사의 어느 분야와 가장 관련이 깊은가?

① 나눔결사   ② 문화결사

③ 평화결사   ④ 생명결사

21 상좌부와 대중부로 불교교단이 분열된 계기가 된 것은?

① 제1결집   ② 제2결집

③ 제3결집   ④ 제4결집

22 황룡사를 창건하였으며, 정법으로 통치하는 이상적인 성군인 전륜성왕을 꿈꾼 신라의 왕은 누구인가?

① 법흥왕   ② 진평왕

③ 진흥왕   ④ 선덕여왕

23 안타깝게도 노래가 불리게 된 유래만 전해지고 정작 그 가사나 곡조는 알 수 없는 신라 때의 노래가 있다. 원효 스님이 방방곡곡을 돌아다니며 백성에게 깨우침을 가르쳤다고 하는데, 광대들이 큰 바가지를 들고 춤추며 노는 것을 보고 그 모습을 본떴다고 하며,『화엄경』의 일체무애인 일도출생사(一切無碍人 一道出生死)란 구절에서 이름을 땄다고 하는 이 노래의 제목은?

① 수심사   ② 하여가

③ 무애가   ④ 회심곡

24 "부처님의 뜻을 전하는 것이 선이요, 부처님의 말씀을 깨닫는 것이 교인데도 이를 모르고 '선종이다, 교종이다'하고 싸우는 것은 부처님의 참뜻을 모르기 때문이다."라고 설파한 고려시대 스님의 사상과 거리가 먼 것은?

① 종파주의를 극복하기 위해 화엄교학을 중심으로 선을 아우르는 교관겸수를 주장하였다.

② 수선사(修禪社)를 중심으로 정혜결사를 결성하여 새로운 수행풍토를 마련하였다.

③ 선종의 입장에서 교종을 통합하였으며, 무신정권의 후원을 받았다.

④ 선교일치, 정혜쌍수를 표방하여 조계종의 선풍을 확립하였다.

25 고려시대 조성된 대장경 중, 거란족의 침입을 계기로 조성된 대장경을 일컫는 것은?

① 초조대장경   ② 속장경

③ 팔만대장경   ④ 재조대장경

26 사법인에 대한 설명으로 가장 거리가 먼 것은?

① 제행무상 – 세상의 모든 존재는 계속 변화하기 때문에 영원한 것은 아무것도 없다.

② 제법무아 – 세상 만물은 영원불변하여 그 자체로 독립성을 가진 고정된 실체가 없다.

③ 일체개고 – 세상을 살아가면서 느끼는 희로애락은 일시적인 것이 아니라 영원한 것이다.

④ 열반적정 – 이 세상이 무상하고 무아인 것을 알고 집착에서 벗어나면 고통이 사라진다.

27 육바라밀에 대한 설명으로 잘못된 것은?

① 초기불교에서 강조한 대표적인 수행법이다.

② 바라밀이란 '피안에 이르는 길'이라는 의미이다.

③ 보시, 지계, 인욕, 정진, 선정, 지혜바라밀을 말한다.

④ 지혜바라밀 없이는 앞의 다섯 바라밀을 이룰 수 없다.

28 부파불교 시대에 세친(世親)스님이 저술한 『구사론(俱舍論)』에 대한 설명이다. 틀린 것은?

① 깨달음에 진입하는 성인의 단계와 수행법을 설명하고 있다.

② 중생들이 지닌 108가지 번뇌를 열거하여 설명하고 있다.

③ 인간이 과거 · 현재 · 미래로 윤회하는 과정을 설명하고 있다.

④ 윤회의 원인이 되는 운명을 여러 가지로 분류하여 설명하고 있다.

29 유식(唯識)사상에서는 마음을 심층적으로 분석하였는데, 삼라만상의 모든 것이 저장되어 있다고 해서 '장식(藏識)'이라고 한다. 이것은 무엇인가?

① 전오식(前五識) 　　　② 의식(意識)

③ 말라식(末那識) 　　　④ 아뢰야식(阿賴耶識)

30 역대 조사나 선사 스님들이 남긴 법어, 선문답, 수행하는 방법, 가르침을 담은 것을 '선어록' 이라고 한다. 다음 중 중국의 혜능 스님이 출가해서 깨달음을 얻기까지의 과정과 조사선의 핵심 사상을 잘 드러내고 있는 어록은?

① 전심법요(傳心法要) 　　　② 임제록(臨濟錄)

③ 육조단경(六祖壇經) 　　　④ 조주록(趙州錄)

31 대한불교조계종의 직영사찰이 아닌 것은?

① 봉은사 　② 낙산사 　③ 선본사 　④ 보문사

32 『금강경』의 사구게와 관계없는 것은?

① 머무는 바 없이 그 마음을 내어라.

② 모든 상을 상이 아닌 것으로 보면, 곧 여래를 보는 것이다.

③ 모든 유위법은 꿈, 물거품, 허깨비, 아침이슬, 번개와 같다.

④ 처하는 곳마다 주인이 되면, 서는 곳마다 진리가 된다.

33 신라 후기 대문장가 최치원은 네 곳에 세운 비문을 지었는데, 그 비문에는 신라 후기에서 고려 초기까지의 불교 역사뿐 아니라 당대의 정치, 사상, 문화, 풍속 등에 관한 기록이 비석에 새겨져 있어 『삼국사기』와 『삼국유사』 편찬 이전에 가장 중요한 기록으로 평가되고 있다. 다음 중 최치원이 지은 사산비명(四山碑銘)이 아닌 것은?

① 희양산 봉암사 지증대사적조탑비명
② 보림사 보조선사창성탑비명
③ 초월산 대숭복사비명
④ 지리산 쌍계사 진감선사대공영비명

34 다음은 우리 종단 『종헌』에 규정한 종지(宗旨)와 전혀 관계없는 것은?

① 우리 종단은 직지인심 견성성불의 선종이므로 참선 이외에 다른 수행법을 하면 안된다.
② 석가세존의 근본교리를 공부해서 불교의 정견을 세워야 한다.
③ 직지인심 견성성불은 선의 돈오사상를 표현한 것이다.
④ 『종헌』 '자각각타'와 '전법도생'이란 표현은 스스로 깨치고 남도 깨우치는 것을 말하며, 법을 전해서 중생을 구제하는 것을 뜻한다.

35 한국 영화사에서 최다 관객을 모은 『명량』이란 영화에 의승군(義僧軍)이 이순신 장군의 수군을 도와 일본군과 전투를 하며 살상하는 장면이 나온다. 이와 관련하여 가장 잘못된 견해는 무엇인가?

① 서산, 사명, 영규 대사 등 의승(義僧)들이 부처님의 불살생 계율을 어기고 전쟁에 참여한 것은 외침으로 도탄에 빠진 백성과 나라를 구하고, 일본군의 무도한 침략과 악행을 더 이상 짓지 않게 하기 위해 자신의 목숨을 바쳐 대승 보살행을 한 것이다.
② 서산대사의 총궐기 호소문으로 전국 주요 산중의 승려 약 5천여 명이 자발적으로 의승군을 조직하여 전쟁에 참여하였으며, 평양성 탈환에 큰 공을 세웠고, 선조왕의 한양 귀성을 호위하고 행주산성 수호와 청주성 탈환, 금산전투 등에서 큰 역할을 하였다.
③ 이순신 장군의 수군 활약 뒤에는 의승군이 정보 수집, 첩보, 연락, 보급, 전투 참여 등 다양한 활동으로 도왔다.
④ 자장율사는 왕이 재상으로 중용하려 하자, '하루 동안 계율을 지키다 죽을지라도 백 년 동안 계율을 어기며 사는 것을 원치 않는다'했으므로, 불살생의 계율을 위배한 것은 파계행이니 전쟁 참여는 명백한 잘못이다.

36 우리나라 가람 배치에 관한 설명 중 틀린 것은?

① 탑이 법당 앞에서 짝을 이루어 양쪽에 세워지는 쌍탑 가람이 생겨나는 것은 고려시대 부터이다.

② 우리나라는 중국으로부터 불교가 전래됨에 따라 중국식의 건축 양식과 가람배치 방식을 따르게 되었다.

③ 익산 미륵사지의 경우는 나란히 세 곳에 각각 탑과 법당을 배치한 삼탑삼당식 가람배치를 이루고 있다.

④ 고구려의 가람 배치는 팔각탑을 중심으로 동·서·북면의 세 곳에 법당이 배치된 일탑삼당식(一塔三堂式) 배치법을 따랐다.

37 부도(승탑)에 관한 설명 가운데 잘못된 것은?

① 부도는 승려의 묘탑을 돌로 만든 것으로 영구적으로 보존하기 위하여 착안해 낸 것이다.

② 우리나라에서는 절의 외곽에 따로 탑원(塔院)을 마련하여 부도(승탑)와 탑비를 안치하고 있다.

③ 통일신라 시대에 승탑이 조성되기 시작한 것은 중국에서 선종이 들어옴에 따라 조사숭배사상이 짙어졌기 때문이다.

④ 우리나라 승탑 가운데 조형미가 뛰어난 승탑들은 주로 조선시대에 조성되었다.

38 사천왕은 불교의 방위신이면서 호법신이다. 각 방위와 사천왕의 배치가 잘못된 것은?

① 동방 – 지국천왕　　　　② 남방 – 비사문천왕

③ 서방 – 광목천왕　　　　④ 북방 – 다문천왕

39 시왕도에 관한 설명 중 잘못된 것은?

① 명부에서 죽은 자의 죄업을 심판하는 열 명의 대왕인 시왕을 그린 그림이다.

② 명부전에는 본존으로 지장보살상과 지장보살도가 봉안되며 그 좌우에 시왕도를 배치한다.

③ 시왕은 명부의 재판관인 염라대왕이 중국에서 도교와 결합되어 십대왕으로 확대된 것이다.

④ 육도 윤회에서 고통받는 중생을 구제해주는 구세주로서 신앙되며, 특히 지옥의 중생을 구원하는 것을 서원으로 삼고 있는 명부신앙의 주인공을 그린 그림이다.

40 범종에 관한 설명 중 잘못된 것은?

① 우리나라 범종의 전형을 이루고 있는 신라의 종 형태는 종 꼭대기에 한 마리의 용으로 된 종고리와 소리를 도와주는 음통이 있다.

② 범종을 치는 막대기를 당목(撞木)이라 하는데 전남 순천 선암사와 충남 예산 수덕사의 당목은 고래 모양을 하고 있다.

③ 종의 꼭대기에 있는 용은 울음소리가 꼭 종소리와 같으며 동해의 고래를 만나면 운다고 하는 '포뢰'를 상징하는 것이라고 한다.

④ 우리나라에서 가장 오래된 범종은 성덕대왕신종이다.

41 이것은 원래 집안의 정원을 밝히는 등화구(燈火具)였는데 중국 한나라 때부터는 능묘에도 설치되기 시작하였다. 불교가 도입된 이후로는 진리를 밝히는 상징물로 받아들여 다양한 형태의 이것이 조성되기 시작하였다. 특히 사찰의 탑 앞에 배치되는 것을 비롯하여 고승의 부도(승탑) 앞에도 세워졌고, 고려 시대부터는 임금과 정승의 능묘 앞에도 장명등(長明燈)이란 이름으로 세워졌다. 이것은 무엇인가? [4점]

(   )

42 고려 중엽의 고승으로 도의국사가 주석한 설악산 (   )로 출가하여 수행하였으며, 뒤에 구산선문의 좌장으로 선문의 통합과 수행종풍 진작을 도모하였다. 선사로는 드물게 방대한 저술을 남겼으며, 대표적인 저술로『삼국유사』가 있다. 이 스님의 출가 사찰과 법명은 무엇인가? [4점]

(출가사찰: ㉠   법명: ㉡   )

43 대승불교가 성립되기 전 불교에서는 사과(四果)를 얻은 사람을 성인이라고 부르고, 더불어 각각의 사과로 향하는 사람 또한 성인으로 취급하는데 이를 사향(四向)이라고 한다. 여기서 사과(四果)란 무엇인지 각각 쓰시오. [4점]

(,   ,   ,   )

44 아래는 종단 표준의례 한글 반야심경으로 (   )안에 들어갈 말을 쓰시오. [4점]

〈한글 반야심경〉

마하반야바라밀다심경
관자재보살이 깊은 반야바라밀다를 행할 때,
오온이 모두 공한 것을 비추어 보고
(㉠   )
사리자여! 색이 공과 다르지 않고 공이 색과 다르지 않으며,
색이 곧 공이요 공이 곧 색이니, 수상행식도 그러하니라.
사리자여! 모든 법은 공하여 나지도 멸하지도 않으며,
더럽지도 깨끗하지도 않으며, 늘지도 줄지도 않느니라.
그러므로 공 가운데는 색이 없고 수상행식도 없으며,
안 이 비 설 신 의도 없고,
(㉡   )도 없으며,
눈의 경계도 의식의 경계까지도 없고, 무명도 무명이 다함까지도 없으며,
늙고 죽음도 늙고 죽음이 다함까지도 없고, 고집멸도도 없으며,
(㉢   )
얻을 것이 없는 까닭에 보살은 반야바라밀다를 의지하므로
마음에 걸림이 없고 걸림이 없으므로 두려움이 없어서,
뒤바뀐 헛된 생각을 멀리 떠나 완전한 열반에 들어가며,
삼세의 모든 부처님도 반야바라밀다를 의지하므로
(㉣   )
반야바라밀다는 가장 신비하고 밝은 주문이며 위없는 주문이며
무엇과도 견줄 수 없는 주문이니,
온갖 괴로움을 없애고 진실하여 허망하지 않음을 알지니라.
이제 반야바라밀다주를 말하리라.
아제아제 바라아제 바라승아제 모지 사바하(3번)

(㉠   )
(㉡   )
(㉢   )
(㉣   )

45 신라 시대의 고승인 의상대사께서 깨달음의 경계를 글로써 표현한 게송이다. '법(法)'자로 시작하여 '불(佛)'자로 끝나는 210자로 된 게송은 무엇인가? [4점]

(   )

제21회 포교사 자격고시 문제지

[제1교시]

1 연등불 일화에 나오는 게송의 한 부분이다. (   ) 속에 들어갈 말이 바르게 연결된 것은?

> 허공에 던져진 (㉠)가 땅으로 떨어지듯
> 나는 반드시 부처님이 되리라.
> 깊은 잠에서 깨어난 (㉡)가 포효하듯이
> 나는 반드시 부처님이 되리라.

	㉠	㉡
①	사과	코끼리
②	흙덩이	코끼리
③	흙덩이	사자
④	사과	사자

2 싯닷타 태자가 처음으로 존재의 고통에 눈을 뜨게 된 계기가 되었던 축제로서 해마다 열렸던 행사의 이름은 무엇인가?

① 농경제   ② 쿰브멜라

③ 소리제   ④ 디파발리

3 싯닷타 태자가 했던 말이다. (   ) 속에 들어갈 말이 바르게 연결된 것은?

> 나는 (㉠)하는 생사의 세계에서 좋은 과보를 바라고 출가한 것이 아닙니다. 그와 같은 속박을 벗어나 (㉡)을 얻기 위해서 출가했습니다.

	㉠	㉡
①	순회	발견
②	윤회	해탈
③	윤회	구속
④	순회	해탈

4 출가한 뒤 싯닷타의 행보에 대해서 잘못 서술한 항목은 무엇인가?

① 야쇼다라는 남편의 출가 소식을 듣자마자 출가의 길을 떠났다

② 야쇼다라는 마부 찬나로부터 남편의 출가 소식을 들었다.

③ 싯닷타는 야쇼다라에게 아무 말도 하지 않고 길을 떠났다.

④ 찬나는 태자의 보석 장신구를 야쇼다라에게 전해 주었다.

5 출가하여 고행하던 싯닷타 태자가 고행을 버린 이유를 서술해 놓았다. 거리가 가장 먼 내용은 무엇인가?

① 고행은 수단에 불과하다는 것을 알았다.

② 몸을 괴롭히는 것은 쓸데없다고 간파했다.

③ 고행이 너무 힘들어서 따라갈 수 없었다.

④ 궁극적인 해탈과도 멀어져 간다고 느꼈기 때문이다.

6 석가모니께서 정의를 내린 브라만 개념에 합치하는 항목은 무엇인가?

① 선행을 실천하는 이가 진정한 브라만이다.

② 고행을 하는 이가 진정한 브라만이다.

③ 나체행을 하는 이가 진정한 브라만이다.

④ 제사를 정성껏 올리는 자가 진정한 브라만이다.

7 석가모니불께서 정각을 얻은 후 선정에 몰입해 있던 초기에 지나가는 대상(隊商) 형제가 공양을 바친 일화는 잘 알려져 있다. 그들의 이름으로 쌍을 이룬 항목은?

① 무찰린다 — 발리카   ② 탓푸사 — 발리카

③ 탓푸사 — 아난다   ④ 아난다 — 탓푸사

8 석가모니불은 스스로 자각한 진리의 내용을 사람들에게 말할 필요를 느끼지 않았다. 그때, 그 생각을 바꾸어 준 역할은 누가 담당하였는가?

① 수미   ② 수지
③ 범천   ④ 범부

9 석가모니 부처님은 정각을 얻고 나서 이렇게 생각하였다. ( ) 속에 들어갈 말이 바르게 연결된 것은?

> 어렵게 도달한 이 진리는 깊고, 어렵고, 섬세하고, 고상하고, 단순한 사려를 넘어서는 것이다. 세상 사람들은 이 진리를 이해하기 어려울 것이다. 그들은 (㉠)에 사로잡혀 지내기 때문에, 이 깊고 미묘한 (㉡)의 이치를 이해하지 못할 것이다.

         ㉠   ㉡
① 소란   연꽃
② 소동   연화
③ 욕망   안목
④ 집착   인연

10 부처님께서는 함께 고행했던 다섯 명의 거처를 알고자 천안으로 살펴본 뒤에 그 장소를 알아내었다. 그곳은 어디인가?

① 녹야원   ② 수다원
③ 룸비니원   ④ 녹자모원

11 석가모니 부처님의 전도 선언으로 알려져 있는 명구이다. 관련된 설명 가운데 거리가 먼 것은?

> 처음도 좋고 중간도 좋고 끝도 좋은,
> 도리에 맞고 언설이 잘 정돈된 진리를 설하라.
>
>   — 율장 「대품」 중에서

① 중생의 애민을 위해 설법하라.
② 하늘의 신들만을 위해서 설법하라.

③ 중생의 안락을 위해 설법하라.

④ 인간의 이익을 위해 설법하라.

12 부처님께서는 설법 중에 "온 세상이 불타고 있다."라고 가르쳤다. 그 의미에 부합하는 항목은 어떤 것인가?

① 탐, 진, 치, 삼독(三毒)의 불에서 벗어나는 것이 해탈이라는 뜻이다.

② 불이 타고 있는 것과 같은 세상의 붉은 색을 말한다.

③ 세상 사람들이 모두 욕심 없이 산다는 뜻이다.

④ 불로 태워 없앨 수 있다면 불을 지르라는 의미이다.

13 빔비사라 왕은 다음과 같은 부처님의 설법을 듣고 나서 자기 소원 5가지를 모두 이루었다고 말했다. 이 설법을 가리켜서 무엇이라고 이르는가?

> 이것은 괴로움입니다.
> 이것은 괴로움의 발생입니다.
> 이것은 괴로움의 소멸입니다.
> 이것은 괴로움의 소멸에 이르는 길입니다.

① 고통의 설법   ② 고통의 소멸법

③ 3제(諦) 설법   ④ 4제(諦) 설법

14 석가모니 부처님의 초기 설법 단계에서 특히, 재가자들에게 가장 강조했던 셋을 쌍으로 모았다. 그것에 합치하는 항목은?

① 보시(布施), 인욕(忍辱), 정진(精進)

② 보시, 인욕, 생천(生天)

③ 인욕, 지계(持戒), 정진

④ 보시, 지계, 생천

15 석가모니불의 제자들 가운데서 지계 제일로 꼽히는 수행자의 이름은?

① 아난다   ② 우팔리

③ 수파리   ④ 카쉬야파

16 아버지 숫도다나왕의 장례를 마친 뒤 부처님께서 양어머니인 마하빠자빠띠를 교화하신 일과 거리가 먼 것은?

① 마하빠자빠띠가 직접 지은 황금빛 가사의 공양을 거절하시다가 세 번 거듭 청한 연후에야 받아주셨다.

② 마하빠자빠띠는 세 번이나 출가하겠다는 요청이 받아들여지지 않자 스스로 머리를 깎은 후 부처님께 찾아왔다.

③ 부처님을 찾아와 출가를 허락해달라는 마하빠자빠띠의 간청을 아난다가 부처님께 눈물로 세 번이나 거듭 전하였다.

④ 부처님은 비구니가 비구를 공경하는 여덟 가지 법을 받아들이는 것을 전제조건으로 마하빠자빠띠의 출가를 허락하셨다.

17 로히니 강을 사이에 두고 사꺄족과 꼴리야족의 물싸움이 벌어졌을 때 부처님께서 행하신 교화 행적과 관련된 일들을 잘못 기술한 것은?

① 대치하던 두 종족은 부처님의 가르침에 의해 화해하고 불법을 널리 믿게 되었다.

② 사꺄족과 꼴리야족은 먼 조상 때부터 오래도록 전쟁을 치르면서 원한이 깊은 관계였다.

③ 처음엔 논에서 농부들끼리 물싸움으로 시작되었지만 나중에는 군대를 동원하여 전쟁을 하려는 분위기로 치달았다.

④ 이 일로 두 종족은 각각 이백오십 명으로 하여금 부처님의 시중을 들게 했는데, 오백 명 모두가 부처님의 제자가 되었다.

18 불교교단의 안거가 끝나는 날에 수행자들이 모두 한 자리에 모여 대중들이 순서대로 모두 평등하게 돌아가면서 자신의 잘못을 고백하고 드러내 참회하는 의식을 자자(自恣)라고 하는데, 이 자자에서 고백과 참회의 대상이 되는 세 가지 일 즉, 3사[三事]는 무엇인가?

① 견(見), 문(聞), 의(疑) ② 문(聞), 사(思), 수(修)
③ 신(身), 구(口), 의(意) ④ 언(言), 행(行), 심(心)

19 부처님께서 깨달음을 이루신 후 7년, 사왓티에 머무시던 부처님은 누구에게도 알리지 않은 채 조용히 가사와 발우를 들고 33천으로 올라가 그 해 우기를 제석천과 마야부인, 그리고 천녀들에게 설법하며 지내셨다. 부처님께서 이 같은 행적을 보이신 이유에 대해 바르게 말한 것은?

① 부처님을 찾아오는 사람들이 너무 많아서 휴식을 취하시기 위하여

② 일찍 돌아가신 어머니가 33천에 태어나셨는지 직접 확인하시기 위하여

③ 명성과 이익을 탐하고 종족과 계급 간에 무리를 짓는 제자들을 경책하기 위하여

④ 비약적으로 성장한 불교 공동체를 시기한 이교도들의 견제와 공격을 누그러뜨리기 위하여

20 다음의 갑과 을의 대화 내용에 대한 설명 중 옳지 않은 것은?

갑 : 이번에 출가한 분은 나이가 15살이라고 하던데?

을 : 그래? 나이가 젊구먼. 그러나 깨달음은 나이순이 아니니 우리 함께 그의 수행을 잘 도와주세.

갑 : 그렇지. 그러세.

① 나이가 어려 여러 가지 수행의 어려움이 있을 수 있으므로 이를 배려한 것이다.

② 만 20세 미만의 출가 수행자중 남자는 사미, 여자는 사미니라고 한다.

③ 사미나 사미니는 스님이 아니므로 오계를 다 지킬 필요는 없다.

④ 미성년자의 출가는 허락되지만 정식 비구로 인정되지 않는다.

21 다음 중 부처님의 십대제자인 가섭존자를 설명한 것끼리 바르게 연결된 것은?

ㄱ. 영산회상에서 염화미소로써 마음 법을 전수받았다.

ㄴ. 수행력이 탁월하여 두타제일(頭陀第一)로 알려 졌다.

ㄷ. 비구니 교단을 발전시키는데 크게 공헌하였다.

ㄹ. 재가자들을 상대로 부처님 말씀을 해설하는데 뛰어났다.

ㅁ. 부처님 입멸 후 경장(經藏)과 율장(律藏)의 결집을 선도하였다.

① ㄱ, ㄴ, ㅁ   ② ㄱ, ㄷ, ㄹ

③ ㄴ, ㄷ, ㄹ   ④ ㄴ, ㄷ, ㅁ

22 부처님의 출가 동기로 전해지고 있는 사문유관(四門遊觀)의 내용 중 태자가 왕궁의 북문을 벗어날 무렵 만난 사람은 어떤 사람인가?

① 병든 자   ② 늙은 자

③ 죽은 자   ④ 수행자

23 부처님의 초기 제자들은 일일이 규제하지 않아도 마땅히 지켜야 할 것과 하지 말아야 할 것을 잘 알고 있었기 때문에 부처님께서는 출가 생활의 기본 방침으로 4의지(依止)를 알려 주셨다. 이와 관련이 없는 것은?

① 걸식하는 생활에 의지하라.

② 분소의를 입는 생활에 의지하라.

③ 동물의 대소변을 이용해 만든 진기약(陳棄藥)을 사용하는 생활에 의지하라.

④ 비가 지속되는 우기에는 한 곳에 정착하여 일체 외출하지 않는 생활에 의지하라.

24 부처님께서 메기야 장로에게 설하신 가르침 가운데, 진리의 길을 가고 그 열매를 따도록 도와줄 다섯 가지 법은 무엇인가?

① 신(信), 정진(精進), 염(念), 정(定), 혜(慧)

② 선지식(善知識), 지계(持戒), 다문(多聞), 정진(精進), 지혜(智慧)

③ 보시(布施), 지계(持戒), 인욕(忍辱), 선정(禪定), 지혜(智慧)

④ 자비희사(慈悲喜捨), 지혜(智慧)

25 부처님이 지상에 출현하시기 전에 머물렀던 곳으로, 이곳의 내원궁은 장래 부처가 될 보살의 주거지이며 욕계의 6천 가운데 제4천이다. 이곳은 어디인가?

① 도솔천(兜率天)   ② 사천왕천(四天王天)

③ 도리천(忉利天)   ④ 야마천(夜摩天)

26 싯닷타 태자의 출가 동기를 가장 바르지 않게 설명한 것은?

① 천상에 태어날 복덕을 짓기 위해서

② 왕궁의 화려한 생활에 환멸을 느껴서

③ 생로병사의 고통에서 벗어나기 위해서

④ 당시의 풍습에 따라 수행을 경험하기 위해서

27 부처님의 10대 제자 중 천안제일(天眼第一)로 불렸던 비구로서, 부처님의 사촌 동생이었던 수행자의 이름은?

① 샤리푸트라   ② 데바닷타
③ 아누룻다   ④ 숫도다나

28 다음은 부처님께서 슈로나 비구에게 준 가르침이다. ( ) 속에 들어갈 말이 바르게 연결된 것은?

> 수행은 마치 악기를 연주하듯 해야 한다. 현을 너무 조이거나 너무 느슨해도 좋은 소리가 나지 않듯이 진리의 길도 그와 같다. 너무 조급히 서두르지 말고 너무 나태하지 않고 항상 (㉠)의 길을 걸으면 언젠가 이 속세의 (㉡)에서 벗어나게 될 것이다.

	㉠	㉡
①	중도	미혹
②	염불	중생
③	염불	미망
④	중도	진흙

29 다음은 부처님의 전법선언이다. 이와 관련하여 ( )에 알맞은 말은 무엇인가?

> "비구들이여. 나는 ( )의 굴레에서 해방되었다. 그대들 역시 ( )의 굴레에서 해방되었다. 이제 법을 전하러 길을 떠나라. 많은 사람의 이익을 위해, 많은 사람들의 행복을 위해, 세상을 불쌍히 여겨 길을 떠나라. 마을에서 마을로, 두 사람이 같은 길을 가지 말고 혼자서 가라."

① 하늘과 땅   ② 남자와 여자
③ 스승과 제자   ④ 신과 인간

30 고행을 그만두시고 난 후 부처님의 깨달음의 전후 순서에 대해 바르게 열거한 것은?

① 사선정 - 사무색계정 - 신족통 - 누진통
② 무소유처정 - 사선정 - 타심통 - 누진통

③ 사선정 – 숙명통 – 천안통 – 누진통

④ 천안통 – 천이통 – 타심통 – 누진통

31 다음 중 부처님의 전법활동의 순서가 바르게 된 것은?

> ㉠ 깟사빠 삼형제의 제도 함
> ㉡ 빠세나디왕을 귀의시킴
> ㉢ 난다를 출가시킴
> ㉣ 야사를 귀의시킴

① ㉠-㉣-㉢-㉡   ② ㉠-㉣-㉡-㉢

③ ㉣-㉠-㉢-㉡   ④ ㉣-㉠-㉡-㉢

32 부처님이 성도 후 고향을 다시 방문하셨을 때 처음으로 향하여 하룻밤을 머무신 장소는 어디인가?

① 성 밖 니그로다숲   ② 숫도다나왕의 궁전

③ 태자시절 머물던 궁전   ④ 마야왕비가 머물던 궁전

33 탐, 진, 치, 삼독(三毒)에 대한 부처님의 교설과 가장 거리가 먼 것은?

① 탐욕은 보시로 없애야 한다.

② 삼독은 저절로 사라지는 번뇌일 따름이다.

③ 분노는 인욕하면서 억제해야 한다.

④ 무지는 선행을 실천함으로써 없애 나간다.

34 카쉬야파 삼형제가 부처님의 교단에 귀의하게 된 일화이다. 가장 관련이 <u>없는</u> 항목은 어떤 것인가?

① 우루빌바 카쉬야파는 제자 500명을 데리고 귀의했다.

② 우루빌바 카쉬야파가 맏형이다.

③ 1,250명에 달하는 초기 교단 구성원 중 1,000명이 삼형제의 제자들이었다.

④ 부처님께서는 신통력을 전혀 쓰지 않고 교화시키는 데 성공하였다.

35 석가모니 부처님께서 정해 둔 출가와 교단 입문의 원칙에 합치하는 항목은 어떤 것인가?

① 삭발(削髮), 고행(苦行), 3귀의

② 염의(染衣), 가사(袈裟), 5귀의

③ 삭발, 가사, 3귀의

④ 삭발, 염의, 5귀의

36 부처님의 고행 시절, 함께 수행했던 다섯 비구를 찾아가는 길에 만난 첫 인물은 아지비카 수행자로 알려져 있다. 그의 이름은?

① 우팔리

② 아난다

③ 카쉬야파

④ 우파카

37 성도(成道)의 과정에서 얻게 되는 갖가지 능력 가운데서 번뇌를 말끔히 없애는 것을 무엇이라고 하는가?

① 축지통(縮地通)

② 천안통(天眼通)

③ 누진통(漏盡通)

④ 타심통(他心通)

38 출가한 싯닷타 태자의 수행법에 대한 설명이다. 바른 것은?

① 처음부터 고행하기는 매우 어려웠다.

② 고행하는 수행자들이 한심하다고 생각했다.

③ 고행하는 수행자들의 목적을 듣고서 비난했다.

④ 온갖 고행 수행법을 따라 해 보았다.

39 싯닷타 태자가 사문유관(四門遊觀)을 통해서 경험하고 터득한 사실과 거리가 먼 것은?

① 살아가는 것이 고통이라는 사실

② 늙어가는 것이 괴롭다는 사실

③ 병들지 말아야겠다는 사실

④ 존재의 고통이 죽는다고 끝나는 것이 아니라는 사실

40 싯닷타 태자가 출가의 길을 떠났을 때, 몇 살이었나?

① 29세   ② 19세

③ 49세   ④ 39세

41 아버지는 이 정사를 지어 바쳤지만 아들은 아버지를 폐위시키고 왕이 되었으며 데와닷따의 반역에 동조하여 부처님을 해치려 시도하는 데 협력했다. 데와닷따의 반역이 일어난 곳이기도 한 마가다국에 있었던 이 정사의 이름을 쓰시오.

(   )

42 까삘라왓투에서의 사흘째를 맞이하신 부처님께서는 숫도다나왕으로부터 왕위를 물려받는 대관식과 결혼식을 앞둔 태자를 출가시키셨다. 양육모인 마하빠자빠띠가 낳은 부처님의 이복동생으로 부처님이 출가하신 후 태자의 자리를 지키다가 부처님의 고향 방문길에 출가한 이 사람은 누구인지 쓰시오.

(   )

43 아래 내용이 설명하는 불교의 인물은 누구인가?

> 그는 왕에 못지않게 호화로운 생활을 하고 있었다. 그는 젊고 어여쁜 아내와 많은 시녀들에게 둘러 싸여 애욕의 생활에 빠져 있었다. 하루는 흥겨운 잔치를 끝내고 잠에서 깨어난 그는 그때까지 지쳐서 자고 있던 여자들의 흐트러진 모습을 보았다.
> 그토록 아름답던 시녀들의 추하게 자는 꼴에 구역질이 치미는 것을 느꼈다. 그는 견딜 수 없어 밖으로 뛰쳐나와 괴롭다고 외치면서 돌아다닐 때 부처님께서 그를 불러 법을 설하였다. 그는 부처님의 말씀을 듣자 크게 기뻐하며 마음은 점차 안정이 되었다. 그리고 지나치게 자기 자신에게 집착한 것이 다시없이 어리석은 일임을 알았다. 부처님은 그에게 인생의 외로움을 이야기하고 그 괴로움에서 벗어나는 길을 가르쳐 주셨던 것이다. 그는 그 자리에서 출가하여 비구가 되었다. 얼마 후 그의 아버지도 아들 뒤를 따라 삼귀의(三歸依)와 오계(五戒)를 받고 제자가 됨으로써 교단사상 최초의 남자 재가신도(우바새)가 되었다. 그의 어머니도 마찬가지로 부처님의 제자가 되어 최초의 여자 재개(우바이)가 되었다.

(   )

44 부처님의 제자가 되어 25년 동안 시자(侍者)로서 보필하였고 여성의 출가를 세 번이나 간청하여 허락을 받아내었으며 부처님이 입적한 후에 경전을 암송했던 이는 누구인가?

(   )

45 부처님의 신체에 갖추어져 있다고 하는 뛰어난 상호(相好)는 우연히 이루어진 것이 아니라 다겁생에 걸쳐 쌓은 선근과 보살행의 결과이다. 이 상호를 갖춘 이는 세속에 있으면 위대한 전륜성왕이 되고 출가하면 부처님이 된다고 한다. 부처님의 상(相)과 호(好)는 각각 몇 개인가?

(상(相) :   개 / 호(好) :   개)

[제2교시]

1 불자의 대표적인 인사법인 합장(合掌)에 대한 설명으로 옳지 않은 것은?

① 불보살님께 공경과 믿음의 마음을 표현하는 인사법이다.

② 부처와 중생, 너와 내가 둘이 아니라 하나라는 뜻을 담고 있다.

③ 우리나라뿐만 아니라 전 세계 모든 불교국가의 공통적인 인사법이다.

④ 절에서 부처님이나 스님께 하는 인사법으로 일반인에게는 하지 않는다.

2 불교에서 말하는 공양에 대한 설명으로 바르지 않은 것은?

① 공양은 시물(施物)을 부처님께 바쳐 목마르고 배고픈 중생에게 회향하고, 중생의 고통을 여의게 해주는 것이다.

② 공양이란 원래 스님들에게 수행에 필요한 여러 가지 물건이나 음식을 드려 깨달음의 텃밭을 일구게 한다는 의미이다.

③ 부처님께서는 당시 수행 풍습대로 한 끼 공양을 하셨는데, 우리나라 사찰에서 올리는 사시 불공은 여기에서 유래한 것이다.

④ 불전에 올리는 공양물은 전통적으로 향, 초, 꽃, 떡, 과일, 현금을 육법공양이라 하여 중요시해 왔다.

3 법당 안은 통상 상단, 중단, 하단의 삼단 구조로 되어 있는데, 각 단에 모셔진 분이 바르게 연결된 것은?

① 상단 – 위패, 중단– 제석천과 팔부신장, 하단 – 부처님과 보살상

② 상단 – 제석천과 팔부신장, 중단 – 부처님과 보살상, 하단 – 위패

③ 상단 – 부처님과 보살상, 중단 – 위패, 하단 – 제석천과 팔부신장
④ 상단 – 부처님과 보살상, 중단 – 제석천과 팔부신장, 하단 – 위패

4 사찰의 전각은 안에 모셔진 불상에 따라 그 이름이 다르다. 다음 중 건물과 모셔진 부처님에 대한 설명으로 바르지 않은 것은?

① 대웅전(大雄殿)은 석가모니 부처님을 주불로 모신 법당으로 절의 중심이 되는 건물인데, 법력(法力)으로 세상을 밝히는 영웅을 모신 집이라는 뜻이다.
② 적멸보궁(寂滅寶宮)에는 불상을 따로 봉안하지 않고 불단만 있는데, 이는 부처님의 진신사리를 봉안한 탑이 있으므로 형상을 따로 모실 필요가 없기 때문이다.
③ 대적광전(大寂光殿)의 본존은 비로자나불로서 연화장세계의 교주이시며, 연화장세계는 진리의 빛이 가득한 대적정의 세계이므로 대적광전이라 부른다.
④ 원통전(圓通殿)은 극락세계의 주재자인 아미타불을 모신 법당이며, 아미타불은 수명이 한량없기에 무량수전이라고도 하고 미타전이라고도 한다.

5 부처님의 덕을 나타내기 위하여 열 손가락으로 여러 가지 모양을 만들어 표현하는 것을 수인(手印)이라고 한다. 다음 중 수인(手印)의 명칭과 모양이 바르지 않은 것은?

① 항마촉지인　　② 지권인　　③ 전법륜인　　④ 선정인

6 불교의식에 쓰이는 불전사물(佛殿四物)에 대한 설명으로 잘못된 것은?

① 법고는 쇠가죽으로 만들며, 짐승세계의 중생을 깨우치기 위하여 울린다.
② 운판은 대나무로 만들며, 공중을 날아다니는 중생의 영혼을 제도하기 위해서 친다.
③ 목어는 나무로 만들며, 물에 사는 중생을 제도하기 위해서 친다.
④ 범종은 청동으로 만들며, 천상과 지옥의 중생을 제도하기 위해서 친다.

7 다음 중 사리장엄(舍利莊嚴)에 대한 설명으로 잘못된 것은?
① 사리장엄이란 부처님이나 스님의 사리를 봉안하면서 꾸민 조형물을 말한다.

② 사리장엄구에는 사리를 담는 사리병과 그것을 보호하는 합(盒)이 있다.

③ 사리병은 신라시대에는 유리와 수정, 고려시대에는 금속재가 많이 쓰였다.

④ 사리는 반드시 탑에만 봉안하고 불교 경전이나 불화·불상 안에는 봉안할 수 없다.

8 다음 중 불교의 특징에 대한 설명으로 바르지 않은 것은?

① 불교는 모르고 사는 삶을 알고 살아가는 삶으로 바꾸어 주는 종교이다. 그래서 불교에서는 모르고 짓는 죄가 알고 짓는 죄보다 더 무겁다고 한다.

② 불교는 깨달음으로써 자신의 문제를 스스로 해결하는 종교이므로 남으로부터 어떤 도움도 받아서는 안 되며 남을 도와주어서도 안 된다.

③ 불교의 수행이란 혹독한 시련으로 자신을 단련하는 고행과는 다르다. 진리를 깨치기 위해 탐욕에 찌든 자신의 잘못된 습관을 좋은 습성으로 바꾸어 마침내 깨닫는 과정이다.

④ 불교는 절대자에게 무조건 빌어 용서를 받고 그에게 귀속되어서 사는 것이 아니라 자신이 간직하고 있는 불성을 깨워 내 주인공으로 사는 것이 참 모습이다.

9 다음의 보기는 새벽 예불 시간에 이루어지는 것이다. 가장 일반적으로 이루어지는 순서를 바르게 나열한 것은?

> 도량석, 축원, 칠정례, 반야심경, 종성

① 도량석 – 축원 – 칠정례 – 반야심경 – 종성

② 종성 – 축원 – 칠정례 – 반야심경 – 도량석

③ 도량석 – 종성 – 칠정례 – 축원 – 반야심경

④ 종성 – 칠정례 – 반야심경 – 축원 – 도량석

10 다음은 『천수경』에 나오는 진언이다. 바르게 연결된 것은?

① 참회진언 : 옴 살바 못자 모지 사다야 사바하

② 개법장진언 : 옴 자례 주례 준제 사바하 부림

③ 정법계진언 : 수리수리 마하수리 수수리 사바하

④ 호신진언 : 나무 사만다 못다남 옴 도로도로 지미 사바하

11 다음은 전통적으로 사찰에서 불자들이 지켜야 할 10재일이다. 바르게 연결된 것은?

① 8일 – 미타(彌陀)재일   ② 15일 – 약사(藥師)재일

③ 24일 – 관음(觀音)재일   ④ 30일 – 지장(地藏)재일

12 부처님이나 보살님의 명호와 모습을 끊임없이 마음에 집중함으로써 번뇌와 망상을 없애 깨달음을 이루고 불국정토에 왕생하는 불교의 수행방법은 무엇인가?

① 참선(參禪)   ② 염불(念佛)

③ 간경(看經)   ④ 주력(呪力)

13 불자들은 불교의 기념일을 잘 지키고 경건한 마음으로 축하해야 한다. 다음 중 우리나라의 불교 기념일이 바르게 연결된 것은?

① 출가재일 – 음력 2월 8일   ② 성도재일 – 음력 4월 8일

③ 우란분절 – 음력 12월 15일   ④ 열반재일 – 음력 7월 15일

14 다음 중, 원효대사와 관계없는 것은?

① 일체유심조(一切唯心造)의 도리를 깨닫고 유학길을 포기하였다.

② 노래하고 춤을 추며 부처님 법을 일반서민들에게 전하였다.

③ 『금강삼매경』과 「법성게」등을 지었다.

④ 화쟁사상(和諍思想)을 정립했다.

15 통일신라시대 의상 스님의 업적과 거리가 먼 것은?

① 당나라 현장 스님의 영향을 받아 신라에 유식학을 발전시켰다.

② 영주 부석사를 창건하였으며, 신앙적이고 실천적인 측면을 중시하였다.

③ 낙산사에서 백화도량발원문을 쓰는 등 관음신앙의 터전을 마련하였다.

④ 삼국 유민들의 융합을 위해 통합과 화합을 강조하는 불교사상을 강조하였다.

16 고려 왕실의 지원을 받아 가장 늦게 성립된 구산선문으로 황해도 해주 광조사에서 개창된 산문은?

① 봉림산문(鳳林山門)   ② 성주산문(聖住山門)

③ 동리산문(桐裡山門)　　　　　　　④ 수미산문(須彌山門)

17 고려시대 불교건축물이 바르게 연결된 것은?

① 부석사 무량수전 – 수덕사 대웅전
② 경주 불국사 – 석굴암
③ 봉정사 대웅전 – 통도사 금강계단
④ 전등사 대웅전 – 법주사 팔상전

18 다음은 조선 전기 불교에 대해 설명한 글이다. 잘못된 것은?

① 태종은 불교계가 보유하고 있던 사원전 3~4만결과 노비 8만 명 정도를 몰수하였다.
② 세종 30년에 최초의 한글 불서인 『석보상절』이 간행되었다.
③ 세조는 교장도감을 설치하여 『법화경』『금강경』『능엄경』 등의 불서를 훈민정음으로 번역하여 간행하였다.
④ 왕실에서 자주 수륙재를 설행하였고, 상례와 장례 등은 여전히 불교적으로 거행되는 경우가 많았다.

19 조계종의 연원을 설명한 것으로 잘못된 것은?

① 전라남도 순천의 조계산의 산 이름에서 나온 것이다.
② 신라 말 고려 초에 형성된 구산선문(九山禪門)에 기원한다.
③ 혜능과 그의 법을 이어받은 남종선을 상징하는 의미이다.
④ 중국에서 찾아 볼 수 없는 한국불교의 고유한 종명이다.

20 우리나라에 선법(禪法)을 처음 전한 도의국사에 대한 설명으로 잘못된 것은?

① 혜능이 설한 육조단경의 설법처인 보단사(寶壇寺)에서 비구계를 받다.
② 강서 개원사(開元寺)에서 서당 지장(西堂智藏)의 법맥을 이어받다.
③ 백장산의 백장 회해(百丈懷海) 선사를 찾아 법요(法要)를 전해 받다.
④ 당나라에서 귀국 후 남원 실상사에 머물며 실상산문을 형성하였다.

21 한국불교 근현대사에서 교단 명칭의 변화 과정이 바르게 정리된 것은?

① 원종 – 조선불교선교양종– 조선불교조계종 – 대한불교조계종

② 대한불교조계종 – 조계종 – 조선불교 – 대한불교조계종

③ 조계종 – 조선불교 – 조선불교조계종 – 대한불교조계종

④ 조선불교조계종 – 조선불교 – 조계종 – 대한불교조계종

22 다양한 수행 방법 중 조계종에서 강조하고 있는 핵심 수행법은?

① 염불 수행   ② 간경 수행

③ 주력 수행   ④ 간화선 수행

23 신도법에서 대한불교조계종의 신도 등록 시기는 언제인가?

① 사찰에 축원 카드를 작성한 후

② 사찰의 정기법회에 참석한 후

③ 성지순례를 다녀온 후

④ 삼귀의와 오계 수계를 받은 후

24 대한불교조계종의 신도교육과정을 바르게 열거한 것은?

① 입교교육 – 기본교육 – 전문교육 – 지도자교육

② 기본교육 – 입교교육 – 전문교육 – 지도자교육

③ 입교교육 – 기본교육 – 지도자교육 – 전문교육

④ 기본교육 – 입교교육 – 지도자교육 – 전문교육

25 불교에서 규정하고 있는 다섯 가지 계(戒)에 해당하지 않는 것은?

① 불살생(不殺生)   ② 불소유(不所有)

③ 불망어(不妄語)   ④ 불음주(不飮酒)

26 제법무아(諸法無我)의 의미를 비유적으로 설명한 것으로 바르지 않은 것은?

① 촛불이 계속 타고 있는 것은 지속되는 불의 씨앗이 있음을 보여주는 것이다.

② 어제의 나와 오늘의 나는 다르다. 연속적인 행위는 있지만 고정된 나의 실체는 없다.

③ 모든 존재는 홀로 존재하지 않고 고정된 실체가 아닌 서로 관계를 맺으며 생겨나고 사라지는 것이다.

④ '책상'이라는 이름과 기능이 있지만 책상이라는 실체는 없다. 목재, 철, 페인트, 플라스틱 등의 재료들이 결합된 것일 뿐이며, 걸터앉으면 의자가 되고, 누우면 침대가 되며, 밥을 먹으면 밥상도 된다.

27 다음 중 연기법(緣起法)과 거리가 먼 것은?

① 이것이 있기 때문에 저것이 있고, 이것이 생김으로써 저것이 생긴다.

② 이것이 없기 때문에 저것이 없고, 이것이 사라짐으로써 저것이 사라진다.

③ 사물은 원인과 주변 조건에 따라 서로 의지하면서 생성되고 머물다가 인연이 다하면 영원히 사라지고 또 다시 생겨나는 일이 없다.

④ 모든 존재는 홀로 우연히 생기는 것이 아니라 인연 따라 일어난다. 인연은 부처님이 만들어 주시는 것은 아니라, 자신의 의지와 노력이 조건과 결합함에 따라 일어나는 원리이다.

28 중도(中道)에 대한 설명으로 가장 적절한 것은?

① 중도는 양 극단을 떠나 조화로운 관계를 형성하는 것이고, 조화로운 관계는 곧 연기에 입각한 관계이다.

② 중도의 가르침은 고행주의와 쾌락주의의 양 극단을 버리는 가르침으로 적절한 고통과 즐거움을 경험하는 것이 좋다.

③ 중도는 중간(中間)과 같은 의미로서, 흑백 논리의 경우 양 쪽 주장의 가장 중립적 위치를 찾아서 자신의 자리를 정하는 것이다.

④ 중도는 고락(苦樂), 유무(有無), 단상(斷常)의 양극단을 버리기 위해 옳고 그름이나 착하고 악함에 대한 일체의 판단을 하지 않는 것이다.

29 무상(無常)의 의미를 가장 적극적인 방향으로 이해하며, 삶에 바람직하게 적용하고 있는 불자는?

① 세뱃돈을 받은 어린이 불자 : 영원한 것이 없으니 세뱃돈도 없어질 것이니까, 없어지기 전에 맛있는 음식을 사먹는다.

② 사업에 어려움을 겪는 거사님 : 덧없음을 느끼고 사업을 정리한 후 조용한 시골로 낙향하여 홀로 칩거 생활에 들어간다.

③ 지갑을 잃어버린 보살님 : 가진 물건은 언젠가는 망가지거나 잃어버릴 것이니 이제부

터는 아예 지갑을 사용하지 않기로 하였다.

④ 친구와 헤어진 청소년 불자 : 헤어져서 아쉽지만 그동안 친구와의 만남에 감사하고, 현재의 친구들과 잘 지내도록 노력하면서 새로운 친구를 사귀는데도 노력한다.

30 팔정도(八正道)의 항목과 설명이 바르게 짝지어진 것은?

① 정명(正命) : 부처님의 가르침과 계율을 목숨을 바쳐 지키면서 살아가는 바른 삶을 뜻한다.

② 정정(正定) : 움직임과 느낌에 대하여 마음을 챙겨 바로 깨어있는 것으로 바른 알아차림이라고 할 수 있다.

③ 정념(正念) : 마음 챙김과 집중을 통하여 마음이 바른 삼매의 상태에 들어가 고요한 평정과 기쁨에 머무는 것이다.

④ 정업(正業) : 남에게 피해를 주지 않는 바른 행위로서 오계를 비롯한 계율을 지키는 것이 바른 행위의 그 구체적 방법이다.

31 다음 내용을 통해서 불자들이 배울 수 있는 삶의 태도와 거리가 먼 것은?

> 독화살을 맞은 사람은 무엇보다 먼저 독화살을 빼고 상처를 치료해야 한다. 그런데 어리석은 사람이 독의 성분과 화살이 날아온 방향 등을 알아야한다며, 독화살을 빼는 것을 늦춘다면 이 얼마나 위험한 일인가?

① 팔정도를 통해 중도를 실천함으로써 깨달음에 다다라야 한다.

② 형이상학적인 논의에 얽매이기보다 중도의 실천을 통해 해탈의 길을 찾아야 한다.

③ 고통의 원인을 알아내는 것은 무의미하며, 현재 닥친 문제를 해결하는 것이 최선이다.

④ 옳고 그름을 가리거나 선악을 따지는데 힘을 쏟기 보다는 교단의 화합과 공동의 이익을 찾아 노력하는 것이 중요하다.

32 부파불교 수행론의 아라한, 보살, 부처님에 대한 견해 중 나머지 셋과 주장이 다른 것은?

① 역사적 인물로서의 부처님은 초월적 존재인 법신의 화현이다.

② 부처님의 모습은 세상 곳곳에 화현해 계시며, 온 우주에 가득 차서 어디를 가든 존재한다.

③ 수행은 수다원, 사다함, 아나함, 아라한의 4단계이며 이중 아라한과가 최고의 완성 단계이다.

④ 아라한은 다른 이의 도움에 의해 깨달음을 얻으며, 소리를 지르고 기뻐하며 깨달음에 이른다.

33 대승 불교가 성립되고 발전되는 과정에 대한 설명으로 올바른 것은?

① 소승부는 강력한 논리를 가지고 있었기 때문에 대승 불교를 이끌 수 있었다.

② 일승부는 거대한 힘으로 모든 부파를 아울러 하나로 합쳐서 대승을 이끌었다.

③ 가장 영향력이 컸던 부파는 대중부였고, 그들이 대승 운동을 주도했다.

④ 설일체유부는 새로운 철학적 이론을 만들어서 대승 운동을 뒷받침했다.

34 대승불교의 연원과 깊은 관련이 있는 내용으로 짝지어진 것은?

① 자이나교, 힌두교, 비구승가

② 대중부, 불탑신앙, 보살가나

③ 이슬람교, 기독교, 비구니승가

④ 부파불교, 설일체유부, 비구승가

35 용수보살의 이제설(二諦說)의 의미를 가장 바르게 설명한 것은?

①	속제(俗諦)는 이익을 추구하는 세속적 욕망에 근거하는 삶의 태도이다.

② 진제(眞諦)는 모든 것이 공(空)하다는 허무주의적 공견(空見)을 말한다.

③ 이제설(二諦說)은 속제(俗諦)는 버리고 진제(眞諦)를 실천하자는 논리이다.

④ 이제설(二諦說)은 진제(眞諦)와 속제(俗諦)를 균등하게 실천하는 중도의 논리이다.

36 분별만 일삼는 우리들의 의식을 정화하여 모든 사물을 있는 그대로 보는 유식의 4가지 종류의 지혜 가운데, 제6의식을 전환하여 드러나는 지혜는 무엇인가?

① 대원경지(大圓鏡智)	② 묘관찰지(妙觀察智)

③ 성소작지(成所作智)	④ 평등성지(平等性智)

37 선(禪)의 기원에 대한 설명으로 잘못된 것은?

① 산스끄리뜨어 드야나(dhyāna)에서 온 말이다.

② 드야나는 정려(靜慮) 혹은 사유수(思惟修)를 뜻한다.

③ 어떤 사태에 직면해서 그것을 분석적으로 생각하는 것이다.

④ 나와 대상이 온전히 하나가 된 상태인 삼매(三昧)의 경지를 말한다.

38 위빠사나와 사마타 수행에 대한 설명으로 잘못된 것은?

① 위빠사나는 지혜의 눈으로 모든 것이 무아, 무상임을 꿰뚫어보고 체험하는 수행이다.

② 사마타는 한 곳에 마음을 집중해서 번뇌와 망상, 분별작용을 그치게 하는 수행이다.

③ 위빠사나[觀] 수행은 사마타[止] 수행을 위한 준비 단계이자 전제조건이다.

④ 지관법(止觀法)은 마음의 동요가 없는 상태에서 사물을 있는 그대로 본다는 것이다.

39 효율적인 포교 프로그램을 개발하기 위해서는 '계획–설계–실행–평가 단계'의 과정을 거쳐야 한다. 다음 중 각 단계별 목표를 바르게 기술하고 있는 것은?

① 계획 단계 : 언제 어디서 누가 어떤 일을 해야 하고, 어떤 방법으로 진행해야 하는가를 적절한 순서로 배열하면서 세밀하게 기술한다.

② 설계 단계 : 관련된 자료와 정보를 수집하고, 포교 프로그램에 관한 다양한 의견을 수렴한다.

③ 실행 단계 : 구체적인 평가 계획을 수립하고, 도입, 전개, 정리 단계의 시간별 계획에 따라 구체적으로 작성한다.

④ 평가 단계 : 계획의 타당성, 설계의 적절성, 실행의 효율성 등 프로그램의 모든 과정을 분석하고 해석하여 기초자료로 활용한다.

40 다음은 불교의 진리, 즉 법(法)에 대하여 설한 『잡아함경』 말씀이다. ( ) 안에 각각 들어갈 말이 차례로 바르게 연결된 것은?

> "법은 세존에 의해 잘 설해졌나이다. 이 법은 (   )에서 밝혀진 것이며, 머지않아 (   )이(가) 있는 것이며, 와서 보라고 말할 수 있는 것이며, (   )로(으로) 잘 인도하는 것이며, 또 지혜 있는 이가 저마다 스스로 알 수 있는 것입니다.

① 깨달음, 행복, 열반

② 현실, 깨달음, 무상

③ 무상, 업보, 해탈

④ 현실, 과보, 열반

41 다음 내용이 설명하고 있는 한국불교의 특징적 사상은?

> 이것은 불교가 우리나라에 들어와 정착되면서, 자신들이 살고 있는 현재의 국토가 오랜 과거부터 불교와 깊은 관련을 맺고 있으며, 현재도 불교의 호법신들에 의해 보호를 받고 있다는 사상이다. 특히 불교의 수용과 국가체제의 정비를 동시에 이루었던 신라에서 활발하게 전개되었다.

(   )

42 보시(布施)를 행할 때는 보시를 베푸는 자, 받는 자, 보시하는 내용이 되는 물건의 세 가지가 본질적으로 공(空)한 것이어서 거기에는 아무것도 집착이 없어야 한다. 이것을 무엇이라고 하는가?

(   )

43 보살이 수행을 하면 당연히 이익과 공덕이 따르지만, 보살은 중생구제의 원을 세우고 자신이 얻은 공덕을 중생들에게 돌려준다. 이처럼 중생에게 공덕을 되돌리는 것을 무엇이라고 하는가? (2글자)

(   )

44 아래는 우리말 반야심경이다. (   ) 속에 알맞은 말을 쓰시오.

> [우리말 반야심경]
>
> 마하반야바라밀다심경
> 관자재보살이 깊은 반야바라밀다를 행할 때
> 오온이 공한 것을 비추어 보고 (㉠   )
> 사리자여! 색이 공과 다르지 않고 공이 색과 다르지 않으며,
> 색이 곧 공이요 공이 곧 색이니, 수 상 행 식도 그러하니라
> 사리자여! (㉡   )
> 더럽지도 깨끗하지도 않으며, 늘지도 줄지도 않느니라.
> 그러므로 공 가운데는 색이 없고 수 상 행 식도 없으며,
> 안 이 비 설 신 의도 없고,
> 색 성 향 미 촉 법도 없으며.

눈의 경계도 의식의 경계까지도 없고,
무명도 무명이 다함까지도 없으며,
늙고 죽음도 늙고 죽음이 다함까지도 없고,
고 집 멸 도도 없으며, 지혜도 얻음도 없느니라.
얻을 것이 없는 까닭에 (㉢   )
마음에 걸림이 없고 걸림이 없으므로 두려움이 없어서,
뒤바뀐 헛된 생각을 멀리 떠나 완전한 열반에 들어가며,
삼세의 모든 (㉣   )
최상의 깨달음을 얻느니라.
반야바라밀다는 가장 신비하고 밝은 주문이며 위없는 주문이며
무엇과도 견줄 수 없는 주문이니,
온갖 괴로움을 없애고 진실하여 허망하지 않음을 알지니라.
이제 반야바라밀다주를 말하리라.
아제아제 바라아제 바라승아제 모지 사바하 (3번)

(㉠   )
(㉡   )
(㉢   )
(㉣   )

[제1교시]

1 사찰의 의미에 관한 설명으로 가장 거리가 먼 것은?

① 사찰은 부처님의 가르침을 닦는 수행처이자 전법(傳法) 도량이다.

② 사찰은 자비를 실천하는 신행 공동체라기보다는 개인의 해탈을 강조하는 곳이다.

③ 부처님의 가르침을 배우며 어리석은 마음을 깨우고 참된 삶의 길을 배우는 곳이다.

④ 부처님께 예경과 헌공을 올리며 중생의 고난과 아픔을 씻고 행복을 성취하는 곳이다.

2 사찰의 전각은 안에 모셔진 불상에 따라 그 이름이 다르다. 다음 중 건물과 모셔진 부처님에 대한 설명으로 바르지 못한 것은?

① 대웅전(大雄殿)은 석가모니 부처님을 주불로 모신 법당으로 절의 중심이 되는 건물인데, 법력(法力)으로 세상을 밝히는 영웅을 모신 집이라는 뜻이다.

② 적멸보궁(寂滅寶宮)에는 불상을 따로 봉안하지 않고 불단만 있는데, 이는 부처님의 진신사리를 봉안한 탑이 있으므로 형상을 따로 모실 필요가 없기 때문이다.

③ 대적광전(大寂光殿)의 본존은 비로자나불로서 연화장세계의 교주이시며, 연화장세계는 진리의 빛이 가득한 대적정의 세계이므로 대적광전이라 부른다.

④ 원통전(圓通殿)은 극락세계의 주재자인 아미타불을 모신 법당이며, 아미타불은 수명이 한량없기에 무량수전이라고도 하고 미타전이라고도 한다.

3 법당 안은 보통 상단, 중단, 하단의 삼단 구조로 되어 있는데, 각 단에 모셔진 분이 바르게 연결된 것은?

① 상단 – 위패, 중단 – 제석천과 팔부신장, 하단 – 부처님과 보살상

② 상단 – 제석천과 팔부신장, 중단 – 부처님과 보살상, 하단 – 위패

③ 상단 – 부처님과 보살상, 중단 – 위패, 하단 – 제석천과 팔부신장

④ 상단 – 부처님과 보살상, 중단 – 제석천과 팔부신장, 하단 – 위패

4 불교의식에 쓰이는 불전사물(佛殿四物)에 대한 설명으로 틀린 것은?

① 법고는 쇠가죽으로 만들며, 짐승세계의 중생들을 깨우치기 위하여 울린다.

② 운판은 대나무로 만들며, 공중을 날아다니는 중생의 영혼을 제도하기 위해서 친다.

③ 목어는 나무로 만들며, 물에 사는 중생을 제도하기 위해서 친다.

④ 범종은 청동으로 만들며, 천상과 지옥의 중생을 제도하기 위해서 친다.

5 인도 사회를 특징짓고 있는 계급제도인 사성계급(四姓階級) 중, 제사와 같은 종교의례를 전문적으로 맡은 계급은?

① 바라문 계급　　　　　　　　② 크샤트리아 계급

③ 바이샤 계급　　　　　　　　④ 수드라 계급

6 부처님이 탄생할 무렵 인도의 시대적 상황을 설명한 것으로 틀린 것은?

① 농업 생산이 늘어나고 인구가 집중되면서 곳곳에 도시가 발달하기 시작했다.

② 정치적으로 군소부족이 통합되어 강대한 국가 체제가 나타나기 시작했다.

③ 경제적으로 상업과 수공업이 활발해져 자본가들도 새로운 실력자가 되었다.

④ 기존의 사회 체제를 강화하기 위해 베다를 받드는 바라문교가 출현하였다.

7 부처님이 탄생할 당시 새롭게 등장한 사상가들인 사문(śramaṇa, 沙門)에 대한 설명이 틀린 것은?

① 처음부터 출가하여 유행(流行) 생활을 하였다.

② 베다(veda)라는 성전의 권위를 부정하였다.

③ 만물이 브라만 신으로부터 나왔다고 주장하였다.

④ 만물과 인간은 실재하는 요소로 구성된다고 주장하였다.

8 석가모니 부처님의 전생에 관한 우화나 설화를 기록한 경전은?

① 화엄경(華嚴經)　　　　　　　　② 본생경(本生經)

③ 아미타경(阿彌陀經)　　　　　　④ 금강경(金剛經)

9 다음 중 설명이 틀린 것은?

① 부처님의 아버지는 숫도다나 왕(정반왕)이다.

② 석가모니란 사꺄족 출신의 성인이란 뜻이다.

③ '싯닷타'는 '모든 것을 이룬다'는 의미이다.

④ 어린 시절 태자를 양육시킨 사람은 야소다라이다.

10 석가모니 부처님의 생모이신 마야 왕비의 태몽에 등장한 불교의 대표적인 상징 동물은?

① 용　　　　　　　　　　　　　　② 코끼리

③ 사자　　　　　　　　　　　　　④ 호랑이

11 '천상천하 유아독존(天上天下唯我獨尊)'이라는 부처님 탄생게의 의미를 가장 바르게 설명한 것은?

① 오직 나만이 존귀하기 때문에 공경하여 받들어야 한다.

② 인간 스스로의 힘으로 초월적인 신의 자리에 도달했다.

③ 불성을 지닌 모든 인간과 생명은 그 자체로 모두 존귀하다.

④ 나는 부처로서 이 세상을 다스리러 온 유일한 존재이다.

12 2600여 년 전, 히말라야 기슭의 까삘라국 사꺄족의 왕자로 태어난 석가모니 부처님의 탄생지는?

① 룸비니 동산　　　　　　　　　② 녹야원

③ 꾸시나라   ④ 붓다가야

13 불교 교단에서 최초의 비구와 비구니가 바르게 연결된 것은?

① 박가와 – 케마 왕비

② 알라라 깔라마 – 야소다라

③ 웃다카라마뿟따 – 야사의 어머니

④ 안냐따꼰단냐(아약교진여) – 마하빠자빠띠

14 사성제(四聖諦)의 실천 구조는 의사가 환자의 병을 치료하는 원리에 비유할 수 있다. 그 비유가 올바르지 않는 것은?

① 고(苦) – 앓고 있는 병의 증상

② 집(集) – 발병의 원인

③ 멸(滅) – 병이 완치된 건강한 상태

④ 도(道) – 목숨이 끊어진 상태

15 싯닷타 태자의 6년 고행(苦行) 후 상황에 대한 설명으로 거리가 먼 것은?

① 길고도 혹독한 고행에 대해 회의를 품게 되었다.

② 신비하고도 초인간적인 힘을 가지게 된 것에 만족하였다.

③ 고행을 통해서는 진정한 열반에 이를 수 없음을 깨달았다.

④ 깨달음에 도움이 되지 않았기 때문에 고행을 포기하였다.

16 네란자라 강가에서 고행자 싯닷타 태자에게 우유죽을 공양한 사람은?

① 빔비사라 왕   ② 급고독장자

③ 수자따 여인   ④ 대장장이 쭌다

17 싯닷타 태자가 깨달음을 이루기 직전 택한 새로운 수행법으로 옳은 것은?

① 중도의 수행   ② 고행 위주의 수행

③ 쾌락 위주의 수행   ④ 선정 위주의 수행

18 부처님의 전도 선언과 관련된 설명으로 틀린 것은?

① 많은 사람들의 이익과 행복을 위해 길을 떠나라.

② 혼자 가지 말고 두 사람이 같은 길을 가라.

③ 처음도 좋고 중간도 좋고 끝도 좋은 법을 설하라.

④ 원만하고 완전하며 청정한 행동을 보여주어라.

19 부처님 당시 최초로 삼보에 귀의한 재가 신자는?

① 유마거사   ② 빔비사라 왕

③ 수닷타 장자   ④ 야사의 부모

20 마가다국의 빔비사라 왕이 자신의 마을 벨루바나 동산을 기증하여 지은 인도 최초의 사찰은?

① 죽림정사   ② 기원정사

③ 동원정사   ④ 소림정사

21 부처님의 제자인 사리뿟따와 마하목갈라나에 대한 설명으로 틀린 것은?

① 당시 회의론자인 산자야의 제자 250명을 데리고 집단으로 개종했다.

② 부처님은 두 사람을 중생들의 부모와 같은 존재라고 칭찬하였다.

③ 두 사람 모두 부처님보다 앞서 열반에 들었다.

④ 후세에 부처님의 가르침과 계율을 모으는 결집을 주도하였다.

22 부처님의 십대 제자들에 대한 특징을 바르게 연결한 것은?

① 마하깟사빠 – 지계제일   ② 부루나 – 설법제일

③ 사리뿟따 – 신통제일   ④ 마하목갈라나 – 지혜제일

23 다음은 『장로게경』에 나오는 게송이다. 여기서 나는 누구인가?

> "불국토가 있는 한, 대모니(大牟尼)를 제외하고, 두타(頭陀)의 덕이라는 점에서 나보다 우수하고 나와 대응할 자는 없다."

① 마하깟사빠   ② 사리뿟따

③ 마하목갈라나   ④ 라훌라

24 아무리 극악한 죄인이라 할지라도 누구나 부처의 성품을 지니고 있는 귀한 목숨이라는 사실을 입증해 준 사례의 경전 속 인물은?

① 급고독장자   ② 니디(니이다이라고도 함)

③ 앙굴리말라   ④ 쫄라빤타카

25 다음 말씀은 부처님께서 언제 설하신 것인가?

> "이 세상에서 스스로를 섬(등불)으로 삼고 스스로를 의지하라. 다른 것에 의지하지 말라. 법을 섬(등불)으로 삼고, 법을 의지하되 다른 것에 의지하지 말라."

① 탄생하셨을 때   ② 성도하셨을 때

③ 처음 설법하실 때   ④ 열반에 드실 때

26 석가모니 부처님의 생애를 여덟 장면으로 나눈 팔상성도의 내용이다. 순서대로 바르게 나열된 것은?

> ㉠ 비람강생상   ㉡ 설산수도상   ㉢ 녹원전법상   ㉣ 유성출가상
> ㉤ 수하항마상   ㉥ 사문유관상   ㉦ 도솔래의상   ㉧ 쌍림열반상

① ㉦ – ㉠ – ㉥ – ㉣ – ㉡ – ㉤ – ㉢ – ㉧

② ㉦ – ㉠ – ㉣ – ㉥ – ㉢ – ㉡ – ㉤ – ㉧

③ ㉠ - ㉫ - ㉡ - ㉣ - ㉤ - ㉢ - ㉥ - ㉧
④ ㉠ - ㉫ - ㉣ - ㉡ - ㉢ - ㉥ - ㉤ - ㉧

27 부처님의 특징적인 모습을 일컫는 말로 바르게 묶여진 것은?

① 32상 40종호
② 38상 80종호
③ 32상 80종호
④ 38상 40종호

28 도솔천에 보살로 머물고 계시면서 석가모니 부처님 다음의 미래에 오실 부처님은?

① 구나함모니불
② 미륵불
③ 가섭불
④ 비사부불

29 다음 인물 중 부처님의 친족이며 부처님의 십대제자 중 다문제일로 열반을 직접 목도한 인물은?

① 아난다
② 수보리
③ 라훌라
④ 데와닷따

30 부처님께서는 열반에 드시기 1년 전, 라자가하에 머무는 비구들에게 승가가 파멸하지 않는 일곱 가지 법을 설하셨다. 거리가 먼 것은?

① 자주 회의를 열며, 회의에는 많은 사람들이 참석한다.
② 부모에게 효도하고 스승과 어른을 공경하고 순종한다.
③ 앞 사람이 정한 규칙과 법률을 깨뜨리지 않고 중시한다.
④ 남을 앞세우고 자신은 뒤로 물러서며 명예와 이익을 탐한다.

31 흔히 부처님을 여래(如來)라고 한다. 이에 대한 설명으로 틀린 것은?

① 여래란 tathā+āgata로 진리의 세계로부터 오신 분이라는 뜻이다.

② 여래란 tathā+gata로 진리의 세계로 가신 분이라는 뜻이다.

③ 성도(成道) 후의 부처님을 자칭한 말이다.

④ 경전에서 부처님은 항상 '나(aham)'라는 용어 대신에 '여래'라는 단어만 사용하였다.

32 다음은 초기 경전에 나오는 부처님의 감동적인 말씀이다. 이 말씀에 대한 설명 중 적절치 않는 것은?

> "제자들이여, 그대들은 심지어 여래인 나까지도 잘 관찰하여 여래가 참으로 완전한 깨달음을 성취했는지, 성취하지 못했는지 살펴보아야 한다."

① 개개인의 노력과 자각이 중요하다.

② 부처님의 깨달음은 완전하지 못하다.

③ 불교는 권위주의를 거부한다.

④ 불교는 교조주의를 배척한다.

33 다음 중 칠불통계게(七佛通戒偈)가 아닌 것은?

① 제악막작(諸惡莫作)   ② 자정기의(自淨其意)

③ 시제불교(是諸佛敎)   ④ 무주상보시(無住相普施)

34 다음이 설명하는 내용은 부처님의 생애 중 어느 부분에 해당하는가?

> "내 이제 감로의 문을 여나니
> 귀 있는 자는 들어라! 낡은 믿음을 버리고."

① 비람강생상   ② 녹원전법상

③ 수하항마상   ④ 유성출가상

35 부처님의 주요 생애를 설명한 것이다. 틀린 것은?

① 싯닷타 태자가 태어난 날은 기원전 624년, 음력 4월 8일이다.

② 싯닷타 태자가 출가한 날은 29세 되던 해, 음력 2월 8일이다.

③ 깨달음을 이루신 날은 35세 되던 해, 음력 12월 8일이다.

④ 부처님이 열반에 드신 날은 80세 되던 해, 음력 7월 15일이다.

36 불상의 착의법(着衣法) 가운데서 오른쪽 어깨를 드러내며 법의(法衣)를 입는 방식을 일러 무엇이라 하는가?

37 다음은 부처님께서 입적하신 후 칠엽굴에서 있었던 제1결집의 광경을 설명한 것이다. 빈칸에 들어갈 단어를 순서대로 쓰시오.

> 마하깟사빠가 한쪽 법상에 올라가 앉았다.
> "대중 여러분, 부처님께서 말씀하신 법과 율, 이 두 가지 가운데 무엇을 먼저 결집하겠습니까?"
> "(㉠)은 교단의 생명입니다. 이것이 있어야 교단이 유지될 수 있습니다. 이것을 먼저 결집해 주십시오."
> – 중략 –
> 법상에 오른 (㉡)는 마하깟사빠의 질문에 따라 이것을 암송하였다.

㉠ (   ), ㉡ (   )

38 인도에서는 3개월에서 4개월 동안 비가 지속되는 우기에 불교도가 외출할 때 자신도 모르게 초목이나 작은 벌레를 밟아 죽여 금지된 살생을 범하게 되고 또한 행걸(行乞)에도 적합치가 않아 한곳에 정착해 생활하며 외출과 유행을 삼가고 수행에 전념하는 풍습이 있었다. 이러한 제도를 일컫는 말을 쓰시오.

(   )

39 초전법륜에서 석가모니 부처님께서 말씀하신 것으로 네 가지 성스러운 진리라 일컬어지는 가르침을 각각 쓰시오.

(   )

40 불교 경전의 복잡한 내용이나 심오한 가르침을 알기 쉽게 그림으로 변화시켜 사람들에게
감화를 주기 위해 그린 불화를 무엇이라고 하는가?

(   )

[제2교시]

1 불교의 특징에 해당되지 않는 것은?

① 고통의 직시
② 나를 찾는 길
③ 진리의 중요성
④ 무조건적 믿음

2 삼독을 다스리는 수행과 신앙 생활 관계를 바르게 짝지은 것은?
① 탐욕 – 선정
② 성냄 – 계율
③ 갈애 – 지혜
④ 어리석음 – 지혜

3 오계 중 옛날 자비심이 지극한 왕이 매에게 쫓겨 온 비둘기를 숨기고 대신 자신의 살점을 떼어 준 우화와 관련 있는 신도계는 무엇인가?

① 살생하지 말라
② 주지 않은 남의 물건을 훔치지 말라
③ 사음하지 말라
④ 거짓말을 하지 말라

4 아래의 내용과 관련 있는 수행 공부는?

"사람은 언제나 자신을 낮추고 남을 높이는 마음으로 살아야 한다. 수행하는 사람일수록 더더욱 그렇다. … 불교에서 말하는 무아, 무상, 연기, 공은 지혜를 일컫는데 모두 이것과 관련된다. 나를 낮추고 남을 공경하는 마음공부가 제일이다."

① 참회심   ② 회향심   ③ 하심   ④ 초발심

5 석가모니 부처님 생애 가운데 석가모니 부처님의 가계도의 내용이 잘못 짝지어진 것은?

① 아버지 – 숫도다나(정반왕(淨飯王))

② 어머니 – 대애도 고타미

③ 아내 – 야소다라

④ 아들 – 라훌라

6 싯다르타는 출가 이전 동서남북의 사문을 살펴 인생의 고통과 수행 모습에 대해 알게 되었다. 이 사문유관(四門遊觀)과 관련하여 사람과 사방이 맞게 짝지어진 것은?

① 동쪽 – 시체   ② 남쪽 – 병든 이
③ 서쪽 – 수행사문   ④ 북쪽 – 늙은 이

7 다음의 부처님 말씀 내용과 관련이 있는 것은?

"비구들이여. 나는 신과 인간의 굴레에서 해방되었다.
그대들 역시 신과 인간의 굴레에서 해방되었다.
이제 법을 전하러 길을 떠나라.
많은 사람들의 이익을 위해,
많은 사람들의 행복을 위해,
세상을 불쌍히 여겨 길을 떠나라.
마을에서 마을로, 두 사람이 같은 길을 가지 말고 혼자서 가라."

① 초전법륜   ② 마지막 유훈
③ 전도선언   ④ 중도선언

8 진리를 깨우치는 데는 머리의 좋고 나쁨이 중요하지 않으며, 진리를 받아들이는 마음과 실

천 수행의 가치가 얼마나 중요한 것인지 알려주는 교화 이야기와 관련된 존자는?

① 아난다　② 쭐라빤타카　③ 라훌라　④ 니디(니이다이)

9 여래십호에 대한 설명 중 틀린 것을 고르시오.

① 응공 : 아라한과 같은 말로써 존경받고 공양 받을 자격이 있는 이라는 뜻.
② 정변지 : 음역으로는 삼먁삼불타라 하며 바르고 완전하게 깨친 분이라는 뜻.
③ 명행족 : 삼명과 삼업을 원만히 다 갖추신 분이라는 뜻.
④ 세간해 : 세간의 바다처럼 모든 것을 다 받아들이는 분이라는 뜻.

10 교리 내용의 요소가 잘못된 것은?

① 18계 – 안이비설신의, 색성향미촉법, 안식, 이식, 비식, 설식, 신식, 말라식
② 삼법인 – 제행무상, 제법무아, 일체개고
③ 사성제 – 고집멸도
④ 정견, 정사유, 정어, 정업, 정명, 정정진, 정념, 정정

11 다음은 무엇과 관련된 교설인가?

"출가 수행자는 두 가지 극단을 피하여야 한다. 이것은 통찰력을 주며, 지혜를 주며, 평화를 주며, 깨달음으로 이끌고, 열반으로 이끈다."

① 연기법　② 중도　③ 사성제　④ 인과의 법칙

12 삼선도와 삼악도가 맞게 짝지어진 것은?
① 삼선도 – 지옥, 아귀, 축생; 삼악도 – 천상, 인간, 아수라
② 삼선도 – 천상, 인간, 축생; 삼악도 – 지옥, 아귀, 아수라
③ 삼선도 – 천상, 인간, 아수라; 삼악도 – 지옥, 아귀, 축생
④ 삼선도 – 지옥, 아귀, 아수라; 삼악도 – 천상, 인간, 축생

13 부처님 입멸 후 얼마 지나지 않아 제1결집을 개최하여 교단 분열의 위기를 극복하기 위해

결집한 내용이 맞는 것은?

① 경만 결집하였다.
② 율만 결집하였다.
③ 경과 율만 결집하였다.
④ 경율론 모두 결집하였다.

14 법의 실체는 삼세에 걸쳐서 순간순간 실유한다. 그러나 순간순간 실유하지만 동시에 무상한 모습을 띠고 있다. 이 삼세실유(三世實有), 법체항유(法體恒有)를 주장한 불교의 시대는?

① 부파불교   ② 초기불교   ③ 대승불교   ④ 선불교

15 2세기 중엽 까니쉬까(Kaniska) 왕 시대의 시인 아쉬바고사(馬鳴)가 지은 것으로, 도솔천에서 하강한 이래 입멸하기까지의 부처님의 전 생애를 묘사한 아름다운 시로 구성된 경전의 이름은?

① 자타카(본생경)   ② 구사론   ③ 대반열반경   ④ 불소행찬

16 보살사상, 반야바라밀, 공사상, 유식사상과 관련된 불교시대는?

① 부파불교   ② 대승불교   ③ 초기불교   ④ 후기밀교

17 경전에 나타난 정토세계의 이름이 맞지 않는 것은?

① 아미타불의 서방정토
② 미륵보살의 도솔천정토
③ 약사여래의 유리광정토
④ 대일여래의 동방정토

18 대승보살의 삶과 관련된 내용에 맞지 않는 것은?

① 보살의 서원은 사홍서원인 본원과 아미타 48원 등 별원이 있다.
② 관세음보살은 중생들을 고통으로부터 지켜주는 대자대비(大慈大悲)의 보살이다
③ 지장보살은 석가모니의 보처로서 왼편에 모셔져 있고 지혜를 상징하며 지혜의 칼과 청

련화를 들고 있다.

④ 보현보살은 모든 부처님을 예경과 여래찬양 등의 십대원의 발원자이다.

19 대승경전의 내용과 맞지 않는 것은?

① 대승경전 중 가장 오래된 것은 반야경 계통의 경전이다.

② 모든 중생들이 병에 걸려 있으므로 나도 병들어 있으며, 중생이 나으면 내 병도 나을 것이라는 내용을 담고 있는 경전은 무량수경이다.

③ 일불성, 구원실성, 불탑신앙과 경전신앙, 상불경보살 이야기는 법화경의 내용이다.

④ 선재동자가 53선지식을 찾아다니며 설법 듣고 미륵불을 만나 법계를 증득한다는 내용은 화엄경 입법계품의 내용이다.

20 각 전각에 대한 설명으로 바르지 못한 것을 고르시오.

① 미래의 부처님을 모신 전각을 자씨전(慈氏殿)이라고 한다.

② 팔상도를 봉안한 곳을 팔상전이라 하며, 법주사의 팔상전이 유명하다.

③ 아라한과를 성취한 성자들인 나한을 모신 곳을 응진전(應眞殿)이라고도 한다.

④ 중생의 병고를 치유해 주는 부처님을 모신 법당을 영산전이라고 한다.

21 불탑에 관한 설명 중 잘못된 것을 고르시오.

① 탑은 산스크리트어로 스뚜빠(stūpa) 또는 빨리어로 뚜빠(thūpa)라고 한다.

② 불탑의 기원은 부처님 입멸 당시의 경전 기록에서 찾을 수 있다.

③ 우리나라에서는 목탑, 중국에서는 석탑, 일본에서는 전탑이 발달했다.

④ 여덟 나라의 국왕들이 부처님의 사리를 8등분해 자신들의 나라로 가지고 가서 탑을 세웠다.

22 관세음보살상에 관한 설명과 관련 없는 것을 선택하시오.

① 자비를 상징하는 보살이다.

② 명부전에 봉안된다.

③ 손에는 연꽃이나 정병(淨瓶)을 들고 있다.

④ 11면 또는 천수천안(千手千眼)의 모습도 있다.

23 불상의 수인에 관한 설명으로 잘못된 것을 선택하시오.

① 항마촉지인(降魔觸地印)은 석가모니불의 깨달음을 상징한다.

② 선정인(禪定印)은 수행을 상징한다.

③ 전법륜인(轉法輪印)은 석가여래의 첫 설법을 상징한다.

④ 시무외인(施無畏印)은 중생이 원하는 바를 상징한다.

24 불단에 대한 설명 중 잘못된 것은?

① 수미단이라고도 한다.

② 넓은 의미로는 불교의식이 이루어지는 단(壇)을 통틀어 말한다.

③ 고대 인도에서 햇빛이나 비를 막기 위한 가리개에서 출발되었다.

④ 영천의 백흥암 극락전 불단이 유명하다.

25 존상과 불화가 잘못 연결된 것은?

① 석가여래 – 영산회상도

② 아미타여래 – 극락회상도

③ 비로자나여래 – 관경변상도

④ 미륵여래 – 미륵하생경변상도

26 사리장엄구와 관련 없는 설명은?

① 사리만을 넣지 않고 겹겹으로 차림새를 갖추어 모신다.

② 믿음의 상징이자 신앙심의 표상이다.

③ 불상과 탑, 경전과 경문, 향을 비롯한 귀금속 등은 넣지 않는다.

④ 공예품으로 뛰어난 예술적 가치를 갖고 있다.

27 탱화(幀畵)에 대한 설명 중 잘못된 것을 고르시오.

① 탱화는 비단이나 삼베에 불보살의 모습이나 경전 내용을 그려 벽에 걸 수 있게 만든 그림이다.

② 상단 탱화는 전각의 상단, 즉 불보살상의 뒷면에 거는 탱화이다.

③ 중단 탱화는 신중단에 모시는 탱화로서 주로 신중이나 호법신 등을 그린다.

④ 탱화는 사찰 전각의 벽에 그려 넣는 그림을 말한다.

28 우리나라의 가람 배치에 관한 설명 가운데 틀린 것을 고르시오.

① 우리나라는 중국으로부터 불교가 전래됨에 따라 중국식의 건축 양식과 가람 배치 방식을 따르게 되었다.

② 고구려의 가람 배치는 지금까지의 발굴 조사에 의하면 팔각탑을 중심으로 동·서·북면의 세 곳에 법당이 배치된 일탑삼당식(一塔三堂式)의 가람 배치를 이루었다.

③ 통일신라시대에는 탑이 법당 앞에서 짝을 이루어 양쪽에 세워지는 이른바 쌍탑 가람이 생겨나게 되었는데, 대표적인 곳은 익산 미륵사 절터이다.

④ 백제와 신라에서는 고구려의 가람 배치와 달리 남북 일직선상의 앞쪽으로부터 중문·탑·금당(법당)·강당 순으로 일탑일당식 가람 배치를 이루고 있다.

29 보살상에 대한 설명 가운데 잘못된 것을 고르시오.

① 보살상은 불교와 불법을 호위하며 사천왕상처럼 무장한 모습을 하고 있다.

② 보살상은 깨달음은 얻었지만 아직 중생 제도를 위해 부처님 되기를 잠시 보류한 이를 표현한 것이다.

③ 보살상은 머리에는 화려한 보관을 쓰고 몸에는 장신구와 하늘거리는 천의를 걸치고 있다.

④ 보살상의 종류에는 관음보살, 지장보살, 문수보살, 보현보살 등이 있다.

30 석가여래의 전기를 여덟 장면으로 압축 묘사한 그림을 말하며 도솔래의상 → 비람강생상 → 사문유관상 → 유성출가상 → 설산수도상 → 수하항마상 → 녹원전법상 → 쌍림열반상으로 표현된다. 이 그림은?

① 영산회상도   ② 아미타내영도   ③ 관경변상도   ④ 팔상도

31 다음은 원효 스님에 대한 설명이다. 적절하지 않은 것은?

① 정토신앙을 통해 불교를 대중화시켰다.

② 현실의 고통을 불교의 내세신앙으로 연결시켜 위로하였다.

③ 당나라에 유학한 승려이다.

④ 불교의 각 종파간의 대립을 화쟁하여 불교의 조화, 융합을 꾀하였다.

32 고려시대 승려가 승속을 구별하지 않고, 남녀를 가리지 않고, 귀천의 차별 없이 다 같이 평등하게 잔치를 베풀어 물품을 나누어주던 법회를 무엇이라 하는가?

① 팔관회 ② 무차대회 ③ 수륙재 ④ 연등회

33 다음 중 대한불교조계종 종헌에 규정된 수행기관이 아닌 것은?

① 율원 ② 명상원 ③ 선원 ④ 염불원

34 대한불교조계종의 종헌에 규정된 신도회 관련 조항이 아닌 것은?

① 중앙에는 포교원장 관할 하에 중앙신도회를 둔다.
② 사찰에는 당해 사찰의 신도회, 교구에는 교구신도회를 둔다.
③ 신도회와 각종 신노난체의 구성과 운영, 신도단체의 등록, 기타 사항은 이를 종법으로 정한다.
④ 신도는 종법이 정하는 바에 따라 신도단체를 구성하여 사찰, 교구, 종단에 단체 등록을 할 수 있다.

35 대한불교조계종은 소속 사찰 관리와 운영을 공영화하기 위해 사찰운영위원회를 구성하도록 하고 있다. 사찰운영위원회와 관련된 내용 중 맞는 것은 ?

① 운영위원회의 구성은 소임을 맡은 승려로만 구성된다.
② 운영위원의 위촉은 교구본사 주지가 한다.
③ 운영위원 중 신도는 타 사찰 소속 신도여도 상관이 없다.
④ 운영위원은 신행 생활에 모범이 되어야 하며 사찰의 유지 발전에 기여해야 한다.

36 현 포교원장 지홍 스님은 2016년 8월 기자회견 등을 통해 "한국불교의 신행 풍토를 쇄신하기 위해" 이 운동을 강력히 추진하겠다고 선언하였다. 이 운동의 이름과 표어는 무엇인가?

(   )

37 중국의 조사선을 대별하면 임제종의 (   )법, 조동종의 묵조선법, 법안종의 염불선법으로 구분할 수 있다. 또한 이 선은 공안을 화두로 삼는 선이며, 대혜종고 선사가 체계화한 수행법으로 우리나라에 널리 실천되고 있으며 조사선의 핵심을 가장 잘 간직하고 있다. 또한 대

한불교조계종에서는 (　　)을 핵심 수행법으로 삼고 있으며 여타의 수행법을 섭수 통합하고 있는 선 이름은 무엇인가?

　　(　　　　　　　　　　　　　)

38 법당 밖에서 불교 의식을 행할 때 걸어 놓는 예배용 그림을 무엇이라고 하는가?

　　(　　　　　　　　　　　　　)

39 이것은 부처님 당시부터 출가 수행자들이 공양할 때 쓰던 밥그릇으로 각자 자기가 먹을 수 있는 양에 따라 공양하는 그릇이라 하여 응량기(應量器)라고도 한다. 이것은 무엇인가?

　　(　　　　　　　　　　　　　)

40 대한불교조계종 종헌에 명시된 종지(宗旨)와 관련하여 아래 빈칸에 맞는 말을 채우시오.

제2조 본종은 석가세존의 자각각타(自覺覺他) 각행원만(覺行圓滿)한 (　　　)를 봉체하며 직지인심, 견성성불, (　　)함을 종지(宗旨)로 한다.

　　(　　　　　　　　　　　　　)

제19회 포교사 자격고시 문제지 [제1교시] 출제문항 분석표

문항번호	정답	배점	출제근거	난이도			비고
				상	중	하	
1	3	2	불자의 자세와 예절		○		불교입문
2	4	2	사찰 어떤 곳인가		○		불교입문
3	2	2	사찰 어떤 곳인가	○			불교입문
4	1	2	사찰 어떤 곳인가			○	불교입문
5	3	2	사찰 어떤 곳인가		○		불교입문
6	2	2	사찰 어떤 곳인가			○	불교입문
7	2	2	사찰 어떤 곳인가		○		불교입문
8	4	2	사찰 어떤 곳인가	○			불교입문
9	1	2	사찰 어떤 곳인가		○		불교입문
10	4	2	사찰 어떤 곳인가		○		불교입문
11	3	2	사찰 어떤 곳인가		○		불교입문
12	2	2	사찰 어떤 곳인가	○			불교입문
13	3	2	사찰 어떤 곳인가		○		불교입문
14	4	2	사찰 어떤 곳인가			○	불교입문
15	1	2	탄생과 성장	○			부처님의 생애
16	1	2	구도의 길			○	부처님의 생애
17	4	2	불교에서 법의 의미	○			불교입문
18	1	2	35쪽 삼독심과 삼학	○			불교개론
19	1	2	교화의 터전 라자가하		○		부처님의 생애
20	1	2	불교란 무엇인가		○		불교입문
21	3	2	불자의 신앙과 수행		○		불교입문
22	2	2	불자의 신앙과 수행			○	불교입문
23	1	2	불자의 신앙과 수행		○		불교입문
24	3	2	불자의 신앙과 수행	○			불교입문
25	4	2	불자의 신앙과 수행		○		불교입문
26	1	2	불자의 신앙과 수행		○		불교입문
27	3	2	불자의 신앙과 수행		○		불교입문
28	4	2	불자의 신앙과 수행		○		불교입문

29	2	2	불자의 신앙과 수행			○	불교입문
30	1	2	한국불교와 대한불교조계종		○		불교입문
31	3	2	한국불교와 대한불교조계종	○			불교입문
32	1	2	한국불교와 대한불교조계종		○		불교입문
33	2	2	한국불교와 대한불교조계종		○		불교입문
34	2	2	한국불교와 대한불교조계종		○		불교입문
35	4	2	한국불교와 대한불교조계종	○			불교입문
36	2	2	한국불교와 대한불교조계종			○	불교입문
37	2	2	한국불교와 대한불교조계종	○			불교입문
38	1	2	한국불교와 대한불교조계종		○		불교입문
39	2	2	한국불교와 대한불교조계종			○	불교입문
40	4	2	한국불교와 대한불교조계종			○	불교입문
41	호궤합장 또는 장궤합장	4	불자의 자세와 예절		○		불교입문
42	고두례 또는 유원반배	4	불자의 자세와 예절		○		불교입문
43	용상방	4	사찰 어떤 곳인가	○			불교입문
44	수륙재	4	불자의 신행과 수행		○		불교입문
45	육조단경	4	한국불교와 대한불교조계종		○		불교입문
계	객관식40/주관식5	100점	①10개 ②10개 ③11개 ④9개	11	25	9	

제19회 포교사 자격고시 문제지 [제2교시] 출제문항 분석표

문항 번호	정답	배점	출제근거	난이도 상	난이도 중	난이도 하	비고
1	2	2	신도 교육 과정		○		불교입문
2	1	2	불교란 무엇인가?			○	불교개론
3	4	2	불교란 무엇인가?		○		불교개론
4	2	2	전법의 길			○	부처님 생애
5	3	2	고향에서의 전법		○		부처님 생애
6	2	2	교단의 성장		○		부처님 생애
7	1	2	자비의 가르침	○			부처님 생애
8	1	2	평화와 평등의 가르침		○		부처님 생애
9	2	2	부처님 생애		○		부처님 생애
10	4	2	초기불교		○		불교개론
11	3	2	초기불교			○	불교개론
12	1	2	초기불교	○			불교개론
13	4	2	초기불교	○			불교개론
14	4	2	초기불교		○		불교개론
15	2	2	초기불교	○			불교개론
16	4	2	초기불교			○	불교개론
17	1	2	초기불교		○		불교개론
18	4	2	초기불교		○		불교개론
19	3	2	부파불교 전성기		○		불교개론
20	2	2	부파불교 전성기			○	불교개론
21	3	2	부파불교 전성기		○		불교개론
22	2	2	세계 포교사 인물		○		포교이해론
23	3	2	대승불교		○		불교개론
24	4	2	대승불교	○			불교개론
25	2	2	대승불교			○	불교개론
26	3	2	대승불교		○		불교개론
27	4	2	대승불교			○	불교개론
28	4	2	대승불교		○		불교개론

29	4	2	대승불교		○		불교개론
30	3	2	선의 세계		○		불교개론
31	1	2	선의 세계	○			불교개론
32	4	2	선의 세계		○		불교개론
33	1	2	선의 세계			○	불교개론
34	3	2	선의 세계	○			불교개론
35	4	2	선의 세계		○		불교개론
36	2	2	선의 세계			○	불교개론
37	3	2	선의 세계		○		불교개론
38	4	2	선의 세계	○			불교개론
39	1	2	불교와 현대세계		○		불교개론
40	2	2	불교와 현대세계			○	불교개론
41	㉠진제(법원) ㉡자승	4	한국불교와 대한불교조계종		○		불교개론
42	자비희사(慈悲喜捨)	4	불교와 현대세계		○		불교개론
43	대기설법(對機說法)	4	초기불교		○		불교개론
44	중도	4	초기불교		○		불교개론
45	간화선	4	선의 세계		○		불교개론
계	객관식40/주관식5	100점	①8개 ②9개 ③10개 ④13개	8	27	10	

제20회 포교사 자격고시 문제지 [제1교시] 출제문항 분석표

문항 번호	정답	배점	출제근거	난이도 상	난이도 중	난이도 하	비고
1	1	2	불교 용어 해설		○		부처님의 생애
2	2	2	부처님의 가계도			○	부처님의 생애
3	1	2	사문유관의 의미			○	부처님의 생애
4	4	2	싯다르타의 수행 내용	○			부처님의 생애
5	3	2	누진통의 의미		○		부처님의 생애
6	1	2	삼전십이행상의 용어해석	○			부처님의 생애
7	2	2	전도선언의 의미			○	부처님의 생애
8	1	2	부처님의 제자 이야기		○		부처님의 생애
9	3	2	우빨리의 출가			○	부처님의 생애
10	4	2	수기의 의미		○		부처님의 생애
11	2	2	사리뿟따의 사상	○			부처님의 생애
12	4	2	사성제의 의미		○		부처님의 생애
13	2	2	고따마 싯닷타의 수행법	○			부처님의 생애
14	3	2	부처님의 교화 내용			○	부처님의 생애
15	1	2	카스트제도	○			부처님의 생애
16	1	2	부처님의 전생이야기		○		부처님의 생애
17	4	2	싯닷타 태자의 수행과정	○			부처님의 생애
18	4	2	전도선언문의 내용		○		부처님의 생애
19	1	2	부처님 제자들의 귀의		○		부처님의 생애
20	2	2	수닷따와 기원정사	○			부처님의 생애
21	3	2	빠세나디왕의 교화내용		○		부처님의 생애
22	3	2	부처님의 전법활동 순서	○			부처님의 생애
23	4	2	비구니 스님들의 출가		○		부처님의 생애
24	1	2	비구니 8계 내용	○			부처님의 생애
25	1	2	부처님의 전법활동	○			부처님의 생애
26	1	2	불교교단의 입단절차		○		부처님의 생애
27	3	2	천상 설법의 이유	○			부처님의 생애
28	2	2	나꿀라의 부모 교화		○		부처님의 생애
29	4	2	꼬삼비에서의 교화	○			부처님의 생애

30	1	2	바라문에게 설한 게송		○		부처님의 생애
31	3	2	웨란자에서 안거 시 일들	○			부처님의 생애
32	4	2	다니야와 주고받은 게송		○		부처님의 생애
33	3	2	끼사고따미의 제도			○	부처님의 생애
34	4	2	부처님의 첫 번째 시자		○		부처님의 생애
35	2	2	부처님의 제자와 특징		○		부처님의 생애
36	1	2	아자따삿뚜의 행동		○		부처님의 생애
37	3	2	시체를 태우는 막대기	○			부처님의 생애
38	1	2	일곱 가지 쇠하지 않는법		○		부처님의 생애
39	2	2	쭌다의 공양		○		부처님의 생애
40	4	2	불교의 장례법	○			부처님의 생애
41	범단벌(梵檀罰) 혹은 묵빈대치(默擯對治)	4	불교 교단의 치죄법	○			부처님의 생애
42	우빨리, 아난다	4	제1결집의 내용		○		부처님의 생애
43	자자(自恣)	4	불교교단의 참회의식			○	부처님의 생애
44	동원정사(東園精舍) 혹은 녹자모강당(鹿子母講堂)	4	위사카가 기증한 정사		○		부처님의 생애
45	구족계	4	불교교단과 계율	○			부처님의 생애
계	객관식40/주관식5	100점	①13개 ②8개 ③9개 ④10개	17	21	7	불교개론 내용과 부처님의 생애

제20회 포교사 자격고시 문제지 [제2교시] 출제문항 분석표

문항 번호	정 답	배 점	출 제 근 거	난이도 상	난이도 중	난이도 하	비 고
1	3	2	오체투지의 예절			○	불교예절
2	4	2	삼세불에 대한 이해	○			불교문화
3	1	2	석가모니불의 좌우보처		○		불교문화
4	4	2	불화의 이해			○	불교문화
5	1	2	세계문화유산		○		성보문화재
6	3	2	불교의 특징이해			○	불교의 특징
7	3	2	우란분절의 이해			○	불교명절
8	2	2	석가탑과 다보탑의 유래		○		불교문화
9	4	2	일연스님의 사상		○		고려불교
10	1	2	불교 연대표	○			한국불교사
11	2	2	사찰운영위원회 구성		○		종헌종법
12	4	2	중도사상의 이해		○		초기불교교리
13	1	2	12처설의 이해		○		초기불교교리
14	4	2	부파불교시대의 특징		○		부파불교
15	2	2	아소카왕의 업적		○		부파불교
16	4	2	유식사상의 저서	○			대승불교
17	3	2	유식사상과 일수사견	○			대승불교
18	4	2	사법계의 의미	○			대승불교
19	1	2	화두 참구의 3요소			○	선의 세계
20	1, 2, 3, 4	2	사부대중 100인 대중공사	○			불교시사문제
21	2	2	불교 교단의 분열		○		부파불교
22	3	2	진흥왕의 업적		○		삼국시대불교
23	3	2	원효의 무애가			○	삼국시대불교
24	1	2	보조 지눌스님의 사상		○		고려불교
25	1	2	고려시대 대장경	○			고려불교
26	3	2	사법인의 이해		○		불교교리
27	1	2	육바라밀의 이해			○	불교교리
28	4	2	세친스님의 구사론	○			불교교리
29	4	2	유식사상		○		불교교리

30	3	2	육조단경의 사상			○	조계종사
31	2	2	직영사찰		○		종헌종법
32	4	2	금강경 4구게	○			불교교리
33	2	2	최치원의 비문	○			불교문화
34	1	2	조계종의 종지		○		종헌종법
35	4	2	명량해전과 의승군		○		조선불교
36	1	2	가람배치	○			불교문화
37	4	2	부도(승탑)에 대한 이해		○		불교문화
38	2	2	사천왕의 배치	○			불교문화
39	4	2	사왕도 –명부신앙	○			불교문화
40	4	2	범종		○		불교문화
41	석등	4	석등의 이해			○	불교문화
42	㉠진전사 ㉡일연스님	4	인연스님의 업적		○		고려불교
43	수다원과, 사다함과, 아나함과, 아라한과	4	사향사과의 이해	○			불교교리
44	㉠온갖 고통에서 건너느니라. ㉡색성향미촉법 ㉢지혜도 얻음도 없느니라. ㉣최상의 깨달음을 얻느니라.	4	한글반야심경	○			불교예절
45	법성게	4	의상대사와 법성게			○	삼국시대불교
계	객관식40/주관식5	100점	①10개 ②8개 ③8개 ④14개	15	20	10	

제21회 포교사 자격고시 문제지 [제1교시] 출제문항 분석표

문항 번호	정답	배점	출제근거	난이도			비고
				상	중	하	
1	3						
2	1						
3	2						
4	1						
5	3						
6	1						
7	2						
8	3						
9	4						
10	1						
11	2						
12	1						
13	4						
14	4						
15	2						
16	1						
17	2						
18	1						
19	3						
20	3						
21	1						
22	4						
23	4						
24	2						
25	1						
26	1						
27	3						
28	1						
29	4						

30	3						
31	3						
32	1						
33	2						
34	4						
35	3						
36	4						
37	3						
38	4						
39	3						
40	1						
41	죽림정사						
42	난다						
43	야사						
44	아난다(아난)						
45	상 32개, 호 80개						

※ 제21회 포교사고시 정답지에는 출제근거, 난이도, 비고 등 문제 분석을 제공하지 않습니다.

제21회 포교사 자격고시 문제지 [제2교시] 출제문항 분석표

문항 번호	정답	배점	출제근거	난이도			비고
				상	중	하	
1	4						
2	4						
3	4						
4	4						
5	1						
6	2						
7	4						
8	2						
9	3						
10	1						
11	3						
12	2						
13	1						
14	3						
15	1						
16	4						
17	1						
18	3						
19	1						
20	4						
21	1						
22	4						
23	4						
24	1						
25	2						
26	1						
27	3						
28	4						
29	4						

30	4						
31	3						
32	3						
33	3						
34	2						
35	4						
36	2						
37	3						
38	3						
39	4						
40	4						
41	불연국토사상 (佛緣國土思想)						
42	삼륜청정 또는 삼분청정						
43	회향(廻向)						
44	㉠온갖 고통에서 건너느니라 ㉡모든 법은 공하여 나지도 멸하지도 않으며 ㉢보살은 반야바라밀다를 의지하므로 ㉣부처님도 반야바라밀다를 의지하므로						

제22회 포교사 자격고시 문제지 [제1교시] 출제문항 분석표

문항 번호	정답	배점	출제근거	난이도			비고
				상	중	하	
1	2						
2	4						
3	4						
4	2						
5	1						
6	4						
7	3						
8	2						
9	4						
10	2						
11	3						
12	1						
13	4						
14	4						
15	2						
16	3						
17	1						
18	2						
19	4						
20	1						
21	4						
22	2						
23	1						
24	3						
25	4						
26	1						
27	3						
28	2						
29	1						

30	4						
31	4						
32	2						
33	4						
34	2						
35	4						
36	편단우견(또는 우견편단)						
37	㉠ – 율, ㉡ – 우빨리						
38	안거						
39	고성제, 집성제, 멸성제, 도성제 (또는 고제, 집제, 멸제, 도제)						
40	변상도						

※ 제22회 포교사고시 정답지에는 출제근거, 난이도, 비고 등 문제 분석을 제공하지 않습니다.

제22회 포교사 자격고시 문제지 [제2교시] 출제문항 분석표

문항 번호	정답	배점	출제근거	난이도			비고
				상	중	하	
1	4						
2	4						
3	1						
4	3						
5	2						
6	2						
7	3						
8	2						
0	4						
10	1						
11	2						
12	3						
13	3						
14	1						
15	4						
16	2						
17	4						
18	3						
19	2						
20	4						
21	3						
22	2						
23	4						
24	3						
25	3						
26	3						
27	4						
28	3						
29	1						

30	4						
31	3						
32	2						
33	2						
34	1						
35	4						
36	이름 : 붓다로 살자 표어 : 삶을 지혜롭게, 마음을 자비롭게, 세상을 평화롭게						
37	간화선						
38	괘불 (또는 괘불탱, 괘불도)						
39	발우						
40	근본교리, 전법도생						

포교사 고시
예상 문제집

1판 1쇄 | 2019년 11월 1일
1판 6쇄 | 2025년 1월 31일

엮은곳 | 대한불교조계종 포교원
펴낸곳 | (주)조계종출판사
출판등록 | 제2007-000078호
등록일자 | 2007년 4월 27일
주소 | 서울시 종로구 삼봉로 81 두산위브파빌리온 1308호
전화 | 02. 720. 6107
팩스 | 02. 733. 6708
구입문의 | 불교전문서점 향전(www.jbbook.co.kr) 02-2031-2070